rororo

Zu diesem Buch

«Pfeiffer – mit drei f.» So kennen und lieben ihn seine Fans: Heinz Rühmann, den unvergessenen Star aus «Die Feuerzangenbowle».

Als Schauspieler liebte er die leisen Töne, in der Öffentlichkeit zeigte er sich bescheiden – aber wer war er wirklich, der «große Kleine»? Den wahren Rühmann kannten nur seine Familie und wenige enge Freunde. Denn wie in seinen Filmen spielte er auch im Leben eine Rolle – die des kleinen Mannes, für seine Anhänger perfekt inszeniert. Dabei war er in Wirklichkeit weder der Mustergatte noch ein braver Biedermann. Von geheimen Affären ist zu berichten, vom missglückten Versuch als Filmproduzent, von schweren Krankheiten, Zerwürfnissen und schließlich davon, dass auch er von der Stasi ausspioniert wurde.

Fred Sellin berichtet über die Höhen und Tiefen des Schauspielers, und er lässt private Weggefährten und Kollegen Rühmanns zu Wort kommen, sodass sich schließlich das Bild eines großen Mimen und einer komplexen Persönlichkeit vervollständigt.

Der Autor

Fred Sellin, Jahrgang 1964, studierte nach dem Abitur Journalistik und war anschließend als Redakteur und Reporter bei verschiedenen Tages- und Wochenzeitungen in Leipzig, Köln und Hamburg beschäftigt. Er lebt als freier Autor in Hamburg.

FRED SELLIN

Ich brech' die Herzen ...

Das Leben des Heinz Rühmann

ROWOHLT TASCHENBUCH VERLAG

Veröffentlicht im Rowohlt Taschenbuch Verlag GmbH,
Reinbek bei Hamburg, Dezember 2002

Umschlaggestaltung: Barbara Hanke/Cordula Schmidt
Gesamtherstellung Clausen & Bosse, Leck
Printed in Germany
ISBN 3 499 61470 7

Die Schreibweise entspricht den Regeln
der neuen Rechtschreibung.

Gewidmet meinen Eltern

Er wollte alle Menschen immer lachen machen,
und machte selbst ein trauriges Gesicht.
Er konnte auch die komischsten Sachen machen,
aber selber gelacht hat er nicht.
(Lied vom Clown)

INHALT

STATT EINER EINLEITUNG

Er kann's nicht lassen

Das Stichwort kommt wie vereinbart, es ist sein Name, so war es ausgemacht. Er hört ihn, sein Auftritt, er zögert eine Sekunde. Vorsichtig tritt er aus den Kulissen auf die Bühne. Sie erscheint ihm riesig. Und die große Couch am anderen Ende meilenweit entfernt. Ein weiß-blaues Monstrum, das selbst für sein geräumiges Wohnzimmer zu üppig ausfallen würde. Dort muss er hin. Das haben sie ihm hinter der Bühne so gesagt. Es war zuletzt die einzige Regieanweisung, alles andere wurde vorher besprochen. Sehr wenig für einen, der einst jeden Schritt akribisch plante und trainierte, den er auf einer Bühne, während einer Vorstellung zu gehen beabsichtigte.

Noch überwältigender ist die Größe des Saales. Keine übersichtlichen Begrenzungen, wie er sie in den Häusern immer ausmachen konnte, in denen er früher auftrat. In den Kammerspielen in München, dem Deutschen Theater in Berlin, dem Thalia Theater in Hamburg, der Staatsoper in Wien. Hier kann er die letzte Sitzreihe nicht mehr sehen. Er könnte die Weite des Raumes höchstens erahnen. Aber das würde ihn von der eigentlichen Sache nur ablenken. Also hält er sich damit nicht auf. Er muss sich auf andere Dinge konzentrieren. Auf die Stufen zum Beispiel, die wie kleine Hindernisse vor ihm liegen, und auf die gleißenden Scheinwerfer, deren grellem Licht er ausgesetzt ist. Die unbarmherzigen Lichtkegel blenden seine kranken Augen. Die sind immer noch entzündet. Medikamente, die ihm der Augenarzt verschrieb, lindern zwar die Schwellungen und den Tränenfluss, dem Übel an die Wurzel gehen sie nicht. Dagegen gibt es keine Medizin mehr. Aber das hat man ihm nicht gesagt.

Warum habe ich mir diesen Auftritt zugemutet?, wird er sich in diesen Sekunden vielleicht fragen. Er mag sie nicht, diese Veranstaltungen, auf denen er wie eine Trophäe präsentiert wird, in den Vordergrund geschoben, als sei er ein bewegliches Denkmal. Aber das ist er ja eigentlich auch, irgendwie. Wenn er wenigstens ein Kostüm trüge, eine Rolle spielte und es darauf ankäme, einen Text vorzutragen, mit der nur ihm eigenen markanten Stimme, dramaturgisch erprobten Pausen und Pointen, die auf größtmögliche Wirkung beim Zuschauer zielen. Aber so. Heute Abend mimt er eben nicht den Willy Clark aus Neil Simons *Sonny Boys* und auch nicht den Gefängnisdiener Frosch in Johann Strauß' Operette *Die Fledermaus*. Er ist nicht der Davies in Harold Pinters *Der Hausmeister*, nicht Mister Elwood P. Dowd in *Mein Freund Harvey* von Mary Chase. Ganz zu schweigen von der Figur des Willy Loman, den er einst in Arthur Millers *Der Tod des Handlungsreisenden* so brillant verkörperte, oder die des Estragon in Samuel Becketts *Warten auf Godot*. Er hat all diese Rollen gespielt – von den Kritikern nicht immer gelobt, vom Publikum aber meist bejubelt. Denn das schlug sich fast immer auf seine Seite, war nicht so kritisch, wenn es nur über ihn lachen konnte.

Das weiß er alles. Und er weiß eben auch, dass er einundneunzig ist und beileibe nicht mehr imstande, eine zweistündige Theateraufführung durchzustehen. Vorbei diese Zeit der Verwandlungen. Kein Kostüm, kein künstliches Haarteil, keine aufwendige Maske. Jetzt steht er auf einer überdimensionalen Bühne, der größten seines Lebens vielleicht, und ist ganz auf sich selbst reduziert. Und das muss ihm Unbehagen bereiten. Er fühlt sich nicht wohl in seiner steifen Garderobe. Zu Hause schert er sich nicht darum, da begnügt er sich mit legerer Kleidung. Eine bequeme Hose, gern aus weich-fließendem Cordstoff, Pullover oder Strickjacke, Pantoffeln. Nichts davon ist neu, sondern alles oft getragen und oft gewaschen, gerade dadurch besonders angenehm. Schließlich kommt nur noch selten Besuch. Und wenn, dann sind es gute Freunde, für die er sich nicht verkleiden muss, die ihn sehen wollen und nicht eine exakt ausgeführte Bügelfalte.

Jetzt aber, hier, im großen Saal, vor den vielen Menschen, muss es ein dunkler Anzug sein. Das gehört sich so. Ein weißes Hemd gehört sich und die blau-weiß gemusterte Krawatte dazu. Alles wirkt ein wenig zu groß an ihm. Oder sein schmächtiger Körper zu klein. Auch der Kopf, der winzig erscheint, markant aber trotzdem. Da sind die wachen Augen, das auffallend hervortretende Dreieck der Nase, das spitzbübisch-schelmische Lächeln, das nur er besitzt, das ihm trotz des Alters geblieben ist. Und das ihn selbst in komplizierten Situationen wie jetzt optimistischer aussehen lässt, als ihm dabei wahrscheinlich zumute ist.

Groß war er nie, nicht körperlich. Einen Meter fünfundsechzig maß er einst. Das hat ihn in jüngeren Jahren oft gegrämt. Jetzt werden es noch ein paar Zentimeter weniger sein. Mit dem Alter schrumpft der Mensch, trocknet aus, die Muskeln verlieren an Spannkraft. Aber jetzt spielt es auch keine Rolle mehr. Weil er keine Rolle mehr zu spielen hat. Weil er nur noch er selbst sein kann. Und eben nicht mehr sein muss. Weil sie ihn verehren, so wie er ist, wie er da vor ihnen steht, etwas unbeholfen, fast schüchtern. Das Publikum liebt ihn, auf jeden Fall die älteren Jahrgänge darunter, die, die über vierzig sind. Sie sehen diesen Mann mit verklärtem Blick an, zweitausend Gesichter, viertausend Augen. Niemand achtet in einem solchen Moment darauf, dass die einst maßgeschneiderte Anzughose inzwischen zu viele Falten wirft auf seinen schwarzen Lederschuhen.

Es ist trotzdem eine Tortur für ihn. Sein Mund ist unangenehm trocken. Die Aufregung. Nun wird er gleich sprechen müssen, auch das noch. Seine Zunge kreist nervös durch die Mundhöhle. Die schlaffe Gesichtshaut wölbt sich. Hat er den Text behalten? Wird seine Stimme auch nicht versagen? Er hat sie in letzter Zeit so selten gebraucht. Er weiß, dass sie rauer geworden ist, und spürt, dass sie über weniger Volumen verfügt. Kraftvoll war sie nie, zu hell, fast kindlich ihr Timbre, das Trauer auszudrücken vermochte, aber nicht Verzweiflung, Freude, aber keine Begeisterung. Die großen Gefühlsausbrüche hat sie auch früher nicht zugelassen. Ist das Mikrofon, das sie ihm ans Revers geheftet haben, ausreichend empfindlich eingestellt? Wird es seine Worte deutlich genug in den Saal hinübertragen? Werden die ganz hinten sie auch noch hören? Es sind nur noch wenige Meter, er hat die Couch gleich erreicht. Jeder Schritt verlangt ihm ungeheure Kraft ab, jede einzelne Stufe höchste Konzentration. Die Kniegelenke versagen lange schon ihren Dienst. Sie sind steif geworden. Auch dagegen hilft nichts mehr, weder Salben noch Tabletten. Trotzdem wirkt sein Gang nicht schwerfällig, zu zaghaft die Bewegungen, zu klein die Schritte, zu flott ihre Folge. Eher sieht es aus, als würde er tippeln. Beinahe wie es Charlie Chaplin in seinen Filmen tat, wenn er den Clown gab …

Es ist Samstag, der 15. Januar 1994. Es ist zwanzig Uhr und dreißig Minuten und vierundzwanzig Sekunden. Über zwanzig Millionen Menschen in Deutschland, Österreich und in der Schweiz haben das Zweite Deutsche Fernsehen eingeschaltet. Der Mainzer Sender überträgt live aus der Sport- und Stadthalle im österreichischen Linz die Sendung *Wetten dass …?*. Moderator Thomas Gottschalk begrüßt seinen ersten prominenten Gast: «Hier kommt ein Mann, der im Laufe seines Lebens zu einer Legende geworden ist … Man weiß, man hat mit ihm schöne Abende verbracht, damals noch im Kino, jetzt im Fernsehen … Herzlich willkommen – Heinz Rühmann!»

Bis zuletzt war es eine Zitterpartie gewesen. Dass Heinz Rühmann noch einmal auf einer Bühne stehen würde, vor den Fernsehkameras einer Livesendung zudem, die, weil sie seelenlose Maschinen sind, erbarmungslos jede einzelne seiner Bewegungen aufzeichnen, das faltengefurchte Gesicht, die entzündeten Augen, das Zittern der Hände – daran hatte niemand mehr zu glauben gewagt. Immer wieder waren in den Zeitungen Berichte über den Gesundheitszustand des Einundneunzigjährigen erschienen, die das Vorhaben schon im Gedanken ad absurdum führten, Krankenbefunde eines gebrechlichen Mannes, die nichts Gutes verhießen. Natürlich war alles maßlos übertrieben, werden seine Frau und sein Sohn später befinden, aber so sei das nun einmal mit diesen Medienleuten. Einen Schnupfen würden sie zu einer schweren Virusinfektion dramatisieren, einen Schwächeanfall zum akuten Herzproblem. Dass solche Überspitzungen manchmal nur zustande kamen, weil einige Verwandte oder Freunde sie genau so erzählten, wogegen sich die, die es besser wussten, in bedeutungsvolles Schweigen hüllten, verrieten sie natürlich nicht.

Ohnehin war es wohl die Zeit, als in den Redaktionen einiger Blätter und Sender Journalisten ihre Tage vorsichtshalber schon mal damit verbrachten, das umfangreiche Archivmaterial über Heinz Rühmann zu sichten und die wichtigsten Fotos und Filmbeiträge zusammenzutragen. Sie wollten für den Tag X gerüstet sein, probten den Ernstfall. Denn allen war klar, dass man einen wie ihn, der im fortgeschrittenen Alter die Stille so liebte und nicht zuletzt deswegen aufs Land gezogen war, in die idyllische Gemeinde Aufkirchen am Starnberger See, eben doch nicht in aller Stille gehen lassen kann. Wenn er diese Welt verlassen würde, sollte das Orchester der Medien noch einmal mit der Lautstärke aufspielen, wie er es als junger, feier- und trinkfreudiger Hansdampf in Hannover und Bremen, in München und Berlin gemocht hatte. Wer ein Orchester zum Klingen bringen will, braucht Notenmaterial. Und das musste, wenn nicht schon geschrieben, so doch wenigstens gut vorbereitet sein. Also telefonierten Reporter regelmäßig mit jenen Bekannten, die Rühmann mehr oder minder nahe standen. Wer wusste das schon so genau, viele Freunde besaß er ja nicht, zumindest das war bekannt. Also zapften sie jede Quelle an, die ergiebig erschien, von der sie annahmen, dass sie rechtzeitig sprudeln würde. Die wichtigste Nachricht durften sie nicht verpassen.

Doch so schlimm steht es um ihn noch nicht Anfang des Jahres 1994. Sicher, die Augen machen ihm zu schaffen. Es ist nicht nur die Entzündung, auch die Sehkraft lässt nach. Er war ja schon seit früher Jugend Brillenträger. Und die Gelenke schmerzen, vor allem bei feuchter Witterung, wenn vor dem Haus Regen niedergeht und die Wolken so tief hängen, dass sie das Sonnenlicht wie ein Vorhang verdecken. Er wird immer weniger, bemerkt sein Sohn Heinzpeter, Ingenieur und Professor für Arbeitswissenschaft, der ihn hin und wieder besucht. Nicht sehr häufig, denn die innige Zuneigung ist nicht mehr in dem Maße vorhanden, wie sie Vater und Sohn füreinander empfanden, ehe es zum Krach kam, damals, vor fast zwanzig Jahren. Als Heinz Rühmann heimlich mit zweiundsiebzig Jahren zum dritten Mal eine Frau zum Traualtar führte, noch eine Hertha, die geschiedene Verlegersfrau Droemer, geborene Wohlgemuth. Und ihm, dem einzigen Sohn, der noch unter dem frühen Tod seiner Mutter Hertha Feiler litt, eine Stiefmutter vorsetzte – und natürlich auch eine Miterbin. Trotzdem schaut Heinzpeter gelegentlich vorbei. Es ist schließlich sein Vater, und er hat ja auch gesehen, wie gut sie ihm tut, die neue Frau. Sie hat ihm das Lachen ins Haus gebracht, Optimismus und eine Fröhlichkeit, die ihm abhanden gekommen war, lange schon vor dem Tod von Hertha Feiler. Den körperlichen Verfall seines Vaters kann sie allerdings auch nicht verhindern, obwohl sie mit guten Ärzten befreundet ist. Und so beobachtet der Sohn besorgt, wie sein Körper schrumpft, von Besuch zu Besuch ein Stückchen mehr. Oder kommt es ihm nur so vor, weil der alte Mann auch stiller geworden ist? Noch weniger spricht, als er das in den letzten Jahren ohnehin schon getan hat? Weil mit der Beweglichkeit auch seine Ausstrahlung verschwunden ist, die Aura des zwar alten, aber dennoch dynamischen Mannes? Denn zum Laufen reicht die Kraft kaum mehr. Die meiste Zeit verbringt er in einem Rollstuhl. Wenn es ein guter Tag ist, wagt er einen kurzen Spaziergang an der Seite seiner Frau Hertha, die er Herthi nennt. Sie ist fast einundzwanzig Jahre jünger und noch gut beieinander. Sie führt ihn und stützt ihn dabei, sanft genug, um ihm nicht das Gefühl zu geben, dass er ohne sie gar nicht mehr laufen könnte.

Noch geht es. Heinz Rühmann zeigt es allen, also im Fernsehen. Vielleicht hat er sich auch deshalb überreden lassen zu diesem Auftritt. Seht her, ich lebe. Es geht mir gut. Obwohl die Gerüchte um seine Gesundheit nicht zu ihm gedrungen sein können. Vor schlechten Nachrichten schirmt ihn seine Frau ab. Sie ist es auch, die die Verhandlungen übernimmt, als die Anfrage vom Fernsehen eintrifft.

Nur wer ihr mit überzeugenden Argumenten kommt, besitzt eine Chance, auch bei ihrem Mann Gehör zu finden.

Im Herbst 1993 gibt es einen solchen guten Grund. Das jedenfalls glauben die Manager einer großen Münchner Plattenfirma, deren Mitarbeiter ein altes Lied herausgekramt haben, mit dem Heinz Rühmann Mitte der fünfziger Jahre in dem recht erfolgreichen Streifen *Wenn der Vater mit dem Sohne* sein Filmkind in den Schlaf sang: «La-Le-Lu, nur der Mann im Mond schaut zu, wenn die kleinen Babys schlafen, drum schlaf auch du ...» Um die schlichte und doch ziemlich geniale Idee in die Tat umsetzen zu können, bedarf es nicht nur der Zustimmung der Filmfirma, auch Rühmann und sein Filmsohn, der als Kinderstar einst sehr gefragte Oliver Grimm, längst erwachsen und in der schnelllebigen Branche fast vergessen, verfügen über Urheberrechte. Für Grimm, dessen früher Erfolg schon lange nicht mehr in Münzen zu messen ist, ein willkommenes Honorar. Er erinnert sich an zwanzigtausend Mark, es können aber auch fünftausend mehr gewesen sein. So genau weiß er das nicht mehr.

Rühmann dagegen lässt sich erst einmal bitten. Und trägt Bedenken vor. Eine Neuvertonung, das klingt gespenstisch in seinen Ohren, die die Ohren eines alten Mannes sind, der in einer anderen Zeit groß geworden ist als die Hitmacher und der deshalb von Computertechnik und ihren raffinierten Möglichkeiten kaum etwas versteht. Was passiert da mit meiner Stimme? Sie war jahrzehntelang sein Kapital. Einen Heinz Rühmann musste man nicht sehen, man erkannte ihn allein an seinem leicht näselnden monotonen Timbre. Und der Film – wird es ihm nicht schaden? Ob es tatsächlich solche Zweifel sind, die den pensionierten Schauspieler ernsthaft umtreiben, bleibt Spekulation. Viel näher liegt die Vermutung, dass ihm und seiner Frau der Gedanke nicht behagt, andere wollten mal wieder mit ihm einen Reibach machen. Das hat ihn immer schon gestört, selbst dann noch, wenn er sich von seinen Film- und Theatergagen alles leisten konnte, wovon er träumte, sogar eigene Flugzeuge. Und das hat ihn damals, gleich nach dem Krieg, schließlich blind gemacht für das, was er wirklich kann, und ihn in ein wirtschaftliches Desaster gestürzt, das schlimmste seiner langen Karriere. Er hat das überstanden, das Misstrauen aber ist geblieben.

Nach einigen Wochen erteilt er dann doch die ersehnte Zusage. Dass die finanzielle Offerte in der Zwischenzeit großzügig nachgebessert wurde, behalten die Verhandelnden für sich. Unter dem Strich sind es rund fünfzigtausend Mark, die er gleich bekommt; die üblichen Prozente an der Gewinnbeteiligung werden gesondert vereinbart und abgerechnet. Ein lohnender Vertrag, wie sich schnell herausstellen wird, ertragreicher als eine gut dotierte Aktie. Für ihn, für die Plattenfirma sowieso. Die Arbeit im Musikstudio nimmt nicht mehr viel Zeit in Anspruch. Parallel dazu wird aus der Filmsequenz, im Original ein Schwarzweißstreifen, ein Videoclip gebastelt und die Aufnahme nachträglich koloriert, um auf der Höhe der Zeit zu sein und die Sehgewohnheiten der Viva-Generation zu bedienen. Die Mühe lohnt sich. Mit eingängigen Synthesizerklängen im flotten Vierviertelaktakt aufgepeppt, rangiert der Titel bald unter den Bestplatzierten der nationalen Charts. Noch ehe die Plattenbosse den Erfolg wittern können, stellt er sich ein. In wenigen Wochen reichen die Händler über 250 000 Singles über die Ladentische. Das sind mehr, als je zuvor von einem Rühmann-Lied verkauft wurden. Der reißende Absatz bringt ihm eine Goldene Schallplatte ein. Dafür interessiert er sich wenig, weil er damit nichts anfangen kann. Den neuen Kontostand nimmt er dagegen gern zur Kenntnis. Wenn er nur mit einer Mark pro Scheibe beteiligt ist, stapelt sich dort bald eine Viertelmillion. War doch richtig, meint Ehefrau Herthi. Nun ist ihr Mann, um den es längst still geworden war, wieder Gesprächsthema, auch bei den Jungen. In den Videotheken steigt die Nachfrage nach seinen alten Filmen. Nicht nur *Die Feuerzangenbowle* wird verlangt. Sie ist ohnehin ein Dauerbrenner.

Aber genug ist nicht genug. Heinz Rühmann an einem Samstagabend in der beliebtesten deutschen Unterhaltungsshow – das ist es, wovon diejenigen träumen, die am Absatz der *La-Le-Lu*-Single besonders interessiert sind. Ein solcher Auftritt könnte den Verkauf weiter befördern. Alle Zeitungen würden darüber berichten. So kalkulieren sie. Der Coup wäre perfekt, ohne großen Aufwand. Selbstverständlich würden sie die Reisekosten übernehmen, einen Fahrservice organisieren und eine persönliche Betreuerin gleich dazu. Vorsorglich wird im Linzer Hotel Schillerpark eine Suite reserviert. Das beste Haus am Platz, mit allem Komfort und Blick auf die Grünanlagen. Die Nobelherberge ist für guten Service bekannt. Auch Showmaster Gottschalk träumt davon, Heinz Rühmann in seiner Sendung präsentieren zu können. «Es war Thomas' größter Wunsch», erinnert sich Fred Kogel, der Fernsehmächtige, der damals noch als Producer dabei war. «Als dann die Zusage kam, waren wir alle aus dem Häuschen.» Nicht zuletzt, weil sie wussten, dass sie damit eine Sensation landen konnten, die ihnen eine atemberaubende Einschaltquote bescheren würde. Ihr Instinkt sollte sie nicht täuschen.

Ganz so einfach geht es jedoch nicht. Hertha Rühmann signalisiert am Telefon, was sie von der ganzen Chose hält, nämlich nichts. Es geht hin und her, wird später ein Produktionsleiter der Hamburger Filmfirma von Gyula Trebitsch berichten, der an den Verhandlungen beteiligt ist. Er gilt als Vertrauter seines Chefs – der wiederum als Freund und heimlicher Agent Rühmanns –, und er kennt den Star seit mindestens zwei Jahren persönlich: seitdem er mit seinem Team die große Geburtstagsgala zum Neunzigsten des Schauspielers im Münchner Prinzregententheater auf die Beine stellte. Sie war ein großer Erfolg, 750 geladene Gäste, Schauspieler, Politiker und Künstler aus anderen Lebensbereichen. Selbst Kanzlergattin Hannelore Kohl erschien und brachte ihren Mann mit, obwohl der 7. März auch ihr Geburtstag ist. Von daher, glaubt der Kontaktmann vor dem ersten Gespräch mit dem Ehepaar Rühmann, dürfte wenigstens eine gemeinsame Basis vorhanden sein. Na ja, auf ein bisschen Vertrauen und Dankbarkeit setzt er natürlich auch.

Er sollte sich irren. Das alles hilft nämlich nichts, nicht sofort jedenfalls. Es gibt genügend Vorbehalte gegen den geplanten Auftritt. Die Gesundheit spielt sicher eine Rolle – Rühmann ist fast zweiundneunzig, da ist jeder neue Tag ein Geschenk –, aber auch das liebe Geld. Fünftausend Mark sind das übliche Pauschalhonorar. Damit wird der Auftritt eines Prominenten abgegolten, der einen neuen Film oder eine neue Platte promoten will, also auch selbst Nutzen aus seiner Fernsehpräsenz zieht. Für internationale Superstars ist die Schatulle großzügiger bestückt. Das Doppelte bis Dreifache ist durchaus realistisch. Immer noch zu wenig für einen Heinz Rühmann. Er ist nicht nur ein Superstar. Er ist ein Superstar, der unter Altersschwäche leidet, der Probleme mit den Augen hat und nur noch wenige Schritte ohne Hilfe gehen kann. Für den jeder Ausflug, selbst eine noch so komfortable Autofahrt von München nach Linz, eine Anstrengung bedeutet, die ihn überfordern könnte. Und überhaupt, er hatte keineswegs vor, noch einmal im Fernsehen aufzutreten, schon gar nicht live. Schließlich gibt es schon lange keinen neuen Film mehr von ihm, demzufolge auch keinen Grund für einen Werbeauftritt. 98 Prozent der Deutschen kennen ihn ohnehin. Mehr erreicht auch kein anderer. Mehr ist einfach nicht drin. Also, was soll's. Die Platte, ach, die interessiert ihn nicht wirklich. Gut, dass da ein bisschen Geld reinkommt. Schön, dass er immer noch so beliebt ist. Aber wusste er das nicht sowieso schon?

Heinz Rühmann erscheint dann doch, ohne Generalprobe und langatmige Vorbesprechungen allerdings. Ein Vertrag, der ihm übrigens für den Kurzauftritt fast vierzigtausend Mark verspricht, die höchste Gage, die er im Vergleich zum Aufwand jemals erhalten hat, dazu die Garantie, dass er unmittelbar vor der Sendung mit einer Mercedes-Limousine der geräumigen S-Klasse im Hotel abgeholt wird. Bevor es losgeht, zieht er rasch noch einen Mantel über. Es ist empfindlich kühl vor der Tür, nasskalt außerdem, Grippewetter. Eine Erkältung ist selbst das viele Geld nicht wert. Pünktlich, wie es seit jeher seine Art ist, steht er hinter den Kulissen bereit und fiebert dem einstudierten Frage-Antwort-Geplänkel mit dem Moderator entgegen. Viel fällt dem Blonden vor den Zuschauern dann tatsächlich nicht ein. Die Frage «Wir haben uns in letzter Zeit ja schon mal getroffen. Ich habe fast den Eindruck, Sie planen ein Comeback, dass Sie schon wieder im Fernsehen sind» meint er wohl auch nicht wirklich ernst. Die nächste ist nicht besser, aber wenigstens nach dem Geschmack des Publikums. Ein Griff tief in die Klischeekiste. Der darf nicht fehlen, weil er das Bild hervorzaubert, das sich die Menschen von ihrem Heinz Rühmann gemacht haben und all die Jahre über aufbewahrten. «Sie haben so eine Fröhlichkeit. Kommt das daher, dass Sie als Kind ein echter Lausebengel waren?» Mehr Schau als Show, die große Abendunterhaltung. Mit der Realität hat das freilich nichts zu tun. Denn wirklich gelacht, so aus vollem Herzen, hat Heinz Rühmann schon lange nicht mehr. Und seine Fröhlichkeit ist ihm spätestens in den schweren Zeiten nach dem Krieg abhanden gekommen, also vor fast fünfzig Jahren. Aber wer will das schon wissen!

Wenn er als Darsteller auf der Leinwand zu sehen ist, dann ist er immer auch selbst eine Art Leinwand, Projektionsfläche für die Phantasie des kleinen Mannes. Denn der erkennt sich in dem Mann, von dem man spricht, dem Heinz im Mond und Quax, dem Bruchpiloten, in dem Herrn vom anderen Stern, Briefträger Müller, Schneider Wibbel und Charleys Tante, im braven Soldaten Schwejk auch und in Max, dem Taschendieb, im Hauptmann von Köpenick ohnehin. Rühmann selbst hat nie gesteigerten Wert darauf gelegt, diese Illusion zu zerstören. Sein Privatleben hat er abgeschirmt wie kaum ein anderer, jeden Skandal vermieden oder schleunigst aus der Welt geschafft, wenn es in seiner Macht stand. So überzeugend wie in seinen besten Filmen und Theateraufführungen gelang ihm das nicht immer, aber er mühte sich redlich, den Schein zu wahren. Alles andere hätte ihm vielleicht die eine oder andere Schlagzeile mehr beschert, aber darauf war er gar nicht scharf. Den Ruf zu ruinieren wäre auch töricht gewesen, lag doch genau darin, in der Unbekümmertheit und Durchschnittlichkeit der Figuren, die er meistens spielte und für die er zu seinem Leidwesen dann auch im realen Leben gehalten wurde, der Grund seines einzigartigen Erfolges.

Auf die Fragen des Moderators kommt es an diesem Abend gar nicht an. Jede noch so belanglose Antwort – was soll man darauf schon sagen? – wird mit frenetischem Beifall quittiert. Die bloße Anwesenheit genügt der Masse, sie kennt Rühmanns Filme, das reicht, weil sie ihn so wie in seinen Rollen sehen will. Gesprochen wird nicht mehr viel, dafür umso mehr applaudiert, stehend, das ist man dem letzten noch lebenden Idol des deutschen Films einfach schuldig. Stellvertretend für eine ganze Nation verneigen sie sich vor einem kleinen Mann, der drei Generationen ein großer Star war. Zum letzten Mal. Der Bejubelte muss die Stimmung gespürt haben, diesen Hauch von Abschied. Ein paar Minuten nur dauert das Spektakel. Dann tritt er ab. Auf dem Weg von der Bühne bleibt er noch einmal stehen, dreht sich um und sieht zum Publikum hinüber. Eine Spur von Ratlosigkeit liegt in seinem Blick, Überraschung auch, gerade so, als sei ihm der Begeisterungssturm, diese Welle der Sympathie, dann doch unheimlich. Er winkt, und dann sieht man es noch einmal, dieses Schmunzeln, zwischen den Falten, die ihm die Jahre und das Leid ins Gesicht gruben, dieses Schmunzeln, das so charakteristisch ist für ihn, bis zu diesem Tag. Wieder Beifall, der wie eine warme Welle über ihn schwappt. Abgang schließlich. Das war's. Nie wieder wird er danach eine Bühne betreten.

ERSTES KAPITEL

Wir werden das Kind schon schaukeln

Eigentlich ist die Angelegenheit von Anfang an ziemlich klar. Trotzdem sind erst einmal die beiden jungen Männer, Kurt und Hans, mit von der Partie. Sie sollen die Sache etwas spannender gestalten, und das machen sie dann auch gut. Denn es sind durchaus passable Vertreter ihrer Spezies; nett sehen sie aus, gepflegt noch im Blaumann, und sympathisch sind sie, witzig auch, durchaus zwei Typen, die eine gestrenge Schwiegermutter in ihr Haus ließe. Das wäre positiv zu bemerken, aber wichtig ist es nicht. Weil es um die beiden gar nicht geht. Wie der Willy, der ausgesprochen attraktive Freund der beiden Herren, also der Dritte im Bunde, um die blonde Lilian, einen Mensch gewordenen Traum von einer Frau, herumtänzelt – darauf kommt es an. Wie er dieser jungen Dame aus gutem Hause schon bei der ersten Begegnung so ungeniert den Kopf verdreht, dass sie vorsichtshalber gleich freiwillig ihren Namen und ihre Telefonnummer preisgibt. Aber halt, dann ist er es, der sie zappeln lässt, ziemlich lange sogar, sie schließlich verstößt, um seine Unabhängigkeit zu demonstrieren – hey, ich bin ein Mann! soll das wohl heißen – und sich zu allem Überfluss auch noch mit seinen Freunden verkracht. Die haben sich nämlich auch verliebt, ausgerechnet wie er in die blonde Lilian. Was für ein Durcheinander, Techtelmechtel hier, Küsschen da, wo soll das nur hinführen – na, klar: Nach allerlei Irrungen und Wirrungen, die sich im wirklichen Leben so natürlich kaum zutragen dürften, schließt Willy seine

Lilian dann doch noch zärtlich in die Arme. Er sieht ihr schmachtend in die Augen, während Hans und Kurt ziemlich deppert daneben stehen und Tränen in ihre Taschentücher drücken. Auch wenn sie sich selbst ein Happy End wünschten und allzu gern an Willys Stelle stünden, sind sie ihm nicht wirklich gram. «Ein Freund, ein guter Freund, ist» eben «das Schönste, was es gibt auf der Welt ...»

Am Ende liegen sie sich irgendwie alle in den Armen und tanzen nach dem Schlager, der an diesem Abend zum ersten Mal erklingt und von da an die Herzen der Menschen im Sturm erobern wird. Zuerst in Berlin, dann in Deutschland, schließlich in ganz Europa. Der Rhythmus prägt sich schnell ein, ein Ohrwurm im Zweivierteltakt, schnittig und modern, der sich auch als Marschlied ganz gut macht und zum Mitsingen hervorragend geeignet ist. Der Text so sparsam gewählt, dass sich strapaziöses Lernen erübrigt; zweimal hören genügt da vollkommen: «... ein Freund bleibt immer Freund, und wenn die ganze Welt zusammenfällt. Drum sei auch nicht betrübt, wenn dein Schatz dich nicht mehr liebt. Ein Freund, ein guter Freund, das ist der größte Schatz, den's gibt.»

Mit dem Text des Liedes muss Heinz Rühmann, der sich stets seiner enormen Textsicherheit rühmte, übrigens ein Problem gehabt haben. Denn während der Autor einen guten Freund für *das Schönste* hält, wird der Schauspieler diesen in all seinen Niederschriften mit *das Beste* betiteln. Möglicherweise hat er es auch so gesungen, das wäre eine Erklärung, weshalb diese Passage im Film nur undeutlich zu verstehen ist. Für die Popularität des neu geborenen Hits, der sich über die Jahre zu einem echten Volkslied mausert, ist das nicht entscheidend. Kurz nach dem Filmstart wird er auch als Schallplatte produziert, seine Noten werden in einem Album für die Hausmusik auf den Markt geworfen und beides allein im ersten Jahr fünfundsiebzigtausendmal verkauft. Für damalige Verhältnisse ein überwältigendes Bekenntnis, der Siegeszug des Liedes ist nicht aufzuhalten. So viele Tonträger es in Zukunft davon auch geben wird, so eng bleibt das Lied doch immer mit dem Film verbunden und sorgt dafür, dass dieser mindestens genauso erfolgreich ist.

Der Film, der gerade seine feierliche Premiere erlebt, trägt den

Titel *Die Drei von der Tankstelle.* Damals von Deutschlands größter Filmfirma Ufa produziert, wird er später immer mal wieder kopiert, in Deutschland und anderswo, aber nie wird eine Fassung den Erfolg dieser Urversion erreichen.

Die letzten Töne gehen unter im rauschenden Beifall der Zuschauer. Der Gloria-Palast am Berliner Kurfürstendamm, ein prunkvoller Bau im Stil eines Barockpalais, ist an diesem Abend, dem 15. September 1930, bis auf den letzten Platz ausverkauft. Ein imposanter Bau, der im Inneren Feststimmung verbreitet – schon im Foyer bunter Marmor und dicke teure Teppiche – und mit seinem ausgesuchten Interieur eher an ein königliches Theater erinnert. Im Zuschauerraum bilden pastellgrüne und goldfarbene Wände einen gediegenen Kontrast zu den leuchtend roten Polstersesseln. In der ersten Reihe der bequemen Sitzmöbel sitzen die Wichtigsten des Abends, sie ist für die Schauspieler und Sänger reserviert, für den Regisseur, der sich zu dieser Zeit noch Spielleiter nennt, für Drehbuchautoren, Kameramänner, Bühnen- und Maskenbildner und nicht zuletzt für den Komponisten Werner Richard Heymann, dessen Musik für den überwältigenden Erfolg des Films so wichtig ist, wie Darsteller und Handlung es sind. Nach dem Ende der Vorführung wird er deshalb mit den anderen auf der Bühne stehen und sich vor dem Publikum verneigen. Einen Extraapplaus erhält neben ihm auch ein junger Mann, der zum ersten Mal in einem Tonfilm zu sehen ist: Heinz Rühmann. Er, der den aufgedrehten Hans spielt, wird einmal sogar allein auf die Bühne geschickt, eine Ehrung, die nur den Besten vorbehalten bleibt.

Die Atmosphäre erinnert an eine Opernpremiere. Die Herrschaften im Saal sind in Festkleidung erschienen, in Smoking oder Frack die Herren, die Damen im knöchellangen Abendkleid. Es geht sehr fein zu, später wird Champagner gereicht. Nur beim Schlussapplaus vergessen selbst einige der teuer Betuchten ihre gute Kinderstube, klatschen, johlen, pfeifen wie auf dem Fußballplatz, und mit den Füßen getrampelt wird auch kräftig. Es ist die Begeisterung, noch schwingt der Rhythmus des letzten Liedes im Saal, *Ein Freund, ein guter Freund* als Version in bester Cancan-Manier beschwingt die

Herzen der Anwesenden und offensichtlich auch deren Gliedmaßen. Sie sind ganz aus dem Häuschen, eine Euphorie, die für einige nicht erklärbar ist. Was ist das eigentlich, werden diejenigen fragen, was wir da gerade gesehen haben? Ein Tonfilm, das ist jedem klar. Aber ist es nicht auch eine Operette, eine Parodie? Schließlich trällern die Darsteller selbst in den unangenehmsten Situationen reichlich fröhlich durch die Handlung. Ja, und getanzt haben sie doch auch. Das ist schon komisch, das ist etwas Neues, registrieren sie verblüfft. Das Wort *Musical* kennen sie noch nicht, das wird erst später jemand für Filme und Bühnenstücke dieser Art erfinden, die technisch dann natürlich viel perfekter sind. Und Filmexperte Curt Riess wird sich an den glorreichen Anfang im Gloria-Palast erinnern. «Das alles ist etwas ganz Neues, sehr Charmantes, sehr Flottes und sehr Modernes», wird er 1956 in seinem Buch *Das gab's nur einmal* schreiben. «Also ein Wagnis? Aber ein Riesenerfolg ...»

Auch vor dem Lichtspieltheater drängen sich Menschen rechts und links des roten Teppichs, der für solche Anlässe ausgerollt wird. Sie wollen ihre Stars leibhaftig sehen, wenigstens wenn sie den Kinosaal verlassen, und versuchen, etwas von dem Duft aufzuschnappen, der sie, die Erfolgreichen und Begehrten, umgibt. Das gehört einfach dazu, Flair eben, wie in den guten alten Tagen. Da lassen sich die Berliner nicht lumpen; wie Feste zu feiern sind, wissen sie immer noch. Und immer noch zählt eine Filmpremiere zu den Ereignissen von gesellschaftlicher Bedeutung in der Metropole, zu der auch die Mächtigen der Macht erscheinen. Die aber ansonsten gerade dabei ist, den Glanz der Goldenen Jahre zu verlieren, die vergangen sind wie ein kurzer schöner Traum.

Nach dem verheerenden Zusammenbruch der New Yorker Börse am 24. Oktober 1929, der als *Schwarzer Freitag* in die Geschichte eingeht, grassiert die Weltwirtschaftskrise. Betriebe melden reihenweise Konkurs an, der Wert der Währung verfällt in rasantem Tempo. Das Bedrückendste daran, die Arbeitslosigkeit, ist mittlerweile auch in Deutschland eine Massenerscheinung, fast fünf Millionen stehen auf der Straße. Gleichzeitig formiert ein kleiner Wichtigtuer mit markantem Schnauzbart und ebenso auffälligem Akzent nach dem Sturz der sozialdemokratischen Regierung die tumben Anhänger seiner braunen Gesinnung. So bedrohlich erfolgreich, dass sich seine Partei, die NSDAP, bei den Wahlen erstmals zur zweitstärksten aufschwingt.

Von alldem pflegt man bei solchen Gelegenheiten natürlich nicht zu sprechen. Haben die jungen Männer auf der Leinwand nicht gerade bewiesen, dass man selbst aus einer scheinbar ausweglosen Situation noch als Sieger hervorgehen kann? Und ist es nicht genau das, was die Massen sehen und vor allem denken wollen: Leute, es ist ernst, aber nicht hoffnungslos? Schaut doch, wie einfach es geht: Kommen die drei also in ihrem blank geputzten Mercedes von einer ausgedehnten Europareise zurück und müssen feststellen, dass ihre Bank pleite und ihr beträchtliches Vermögen damit futsch ist. Da selbst Möbel und Haus gepfändet werden, besinnen sich die Schlendriane, die bisher unbeschwert von allen Sorgen in Saus und Braus lebten, der ehrlichen Arbeit. Sie verhökern ihr Auto und kaufen von dem Erlös eine Tankstelle, die nach einigen Anlaufschwierigkeiten tatsächlich Gewinn abwirft. Dass die Handlung hemmungslos an den Haaren herbeigezogen und von der Wirklichkeit mindestens so weit entfernt ist wie der Schwarzweißkintopp vom Farbfilm, stört jedenfalls niemanden. Im Gegenteil, die Menschen sind empfänglich für solche Illusionen, vielleicht auch, weil sie das Ende der euphorischen Jahre nicht wahrhaben wollen. Selbst Kritiker, die sich mit leichter und seichter Unterhaltung immer schwer tun, sind angetan. Natürlich ist es keine Kunst, aber ein schöner Spaß. Dass der Film, der zu den erfolgreichsten dieser Kinosaison gehört, von der nächsten Regierung dennoch verboten wird, hat weder mit der Qualität noch mit der Handlung zu tun, sondern mit dem Umstand, dass Menschen daran mitgewirkt haben, die ab 1933 auf einmal weniger wert sein sollen als alle anderen.

«Ich sehe die Aufgabe des Films darin, den von schwersten Existenzsorgen bedrückten Zeitgenossen aufzuheitern und ihn aus einer Atmosphäre von Pessimismus und Mutlosigkeit zu befreien», wird sich einer der Hauptdarsteller, der kleine Hans nämlich, wenige Wochen später zitieren lassen, «indem man ihn mit frischer Hoffnung und neuer Energie voll pumpt – diesen wichtigen Waffen, mit denen man den Sieg im Kampf ums Dasein zu erringen vermag.» Er meint damit nicht nur *Die Drei von der Tankstelle*, sondern auch die nächsten Lustspielfilme, in denen er sich anschickt, die Herzen des Publikums zu erobern. Später wird diese Aussage aufgegriffen werden von einem, der sie fast genauso herunterbetet, aber ganz anders meint, der im Film plötzlich eine Waffe sieht. Doch noch sind er und seine Konsorten nicht angekommen, aber sie marschieren schon. Also wird verdrängt, was Sorgen bereitet. Im Verdrängen waren sie schon immer groß, die Deutschen. Und das wird auch so bleiben, wie sich nicht einmal drei Jahre später auf fatale Weise zeigen wird.

Im Gloria-Palast vergessen sie wieder einmal alles und feiern ihre Stars, derentwegen sie gekommen sind. Ihre Stars, das sind Lilian und Willy, das zauberhafte Paar aus dem Film, aber auch Kurt und Hans, Oskar Karlweis und Heinz Rühmann. Lilian und Willy heißen übrigens auch im wirklichen Leben so, zumindest in ihrem Künstlerleben, das für sie das wirkliche sein dürfte. Zwar sind sie als Lilian Helen Muriel Pape beziehungsweise Wilhelm Egon Fritz Fritsch geboren, bekannt geworden aber sind sie als Lilian Harvey und Willy Fritsch. Das heißt, sie sind gerade dabei, berühmt zu werden. Filmproduzenten, allen voran der Ufa-Gewaltige Erich Pommer, und Regisseure glauben, das publikumsträchtige Potenzial erkannt zu haben, das in den beiden steckt, als Paar, von dem die Massen träumen wollen. Sie vermuten, dass die beiden das Zeug dazu haben, also lassen sie es darauf ankommen. *Die Drei von der Tankstelle* ist der zweite Film, in dem sie als Liebespaar in Erscheinung treten, zehn sollen danach noch folgen. Einmalig viel, nicht nur in der deutschen Filmgeschichte.

Aber es geschieht noch etwas anderes an diesem Abend. Die Zuschauer werden während der Vorführung immer wieder vom Hauptdarsteller-Pärchen abgelenkt. Und das ist ziemlich verblüffend. Denn die beiden spielen ihre Rolle nicht schlecht, jedenfalls nicht schlechter als die anderen. Trotzdem strebt ausgerechnet der körperlich Kleinste der drei Freunde, dieser Hans, der mit der Brille, auf eine unaufdringliche und zugleich unnachahmliche Weise in den

Vordergrund. Obwohl er nur ein Jahr jünger ist als Willy Fritsch, der sich bereits seit 1923 im Rollenfach des jugendlichen Liebhabers seine Filmmeriten erwirbt, wirkt er auf der Leinwand so jungenhaft wie dessen kleiner Bruder. Den aber staffiert er als Filmfigur so gekonnt mit gewitzten Eigenarten aus, dass er in mancher Szene die anderen mit seiner ausgemachten Fröhlichkeit und lausbübischen Unbekümmertheit glatt in den Hintergrund spielt. Vielleicht ist es das Kindliche an ihm, auf jeden Fall lacht das Publikum am meisten über ihn. Über seine markante Stimme, die zum ersten Mal in einem Tonfilm zu hören ist. Noch nicht durchweg so monoton, leiernd und näselnd, wie sie später in ihrer Einzigartigkeit zu seinem Markenzeichen werden soll, aber immerhin schon auffällig genug. Wohl auch über sein Gesicht, ziemlich rund, mit Pausbacken noch und auffälliger Brille auf der überproportional großen Nase. Und schließlich über dieses Grinsen. Es ist ein bisschen mehr als nur ein Lächeln, aber weniger als Lachen. Ein Grinsen wie ein nicht zu Ende gebrachter Gesichtsausdruck, der zwar Offenheit zeigt, beim Betrachter aber Verborgenes vermuten lässt. So ein Schlitzohr, werden die Premierenzuschauer an einigen Stellen denken, um im gleichen Moment das sympathische Kerlchen in ihr Herz zu schließen. Wie heißt denn der Kleine doch gleich? Moment, im Filmprospekt muss doch sein Name stehen: Aha, Rühmann, Heinz Rühmann.

Nun ist dieser kleine Frechdachs aus der lustigen Filmoperette zu diesem Zeitpunkt kein Unbekannter mehr, wie es den meisten Kinobesuchern vielleicht erscheinen mag. Natürlich ist er kein Filmstar, noch nicht. Für die ersten Versuche als Filmschauspieler, zwei Stummfilme, kann er sich wahrlich nicht rühmen. Sie sind ihm eher peinlich. Beim ersten, der im Juli 1926 seine Uraufführung erlebt, lockt ihn nämlich keineswegs ein geniales Drehbuch oder die Hoffnung auf eine große Karriere beim Film, sondern schlicht das Geld. Fünfzig Mark werden ihm für jeden der Drehtage versprochen, zehn sollen es insgesamt sein. Fünfhundert Mark für zwei Wochen Arbeit – am Theater verdient er im ganzen Monat nicht annähernd so viel. Aber dafür muss er im Atelier dann auch eine Rolle übernehmen, die überhaupt nicht zu ihm passt, schon gar nicht zu seiner

Vorstellung von einer interessanten Figur. *Das deutsche Mutterherz* heißt das Unternehmen, es wird von den Verleihern aber auch unter den Titeln *Die für die Heimat bluten* und *Das Hohelied der Mutterliebe* angeboten. Der junge Rühmann spielt einen Fiesling schlimmster Coleur, der nicht davor zurückschreckt, mit einem Gummiknüppel auf seine besorgte Mutter einzuprügeln. Auch in vielen der anderen Szenen hat er sich so zu benehmen, dass es seiner Filmmutter Margarete Kupfer immer wieder die Tränen in die Augen treibt. Tränen sind beim Film ein eigenes Kapitel. Jeder Schauspieler entwickelt seine spezielle Methode, um zum erwünschten Tränenfluss zu gelangen. Für die Kupfer muss ein Klavierspieler im Atelier Weihnachtslieder klimpern, im Frühjahr, davon ist sie so gerührt, dass sie die Stellen überzeugend spielen kann.

Künstlich erzeugte Tränen hat Rühmanns leibhaftige Mutter nicht nötig, die fließen bei ihr von ganz allein, als sie im Kino sitzt und ihrem Sohn auf der Leinwand zusieht. Das heißt, sie versucht, diesen pathetischen Schinken zu ertragen, was ihre Grenze des Zumutbaren offensichtlich übersteigt. Nach einiger Zeit rennt sie verstört aus dem Saal, weint bitterlich und ist empört. Wie konnte er nur! Später wird kolportiert, dass sie in ihrer Wut gleich einen Brief an den Produzenten verfasste: Wissen Sie denn nicht, dass mein Heinzl ein anständiger Junge ist?, soll sie ihm so oder ähnlich mitgeteilt haben. Also, geben Sie ihm in Zukunft doch, bitte schön, anständige Rollen. Auch Rühmann will diesen ersten Ausflug ins Filmgeschäft schnell vergessen, nicht zuletzt, weil er bei den Leuten dort offenbar nicht besonders beliebt war. Die sollen ihn für einen arroganten Schnösel gehalten haben, weil ausgerechnet er, der Jüngste, mit seinem dreirädrigen Diabolo-Cabriolet, einem autoähnlichen Gefährt mit Kettenantrieb und Klauengetriebe und einer Karosserie aus Sperrholz, zum Filmgelände zockelte. Als er eines Tages mal wieder nach den Dreharbeiten mit seinem Wagen losfuhr, lachten die Leute am Straßenrand. Aber nicht, weil er so berühmt war und sie ihm ihre Sympathie zeigen wollten – die Kollegen hatten sich einen Jux erlaubt und am Kühler einen großen Zettel befestigt, auf dem gut leserlich stand: «Achtung, ich bin blind!» Rühmann, der später ein begnadeter Komiker werden sollte, fand das gar nicht komisch. Ein paar Tage darauf erlebt er den nächsten Reinfall, allerdings am Theater. Als er nach einer Vorstellung in seine Garderobe kommt, findet er seinen Schminktisch plötzlich leerer vor, als er ihn verlassen hatte. Der Garderobier, den er erst kurz zuvor angeheuert hatte, war mit seiner Brieftasche, dreihundert Mark, seiner goldenen Uhr, seinem Brillantring und den teuren Manschettenknöpfen verschwunden. Eigentlich ein Fall für die Polizei, aber die Uniformierten winken ab, als sie den Namen des Ganoven hören. Den kriegen wir nie! Rühmann hatte einen gerissenen Berufskriminellen engagiert, der seit langem unbehelligt davon lebte, Leute übers Ohr zu hauen.

Die gestohlenen Sachen kann er bald ersetzen, weil ihn ein paar Monate später ein neues Filmangebot erreicht. Er wagt es noch einmal, aber es läuft kaum besser. Wenigstens steht er mit einigen Kollegen vor der Kamera, die schon große Namen haben, richtige Berühmtheiten für ihn. Adele Sandrock ist da, Paul Bildt und Elsa Wagner. Was aber zur Folge hat, dass seinen Namen keiner zur Kenntnis nimmt, nicht einmal die Kritiker. Dabei galt schon damals die alte Regel: Verschwiegen zu werden ist schlimmer als ein Verriss. *Das Mädchen mit den fünf Nullen* nennt sich das Machwerk, *ein Film von Liebe, Lotterie und Schwindel,* wie es im Untertitel heißt. Es wird im Dezember 1927 uraufgeführt – und Stummfilm-Schauspieler Rühmann kehrt reumütig zum Sprech-Theater zurück.

Dort gelingt ihm dann eine durchaus respektable Bühnenkarriere. Zurzeit ist der Achtundzwanzigjährige auf den Brettern, die ihm die Welt bedeuten, trotz allgemein beginnender Theaterkrise immerhin so gefragt, dass er regelmäßig zwischen München und Berlin pendelt, weil er gleichzeitig in der Hauptstadt am Deutschen Theater und in München an den Kammerspielen engagiert ist. Erste Auftritte hat er auch schon in Wien absolviert. Die unerquickliche Epoche der unbedeutenden Nebenrollen ist Vergangenheit, er spielt unter bekannten Regisseuren wie Heinz Hilpert, Otto Falckenberg und Julius Gellner in Stücken von noch bekannteren Autoren, William Shakespeare, Ferdinand Bruckner, Brandon Thomas, Ludwig Lenz und George Bernard Shaw. Allesamt ambitionierte Aufführungen, die in der Regel so erfolgreich inszeniert werden, dass die Vorstellungen meist ausverkauft sind. Die allerdings auch einen entscheidenden Nachteil haben: In einem Theater ist – je nachdem – kaum mehr Platz als für fünfhundert bis tausend Zuschauer. Was zur Folge hat, dass sich die letzten Jahre über vielleicht einige Zehntausend von Können und Charme und Komik des Bühnenschauspielers Heinz Rühmann überzeugen lassen konnten – einem Millionenpublikum der Kinofilme blieb er allerdings verborgen. Bis zu diesem Abend in Berlin war niemand in einen Film gegangen, um ihn zu sehen. Das sollte sich schleunigst ändern. Heinz Rühmann war fest entschlossen. Aber Wille und Vermögen allein genügen natürlich nicht. Es gehört auch immer eine Portion Glück dazu. Sein Glück trägt den Namen Erich Pommer, seines Zeichens Produktionschef der Ufa und zu dieser Zeit wohl der wichtigste Mann bei dem deutschen Filmgiganten.

Dieser Pommer – er hat sich wieder mal auf leichte Unterhaltung verlegt – war es auch, der eines Tages, es muss im Frühjahr 1930 gewesen sein, den hinlänglich bekannten Theaterschauspieler Rühmann in sein Büro bestellte. Zuvor hatte er seine Späher losgeschickt, um an den Bühnen des Landes nach brauchbarem Filmnachwuchs zu suchen. Dabei muss einem seiner Zuträger auch Rühmann aufgefallen sein. Er spielte gerade in der Komödie auf dem Kurfürstendamm das Stück *Wie werde ich reich und glücklich?* und darin einen jungen Mann, der die Zuschauer nicht nur einmal herzhaft zum Lachen brachte. Dieser junge Mann schwingt sich an besagtem Tag auf seine Evans, ein Leichtmotorrad, und juckelt zum Ufa-Gelände nach Babelsberg hinaus. Ein imposantes Terrain, damals die größten und modernsten Studioanlagen in Europa. Die schalldichte Aufnahmehalle misst allein achttausend Quadratmeter Fläche, die vier Tonfilmateliers nehmen zusammen dreitausendfünfhundert ein. Dazu einundzwanzig Schneideräume, zwölf zum Vorführen der Muster oder der fertigen Filme und über hundert Garderoben für die Schauspieler. Klingt gewaltig, nimmt sich jedoch bescheiden aus gegenüber dem, was hier bald noch entstehen wird. Das übersichtliche Gelände wächst dann zu einer unübersichtlichen Stadt mit knapp einer halben

Million Quadratmeter Aufnahmefläche. Zehn Filmateliers reihen sich aneinander, daneben die Gebäude mit zweitausendfünfhundert Kleindarsteller- und zweihundertfünfzig Sologarderoben, einige davon ausgesprochen luxuriös für die Stars. Nach Wiener Vorbild entsteht ein ganzer Straßenzug als Filmkulisse, fünfundachtzig Meter lang, vierzehn Meter breit, die Häuser fünfzehn Meter hoch, dazu ein kleines Palais, umgeben von einem Park mit Flüsschen und Teichen, Filmidylle à la Babelsberg. Im Fundus sammeln sich zehntausend Möbelstücke an, achttausend Kostüme der verschiedenen Epochen, zweitausend Perücken, achthundert Paar Schuhe und Stiefel, ein umfangreiches Waffenarsenal und eine imposante Fahrzeugsammlung – vom Fahrrad bis zum Eisenbahnwagen ist alles vertreten. Jedes Jahr werden hunderttausend Kilogramm Farbe verbraucht und eine Million Quadratmeter Holzbretter und Latten, sechzigtausend Kilogramm Nägel, sechzehntausend Zentner Gips und fast dreißigtausend Kubikmeter Sperrholz. Die Requisiten einer Welt, die nur zum Schein taugt.

Rühmann muss ziemlich siegessicher gewesen sein, denn er kam nicht einmal auf die Idee, sich für das Vorstellungsgespräch entsprechend in Schale zu werfen. Jeder andere hätte seinen besten Anzug aufgebügelt, die Schuhe gründlich gewienert und die Haare mit Pomade in Form gebracht. Nicht so Heinz Rühmann, er steht mit Knickerbocker-Hosen und einer eher sportlichen Motorradjacke, die ziemlich eng sitzt, wie es gerade Mode ist, vor dem Mann, der entscheidenden Einfluss auf seine Zukunft haben wird. Wenigstens setzt er seine Mütze ab. Die beiden Männer können sich in die Augen sehen, auch Pommer ist nicht von allzu ausgeprägtem Wuchs. Vielleicht schafft das zusätzlich Sympathie, kleine Männer wollen hoch hinaus. Der Ufa-Mann jedenfalls ist fest entschlossen, die Besetzungslücke seines neuen Filmprojekts mit dem burschikosen Motorradfahrer auszufüllen. Möglicherweise ist das auf Pommers ausgeprägte Phantasie zurückzuführen, die Rühmann bereits in der geplanten Filmrolle sieht. Aber wahrscheinlich sitzt ihm nur die Zeit im Nacken, und er hat einfach die Nase voll, weil der neue Kandidat schon der neunte ist. Alle vor ihm haben sich als ungeeignet erwiesen. Und Pommer will endlich mit der Produktion beginnen. Die anderen Hauptdarsteller, Willy Fritsch, Oskar Karlweis und Lilian Harvey, sind bereits verpflichtet, dazu die für die größeren Nebenrollen, Olga Tschechowa, Fritz Kampers, Kurt Gerron und Felix Bressart. Sogar mit den berühmten Comedian Harmonists ist ein Vertrag geschlossen. Sie sollen als Köche verkleidet in einer Szene einen ihrer Erfolgsschlager singen. Alle warten, alle haben auch noch andere Verträge – der dritte männliche Hauptdarsteller muss endlich her. Sicher ein Bonus für den Jungen, aber ganz so einfach wird es dem künftigen Leinwandhelden dann doch nicht gemacht. Auch er muss sich zunächst zu Probeaufnahmen einfinden.

Also noch einmal nach Babelsberg, dieses Mal in eines der Filmateliers in den riesigen Produktionshallen. In ihnen war in den letzten zwei, drei Jahren eine Revolution vonstatten gegangen, wenn auch nur auf technischem Gebiet. Aber das war schon teuer genug. Nach der langen und für deutsche Filmemacher durchaus erfolgreichen Zeit der Stummfilme ging es jetzt darum, Tonfilme zu produzieren, um die Vormachtstellung zu halten. Die alten Produktionshallentaugten für das neue Filmverfahren nicht, da sie vor allem aus Stahlkonstruktionen und großen Glasflächen bestanden. Das Eisen entpuppte sich schnell als empfindlicher Schallleiter, die Glaswände, die einst für ausreichend Licht sorgen sollten, als äußerst geräuschdurchlässig. Bei der Herstellung von Tonfilmen kam es nun aber darauf an, alle Geräusche zu vermeiden, die nichts mit der Handlung zu tun haben. Die Babelsberger entschlossen sich für die vernünftigste, weil schnellste Lösung. Sie bauten nicht erst lange die alten Gebäude um, stattdessen neue, die den modernen Anforderungen entsprachen. Erledigt waren die Investitionen damit noch nicht. Neue Aufnahmegeräte mussten angeschafft werden. Die waren nicht nur kompliziert, sondern auch unverschämt teuer und deshalb nur für die finanzkräftigsten Firmen der Branche erschwinglich. Die ersten brauchbaren Maschinen für Klangfilmaufnahmen kosteten bis zu einer halben Million Dollar. Wie bescheiden waren dagegen die Ausgaben für neue Scheinwerfer, denn die bisher üblichen kohlebetriebenen hatten lichtstarken Glühlampen Platz zu machen, da diese im Gegensatz zu den Vorgängern nahezu geräuschlos brannten.

Die komplizierten Licht- und Kabeltonaufnahmegeräte, die neuartigen Scheinwerferanlagen, die neben der gewünschten Helligkeit wie bessere Heizöfen Wärme produzierten, und die endlosen Kabelschlangen auf dem Fußboden müssen den jungen Rühmann einigermaßen verwirrt haben. «Es wimmelte von Menschen, alle redeten durcheinander», wird er sich erinnern. «Dazu die ungeheuren Apparate, das viele Licht, das mich blendete. Es war mehr als aufregend.» Auch die Angestellten der Studios hatten sich umzugewöhnen. Während sie früher nach gelungenen Darbietungen den Schauspielern schon mal applaudierten oder zwischendurch Witze rissen, hatte jetzt jedes Geräusch zu unterbleiben, selbst das Rascheln mit Papier. Den Mikrofonen entging nichts. Eine ganz andere Atmosphäre als in seinem geliebten Theater, wo alles irgendwie seine Ordnung hat und es beileibe nicht so hektisch zugeht. Selbst die Filmkameras mit den großen Spulen, vor denen er schon zweimal für die Stummfilmaufnahmen gestanden hatte, erkennt er kaum wieder. Die Techniker hatten sich alle Mühe gegeben, sie in halbwegs schalldichte Holzkästen zu montieren, in denen auch der dazugehörige Kameramann unterkommen muss. Der ist wahrlich nicht zu beneiden, da es in dem Holzverschlag nicht nur ausgesprochen eng ist, sondern auch heiß und stickig. Auch diese Strapazen sind ein Tribut an den Tonfilm, denn die Betriebsgeräusche der Kameras wären sonst zu laut. Sosehr man sich bei den Aufnahmen dann müht, sie können damit gedämpft, aber nicht vollständig ausgeschlossen werden. Ein leises Surren der Filmrolle bleibt in ruhigen Szenen des fertigen Films oft noch zu hören. Bei *Die Drei von der Tankstelle* ist das nicht anders.

Nachdem Heinz Rühmann den ersten Schock überwunden hat, ist er bereit, die Welt des Tonfilms zu erobern. Jetzt, hier, in diesem Studio. Das wäre doch gelacht! Für seinen Auftritt hatte er sich diesmal auch gründlich vorbereitet. Nachdem ihn Erich Pommer bei der ersten Begegnung aufgeklärt hatte, worauf es beim Film zuallererst ankommt, dass der Schauspieler als Figur optisch gut «rüberkommt», erscheint er in seinem hellen Sonntagsanzug zu den

Probeaufnahmen. Konnte er denn ahnen, dass genau das falsch sein würde! Von der Arbeit am Theater ist er gewöhnt zu übertreiben. Erst später, manchmal zu spät, wird ihm einleuchten, dass er eigentlich immer dann schlecht ist, wenn er übertreibt. Jetzt macht er erst mal weiter mit seiner gestelzten Vorstellung. Sein Freund Wolfgang Keppler, ein Schauspielkollege aus München, soll ihm dabei helfen. Aber auch das kommt nicht besonders gut an. Regisseur Wilhelm Thiele jedenfalls rümpft die Nase und fragt sich, was er mit diesem Begleitschutz bezwecken will. Rühmann wird später samariterhaft verkünden, dass er seinem Kumpan eben auch eine Chance beim Film verschaffen wollte. Was natürlich nicht der Wahrheit entsprechen kann, denn er dürfte sich zu diesem Zeitpunkt seiner Sache wohl selbst nicht sicher gewesen sein. Und dass ausgerechnet er zugunsten eines anderen auf den eigenen Vorteil verzichtet hätte, glaubt niemand, der ihn besser kannte. Es ist daher anzunehmen, dass er ihn nur mitnahm, um einen Partner für das Stück zu haben, das er den Filmleuten vorzuspielen gedachte. Vielleicht wird er sogar darauf spekuliert haben, dass sein Mitstreiter ziemlich blass neben ihm wirkt, was seine Leistung umso mehr hervorheben könnte. Doch bei all den Überlegungen hat er sich wohl selbst überschätzt. Der Auftritt geht gründlich daneben. Der Regisseur ist unzufrieden, Pommer tobt. Er hatte sich von seiner neuen Entdeckung so viel versprochen. Und was sieht er auf dem kurzen Film mit den Probeaufnahmen! Einen herausgeputzten stolzen Gockel, der Textpassagen eines französischen Lustspiels darbietet – theatralisch vielleicht brauchbar, für den Film aber völlig übertrieben. Einfach unmöglich, eine furchtbare Verwandlung. Es ist nichts mehr von dem Lausbuben zu erkennen, der vor ein paar Tagen noch in jugendlicher Motorradkluft in seinem Büro stand. Nein! Nein! Das ist nicht der Bursche, den ich kennen gelernt habe. Zu allem Überfluss kommt auch dessen Gesicht nicht eben vorteilhaft zur Geltung. Schon die Nase – viel zu groß, dieser Zinken! Aber dem wäre mit geschickter Kameraführung vielleicht noch zu begegnen. Und wenn man dem Burschen eine große Brille aufsetzen würde …

Die hat er sowieso nötig, wie ein Arzt bald feststellen wird.

Probeaufnahmen sind immer eine heikle Angelegenheit, viele von denen, die große Schauspieler wurden, sind bei solchen Gelegenheiten durchgefallen, selbst eine Greta Garbo bekam in Hollywood fast ein Jahr lang keinen Auftrag, nachdem sie einen Vorsprechtermin verpatzt hatte. Rühmann hat Glück, er bekommt eine zweite Chance. Erich Pommer hat oft ein feines Gespür für das verborgene Potenzial junger Künstler bewiesen. Noch immer glaubt er an seine neue Entdeckung. Und erscheint höchstpersönlich im Atelier, um dem verunsicherten Schauspieler genaue Instruktionen zu geben und streng darauf zu achten, dass sich sein Schützling so präsentiert, wie er ihn im Film gern sehen will. Rühmann greift auf die sicherste Rolle seines Lebens zurück. Die hat ihm noch immer Lacher eingebracht. Er fläzt sich auf einen Stuhl und mimt einen ungehorsamen Schüler, der von seinem Lehrer gemaßregelt wird. Dabei übernimmt er gleich beide Rollen, den Pennäler, der freche Antworten gibt, und den verärgerten Pauker. Damit ist er ganz in seinem Element, diesen Part beherrschte er seit seiner Jugend, als er als Schüler an einem Essener Gymnasium vor versammelter Klasse spontan seinen Mathematikprofessor imitiert haben soll, der sich verspätet hatte. Und tatsächlich, dieser Erfolg wiederholt sich vor den Filmkameras. Pommer schmunzelt zufrieden und bestellt ihn zum Vertragsabschluss.

Rühmann als Filmschauspieler – das klingt gut. Er schwebt auf Wolke sieben. Vor allem, weil er damit die Hoffnung verbindet, endlich mal genügend Geld in der Tasche zu haben. Auf diesem Gebiet sieht das Leben des jungen Mannes noch eher bescheiden aus. Seine Gagen an den Theatern sind recht dürftig. Nur die Superstars können Summen verlangen, die sie unabhängig machen. Rühmann ist zu dieser Zeit noch weit entfernt davon, ein Spitzenverdiener zu sein. Andererseits ist es damals schon wie heute. Nämlich so, dass sich der Monatsverdienst eines gut beschäftigen Schauspielers deutlich von dem eines Arbeiters abhebt, dass die schlecht bezahlten Arbeiter zu Recht klagen, die besser verdienenden Mimen aber auch nicht zufrieden sind. Ein Mann wie Rühmann erhält – je nach Rolle – achtzig bis hundert Mark pro Auftritt.

Das könnte bequem reichen für ihn und seine Frau Maria. Sie sind seit fast sechs Jahren verheiratet und die emotionalen Turbulenzen der ersten Zeit, als es die fünf Jahre ältere Angebetete noch zu erobern galt, wegen einer Wette übrigens, inzwischen vergessen. Der Ehemann Rühmann ist in erster Linie mit seinem Beruf verheiratet. Und dazu gehören auch die langen Abende nach den Vorstellungen, an denen viel gesprochen, mehr geflachst und noch mehr getrunken wird. Was den Geldbeutel mitunter empfindlich schmälert. Maria Bernheim ist zwar selber eine talentierte Schauspielerin und früher recht erfolgreich unter dem Namen Maria Herbort aufgetreten, hat ihrem Mann zuliebe aber den Beruf aufgegeben. Sie will nur für ihn, den erwachsenen Jungen, da sein. Sie pendelt mit ihm zwischen München, wo sie ständig zwei Zimmer in einer kleinen Pension reserviert halten, und Berlin, um ihm eine gute Ehefrau zu sein und eine künstlerische Beraterin, was seine Schauspielerei betrifft. Sie ist die Tochter eines bekannten jüdischen Justizrats in München und dazu eine kluge, aber auch gutmütige Person. Sie hat viel für ihn aufgegeben und wird bald merken, dass es zu viel war. Nicht genug damit, wird sie wegen ihrer Herkunft einmal alles für diesen Mann hergeben müssen, der sie hintergeht und betrügt, ohne dass er es ihr jemals danken wird.

Doch jetzt ist sie noch die Erste, die von dem Filmangebot erfährt. Und die versucht, ihren Mann zu verstehen, der aufgebracht durch die Wohnung flitzt, weil er sein Glück noch gar nicht fassen kann. In diesem Hochgefühl erscheint er am Abend auch im Theater, in dem er unter anderem mit Julius Falkenstein auf der Bühne steht. Jule ist ein freundlicher Zeitgenosse, deutlich älter als Rühmann und auch erfahrener im Filmgeschäft. Genau der richtige Ansprechpartner, denn noch ist dem jungen Kollegen völlig unklar, wie viel Geld bei seinem ersten Tonfilmengagement herauszuholen ist. Falkenstein nennt wohl keine genaue Summe, meint aber, er solle sich nicht zu billig verkaufen, die Ufa habe genügend Geld. Selbst für einen Anfänger würde die locker fünftausend Mark ausgeben. Fünftausend für einen Anfänger, dann vielleicht zehntausend für einen Star, mutmaßt Rühmann – und beschließt, eine Summe zu fordern, die irgendwo dazwischen liegt, ihn aber nicht zu frech erscheinen lässt. Natürlich würde er es auch für weniger tun, aber man kann es ja mal versuchen. Dass er offenbar doch zu wenig verlangt, wird ihm spätestens in dem Augenblick klar geworden sein, als Erich Pommer ohne Diskussion einverstanden ist: In Ordnung, siebentausend Mark!

Zu einem anständigen Filmvertrag gehört natürlich auch eine anständige Versicherung, das Unternehmen muss für den schlimmsten Fall gewappnet sein. Die wird nicht bei einer x-beliebigen Agentur abgeschlossen, weil die Ufa schließlich keine x-beliebige Firma ist, sondern ein Unternehmen mit Weltruf. Also muss es Lloyd's in London sein, ein Name, der noch heute klingt und für spektakuläre Versicherungsabschlüsse bekannt ist. Keine andere als Marlene Dietrich war es übrigens, die als eine der Ersten für entsprechende Schlagzeilen sorgte. Als ihr Stern am Filmhimmel aufging, ließ sie – vor allem auf Publicity bedacht – ihre ausgesprochen wohlgeformten Beine versichern. Heute wirken solche Eskapaden eher langweilig und interessieren die Medien nur noch, wenn es sich um Körperteile eines weltberühmten Hollywoodstars und Dollarbeträge in zweistelliger Millionenhöhe handelt.

Für das viele Geld, das Rühmann nicht auf einen Schlag, sondern nach und nach in Raten ausgezahlt bekommt, muss er dann doch mehr tun, als er erwartet hat. Vor allem, und das bedauert er besonders, jeden Morgen beizeiten aufstehen. Das ist auf Dauer ziemlich anstrengend, wenn man auf die gewohnten nächtlichen Gelage nicht verzichten will, die sich mitunter bis zum frühen Morgen hinziehen. Denn die Theaterleute, zumindest er und seine trinkfreudigen Gesellen, haben die zwanziger Jahre des wilden Berlins noch nicht verabschiedet. Sie feiern weiter, bei jeder Gelegenheit, die sich bietet. Eine erfolgreiche Premiere ist so eine, eine gelungene Vorstellung auch, und eine missglückte erst recht. Sie sitzen im Foyer und trinken Sekt aus Berliner-Weiße-Gläsern, und wenn die Theaterkantine schließt, ziehen sie weiter, nicht in eine schäbige Absteige, es muss schon das Hotel Adlon sein oder das Restaurant Horcher.

In diese Zeit sollen auch die ersten Seitensprünge fallen, die Rühmann, der Stille, stets verschwiegen hat. Er gefiel sich eher darin, sein Wesen als Mann so zu beschreiben, als sei er keiner Frau, außer der, mit der er gerade verheiratet war, zu nahe gekommen. «Ich habe nie mit Frauen gespielt», wird er scheinheilig in seinen Lebenserinnerungen vermerken. Darin steht dann auch, dass ihn seine erste Liebe zu einem weiblichen Wesen mit zwanzig ereilte, seine Mutter selbstverständlich ausgenommen, die er von jeher über alles verehrte. Eingeweihte wollen es besser wissen. Und überhaupt wird zum Thema Frauen noch anderes zu berichten sein.

Trotz seines ausschweifenden Nachtlebens findet er sich morgens pünktlich neun Uhr zu den Dreharbeiten ein und hat seinen Text gelernt. Doch ehe das erste Filmmaterial auch nur in die Kamera gespult wird, stehen Arbeiten auf dem Programm, die den Theaterschauspieler an das Einmaleins seines Berufs erinnern: Proben, die nicht viel anders ablaufen als auf den Bühnenbrettern. Textsicherheit wird vorausgesetzt, wer damit jedoch Mühe hat, bekommt zusätzlich Neger aufgestellt. Neger sind die Vorfahren vom Teleprompter, große Schiefer- oder Papptafeln, auf denen die jeweiligen Textpassagen geschrieben stehen, so groß, dass sie auch aus einiger Entfernung noch leicht zu entziffern sind. Eines Heinz Rühmann sind sie unwürdig, diese Blöße würde er sich niemals geben, er beherrscht seine Rolle aus dem Effeff. Und das wird sich ein Leben lang nicht ändern. Ein anderer Ufa-Schauspieler, das spricht sich schnell herum in einem Metier, in dem der eine dem anderen nichts gönnt, soll ohne diese Texttafeln keine Szene fehlerfrei über die Runden gebracht haben. Er ist zehneinhalb Jahre älter als Rühmann, fühlt sich als Star und besteht darauf, entsprechend behandelt zu werden. Richtig berühmt wird er aber erst ein Jahr später, 1931, als Mazeppa neben der feschen Lola Marlene Dietrich in dem Klassiker *Der blaue Engel*: Hans Albers, der mit den leuchtend blauen Augen, der Polterer, der vor allem laut und fröhlich ist oder wenigstens so tut. Der charismatische Hamburger, der Frauen und Alkohol so liebt und im Leben des Anfängers Rühmann noch eine wichtige Rolle spielen wird.

Als komplizierter erweisen sich die Gesangs- und Tanzdarbietungen, die das Drehbuch vorsieht. So richtig singen können die Darsteller eigentlich alle nicht, aber nach etlichen Probestunden klingen die Lieder einigermaßen passabel. Es kommt ja sowieso mehr auf den Rhythmus an. Was am Ende doch noch schief klingt, wird mit der schwungvollen Orchestermusik lautstark überspielt. Schweißtreibend gestalten sich die Bewegungsübungen. Bis Rühmann, Fritsch und Karlweis beim berühmten Blaumann-Ballett Arme und Beine halbwegs synchron bewegen, vergehen einige Tage. Am schönsten aber sind die Pausen, davon gibt es reichlich, da der Film Szene für Szene in Deutsch, Englisch und Französisch gedreht wird, jeweils in anderer Besetzung. Nur Lilian Harvey ist so sprachgewandt, dass sie in allen drei Versionen die verwöhnte Tochter des Konsuls spielt. Die anderen sprechen nicht einmal Englisch gut genug – oder sie beherrschen es gar nicht. Eine aufwendige Verfahrensweise, die zu dieser Zeit durchaus üblich ist, Synchronisation hingegen noch ein gänzlich unbekannter Begriff.

Um gar nicht erst in die Verlegenheit zu geraten, Krach zu verursachen, aus Versehen natürlich nur, verdrückt sich die deutsch sprechende Besetzung am liebsten, wenn sie nicht an der Reihe ist. Erste Anlaufstation ist die Kantine, nicht so sehr wegen des Essens beliebt, eher der hochprozentigen Getränke wegen, die auch tagsüber Absatz finden. Schnell begreift die Bedienung, dass die Herren Rühmann und Fritsch «Nikolaschka» bevorzugen, Cognac mit einer Scheibe Zitrone und Kaffeepulver obendrauf. Weil es ihnen so gut schmeckt und ein kleiner Rausch so wunderbar beschwingt, vergessen sie manches Mal, Maß zu halten – was für Rühmann nicht nur einmal zu brenzligen Situationen führt, vor allem, wenn am Abend noch eine Theatervorstellung zu absolvieren ist. Aber ein Lacher mehr oder weniger fällt zum Glück nicht auf, zumindest wenn er in Shaws Komödie *Soll man heiraten?* spielt.

Trotz umfangreicher Proben und sorgfältiger Vorbereitungen stellen sich bei den eigentlichen Dreharbeiten noch allerhand Schwierigkeiten ein. Sie sind nicht so sehr auf Heinz Rühmann zurückzuführen, den Neuling, der zwar hin und wieder aufgefordert werden muss, sich nicht so sehr in den Mittelpunkt zu spielen (da dieser dem Liebespaar vorbehalten bleibt), seinen Part ansonsten aber mit Bravour meistert. Sorgen bereitet da schon eher der Kameramann Franz Planer, der besagten Mittelpunkt wohl auch bei einem anderen Darsteller sieht, besser gesagt bei einer Darstellerin, und das aus ganz privaten Beweggründen. Er gibt sich nämlich besonders Mühe, Olga Tschechowa, die als die Geliebte des Konsuls in Erscheinung tritt, auf dem Zelluloid am besten aussehen zu lassen, was der eigentlichen Hauptdarstellerin natürlich zum Nachteil gereicht. Zum Glück kommt Erich Pommer – die Mentholzigarette im Mundwinkel – jeden Tag einmal vorbei und merkt früh genug, was da schief läuft. Pommer hat genaue Vorstellungen davon, wie der Film auszusehen hat, und duldet selten Diskussionen. Wer das nicht weiß oder trotzdem widerspricht, wird mit einem cholerischen Anfall bestraft und lauten Worten, die im ganzen Atelier zu hören sind. Erst redet er mit dem Regisseur, dann knöpft er sich Planer vor. Nicht weil er ihn nicht leiden kann, er schätzt sein Können durchaus, sondern weil er es für angebracht hält, ihm ein für alle Mal und unmissverständlich klar zu machen, dass nicht die aparte Olga, sondern Lilian die Hauptperson ist. Selbst wenn er mit seinem ästhetischen Filmerblick andere Neigungen verspürt, sie vielleicht zu klein, zu blass und überhaupt zu klapprig findet – die Harvey ist die neue Traumfrau, basta! Einige der 95 Filmminuten müssen neu aufgenommen werden.

Seine Gage legt Heinz Rühmann übrigens beiseite, so gut es geht. Nicht, weil er plötzlich sparsam geworden ist – diesen Charakterzug eignet er sich erst viel später an, als ihm keine andere Wahl bleibt, weil Pfennige auf einmal so wertvoll sind wie einst Zehnmarkscheine. Er hat da eine Idee, eine ziemlich ausgefallene, die nichts mit seiner Schauspielerei zu tun hat, ihm aber trotzdem nicht aus dem Kopf geht. Um sie in die Tat umsetzen zu können, das ist ihm klar, benötigt er einen ziemlichen Batzen Geld, für den er am Theater sehr lange arbeiten müsste. Aber nun weiß er ja, dass es beim Film anders zugeht. Siebentausend sind ein guter Anfang, aber lange nicht genug.

ZWEITES KAPITEL

So ein Flegel

Die Pommersche Straße Haus Nummer vier in der Nähe des Hohenzollerndammes ist eine beliebte Adresse in jenen Tagen in Berlin. Eine gepflegte Wohngegend im Stadtbezirk Wilmersdorf, hinter den Häusern ein Park, nicht weit vom Kurfürstendamm, der Flaniermeile mit den großen Kinopalästen, die noch immer erstrahlt in ihrer Pracht. Noch sind keine Bomben gefallen.

Es sind lustige Runden, die sich hier treffen in der kleinen Junggesellenwohnung unterm Dach. Gemütlich ist es auch, weil es eng ist und der Hausherr ausreichend Vorräte in der Küche aufbewahrt. Brot ist da und Obst und Fleisch und Käse, aber das alles wird nur zwischendurch rausgeholt. Eine Zigarrenkiste und Aschenbecher stehen dagegen immer auf dem Tisch und Flaschen und Gläser, leere und volle, die das nicht lange sind. Max Schmeling, der Boxweltmeister, und Eishockeystar Gustav Jaenecke kommen oft vorbei, August Euler, der den ersten deutschen Flugzeugführerschein besitzt, Carl Zuckmayer, der Schriftsteller, und Hans Bötticher, der sich Joachim Ringelnatz nennt und bei jenen Treffen beweist, dass er nicht nur ein begabter Lyriker, sondern auch erstaunlich trinkfest ist. Gelegentlich sitzen die berühmten Rennfahrer Rudolf Caracciola und Bernd Rosemeyer in der Runde und Elly Beinhorn, die berühmte Fliegerin, die 1932 als erste Frau über die Alpen flog und vier Jahre später einmal um den Globus. Eine Zeit lang findet sich auch Ehmi Bessel ein, die junge Schauspielerin vom Theater, die sich dann begehrlich an den Hausherrn schmiegt. Der geht mit ihrer Zuneigung auffällig gelassen um, denn die Ehmi ist zwar hübsch anzusehen, aber schließlich nicht die Einzige und er nicht irgendwer: «Udet mein Name, Ernst Udet, alles klar?» Ordengeschmückter Jagdflieger des letzten Krieges, des Weltkrieges, der noch nicht Erster heißt, weil niemand ahnt, dass es einen Zweiten geben wird.

Zweiundsechzig Luftsiege und Pour le Mérite, die höchste Tapferkeitsmedaille – Udet ist der Erfolgreichste unter den Überlebenden. Seitdem wird er als Held verehrt, er fühlt und gebärdet sich auch so. «Er hat sein Leben nicht gelebt, sondern gefeiert, für den Augenblick, nicht für die Zukunft. Jedenfalls so lange er konnte», sagt seine Tochter Dinah Hinz, die Schauspielerin, die – wie sollte es anders sein – unehelich zur Welt kam, als der Vater die Mutter, jene Ehmi Bessel, längst durch eine andere ersetzt hatte, und die stolz genug war, nicht nur zweite Garnitur zu sein. «Er war Flieger und Zeichner und Entertainer», weiß die Tochter, «ein Draufgänger und Hallodri und ein begnadeter Trinker, und das alles zusammengenommen mit bürgerlichen Maßstäben gar nicht zu messen. Aber er war auch ein Mann der Ehre, den Unterhalt für mich hat er immer bezahlt.»

So wie Udet ausgelassen Loopings mit seinen Flugzeugen in die Wolken schreibt, liebt er die rasanten Überschläge in seinem irdischen Leben. Eine Frau ist nur da, um Spaß zu haben und sich mit ihr zu schmücken, Geld, um es mit beiden Händen hinauszuwerfen, Ruhm, um sich anhimmeln zu lassen. Hier komm ich, was kostet die Welt! Eine Lebensauffassung, die dem jungen Rühmann gefällt, so möchte er auch sein. Vergessen der Mief der Spießigkeit, vergessen die Enge seiner armseligen Behausungen während der ersten, wenig erfolgreichen Theaterjahre. Neuerdings, es ist das Jahr 1932, gehört er zu den häufigsten Gästen im Udetschen Quartier an der Pommerschen Straße. Es ist genau die richtige Umgebung für ihn. Im Dunstkreis des weltberühmten Fliegerhelden fühlt er sich wohl und wichtig. Denn sein neuer Freund, der große Udet, ist genauso klein wie er, bevorzugt wie er dicke Zigarren – sie dürfen auch gern aus Kuba sein – und lässt sich zum Hochprozentigen nicht zweimal bitten, auch wie er. Dass der zumeist von einem Schwarm junger Frauen umgeben ist, die sich nichts Erstrebenswerteres vorstellen können, als eine Nacht mit einem echten Helden zu verbringen, macht es nur noch angenehmer. Auch der Schauspieler mag die Frauen, wenngleich er ihnen wenig vom Draufgängerischen seines Idols zu bieten hat. Während der wirklich hart am Limit lebt, tut Rühmann nur so. Ein Schauspieler eben.

Einiges wird über das Verhältnis der beiden Männer gesprochen und geschrieben werden, vieles davon stimmt nicht. Einmal ist es die Freundschaft zwischen Lausbub und Idol, wobei Rühmann komischerweise die Rolle des Lausbuben angedichtet wird. Dann wieder heißt es, der Schauspieler habe die ungleiche Freundschaft nur gepflegt, um mit Hilfe des Fliegerhelden – der eine Reihe Sonderrechte genoß, auch später noch, im Dritten Reich – selbst in schwierigen, weil kriegerischen Zeiten seinem geliebten Hobby, dem Fliegen, nachgehen zu können. Tatsächlich ist Rühmann voll des Lobes und feiert fleißig mit – solange Udet lebt. Nach dessen Selbstmord 1941 findet er andere Worte für den Flugakrobaten, sie klingen noch immer freundlich, entbehren aber nicht eines gewissen Hintersinns: «Er lebte gern und gut, das heißt teuer … Er war ein fröhlicher Zecher, der die Frauen liebte, aber kein wirkliches Glück bei ihnen fand …» Weniger nach Rühmannscher Manier in nette Worthülsen verpackt, meinte er damit wohl: Udet soff, hurte und warf das Geld zum Fenster raus. Was den Kern des einen auch trifft, die Rolle des anderen jedoch verschweigt. So hält es Rühmann meistens, was sein Leben, seine Frauen und sein Geld betrifft. Und er genießt es dabei, wenn seine Freunde so beschrieben werden, dass es auch ihm zur Ehre gereicht. Wie das die Redakteurin einer Klatschzeitung praktizierte, die Anfang der siebziger Jahre in einer Serie ernsthaft zu der Erkenntnis gelangte, Rühmann habe sich seit der ersten Begegnung stark zu dem «immer optimistischen, grundanständigen und ehrlichen Udet» hingezogen gefühlt. Viele Nächte hätten die beiden ach so Anständigen «gemeinsam beim Fachsimpeln» verbracht. Eine Gegendarstellung hat sie dazu verständlicherweise nie erhalten, obwohl die Dame es hätte besser wissen müssen. Aber vielleicht gehörte es sich nicht, den braven Hausfrauen unter den Leserinnen von feuchtfröhlichen Abenteuern und unsittlichen Ausschweifungen zu berichten. Dabei gibt sich auch Udets andere noch lebende Verwandtschaft keinen falschen Vorstellungen mehr hin: «Er war eben ein Flieger, ein ganz schöner Draufgänger, sein Lebensmotto Carpe diem.» Rühmann wird eine lange Zeit mithalten, ihm im entscheidenden Moment aber dann den Rücken zukehren.

Dem Draufgänger Udet ist er im Jahr 1932 das erste Mal persönlich begegnet. Das scheint sicher, wenn es zu den Umständen dieses Treffens auch zwei Versionen gibt. In einem Zeitungsartikel von 1969 berichtet Rühmann, den Silvesterabend 1932 und den Neujahrsmorgen 1933 an der Seite Udets verbracht zu haben. Im Alter wird er diese Variante korrigieren und von einem Faschingsball im Winter 1932 erzählen, der sich allerdings auch bis zum frühen Morgen hinzog und den sie nicht weniger trinkfreudig verbrachten. Das wäre dann zehn Monate früher gewesen. Zumindest der Ort ist in beiden Fällen der gleiche, der Ablauf ist es auch.

Man kann nicht sagen, dass es eine zufällige Begegnung ist. Das Zufälligste daran ist vielleicht noch, dass zwei Männer unabhängig voneinander beschlossen haben, besagte Nacht ausgerechnet im Münchner Regina-Hotel zu verbringen. Aber auch das ist nicht so ungewöhnlich, wie es scheint, denn wer in München zu dieser Zeit etwas auf sich hält, kehrt an solchen Tagen gern im Regina ein. Hier treffen sich die, die einen Namen haben oder es glauben. Selbst die Vermutung, Rühmann sei überhaupt nur erschienen, weil er zuvor einen Wink erhalten habe, dass der von ihm Verehrte dort feiert, scheint nicht ganz abwegig. Hatte er es doch schon lange auf eine Begegnung mit ihm abgesehen. In Berlin soll er nicht nur einmal bei Horcher aufgetaucht sein, nachdem er erfahren hatte, dass Udet dort speist. «Ernst Udet, einige Jahre älter als ich», erinnert sich Rühmann in seinem Buch *Das war's*, «war mir schon in frühen Jahren ein Vorbild. Ab und zu sah ich ihn auf meinem Weg ins Theater in einem offenen Sportwagen in ziemlichem Tempo auf die Maximilianstraße hinunter fahren, vor dem Hotel Vier Jahreszeiten stieg er auf die Bremse, drehte sich um seine Achse (...), sauste in die Einfahrt vom Hotel, ließ den Wagen stehen und warf dem Portier lässig die Schlüssel zu. Das imponierte mir gewaltig.» Alles andere aber auch.

Der Schauspieler, der sich gern als schüchtern und zurückhaltend beschrieb, es zu dieser Zeit aber keineswegs ist, lässt die Gelegenheit nicht ungenutzt. Er schreitet geradewegs in Udets Loge – dort stehen Champagnerflaschen auf und einige seiner Freunde und Verehrerinnen neben dem Tisch – und umarmt ihn herzlich, so, als seien sie seit langem gut befreundet. Das sind sie natürlich nicht, doch wenigstens beschwipst genug, was das Kennenlernen sicher erleichtert. Udet, der Großzügige, der lieber einlädt als wegschickt, fühlt sich wohl auch ein bisschen geschmeichelt. Von diesem Rühmann hatte er schon gehört. Ist das nicht der junge Schauspieler, der ein eigenes Flugzeug besitzt?

Stimmt erstens und stimmt zweitens. Heinz Rühmann ist Schauspieler, und er ist ein Fliegernarr. Die Leidenschaft hat ihn in früher Kindheit schon gepackt, als er noch mit Mutter und Vater gemeinsam in Wanne-Eickel wohnt, Bruder Hermann und Schwester Ilse auch. Ganz in der Nähe gibt es einen Wald und daneben ein großes freies Feld, auf dem die Kinder im Herbst Drachen steigen lassen. Eines Tages rücken Fremde mit anderen Fluggeräten an, größeren und komplizierteren, das sieht der kleine Heinz sofort. Und empfindlicher als sein Drachen müssen sie auch sein, denn es werden extra große Zelte aufgebaut, um sie dort unterstellen zu können. In der Zeitung erscheint eine Anzeige: *Flugtag bei Wanne!* Aber der war erst morgen, also noch lange hin, viel zu lange für einen neugierigen Jungen, aufgeregt wie selten zuvor. Also schleicht er sich heimlich auf das Gelände und wird von einem der Piloten glatt erwischt. Was ihm ausnahmsweise keinen Ärger einbringt, sondern die – sozusagen exklusive – Erlaubnis, sich die Flugzeuge in Ruhe ansehen zu können, vor allen anderen. Heinz am Ziel seiner Träume. Endlich kann er die Himmelsstürmer aus nächster Nähe bestaunen, die er sonst nur von Bildern kennt. Die akrobatischen Flugvorführungen am nächsten Tag erlebt er in der ersten Reihe, mit vor Begeisterung offenem Mund. Sie wirken auf den Jungen wie ein

Zauber und faszinieren ihn so sehr, dass er sie in seinem Gedächtnis speichert und bis ins hohe Alter erinnern wird. «Fliegen», versucht er dann zu erklären, «das bedeutet für mich das Losgelöstsein von der Erde, das Erhobensein in eine Atmosphäre, in der man sich frei fühlt, zugehörig zu den Elementen.»

Schon als Kind ahnt Heinz etwas davon, als er sieht, wie die Piloten in ihren kleinen Maschinen gen Himmel steigen, sie so geschickt steuern, dass sie Figuren fliegen, große und kleine Achten und riskante Loopings, um am Ende wieder sanft – schwebend fast wie eine Feder – auf dem Rasen zu landen; auch ein kleines Kunststück bei dieser holprigen Piste. So etwas beeindruckt jeden Jungen in seinem Alter, Heinz ist neun oder zehn und von seiner Schwärmerei fortan nicht mehr abzubringen. Er bastelt selbst Flugzeugmodelle, natürlich in Kleinformat, aber möglichst detailgetreu, am liebsten eine Rumplertaube, hängt sie in seinem kleinen Zimmer über das Bett und träumt davon, eines Tages fliegen zu können.

Wer sich so etwas erträumt, hat mitunter die verrücktesten, weil einfältigsten Ideen, warum sollte er da eine Ausnahme machen? Also nimmt er Jahre später – wenn es denn stimmt, muss es 1913 oder 1914 gewesen sein – tatsächlich Anlauf zu einem ersten Flugversuch. Zu dieser Zeit lebt die Familie Rühmann mal wieder in Essen, in dem neu erbauten Hotel Handelshof, das die Eltern gerade bewirtschaften. Eines Tages, es ist recht windig, steigt Heinz mit seinem Bruder Hermann und einem großen Sonnenschirm in den fünften Stock und dort auf einen Balkon. Die beiden Jungen haben für ihr Experiment bewusst die Mittagszeit gewählt, weil dann die umliegenden Geschäfte geschlossen und die Straßen nahezu menschenleer sind. So ist die Chance am größten, dass ihnen bei der Landung niemand in die Quere kommt. Heinz wähnt sich seinem Traum so nah, er spannt den zum Fallschirm umfunktionierten Sonnenschutz auf, einmal wie ein Vogel am Himmel schweben …

Nicht am, sondern im Himmel wäre er mit Sicherheit gelandet, wenn ihn nicht jemand in letzter Sekunde zurückgehalten hätte. Wer das war, ist nicht mehr sicher zu ermitteln. Von einem Mann aus dem gegenüber liegenden Haus steht in alten Unterlagen geschrieben, und davon, dass er das Wort *Heini* – so wird der kleine Rühmann damals genannt – einmal quer über die Straße brüllte und Besagten damit so erschreckte, dass der sich schleunigst vom Balkon verdrückte, Bruder Hermann gleich dazu. An anderer Stelle wird ein Angestellter des Hotels mit dem Ruhm des Lebensretters bedacht. Er soll die Jungen beobachtet haben, wie sie den Schirm heimlich durchs Haus transportierten. Es könnte aber auch Mutter Rühmann selbst gewesen sein, was dann die dritte Variante wäre, die überliefert ist. Demnach soll sie, von Heinz' und Hermanns aufgeregter Schwester Ilse alarmiert, den Absprung ihres Sohnes durch einen kräftigen Schreckensschrei verhindert haben. Und damit die Verwirrung perfekt ist, formuliert der Wagemutige Jahrzehnte nach dem Vorfall in einem Brief an seinen Jugendfreund Erich Schrader etwas ungelenk: «Weißt du noch? (…) Vom fünften Stock unseres Hotels wollte ich vom Balkon mit einem Sonnenschirm abspringen! Wie gut, dass du mich zurückgehalten hast!» Nun könnte es einem im Zweifel ja egal sein, wer sich tatsächlich die Lorbeeren verdiente, wäre da nicht der Umstand, dass Rühmann selbst es war, der nicht nur diese Anekdote, sondern auch all ihre unterschiedlichen Fassungen in die Welt setzte. Vielleicht ist das seinem Gedächtnis zuzuschreiben, möglicherweise aber auch der blühenden Phantasie eines Schauspielers, der ansonsten wenig Spannendes aus seiner Kindheit zu berichten wusste.

Nun war es nicht so, dass es ihm an Berichtenswertem mangelte, dennoch zog er es vor, viele Details seines Privatlebens, selbst die unspektakulären, für sich zu behalten. Das hatte bei ihm in erster Linie mit einer Art von Nähe zu tun, die er nicht schätzte. Je mehr ich über mich verrate, dachte er, desto angreifbarer werde ich. Womit er gar nicht falsch lag, wie er in seinem Leben noch schmerzhaft erfahren sollte. Ganz ohne Geschichten geht es aber auch nicht, das begriff er schon. Und so tauchen in seinem Lebenslauf immer mal wieder falsche Daten und eine Reihe von Anekdoten auf, die schön zu lesen, aber wenig glaubwürdig und auf ihren Wahrheitsgehalt nicht mehr zu überprüfen sind. Auch für den gefährlichen Sprungversuch gibt es keine Augenzeugen mehr; selbst im Archiv des Hotels, das noch existiert, ist nichts darüber zu finden. Dokumente aus dieser Zeit, so es sie gegeben hat, sind durch Kriegseinwirkung vernichtet worden. Sollte es sich damals aber tatsächlich so zugetragen haben, wird der Schüler Heinz bald im Physikunterricht erfahren, dass sich hinter der Aufregung der Erwachsenen nicht nur pure Angst verbarg, sondern das Wissen um naturwissenschaftliche Gesetzmäßigkeiten, die den verhinderten Flugkapitän aus dem fünften Stock nicht himmlisch hätten schweben, sondern tödlich stürzen lassen.

Etwa fünfzehn Jahre danach, das wiederum ist verbürgt, es muss im Spätherbst 1929 gewesen sein, ist dann der rettende Engel nicht mehr zur Stelle, als Rühmann tatsächlich in den Himmel steigt, auf dem vorderen, dem Copilotensitz einer nicht mehr ganz neuen Klemm. Diesmal ist es ein sicheres Unterfangen, angeleitet von einem professionellen Fluglehrer, einem berühmten noch dazu. Ritter von Schleich sein Name, der seit dem Ersten Weltkrieg ein Begriff ist. Mit dessen Hilfe will sich der Schauspieler, inzwischen achtundzwanzig Jahre, endlich seinen Kindertraum erfüllen. Zuvor muss er zu einem Arzt, der ihm attestiert, dass er flugtauglich ist. Der hat keine Bedenken, Rühmann erfreut sich bester Gesundheit, sein Körper ist durchtrainiert, darauf legt er Wert. Eine Einschränkung macht der Mediziner trotzdem: Da Rühmanns Sehstärke zu wünschen übrig lässt, darf er nur mit Brille fliegen, und eine Ersatzbrille soll er stets dabeihaben, für den Notfall.

Es ist ein günstiger Zeitpunkt für das luftige Unternehmen. Rühmann spielt gerade mal wieder in München Theater, an den Kammerspielen, wo er inzwischen eine feste Größe ist und oft als Hauptdarsteller von Premiere zu Premiere hetzt, denn auch Erstaufführungen werden als solche gefeiert. Der französische Schwank *Soeben erschienen* steht im September auf dem Programm, *Terzett* mit Paul Hörbiger und Maria Bard im Oktober, im November *Boubouroche* und *Der Stammgast* unter der Regie des großen Otto Falckenberg und *Grandhotel* im Dezember. Ei-ne Frequenz von Stücken, die heute undenkbar erscheint, damals aber gang und gäbe war. Das Publikum lechzt nach neuen Aufführungen, und die Theatermacher wittern das Geschäft.

Ausgerechnet in diesen Tagen erleben Intendant Otto Falckenberg und sein Ensemble ein finanzielles Desaster, an dem auch Heinz Rühmann beteiligt, aber völlig schuldlos ist. Die Schuld tragen andere, die mit ihrem vorauseilenden Gehorsam schon jetzt demonstrieren, nach welcher Fasson sich die politische Gesinnung im Land bald ausrichten wird. Unabsichtlich treffend der Name des Schauspiels, dass den Herren von bayerischer Justiz und Polizei ein Dorn im Auge ist: *Die Verbrecher*, ein Stück von Ferdinand Bruckner, das in Berlin und Wien bereits gespielt worden ist, ohne dass es zu Komplikationen mit den Behörden kam. Die Premiere am Deutschen Theater in Berlin hatte Rühmann selbst miterlebt, ein Jahr zuvor, im Oktober 1928, als Zuschauer noch. Eine furiose Aufführung war das gewesen, eine Sensation, weil schnörkellos die skandalträchtigen Themen der Zeit aufgegriffen wurden: Todesstrafe, Rechtsbeugung, Homosexualität und Abtreibung. Auf der Bühne standen Lucie Höflich, Maria Fein, Gustaf Gründgens, Mathias Wieman und Hans Albers, dahinter der legendäre Regisseur Heinz Hilpert. Das Premierenpublikum jubelte, die Kritiker verfassten Lobgesänge, aber Berlin ist eben nicht München. In der Hauptstadt werden noch Offenheit und Freimütigkeit einer Weltstadt zelebriert, in München gebärden sich schon die Nationalsozialisten immer frecher.

Die erste Aufführung in der Bayernmetropole ist für den November geplant mit Will Dohm als Kellner Tunichtgut, Therese Giehse als Köchin Puschek und Berta Drews als Wirtin Kudelka. Dazu studiert Heinz Rühmann die heikle Rolle des homosexuellen Erpressers Ottfried ein, an die er sich nicht gern erinnern wird. Das kostspielige und für damalige Zeiten ausgesprochen komplizierte Bühnenbild – es unterteilt die Spielfläche in vier Räume – ist entworfen und erstellt, die Proben befinden sich in der Endphase, als aus der Münchner Polizeidirektion völlig überraschend eine Verfügung eingeht: Aufführungsverbot! Das Stück würde gegen die öffentliche Ordnung verstoßen, heißt es, beim deutschen Publikum das Vertrauen in die deutsche Rechtspflege erschüttern und diese überhaupt verzerrt und unwahr darstellen. Zwar versucht Max Alsberg, der Rechtsanwalt der Kammerspiele und einer der berühmtesten Strafverteidiger, diese verdrehte Inhaltsangabe in einem Schreiben wieder geradezurücken und den Gesetzesparagraphen über das Recht der freien Meinungsäußerung ins Feld zu führen, Erfolg hat er damit aber nicht.

Zu einer Aufführung kommt es dennoch, einer einzigen, geschlossenen, vor ausgesuchtem Publikum am 28. November. Geladen sind diejenigen, die für die geistige Prominenz der Stadt gehalten werden, alle, die Rang und Namen vorweisen können, Justizminister und Polizeipräsident inklusive. Sie sollen entscheiden, ob die Kritik an dem Stück berechtigt ist. Und erleben eine künstlerisch anspruchsvolle Aufführung, keinen Klamauk, nichts von Boulevard. Dohm und Drews begeistern, auch Giehse überzeugt, Rühmann hingegen nicht so sehr. Seine Darstellung eines Homosexuellen bleibt deutlich hinter der Gründgens' in Berlin zurück. Die Zuschauer sind trotzdem begeistert, ändern aber kann ihr Beifall nichts. Denn die von Amts wegen Recht und Ordnung vertreten, sehen zwar die gleiche Vorstellung, aber mit anderen Augen. Alles umsonst, Verbot bleibt Verbot.

Wenngleich Rühmann über diese Entscheidung nicht froh gewesen sein kann – ist er doch in erster Linie Theatermann –, hat sie für ihn auch einen positiven Effekt: Ihm bleibt mehr Zeit für die Fliegerei. Die Flugstunden finden morgens statt. Gestartet und gelandet wird auf dem Oberwiesenfeld, dem späteren Olympiagelände. Es ist bitterkalt in den ersten Wochen, die Maschine verfügt noch nicht über ein geschlossenes Cockpit, sodass ihm der Wind jedes Mal frostig ins Gesicht bläst, wenn er seine luftigen Lehrstunden absolviert. Das ist unangenehm, aber auszuhalten. Er ist in den Münchner Leichtflugzeug-Club eingetreten, um endlich fliegen zu lernen, jetzt sofort, so schnell es geht. Am Wetter wird es bestimmt nicht scheitern!

Aus dieser Zeit hat Heinz Rühmann – was sonst nicht seine Art war – immer gern die tollsten Geschichten erzählt. Einmal, im Mai 1939, ausgerechnet einem Journalisten des *Völkischen Beobachters*, des Kampf- und Hetzblatts der Nazis, das auf urdeutsche Heldengeschichten eingepeitscht war. Entsprechend wird der Text mit der Überschrift *Heinz Rühmann: Mein furchtbarstes Flugerlebnis* versehen und der Schauspieler als Held dargestellt. Da der Artikel am Ende mit dessen Unterschrift gezeichnet ist, steht zu vermuten, dass er ihn auch autorisiert hat. Nun sind Sportpiloten sicher ein ganz eigener Menschenschlag und zu allerlei Kapriolen bereit, manchmal auch notgedrungen – dass der beschriebene Flug jemals so stattgefunden hat, darf dennoch bezweifelt werden: «Tja – das war denn damals! So fängt jeder waschechte Flieger seinen Garn an – und so will ich denn keine Ausnahme machen: Damals, ja, da war ich noch ein hundertprozentiger ‹Luftsäugling›, ein ‹Wolkenbaby›, das ohne autoritäre Begleitung nicht in höhere Sphären durfte; gerade hatte ich meine vorgeschriebenen Ausbildungskilometer hinter mir und stand kurz vor dem dicken Ende, der Abschlussprüfung. Mit den anderen Kursteilnehmern hocke ich vor der ‹Knochenmühle›, der feuerroten Messerschmidt unseres ebenso berühmten wie berüchtigten Fluglehrers Stöckmann. Da kommt er. Es geht los. Ich klettere hinein. Jemand reicht mir was: einen Knochensplitter! ‹Aus meiner Mittelrippe›, bemerkt er seelenruhig, ‹als Talisman!› Allmächtiger; ich stammle Dank. Der Propeller rast. Wir steigen. Stöckmann rührt mit dem Knüppel wie in Kuchenteig. Meine Eingeweide reagieren sinnvoll. Plötzlich eine kleine Rolle, ein verteufelter Abrutscher übern linken Flügel, ein sausender Looping – ich rieche den schwelenden Motor, dann – rast die Maschine mit Vollgas abwärts! Die Erde wächst, wächst! Stöckmann! Will denn der Mensch nicht abfangen? Ich sehe hin – Himmel, der Kerl ist ohnmächtig geworden, sein Kopf baumelt wie ein Pendel hin und her. Was tun? Keine Zeit zum Denken … Gas weg und drücken, drücken, drücken … Es ging gerade noch mal gut aus. Dicht vorbei gewutscht am Gasometer! Ich lande – jemand klatscht hinter mir begeistert. Stöckmann! Er grinst und hat eine Zigarette im Schnabel …» Angeblich, wird am Ende aufgelöst, war der Ohnmachtsanfall nur gespielt, um das Reaktionsvermögen des Flugschülers Rühmann zu testen. Ob's stimmt? Rühmann sagt es eingangs ja selbst: «Fliegergarn.»

Andere abenteuerliche Geschichten aus jener Zeit des Anfangs tauchen auf, als es 1941 einen Film zu bewerben gilt, in dem Heinz Rühmann *Quax, der Bruchpilot* ist. Nur einige davon sind belegbar, weil es noch Menschen gibt, die damals dabei waren. In dem bayerischen Dorf Eglharting etwa, wo er am 30. Januar 1932 seinen Rückflug nach München infolge einer unfreiwilligen Notlandung unterbrechen muss. Er ist am Morgen dieses Samstags mit seiner Frau zu einem kleinen Ausflug nach Rosenheim aufgebrochen. Die Luft ist eisig, aber herrlich klar, ideales Flugwetter. Das ändert sich auf der Rückreise schlagartig, dichte Nebelschwaden ziehen auf, und das ist so ziemlich das Schlimmste, was passieren kann. Über Navigationsgeräte verfügten die Maschinen von damals noch nicht, sodass der Blindflug für das Paar eine Gefahr darstellt, die tragisch enden könnte. Als so bedrohlich erweist sie sich dann doch nicht, da Rühmann schnell eine Wiese erspäht, die ihm groß genug und geeignet erscheint, eine Landung zu wagen, die auf der Hubbelpiste beruhigend sicher gelingt. Flieger nennen es Geburtstag, wenn sie eine brenzlige Situation heil überstehen, und ein Geburtstag muss gebührend gefeiert werden. Den Wirt vom Dorfgasthof wird es gefreut haben, sein Umsatz war selten so hoch wie an diesem Nachmittag. Ein gutes halbes Jahr zuvor war schon einmal ein solcher Geburtstag angesagt. Rühmann, als Flieger noch unerfahren, war in der Nähe von Berlin mit einer klapprigen Sportmaschine unterwegs, als er aus etwa dreißig Meter Höhe abschmierte. Das hätte leicht sein letzter Flug sein können, doch obwohl er kopfüber und mit einiger Wucht auf dem Boden aufsetzte, kam er mit ein paar harmlosen Blessuren davon. Dass eine solche Bruchlandung ausgiebig begossen werden musste, war selbstverständlich. Einen auf den Schrecken, einen auf den Schutzengel, prost!

Reichlich zu feiern gibt es auch im Frühjahr 1930, nach Rühmanns Flugprüfung. Denn die geht, im Gegensatz zu der abenteuerlich beschriebenen Generalprobe, absolut vorschriftsmäßig und wesentlich weniger dramatisch vonstatten. Drei Starts, drei Landungen – bei Wind von vorn, von hinten und von der Seite –, kein einziger Zwischenfall. Noch ehe er dem Ruf seines nächsten Engagements ans Deutsche Theater nach Berlin folgen muss, ist er

Deutschlands erster fliegender Schauspieler. Er hat den ersehnten Pilotenschein mit der Nummer 388 in der Tasche – und Fliegerikone Ernst Udet zum Vorbild.

Nun ist dieser Udet aber ein gefährlicher Mann, zumindest wenn er nach einer durchzechten Nacht mit entsprechendem Alkoholpegel in sein Flugzeug steigt. Und Heinz Rühmann ist in höchster Gefahr, wenn er sich zu gleichem Tun verleiten lässt. So geschehen nach dem ersten gemeinsamen Trinkgelage in besagtem Regina-Hotel. Während Udet als Kampflieger einen Krieg überstanden und so manchen Absturz überlebt hat und sich allein schon deshalb für unbezwingbar hält, hätten dem Hobbyflieger Rühmann Bedenken kommen müssen – zu viel Alkohol, zu wenig Schlaf. Reagiert hat er nicht, diese Blöße wollte er sich wohl doch nicht geben. Wie verabredet erscheint er gegen Mittag auf dem Flugplatz Oberwiesenfeld, lässt seine Maschine aus dem Hangar schieben und steigt ein. Udet gibt noch schnell die Route vor, dann fliegt er voran, an einer dicken Zigarre kauend. Zum Englischen Garten, zwei Ehrenrunden, dann zurück, ein paar Achten geflogen, einen Looping auch und dann die Landung. Udet freilich – jawoll, ich bin's! – fliegt noch eine Extraschleife und dann durch eine Halle, die vorn und hinten offen ist. Das gehört zu seinem Standardprogramm, so wie er im Tiefflug mit einer Tragfläche ein Taschentuch vom Boden aufzuheben vermag, ganz zu schweigen von seinen berühmt-berüchtigten Brückenflügen, nicht drüber, sondern drunter. Nicht von ungefähr darf er sich mit dem Titel Kunstflugweltmeister schmücken.

Rühmann ist längst gelandet, etwas wacklig auf den Beinen, und wartet in der Kantine auf ihn. Das war das erste gemeinsame Flugabenteuer der beiden, es wird nicht das letzte bleiben. Doch die verrücktesten Sachen stellen sie nicht in der Luft, sondern in Udets Berliner Wohnung an. Natürlich nicht mit einem Flugzeug, dort sind Waffen ihre beliebtesten Spielzeuge. In der Weihnachtszeit jagen sie mit Udets Colt einen Karpfen, der aufgeregt in der Badewanne schwimmt. Aber eigentlich ist Udet auf andere Ziele spezialisiert. Er beherrscht eine Nummer, mit der er im Zirkus auftreten könnte und die bei Frauen mächtig Eindruck schindet. Allerdings nur, wenn er jemanden findet, der mutig genug ist, seine «Zielscheibe» zu halten. Auf die Spitze einer Zigarre hat er es abgesehen, die er dem Tapferen zielsicher aus den Mund schießen will. Ein, zwei Schuss, dann dreht er sich um, damit die Sache etwas spannender wird, und zielt über seine Schulter.

Auch Heinz Rühmann entwickelt sich zu einem Waffennarren. Er wird sich einmal beim Reichsbund Deutsche Jägerschaft anmelden und sich nicht daran stören, dass der oberste Jagdherr kein Geringerer als Hermann Göring ist, seines Zeichens Reichsmarschall und enger Vertrauter Hitlers. Mit dem Jagdausweis wird er gleichzeitig die Mitgliedschaft bei der Deutschen Versuchsanstalt für Handfeuerwaffen e. V. erwerben, eine jährliche Jagdscheingebühr von fünfzig Reichsmark zahlen, dazu einen Haftpflichtversicherungsbeitrag von zehn Reichsmark fünfzig. Als eingetragener Jäger wird er berechtigt sein, Waffen zu besitzen, Jagdgewehre und eine Pistole. Er wird sich für eine Browning, eine 6.35er, entscheiden. Die wird er stets in seinem Haus griffbereit halten, die schlimmsten Stunden seines Lebens dann aber auch damit nicht verhindern können. Was nützt schon eine kleine Pistole, wenn einem russische Soldaten gegenüber stehen, mit Hass in den Augen und entsicherten Maschinengewehren im Anschlag ...

Doch noch ist die dunkle Zeit, die dunkelste überhaupt, nicht über Deutschland hereingebrochen. Aber erste Anzeichen von dem, was da kommen wird, gibt es schon, es brodelt im Land: Über fünf Millionen Menschen sind arbeitslos. 6,4 Millionen Deutsche wählen im September 1930 Hitlers Partei, die NSDAP, die mit 107 Sitzen in den Reichstag einzieht. Im folgenden Januar werden in großen Betrieben die ersten Nationalsozialistischen Betriebszellen als Gegengewerkschaften installiert. Im Oktober des gleichen Jahres schließen sich die Erzkonservativen und Reaktionären zur Harzburger Front zusammen, um gegen die sozialdemokratische Regierung Stimmung zu machen.

All das kümmert Heinz Rühmann nicht, auch nicht, dass die ersten Nazis auf der Straße schreien: «Juden raus!», obwohl seine Frau Maria doch Jüdin ist. «Ich bin Schauspieler», sagt er schon damals und wird es immer wieder sagen, «ich bin unpolitisch.» Überblättert er den politischen Teil in der Zeitung, überhört er denselben im Rundfunk? Eine Haltung, die ihm nicht exklusiv erhalten bleibt, sie wird von vielen beansprucht, weil sie bequem ist und alles entschuldigen soll. Ein Rühmann denkt nicht an die große Politik, er denkt in schlichteren Kategorien. Das Fliegen ist wichtig für ihn, das Theater und natürlich der Film. Letzterer bringt ihm gleich zwei Vorteile, nämlich Geld und Ruhm.

Wie sich das anfühlt, weiß er, seitdem er den Hans gespielt hat, den jungen Möchtegern in *Die Drei von der Tankstelle*, dem Kassenschlager, durch den ihn Millionen von Kinobesuchern im gesamten deutschsprachigen Raum kennen lernen. Dessen überwältigender Erfolg führt dazu, dass ihn die Herren der Ufa ab sofort auf ihren Besetzungslisten ganz weit oben vermerken. Nun können und wollen sie nicht mehr an ihm vorbei. Und Ziehvater Erich Pommer ist stolz, sein Talent für den Film als Erster und rechtzeitig erkannt zu haben.

Noch während die *Tankstellen*-Filmoperette in den Kinos läuft und im Erfolg nur knapp dem *Liebeswalzer* nachsteht, ebenfalls mit Harvey und Fritsch in den Hauptrollen, beginnen die Dreharbeiten zum nächsten Rühmann-Erfolg. *Einbrecher*, so der Titel des Streifens, klingt dramatisch, die Handlung des Drehbuchs von Robert Liebmann nach Louis Verneuil ist es kaum. Wieder dreht es sich um ein Traumpaar, wieder sind es Harvey und Fritsch, als Renée und Durand. Rühmann dagegen kommt in seiner neuen Rolle als trotteliger Liebhaber Sérigny daher. Er verzehrt sich nach der kapriziösen Reneé, die mit einem alten Puppenfabrikanten verheiratet und ziemlich unglücklich ist. Sérigny wittert seine Chance und bringt ihr allerlei Gefühle entgegen. Was nur so lange Erfolg verspricht, bis ein Einbrecher ihr Rendezvous abrupt beendet, ziemlich frech zwar, dafür umso charmanter. Und da es sich bei dem Kleinganoven Durand um Willy Fritsch handelt, ist der Rest schnell erzählt: Renée verliebt sich in ihn, ihr Mann gibt sie nach einigen Turbulenzen frei, sie werden ein glückliches Paar. Das Ganze wird von Friedrich Hollaender, der kurz darauf seinen Welthit *Ich bin von Kopf bis Fuß auf Liebe eingestellt* komponiert, mit reichlich Musik unterlegt, die wir heute vielleicht kitschig finden, die damals aber ein Renner war.

Es ist genau das richtige Programm für die Taschentuch- und Schluchzfraktion im Kinosaal, der allerdings unangenehm aufstößt, dass die schöne Lilian diesmal als sexuell unbefriedigte Gattin in Erscheinung tritt, die einen potenten Beischläfer sucht. Ihre Fans wollen die Liebste lieber als Liebchen sehen. Premiere ist noch im selben Jahr, eine Woche vor Weihnachten, und wieder im Gloria-Palast, dem edlen Präsentiergebäude der Ufa-Filmer. «Die Pommer-Leitung setzt alle Mittel des Films für die Organisierung heiteren Scheinlebens ein», kommentiert der *Filmkurier* einen Tag später, am 17. Dezember 1930, und zählt auf, was dessen Kritiker für Qualität hält: «bewegte Zeichnung der Handlung durch Kamera und Mikrofon, zu Tanz und Quickheit entfesselte Schauspieler, (...) vielseitig genutzte Musikwirkung». Heinz Rühmann besorgt sich die Zeitung. Nach den ersten Absätzen dreht sich alles in seinem Kopf, es ist ein wirres Durcheinander von Text: Film pour film ... technische Titanen-Arbeit ... Millionärs-Oper ... Wort-Hokuspokus ... Dann kommt er endlich, sein Name, und wie: «Den leichtesten Sieg hat Heinz Rühmann. Der jugendliche Komiker alter, dankbarer Schule. Lacher auf Lacher, wenn er nur etwas hinsagt, oder eine Bewegung macht. Der Spontandarsteller fürs Publikum.» Von wegen spontan, von wegen nur so hingesagt! Der Kritiker hat doch keine Ahnung. Genauso wenig wie Rühmann in diesem Moment davon, dass ihn diese Einschätzung ein Leben lang begleiten wird. Sein Spiel vor der Kamera wirkt so leicht, so nebenbei erledigt, als würde er mal eben durch die Szene huschen und seine Sätze nur so fallen lassen. Dass dahinter höchste Konzentration und penible Vorbereitung stecken, dass jeder Schritt und jede Bewegung geprobt und jedes Räuspern und Schmunzeln trainiert sind, will das Publikum nicht sehen, soll es ja auch nicht. Die Sache mit der Scheinwelt war schon richtig bemerkt. «Eine klebrig-dicke Tonfilmsauce», registriert denn auch der Berliner *Börsen-Courier* in gewohnt kritischer Manier. Was aber weiter nichts macht, wer liest schon Zeitung, wenn er im Kino sitzt. Sollen sich doch die Herren Kritiker mit intellektuellem Tiefgang und Realitätstreue herumschlagen, an der Kinokasse wird anders abgerechnet, in barer Münze nämlich.

Was das betrifft, kann auch Heinz Rühmann nicht klagen, das Unternehmen Film lässt sich gut an. Die Ufa-Chefs nutzen den Hype, schließen mit ihm schnell einen Jahresvertrag ab, und schon steht er wieder im Babelsberger Atelier. Es ist Anfang Oktober und die Arbeit an *Einbrecher* eben erst beendet. Es werden nur die Bauten ausgewechselt, der Regisseur und die Darsteller, schon geht's weiter, noch im gleichen Monat. Bereits Anfang Februar soll Rühmanns dritter Tonfilm in den Kinos anlaufen.

Diesmal ist er als Selbstmordaspirant Hans Herfort – wieder ein Hans – in der Berliner Unterwelt neben Lien Deyers, Hermann Speelmans, Raimund Janitschek und Hans Leibelt *Der Mann, der seinen Mörder sucht.* Es ist eine Art Kriminalgroteske nach amerikanischem Vorbild, das Drehbuch eine Gemeinschaftsarbeit von Curt Siodmak, Ludwig Hirschfeld und Billy Wilder. Robert Siodmak übernimmt den Regieposten. Es ist nicht die überzeugendste Arbeit des ehemaligen Bankangestellten aus Dresden, er kann es besser und wird später unter Beweis stellen, dass er in seinem neuen Fach höchst begabt ist, so begabt, dass sie ihn sogar in Hollywood umwerben, in der Traumfabrik. Aber schon jetzt, bei den Dreharbeiten in seiner Heimat, zeigt sich, dass die Welt des Films – selbst oder gerade in diesen Zeiten – eine ganz eigene ist. Während Arbeitslosigkeit und Resignation immer mehr Menschen erst in die Enge, dann in die Verzweiflung und zuletzt in den Freitod treiben, wird im Studio gescherzt und gelacht. «Als wir das Drehbuch schrieben und später beim Drehen amüsierten wir uns derart über unsere eigenen Gags, dass wir vor Lachen dauernd auf dem Boden lagen», weiß der Regisseur zu berichten. Den Leuten vom Film geht es gut, die Ufa zahlt respektable Gagen und kümmert sich auch sonst beinahe familiär um ihre Zugpferde. Es ist selbstverständlich, dass die Stars zum Dreh von einem Chauffeur abgeholt werden. Die Wichtigkeit der Schauspieler wird schon mit dem jeweiligen Nummernschild dokumentiert: Die Harvey fährt unter «IA-1111», Fritsch «IA-1212», Rühmann später «IA-1004».

Während das Land wirtschaftlich in Agonie versinkt, die Demokratie bereits am Anfang ihren Endpunkt erreicht, blühen die Geschäfte des größten deutschen Filmunternehmens. *Liebeswalzer*, *Die Drei von der Tankstelle*, *Der Kongress tanzt* – musikseliger Frohsinn, künstliche Ausgelassenheit, dummdreiste Frechheiten, alles weitab jeglicher Realität – süßer Filmbrei zum Verkleistern der Köpfe. Die Deutschen honorieren es dankbar, über zweihundert Millionen Eintrittskarten werden jährlich verkauft. Auch in schlechten Zeiten ist Lachen die beste Medizin.

Als *Der Mann, der seinen Mörder sucht* in die Lichtspieltheater kommt, lacht keiner mehr. Das Publikum fühlt sich verschaukelt. Die Handlung ist zu realistisch, der Humor viel zu schwarz. Der Film erzählt die Geschichte eines jungen Mannes, der verzweifelt und verschuldet ist und deshalb beschließt, seinem kläglichen Dasein ein frühzeitiges Ende zu bereiten. Gleich zu Beginn ist Heinz Rühmann als Lebensmüder zu sehen, wie er vor einem Spiegel steht und mit dem Lauf eines Revolvers die Schläfe nach der geeigneten Stelle für den erlösenden Schuss abtastet. Ehe er abdrücken kann, klettert ein Einbrecher durchs Fenster in seine Wohnung und unterbricht das inszenierte Finale. Anstatt ihn mit der entsicherten Waffe in Schach zu halten, bietet er dem fremden Eindringling ein Glas Wein an. Dann schließen die beiden Herren einen Pakt: Hans, der noch immer sterben will, verspricht dem Einbrecher all seinen Besitz, wenn der ihn bei nächster Gelegenheit ins Jenseits befördert. Für den Ganoven ein akzeptabler Deal, er wird schriftlich festgehalten, Hans setzt ein entsprechendes Testament auf, sie verabschieden sich. Jetzt braucht er nur noch zu warten. Er sieht sich am Ziel seines aussichtslosen Weges, bis – ja, bis er einer jungen Frau begegnet, in die er sich Hals über Kopf verliebt. Vom Tod will er plötzlich nichts mehr wissen, aber das kann der Einbrecher ja nicht ahnen …

Wer will das denn sehen, gerade jetzt! Schmonzetten, die sind stets willkommen, und alle Plattheiten aus einer anderen Welt. Aber diese Geschichte ist einfach zu dicht am Leben. Und dieses Leben viel zu beklemmend, um sich darüber lustig machen zu können. Hans muss seinen Mörder bald woanders suchen, jedenfalls nicht auf der Leinwand, der Film wird abgesetzt, verschwindet in den Archiven. Aber wie das so ist im Panoptikum der Kunst, wenigstens Kritiker verstehen Spaß, wenn er nur ernst genug ist. Sie sind dem Geschmack ihrer Zeit schon voraus oder irren sich einfach. Heinz Rühmann soll es recht sein, er schneidet bei allen am besten ab. Beim Publikum, weil er im ganzen Durcheinander wenigstens die arme geschundene Kreatur verkörpert, mit der es sich identifizieren kann. Und bei den kritischen Federn des Feuilletons, die Lobeshymnen auf ihn dichten. «Heinz Rühmann, ein Schauspieler, über den noch lange nicht genug geschrieben ist, den man wirklich einen Typ nennen könnte», befindet man im Berliner *Kinematograph*. «Einen Typ, äußerlich so etwa wie Harald Lloyd. In der Art sich zu geben, eine feine Annäherung an Buster Keaton. Aber nicht etwa Parodie, keine Nachahmung, sondern etwas ganz Besonderes, eben Heinz Rühmann ...» Und selbst Kritikerpapst Herbert Jhering, der Anerkennung mitunter nur äußerst sparsam verteilt, überschlägt sich fast: «Die Darstellung des Mannes, der aus der Welt möchte, war ausgezeichnet. Heinz Rühmann, der im Tonfilm nahe daran war, sich an zappelige Operettennuancen zu verlieren, ist hier von einer reizenden Ruhe, von einem köstlichen Phlegma. Das ist seine Natur!» Na also. Aber es kommt noch besser für den jungen Mimen, ein neuer Filmstoff liegt schon bereit.

Heinz Rühmann durchlebt die vielleicht beste Phase seines Lebens. Alles scheint ihm zuzufliegen; was er anpackt, wird ein Erfolg, wenn manchmal auch kein finanzieller, dann wenigstens für seinen Ruf. Sein Name ist mittlerweile ein Begriff, auf den Filmplakaten erscheint er nicht unbedingt an erster Stelle, aber in großen Lettern. Doch schnellen Erfolg vertragen die wenigsten gut, Rühmann bildet da keine Ausnahme. Seine Ehefrau bekommt das schnell zu spüren. Er schlägt ihre Ratschläge aus, bezieht nicht mit ihr die Wohnung an der Salzbrunner Straße in Wilmersdorf, sondern mit dem befreundeten Schauspieler Carl Günther. Der sich als begnadeter Märchenerzähler entpuppt, wenn man ihn nach seinem Leben und seiner Herkunft fragt, von sich aber nichts preisgibt. Die Nachbarn im Haus werden bald tuscheln, die neuen Mieter sind ihnen nicht geheuer. Was sind das für feine Pinkel? Eenen Hausdiener ham se ooch. Die beiden Männer kleiden sich wie eineiige Zwillinge, grauer Flanellanzug, weißes gestärktes Hemd, schwarze Strickkrawatte und Hut. Und wenn sie die Wohnung verlassen, führt jeder einen Drahthaarfox an der Leine. Und die Nase ziemlich hoch. Man ist schließlich nicht irgendwer, man ist Künstler. Maria bleibt in München zurück, ihren Ehemann sieht sie selten. Hat sie ihren Beruf aufgegeben, um ihn erst wochenlang gar nicht und dann in einer oberflächlich-witzigen Klamotte zu sehen? Nein, das kränkt sie, unter Kunst versteht sie anderes. Unter einer guten Ehe auch. Sie beklagt sich bei ihrem Mann – und der bei seinem Freund: «Die Maria ist so anstrengend, sie ist furchtbar eifersüchtig.»

Rühmann hat andere Dinge im Kopf – und wenig Zeit für die Liebe. Tagsüber steht er vor der Filmkamera, abends auf der Bühne, irgendwann dazwischen sind Proben angesetzt. Im Dezember spielt er neben Peter Lorre, Theo Lingen und Lotte Lenya in *Die Quadratur des Kreises* am Berliner Theater am Schiffbauerdamm. Es ist nicht das erste Haus am Platz, aber gut besucht, die Namen ziehen. Im Januar 1931 – kurze Filmpause – tritt er wieder mal in München an den Kammerspielen auf. *Wie werde ich reich und glücklich?*, ein bewährtes Stück, das Publikum garantiert, was nach der Pleite mit *Die Verbrecher* dringend nötig ist. Noch ist der Verlust nicht eingespielt. Im Februar gelangt an gleicher Stelle Valentin Katajews *Die Quadratur des Kreises* zur Aufführung, allerdings unter dem Titel *Ein Strich geht durchs Zimmer*. Anschließend ist er am Münchner Volkstheater zu sehen, in *Ein freudiges Ereignis* und *Charleys Tante*. Das erledigt er sozusagen zwischendurch, bis er sich Mitte des Jahres eine Auszeit vom Theater nimmt.

Er kann sich das und noch viel mehr leisten, durch die Filmerei kommt ausreichend Geld zusammen. Seine Gagen haben sich mehr als verdoppelt. Er kauft modische Kleidung davon, ein Motorrad besitzt er schon, ein neues Automobil auch. Jetzt endlich hat er genug auf der Kante, um sich seinen größten Wunsch erfüllen zu können – ein eigenes Flugzeug. Er hat sich für eine Klemm 25 entschieden – eine einmotorige Propellermaschine, zwei Sitze, Salmson-Sternmotor, vierzig PS – und sie vor Monaten schon bei der Herstellerfirma in Böblingen in Auftrag gegeben.

Mit der Klemm will er hoch hinaus, doch vorher werden ihm erst einmal die Flügel gestutzt. Babelsberg ruft, und dort ein gewisser Hans Albers, jeden Tag, wenn er ins Atelier kommt: «Seid ihr alle da?» Eine eingespielte Prozedur, Albers ist ein alter Bekannter, stand schon für über hundert Filme vor der Kamera. «Jaaa», antworten die vom technischen Personal im Chor, woraufhin der große Blonde lautstark zu der Erkenntnis gelangt: «Darum stinkt's hier auch so ...» Zum Feierabend verabschiedet sich der Meister mit einer ähnlichen Zeremonie: «Jetzt werd ich aber einen reinlegen ...» – «Wen denn?» – «Meinen Arsch ins Bett!» Wieder weiß jeder, was kommt, nur Rühmann nicht, er dreht das erste Mal mit Albers. Das lässt der ihn auch spüren: «Aha, Sie sind also der Kollege von der Sommerbühne», sagt Albers gleich bei einer der ersten Begegnungen, so großkotzig wie abschätzig.

Wo der blonde Hans auftaucht, sind die Rollen klar verteilt: Er ist der Star, der Kassenmagnet, der das Geld einbringt. Bereits 1926 besaß er so viel davon, dass er sich dauerhaft im edlen Hotel Adlon einmieten konnte. Zu dieser Zeit stand Rühmann noch in München auf der Bühne, für ein bescheidenes Monatssalär. Allein 1929 war Albers in zwölf Tonfilmen zu sehen, Rühmann nicht einmal für seinen ersten entdeckt. Albers fährt im schwarzen Zwölfzylinder-Cadillac vor, Rühmann steuert Röhr, Horch, später BMW. Während seine Arbeit mit der Summe aus dem Jahresvertrag abgegolten wird, verhandelt Albers für jedes Projekt extra, so frech wie erfolgreich. Für den neuen Film werden ihm sechzigtausend Reichsmark zugesagt, ein Spitzenverdienst, von dem Rühmann – auch nicht schlecht bezahlt – nur träumen kann. Noch ist nicht abzusehen, dass er bald doppelt so viel fordern und auch erhalten wird. Über die Reihenfolge der Namensnennung auf den Filmplakaten muss dagegen nicht diskutiert werden – zuerst Hans Albers, schön groß, dann der Filmtitel, dann die anderen, möglichst klein. Kurz: Hoppla-jetzt-komm-ich-Hans ist als Deutschlands beliebtester Tonfilmdarsteller bereits ganz oben angelangt, Rühmann will erst noch dorthin. Die unterschiedliche Körpergröße der beiden wirkt wie ein Symbol. Der große Blonde misst einen Meter vierundachtzig, Rühmann fast zwanzig Zentimeter weniger. Noch Fragen, Herr Kollege von der Sommerbühne?

Es kann also nur einen Hauptdarsteller geben, auch wenn es das Drehbuch anders vorsieht. Dann muss es eben umgeschrieben werden. So will es Albers, so bekommt er es. Selbst Regisseure kuschen vor ihm, Drehbuchautoren sowieso. Entsprechend sind die Storys entworfen, passgenau auf Albers zugeschnitten, alle anderen Darsteller zu schmückendem Beiwerk degradiert. Das wird sich erst später ändern – nach dem nächsten Krieg, in den fünfziger Jahren wird Rühmann ihm den Rang ablaufen, und nicht nur der. Merkwürdig, dass es jetzt trotzdem funktioniert. Die Produktion heißt *Bomben auf Monte Carlo,* und Albers gibt den ausgebufften Kapitän Craddock, der ein Kriegsschiff kommandiert und sich bei seiner Offiziersehre weigert, mit demselben eine Vergnügungsreise zu veranstalten, selbst wenn diese für seine Königin sein soll. Rühmann übernimmt die Rolle des Ersten Offiziers, der seinem Chef zugleich ein gut meinender Freund ist. Ein seltsames Gespann, grundverschieden die beiden, auch bei den Dreharbeiten. Während Rühmann stets pünktlich und gut vorbereitet erscheint, trudelt der große Albers – ganz der Star, auf den alle zu warten haben – gern als Letzter ein, und das meistens verspätet. Mit seinem Text nimmt er es auch nicht so genau, das kennt man ja, wofür sind Neger da! Je weniger er davon beherrscht, desto lauter poltert er im Studio.

Nur einmal gibt er sich kleinlaut, als eine Szene am Berliner Wannsee gedreht wird. Dort hat er ins Wasser zu springen und möglichst lange unterzutauchen. Kamera läuft, Klappe, Sprung, Schnitt. Als Albers auftaucht, ist er mal wieder überzeugt, perfekt gewesen zu sein. «War ich gut?», fragt er den Regisseur Hanns Schwarz. Klar war er gut, eine andere Bewertung hätte er gar nicht gelten lassen. Trotzdem muss er noch einmal springen. «Warum?» Schwarz gibt sich alle Mühe, diplomatisch zu sein: «Fassen Sie sich mal auf Ihren Kopf ...» Schuld war Albers' Eitelkeit. Durch den

Sprung ins Wasser hatte sich sein Toupet gelöst, das nun auf dem Wasser schwamm, genau dort, wo er hineingesprungen war. Blitzschnell tauchte er freiwillig wieder unter.

Ansonsten aber haben die anderen nicht viel zu lachen, Albers diktiert, wo es langgeht – und manchmal sogar, ob gedreht wird oder nicht. Bei den Außenaufnahmen im Hafen von Monte Carlo zum Beispiel. An einer Stelle sieht das Drehbuch vor, dass Kapitän Albers und Offizier Rühmann von einem kleinen Boot aus an Land springen und anschließend eine Treppe hinaufschlendern, und das möglichst im Takt – «Das ist die Liebe der Matrosen. Auf die Dauer, lieber Schatz, ist mein Herz kein Ankerplatz ...» Damit dieser dann auch stimmt, schaut sogar der Komponist vorbei und pfeift die Melodie dazu. Rühmann und Albers proben die Einstellung, dann wird es ernst – und ihr Auftritt leider so, wie ihn der Regisseur im Film auf keinen Fall sehen möchte. «Können Sie das nochmal machen, aber bitte ohne diese Operettenbewegungen?», fragt er, vorsichtig, er ist ja vorgewarnt. Vielleicht aber doch nicht höflich genug, nicht für Albers. König Hans ist sauer, nimmt seinen Partner beiseite und verschwindet, lässt die anderen – den Regisseur, den Kameramann, den Tonmeister und die Schauspieler Anna Sten, Ida Wüst, Peter Lorre, Kurt Gerron – einfach stehen. Nichts zu machen, für diesen Tag sind die Dreharbeiten beendet. Albers hat diese Episode später einige Male erzählt, so oder ähnlich, aber immer mit dem Schlusssatz «So wahr ich der liebe Gott bin» – auch das ein Markenzeichen von ihm.

Geduld und Ärger lohnen sich. «Kaum ein Film der letzten Zeit ist mit solcher Spannung erwartet worden wie dieser», meldet die *Filmwoche* Anfang September 1931. Und dass der Erfolg mal wieder einen Namen habe, den von Hans Albers, der muskelbepackten Kodderschnauze. Was sich am 31. August bei der Premierenvorstellung im Berliner Ufa-Palast am Zoo abspielt, kann man sich vorstellen – «Eine Bomben-Rolle für Hans Albers», titelt der *Kinematograph*, die *Licht-Bild-Bühne* jubelt: «Ovationen über Ovationen für Albers!» Auch für Heinz Rühmann wird es ein Fest. Es rauscht nicht nur an diesem Abend der Beifall, an den nächsten Tagen auch im Blätterwald. In seinem neuen Film sei er besser denn je, geradezu von «schusseliger, treuherziger Komik», befinden die einen, «entzückend nett, übermütig, jungenhaft und unbeschwert» die anderen. In der *Berliner Volkszeitung* steht: «Heinz Rühmann erobert sich die großen, ja sogar die allerherzlichsten Sympathien des Publikums.» Das dankt und läuft in Scharen in die Kinos, der Film erreicht die zweithöchste Besucherzahl der Saison.

Noch gibt es keine Nachricht aus Böblingen, wo die Flugzeugwerker an der Sportmaschine bauen, die für den bekannten Schauspieler vorgemerkt ist. Bald sei es so weit, wird ihm versichert, als er mal wieder nachfragt. Langsam wird er ungeduldig. Nur, die Klemm ist für damalige Verhältnisse ein kleines technisches Wunder, und Wunder dauern eben etwas länger. Aufs Fliegen will Rühmann so lange aber nicht verzichten, deshalb leiht er sich eine Maschine auf dem Tempelhofer Flughafen, sobald ihm die Filmarbeiten Zeit für sein liebstes Hobby lassen. Ein paar Pflichtflüge sind auch dabei, sie sind Vorschrift: Um seine Lizenz zu behalten, muss er jährlich an die fünfzig Stunden in der Luft sein. Also nutzt er jede Gelegenheit, die sich bietet.

Paul Hörbiger, der mit ihm einige Male gemeinsam auf der Bühne und vor der Filmkamera stand, hat eine solche miterlebt. Heinz Rühmann lud ihn in einer gemieteten Maschine zu einem Rundflug über Berlin ein. Dieser sollte dem acht Jahre Älteren für lange Zeit in Erinnerung bleiben, und das nicht etwa, weil sie dabei Hörbigers Wohnhaus überflogen und dieser es zum ersten Mal aus der Vogelperspektive sehen konnte. Nachhaltiger war der Eindruck, den der stürmische Wind hinterließ, der kurz vor Ende des Fluges einsetzte und dazu führte, dass der kleine Zweisitzer in heftige Turbulenzen geriet. Erst reagierte Hörbigers Magen, dann sein Verstand, die nächste Einladung jedenfalls lehnte er dankend ab.

Rühmann aber fliegt weiter. Noch ist das möglich, noch wissen nur wenige, dass er in seiner Freizeit mit Vorliebe in der Luft schwebt. Bald wird man ihm solche riskanten Reisen immer häufiger untersagen, wenigstens für die Dauer der Dreharbeiten. Die Produzenten müssen die Kosten im Blick haben, es ist eine simple Kalkulation. Er könnte abstürzen und – bestenfalls, sollte er überleben – für Wochen oder Monate ausfallen. Im Todesfall wäre jeder gedrehte Meter Film nur noch wert für die Mülltonne. So nüchtern rechnen die Buchhalter, es ist ein zu hohes Risiko, auch die Versicherungen stellen sich da quer.

Heinz Rühmann versucht, dieses Verbot immer mal wieder zu umgehen, manchmal fliegt er heimlich. Er freut sich diebisch, wenn bei einem neuen Filmvertrag die Klausel vergessen wird. Ab dem Frühsommer 1931 umso mehr. Das hat seinen Grund. Er steht gerade mit Max Pallenberg, Dolly Haas und Fritz Grünbaum für die letzten Einstellungen zu dem Film *Der brave Sünder* vor der Kamera, als die Nachricht aus Böblingen eintrifft, die sein Herz höher schlagen lässt: «Ihre Klemm ist fertig, Sie können sie abholen!» Schwer, sich unter diesen Umständen noch auf den Beruf zu konzentrieren, auch wenn es eine Berufung ist. Am liebsten würde er sofort losfahren. Zunächst aber muss er die Hetzjagd um einen Batzen Geld bestehen, ausgerechnet neben Pallenberg, der zu dieser Zeit als der deutsche Komiker schlechthin gehandelt wird und nicht gerade begeistert ist, als er merkt, dass der Kleine neben ihm auch das Zeug dazu hat. «Wir sind uns gegenseitig auf die Füße getreten», behält Rühmann von der gemeinsamen Arbeit in Erinnerung. Sein Part besteht darin, dem berühmten Kollegen, der als ausgemachter Spießer unfreiwillig auf die schiefe Bahn gerät und das Geld seiner Bank verliert, als unterwürfiger Diener treu zu folgen. Obwohl die beiden dann doch ein imposantes Duo abgeben, werden sie nie wieder zusammen vor der Kamera stehen. Juden sind beim Film bald nicht mehr gefragt, Pallenberg wird emigrieren und 1934 bei einem Flugzeugabsturz ums Leben kommen.

Flüchten wird noch einer, der maßgeblich den Film bestimmt, Fritz Kortner, der seine erste Filmregie übernommen hat. Er ist ein begnadeter Schauspieler, ein Star seit den zwanziger Jahren und neuerdings ein anspruchsvoller Regisseur, ein fordernder, ein komplizierter, menschlich wie künstlerisch, im Privaten mit einem Hang zu Affären und übertriebenem Luxus. Aber er ist eben auch Jude, einer, der die schwelende Gefahr rechtzeitig erkennt – und sicherheitshalber das Weite sucht. Nach dem Krieg wird er zurückkommen, genauso umstritten sein und gefeiert werden wie früher. Beides wird auch Rühmann noch an ihm erfahren, viel später, während einer gemeinsamen Theaterarbeit an den Münchner Kammerspielen. Was der eine dann als Qual und Demütigung erleben wird, ist dem anderen gerade gut genug, um seine Visionen vom modernen Theater durchzusetzen.

Bis dahin werden noch fünfundzwanzig Jahre vergehen. Erst einmal hat Heinz Rühmann alle Mühe, im Filmatelier bei der Sache zu sein. Bald stehen Außenaufnahmen an, was die Angelegenheit nicht einfacher macht. Sie drehen vor den Toren von Berlin, Rühmann blinzelt zwischendurch immer wieder zum Himmel – kommt sie schon? Elly Beinhorn, die Fliegerin, ist gerade in Stuttgart unterwegs, danach will sie nach Berlin, das passt gut. Sie hat ihm telegraphiert, dass sie seine Maschine überführen wird. Der 13. Juni ist ein herrlicher Frühsommertag. Kurz nach fünfzehn Uhr ist sie gestartet, von Stuttgart bis Berlin sind es gut sechshundert Kilometer Luftlinie, die Klemm schafft hundertdreißig Kilometer in der Stunde, wenn der Wind gut steht, müsste sie jeden Moment landen. Eigentlich wird bis neunzehn Uhr gearbeitet, doch Rühmann ist heute eher fertig. Sein Wagen steht bereit, auf zum Flugplatz nach Staaken. Da thront sie, seine Klemm, Kennzeichen *D 1612* – oder *D 2083*, die Unterlagen in den Archiven geben beides her. Sein erstes Flugzeug, das erste, das einem deutschen Schauspieler gehört, der auch selbst damit fliegen kann. Mein Flugzeug, welch ein Gefühl, wie stolz das klingt! Nie hat er sich mehr über ein Spielzeug gefreut. Das kann jeder sehen, wie den Namenszug hinten am Rumpf der Maschine: *Rühmann*. Er schwingt sich gleich auf den Pilotensitz und dreht die ersten Runden.

Die Sache mit seinem Flugzeug ist auch von symbolischer Bedeutung: Er ist oben angekommen, und das im doppelten Sinn. Die Filmangebote reißen nicht ab. Mehr noch, ein Rühmann taugt inzwischen als Hauptdarsteller. Allein sein Name auf den Filmplakaten zieht plötzlich das Publikum an. Lasst uns zu Rühmann gehen, da bekommen wir was zu lachen! Heinz Rühmann und Käthe von Nagy in *Meine Frau, die Hochstaplerin*! *Der Stolz der dritten*

Kompanie mit Heinz Rühmann, Adolf Wohlbrück und Eugen Burg! Heinz Rühmann und Hans Moser in *Man braucht kein Geld*! Heinz Rühmann und Dolly Haas in *Es wird schon wieder besser …*

Wie vorher am Theater finden jetzt in den Lichtspieltheatern die Premieren beinahe monatlich statt – September in Berlin, Oktober in München, November anderswo. Rühmann überall. Und überall, wo er auftaucht, laufen die Leute scharenweise zusammen, junge Frauen wollen Autogramme oder ihn einfach nur bewundern, in den älteren weckt er den Mutterinstinkt, süß, der Kleene. Für Privatleben bleibt keine Zeit mehr, und wenn, dann verbringt er es mit seinem Fliegerkameraden Udet oder anderen nachtwachen Gesellen. Die Ehe mit Maria existiert eigentlich nur noch auf dem Papier, vergessen die Floskeln von Liebe und Treue, von guten und von schlechten Tagen. Jetzt sind die guten dran, aber meistens ohne Maria.

Zu den Filmpremieren erscheint er oft allein. Dort bieten sich ausreichend Gelegenheiten für den jungen Charmeur, Erfolg macht begehrenswert. Viele in seiner Umgebung wissen nicht einmal, dass er verheiratet ist. Auch wenn Zeitungen in biographischen Artikeln über ihn berichten, ist nie die Rede davon. Das wird lange so bleiben – noch in den fünfziger Jahren erscheinen Nachschlagewerke über Künstler von Theater und Film, in denen seine zweite Ehe als die erste ausgegeben wird, kein Wort von Maria Bernheim. Aber da steht auch, dass er Nichtraucher ist und Englisch spricht, was im ersten Fall einfach falsch und im zweiten nicht ganz richtig ist.

Die Nichtbeachtung wird Maria gekränkt haben, in den Vordergrund drängt sie sich deshalb nicht. Das ist nicht ihre Art, sie ist bescheiden und eher ein mütterlicher Typ, der vergibt, auch wenn es schmerzt. Sie ist empfindsam genug, um zu spüren, dass er die großen Gefühle für sie wohl nicht empfindet.

Dass es tatsächlich an dem war, vertraute Rühmann später einem Freund an, der es nicht für sich behielt. Es sei eine Jugendsünde gewesen, eine Wette eben, und dann habe er sie viel zu schnell geheiratet. Doch, gemocht habe er sie schon, aber eher wie eine gute Freundin, eine, die ihm Wege ebnen, an seinem Erfolg Anteil nehmen und bei ihm sein darf, aber mehr eben nicht. Sein Leben ist viel zu aufregend und turbulent, um nicht aus den alten Bahnen geworfen zu werden.

Aber noch denkt Heinz Rühmann nicht an Scheidung. Ihn beschäftigen andere Dinge. Er ist auf dem Weg, ein Star zu werden, Millionen Menschen verehren ihn schon jetzt, nicht nur in Deutschland. Es ist die Zeit, da amerikanische Filme noch nicht den europäischen Kontinent erobert haben. Noch ist Deutsch die wichtigste Filmsprache, noch sind deutsche Produktionen überall gefragt, in der Schweiz und in Österreich, auch in Belgien, Holland, Polen, sogar in der Tschechoslowakei und in Ungarn. Und dazu die Film gewordenen Höhen und Tiefen dieses kleinen Mannes, mit dem sich die Zuschauer identifizieren können, weil er so spielt, wie sie gern selbst sein oder sich sehen möchten.

Dass ausgerechnet er, der Knirps aus dem Ruhrgebiet, der früher oft selbst nichts zu lachen hatte, sie in den Kinos zum kollektiven Fröhlichsein verführen wird, dass sie ausgerechnet in ihm, dem Unauffälligen, Angepassten, ihr Spiegelbild suchen werden – wer hätte das gedacht, damals in Essen!

DRITTES KAPITEL

Menschen im Hotel

In der *Rheinisch-Westfälischen Zeitung* erscheint am 6. März 1902 eine ungewöhnliche Anzeige. Sie ist mit dem Wort *Berichtigung* überschrieben und füllt gut eine halbe Seite aus. Französische Blätter hätten verbreitet, so ist zu lesen, dass die neue Yacht des deutschen Kaisers nach dem Stapellauf mit französischem Champagner aus dem Hause Moët & Chandon getauft worden sei. Ausgerechnet das Schiff des deutschen Kaisers mit französischem Perlwein, das ist undenkbar, ein Skandal, ein Politikum. Wilhelm II. hätte das niemals durchgehen lassen. Und fürwahr, es handele sich bei dieser Nachricht um eine absichtliche Fälschung, erfährt der Leser – und die Welt wird wieder in die richtigen Bahnen gerückt. Die Taufe sei auf Befehl Seiner Majestät, und das in Übereinstimmung mit dem Präsidenten der Vereinigten Staaten von Nordamerika, durch Miss Alice Roosevelt vorgenommen worden. Die dabei keineswegs Champagner gegen den Schiffsrumpf schleuderte, sondern eine Magnumflasche *Rheingold*, den deutschesten aller deutschen Schaumweine, aus Trauben zu Wein gekeltert und zweimal gegoren in den Kellern der Firma Söhnlein & Co., eines urdeutschen Unternehmens.

Auch Prinz Heinrich hält sich übrigens in Amerika auf. Und er hat sich ebenfalls mit einem kleinen Problem herumzuschlagen, muss er doch aus der Familienresidenz in ein Hotel ziehen, weil eines seiner Kinder an Scharlach erkrankt ist. Da er aber nicht irgendwo in den Staaten, sondern in New York weilt und deswegen eine Suite im Waldorf-Astoria als Ausweichquartier wählen kann, wird es ihm an nichts fehlen. Der Service in der teuersten Herberge der Stadt ist königlich, nicht nur wenn Blaublüter aus Übersee mit ihrem Hofstaat zu Gast sind. Ob er sich zum abendlichen Umtrunk allerdings deutschen Sekt oder französischen Champagner kredenzen lässt, ist nicht überliefert. Vermutlich hat er gar amerikanischem Whiskey den Vorzug gegeben, eins zu eins mit Wasser gemixt und ohne Eis, man versteht zu genießen.

Sekt oder Schampus oder Whiskey, mit oder ohne Eis, das ist reichlich dekadent und Heinrich Fritz Hermann Rühmanns Sache nicht. Die Zeitung liegt auf einer Ecke des Tresens, an dem er sich gerade bedient. Er darf das, er ist hier zu Hause. Dabei ist ihm ziemlich egal, woraus seine alkoholische Nahrung besteht; Hauptsache, es ist genügend davon vorhanden. Darum muss er sich nicht sorgen, die Schankstube des Hotels Stemme ist vorzüglich ausgestattet und wird regelmäßig aufgefüllt, es mangelt an nichts. Zu den Öffnungszeiten wird hauptsächlich *Pilsener Urquell* ausgeschenkt, *Münchener Spatenbräu* und *Dortmunder Unionsbier*, auch Wein, wenn er verlangt wird. An der Spiegelwand hinter dem Tresen ist dazu eine Linie Schnapsflaschen aufgereiht, Weinbrand und Korn und Rum und allerlei Liköre.

Gepflegte Gastlichkeit, das Hotel Stemme ist schließlich keine miefige Absteige, sondern ein anständig geführtes Etablissement in bester Innenstadtlage, in der Kettwiger 35, der Einkaufsstraße, Ecke Akazienallee, nicht weit vom Hauptbahnhof, dem Dreh- und Angelpunkt der aufstrebenden Stahlarbeiterstadt. Die Kettwiger Straße ist die Geschäftsadresse in Essen, auf knapp einem halben Kilometer Kaufhäuser, Banken, Hotels, Cafés, Restaurants und ein Buchladen, der einen berühmten Namen trägt, Baedeker, und von den Nachfahren Gottschalk Diederich Baedekers geführt wird, dessen Sohn 1829 den ersten jener noch heute bekannten Reiseführer herausgab. In der Nachbarschaft wird Bohnenkaffee angeboten, das Pfund ungemahlen für achtundsiebzig Pfennig, ein Haus weiter Hosen aus strapazierfähigem Stoff, moderner Schnitt, acht Mark fünfzig. Carl Mahr in der Kettwiger 48 wirbt mit Sonderpreisen, eine Nähmaschine gibt es bei ihm schon ab fünfzehn Mark. Gelegenheitskäufe auch um die Ecke, Herrenanzüge, grau oder meliert, für elf Mark fünfzig, Brautanzüge, schwarz oder dunkelblau, für achtzehn Mark. Nächste Woche werden sie noch billiger sein, es sind keine einfachen Zeiten, auch nicht für Geschäftsleute. Eben hat die Stadtverordnetenversammlung mal wieder beschlossen, die Steuersätze zu erhöhen, Einkommens- und Betriebssteuer um zweihundert Prozent, die für Gewerbe und Gebäude um zweihundertzwanzig.

Die Kaufleute haben für heute ihre Läden geschlossen und ihre Sorgen mit nach Hause genommen. Wo soll das noch hinführen? Es ist still geworden auf der Kettwiger. Auch die Abendvorstellung im Stadttheater ist zu Ende, es gab *Mam'zelle Nitouche*, zum fünfunddreißigstenmal. Nur Hotels schließen nie, im Stemme jedenfalls ist noch Betrieb. Hermann Rühmann, nicht ganz dreißig, sitzt mit ein paar zechfreudigen Kumpanen bei Bier und Kurzen, eine fröhliche kleine Runde. Heinrich Stemme, nach dem das Hotel benannt ist, feiert mit, sozusagen in freudiger Erwartung. Er ist der Herr des Hauses und Hermann Rühmanns Schwiegervater, ein erfahrener, geschäftstüchtiger Hotelier und Brauereibesitzer und eine imposante Erscheinung obendrein, wie einige Damen in der Stadt finden. Nicht nur bei denen genießt er einen guten Ruf, auch wenn er über die Kettwiger spaziert, mit maßgenauem Cut und Melone, wird er vielmals gegrüßt. Dabei ist er ein Fremder, kam erst vor einigen Jahren aus Hannover hierher. In der königlichen Residenzstadt hatte er das Restaurant Zu Reinhards Garten an der Escherstraße 8 betrieben. Das Geschäft lief damals nicht schlecht, aber irgendwann lockte ihn der Westen. Aufbruchsstimmung in Essen, der Traum vom Wirtschaftswunder, die Stahlindustrie boomte. Erst gründeten die Krupps ihr Hammerwerk, später entstanden große Stahlfabriken, aus denen die Waffenschmieden des Ersten Weltkriegs wurden. Das zog Arbeitskräfte an, Menschen aus dem ganzen Reich ließen sich im Ruhrgebiet nieder, in nur knapp dreißig Jahren verdoppelte sich die Einwohnerzahl von Essen. Im Jahr 1902 sind es über hunderttausend, viele davon malochende Arbeiter und also auch durstige Seelen. Geld werde hier wie Dreck angesehen, glaubt Alfred Krupp zu erkennen, die Verschwendungssucht breite sich wie eine Krankheit aus. Für einen Geschäftsmann nicht die schlechtesten Voraussetzungen, Vater Stemme witterte ein größeres Geschäft.

In Hannover kam 1877 auch jene junge Frau zur Welt, die jetzt, in Essen, im Hotel Stemme, eine Treppe höher im ersten Stock, nicht viel von der alkoholselig-feierlichen Stimmung mitbekommt. Margarethe ist die Tochter des alten Stemme, sie ist vierundzwanzig und seit drei Jahren mit Hermann Rühmann verheiratet, der aus einem kleinen Ort bei Osterburg stammt und einst als junger Kellner bei ihrem Vater anheuerte. Das Auftreten des Bauernsohnes muss fachlich wie menschlich so überzeugend gewesen sein, dass nicht nur ein dauerhafter Vertrag mit dem Vater, sondern auch eine Hochzeit mit der Tochter dabei heraussprang. Die beiden heirateten knapp ein Jahr vor dem Jahrhundertwechsel, am 27. Februar 1899, zehn Monate später, vier Tage vor Weihnachten, wurde ihnen ein erster Sohn, Hermann, geboren.

Der Junge schläft jetzt längst, und die Tür zu dem kleinen Zimmer nebenan, auf der jemand das Schild «Privat» angebracht hat, ist geschlossen. Das ist Weiberkram, beschließen die Männer unten im Gastraum und prosten sich zu. Hinter besagter Tür liegt Margarethe in ihrem Bett, nach Feiern ist ihr wahrlich nicht zumute. Inzwischen haben die Wehen eingesetzt, sie kommen regelmäßig, in immer kürzeren Abständen. Margarethe stöhnt und schwitzt, hechelt und presst. Eine Hebamme ist bei ihr, redet beruhigend auf sie ein, das meiste muss sie sowieso selbst erledigen, das kennt sie ja vom ersten Mal. Es geht dann auch ohne Komplikationen ab, mitten in der Nacht, gegen ein Uhr dreißig des 7. März 1902, wird sie von ihrem zweiten Kind entbunden. Ein Junge, die Männer toben, der Vater tönt, hab ich's nicht gesagt, wieder ein Stammhalter! Also wird nachgeschenkt, jetzt erst recht, jetzt noch mehr, in solchen Dingen ist Rühmann nicht kleinlich. Es muss ein eindrucksvolles Fest gewesen sein in jener Nacht und am Morgen danach noch, bald erzählt man sich in der Stadt: «Die sind die Säulen im Saal hochgeklettert.»

Immerhin muss es der frisch gebackene Vater im Laufe des Tages irgendwie geschafft haben, der *Rheinisch-Westfälischen Zeitung*, jener Zeitung, die mit Vorliebe über des Kaisers Aktivitäten berichtet, einen Besuch abzustatten, rechtzeitig genug, damit sein Anzeigentext noch für die Morgenausgabe des 8. März in Druck geht. Er erscheint in der ersten Spalte auf der letzten Seite, die fast so wichtig ist wie die erste: «Die Geburt eines prächtigen Knaben zeigen hoch erfreut an – Hermann Rühmann u. Frau, geb. Stemme».

Der prächtige Knabe soll ein strammer Junge gewesen sein. Er wird mit dem Namen Heinrich Wilhelm Rühmann, dem seines Großvaters väterlicherseits, auf dem Preußischen Standesamt Essen I in die Geburtsliste 9629 eingetragen und unter der Nummer 1142 registriert. Die Eltern bekommen gegen zehn Pfennig eine Geburtsurkunde ausgehändigt, ein amtliches Schreiben, dessen Inhalt für den Beglaubigten wenig Bedeutung erlangen soll. Weder seine Mutter noch der Vater rufen ihn bei dem Namen, der da drauf steht, die Geschwister werden das später auch nicht tun. In ihrem täglichen Sprachgebrauch wird aus Heinrich Heini oder Heinz, das Wilhelm verschwindet ganz. Wenn man es genau nimmt, führt es dazu, dass einige seiner Ausweise, die er als Erwachsener erhält, gar nicht gültig gewesen sein dürften. Komplikationen gab es wohl trotz-dem nie, er wurde zu berühmt, deshalb gelegentlich mit anderem Maß gemessen. Sein Flugzeugführerschein etwa ist für einen Heinrich ausgestellt, unterschrieben aber von einem Heinz. Der Inländer-Jahresjagdschein, den er im Mai 1942 beim Polizeipräsidium Berlin erwirbt, gehört einem Heinz, was auch nicht ganz korrekt ist. Nur die Oberen bei der Deutschen Wehrmacht achten penibel auf die Richtigkeit der Angaben und eine entsprechende Unterschrift: Sowohl im Wehrpass als auch auf einem dazugehörigen Bereitstellungsschein sind die Angaben wahrheitsgemäß und Rühmanns Unterschriften entsprechend.

Die Sache mit den Namen besitzt in der Familie Tradition: auch Heinis Mutter nennt sich nicht so, wie es in ihren Papieren steht. Obwohl sie sich danach immerhin zwischen Maria, Charlotte, Henriette und Elise entscheiden dürfte, lebt sie schlicht und konsequent als Margarethe, was irgendwann dazu führt, dass die Behörden in wichtigen Dokumenten, ihrer Heiratsurkunde zum Beispiel, hinter die zahlreichen Vornamen den Zusatz «genannt Margarethe» setzen. Auch bei ihrer Tochter, die am 15. Oktober 1904 geboren wird, hält sie an den Gepflogenheiten fest. Die lässt sie evangelisch auf Ingeborg taufen, gebraucht für das Mädchen fortan aber den Namen Ilse, wiederum so hartnäckig, dass sich auch der auf Dauer durchsetzen wird.

Lange wird der kleine Heinz nicht in seinem Geburtshaus leben. Der Vater hat eigene Pläne. Und daran kann auch Heinrich Stemme nichts ändern, der seinem Schwiegersohn eines Tages sogar die Geschäfte des Hotels überträgt und entsprechende Werbezettel drucken lässt. *Hotel Stemme, Besitzer Hermann Rühmann*, das liest sich nicht schlecht, aber auch wieder nicht gut genug, um dauerhaft im Schatten des Schwiegervaters zu wirtschaften. In diesem Gewerbe taugt man doch nur, wenn man wirklich sein eigener Herr ist.

Heinz ist noch nicht ein Jahr alt, da bietet sich eine günstige Gelegenheit, die Trennung zu vollziehen, wenigstens räumlich. In dem kleinen Ort Wanne, der später Wanne-Eickel heißen und noch später von Herne eingemeindet werden wird, steht die Bahnhofsrestauration zur Pacht. Ausgerechnet Wanne, ein Ort wie eine Hölle, schwarz und grau und grau und schwarz, Kohlestaub noch im letzten Winkel und Ruß aus den schwärenden Wolken der Industrieschornsteine, ringsum Stahlhütten, Kokereien und Zechen. Ein Leben in giftigem Dunst, das die Menschen anzieht wie eine Droge. Die Droge heißt Arbeit, und wo Arbeit ist, ist das Gelobte Land, bald so dicht bevölkert wie kein anderer Landstrich der Nation, als würden hier Bananen auf den Bäumen wachsen.

Mutter Rühmann ist trotzdem einverstanden. Auch wenn es ihr zunächst nicht leicht fällt, den Vater zurückzulassen. Aber er ist ja nicht aus der Welt, von der Stadtgrenze aus bis nach Wanne sind es nur ein paar Kilometer, ein Katzensprung. Viel hin und her reisen wird sie dann aber nicht. Das Verhältnis zwischen Vater und Tochter und deren Familie kühlt sich rasch empfindlich ab, was jedoch nicht dem Umzug zuzuschreiben ist. Heinrich Stemme, auch in fortgeschrittenem Alter eine durchaus stattliche Erscheinung, verliebt sich nach dem Tod seiner Frau noch einmal, ausgerechnet in eine deutlich Jüngere, die seine Tochter sein könnte. Die neue Situation wirbelt das Familiengefüge kräftig durcheinander, es kommt zu Eifersüchteleien zwischen Stiefmutter und -tochter. Auch die Kinder leiden darunter, sie sehen Großvater Heinrich nur noch selten. Dadurch lässt der sich aber nicht davon abbringen, seinen Gefühlen freien Lauf zu lassen und mit der neuen Frau an seiner Seite zum Traualtar zu schreiten.

Eine ähnliche Konstellation wird Heinz Rühmann noch ein zweites Mal in seinem Leben ereilen – eine bemerkenswerte Duplizität der Ereignisse. Im Greisenalter wird er dann derjenige sein, der sein Kind, den geliebten Sohn, und dessen Familie mit einer neuen Liebe so verprellt, wie es seine Mutter jetzt erleben muss.

So gravierend die familiären Zerwürfnisse in dieser Phase auch sein mögen, sie führen nicht dazu, dass Hermann Rühmann und Heinrich Stemme auch ihre geschäftlichen Kontakte abbrechen. Offensichtlich können die Männer Gefühle und Geschäft gut voneinander trennen, womöglich zeigt der Jüngere sogar Verständnis für die Lage des Schwiegervaters. Er hätte guten Grund dazu, auch er kann einen Verbündeten gebrauchen, da seine Ehe zunehmend in eine Krise gerät. Auf jeden Fall sind die beiden noch Ende 1908 gemeinsam im Notariatsregister der Stadt Essen unter der Nummer 1815 verzeichnet. Gegenstand dieser Eintragung ist ein Gesellschaftsvertrag zur Gründung der Hotel-Restaurant Stemme GmbH. Daran sind neben Kaufmann Stemme und Restaurateur Rühmann auch Likörfabrikant Alfred Mönnig, Architekt Ernst Knobloch, Automatenfabrikant Wilhelm Neumann und Brauereibesitzer Hermann Rath beteiligt. Zusammen bringen sie 150 000 Mark Stammkapital ein. Den Hauptanteil steuern die zwei Erstgenannten bei, Hermann Rühmann mit dreißigtausend Mark sogar die größte Summe. Er dürfte es auch gewesen sein, dem der Einfall zu dieser Unternehmung kam, die hauptsächlich darin bestehen soll, «automatische Verkaufsstände für Waren und Erzeugnisse aller Art» aufzustellen und zu betreiben. Das klingt nicht gerade nach einer überzeugenden Geschäftsidee, aus heutiger Sicht. Denn inzwischen gehören solche Automaten – technisch perfektioniert – zur Grundausstattung eines jeden Bahnhofs und Flughafens. Damals aber gelten sie noch als viel bestaunte Innovation. Und Hermann Rühmann gehört zu den Ersten, die damit für Furore sorgen, auf dem kleinen Provinzbahnhof von Wanne.

Er entpuppt sich tatsächlich als geschickter Geschäftsmann. Mit der Übernahme des Bahnhofsgasthauses erlebt dieses eine wirtschaftliche Blüte, die einzigartig bleiben sollte. Obwohl Wanne im Vergleich zu Essen nur ein unbedeutendes Kaff ist, gelingt es ihm, das Restaurant über die Ortsgrenzen hinaus bekannt zu machen. Natürlich nicht nur mit Hilfe der gelobten Automaten, die er zwischen dem Wartesaal der ersten und zweiten Klasse und dem der dritten und vierten so geschickt postiert, dass praktisch jeder Reisende daran vorbei muss. Für diesen flüchtigen Moment des Vorbeigehens waren sie auch gedacht. Schnell ein paar Münzen einwerfen, schon ist die Marschverpflegung greifbar, kaum dass zehn Sekunden vergangen sind. Getränke in kleinen Flaschen, belegte Brötchen und Brote, Äpfel, Birnen und andere Früchte, je nach Saison, dazu Süßigkeiten für die Kinder. Und damit die Kundschaft auch nicht vergisst, wo sie so gut versorgt wurde, ist der Schriftzug *Gute Reise wünscht Hermann Rühmann, Bahnhofsrestaurant Wanne* auf die Papiertüten gedruckt. Dieses Geschäft lässt sich noch ausbauen, bald schickt Vater Rühmann ein paar Kellner mit großen Tabletts auf den Bahnsteig. Neben den kleinen Fresspaketen bieten sie lautstark Getränke an, nicht nur den Passanten, auch den Hungrigen, die im Zug auf ihre Weiterreise warten und flott durchs Fenster bedient werden. Und so gelangen die Werbetüten manches Mal bis ins ferne Mailand, denn – welch Attraktion! – dorthin existiert von hier aus eine Direktverbindung, ohne Umsteigen.

Für die beiden Rühmann-Söhne Heinz und Hermann ist so ein Bahnhof natürlich ein ideales Spielterrain. Mehr Abwechslung kann ein Kind anderswo kaum bekommen. Das Zischen und Blöken der Dampflokomotiven; dieses Gewusel auf dem Bahnsteig – ständig kommen neue Leute an, steigen ein oder aus oder um, hetzen über die Gleise oder langweilen sich auf einer der Bänke. Oder sie verbringen die Wartezeit im Restaurant, lesen in einer Zeitung und bestellen von den Mahlzeiten, die Mutter Rühmann in der Küche bereitet. Und so wird Heinz diese Zeit als aufregend und glücklich in Erinnerung behalten, auch als Erwachsener noch. Was vermutlich nur daran liegt, dass er die unschönen Details aus diesen Tagen entweder wirklich vergessen oder aber erfolgreich verdrängt hat. Denn eigentlich spüren Kinder meistens als Erste und sehr genau, wenn zwischen ihren Eltern Komplikationen auftreten.

Es sei doch begreiflich, dass er niemandem erzählen wollte, sein Vater sei ein Säufer gewesen, meint ein guter Bekannter und dürfte damit ziemlich richtig liegen. Mit dem Alkohol kommt nämlich das Ende einer Beziehung, die einmal glücklich war. Trank Vater Rühmann schon während der Zeit im Hotel Stemme gern mal einen über den Durst, so hielt es sich da noch in erträglichen Grenzen, zu nah war der mächtige Schwiegervater. In seinem eigenen Lokal aber bedient er sich bald täglich an der Bar. Er sei mittlerweile sein bester Kunde, beklagt sich die Ehefrau nicht nur einmal, was ihr kaum mehr als wütende Blicke einbringt. Was sie nur habe, er sei halt ein lustiger Gesell'. Das stimmt, und ein großzügiger dazu. Es spricht sich schnell im Ort herum, dass beim Rühmann die Saalrunden am liebsten der Wirt selber schmeißt. Das erhöht zwar die Anzahl seiner Gäste, keineswegs aber die Höhe seiner Einnahmen. Aber noch verdient er genug, was seine Fähigkeit zur Einsicht zusätzlich hemmt.

Andere Hemmungen gehen ihm dagegen gänzlich verloren, vor allem dann, wenn er betrunken ist und nur noch feiern will. Dann ist ihm alles egal, dann bringt er es sogar fertig, seinen jüngsten Sohn mitten in der Nacht aus dem Bett zu holen, um ihn den Saufkumpanen als sprechenden Geist im Nachthemd zu präsentieren. Die finden das natürlich lustig, weil sie alles lustig finden, damit er auch die nächste Runde noch bezahlt. Heinz' Mutter fehlt der Sinn für solcherart Humor. Sie versucht mehrmals, die nächtlichen Eskapaden ihres Mannes zu unterbinden, was ihr freilich nicht gelingt, weil sie ihm körperlich unterlegen ist. Heinz Rühmann erinnert sich später an seine schläfrigen Auftritte und daran, dass ihm der Beifall der lallenden Zuschauer durchaus gefiel; die zornigen Handgreiflichkeiten seines Vaters blendet er aus, was wiederum verständlich ist.

Einen bleibenden Eindruck hat Heinz in Wanne offenbar nicht hinterlassen, nur eine Hand voll Anekdoten, deren Wahrheitsgehalt schwer zu eruieren ist. Er ist ein Kind wie alle anderen, das nachmittags auf Weidenbäume klettert oder auf dem Bolzplatz einem alten Ball hinterherjagt, von einer komischen Begabung noch weit entfernt. Als unfreiwillig komisch entpuppt sich höchstens der Auftritt, den er eines Tages mit Bruder Hermann auf dem Bahnsteig vor der elterlichen Gaststätte hinlegt. Die Jungen stibitzen sich Tabletts aus der Küche und laufen wie die Kellner an einem haltenden Zug entlang: «Scheiße gefällig? Gute Reise wünscht Hermann Rühmann. Scheiße gefällig? Gute Reise ...» Der kann darüber nicht lachen, es setzt ein paar Ohrfeigen.

Auch in der Schule, Heinz besucht zunächst die Kirchschule, tut er sich nicht mit besonderen Leistungen, sondern eher durch eine ausgeprägte Müdigkeit hervor. Möglicherweise ist die auf die nächtlichen Auftritte in bierseliger Runde zurückzuführen. Mehrere seiner damaligen Klassenkameraden wissen später jedenfalls zu berichten, dass ihn der Lehrer so manches Mal unsanft weckte mit dem Satz: «Heinz, man schläft nicht mit offenem Mund», allerdings immer erst dann, wenn seine Kreidewürfe zuvor nicht die beabsichtigte Wirkung erzielt hatten.

Wenig Schlaf gönnt sich sein Vater, er ist als Geschäftsmann beizeiten aus dem Bett und ständig auf Achse, muss Getränke bestellen, Lebensmittel einkaufen, die Automaten nachfüllen, neue Lieferverträge abschließen. Trotz seiner Vorliebe für gesellige Abende achtet er tagsüber streng auf die Qualität seines gastronomischen Angebots. Um die Küche braucht er sich nicht zu sorgen, hierüber wacht seine Frau mit Geschick und Geschmack. Ihre Kochkünste haben sich längst herumgesprochen, wer am Wochenende gut essen gehen will, kehrt bei den Rühmanns am Bahnhof ein. Dieser Zuspruch bleibt selbst im großen Essen nicht unbemerkt. Gute Restaurateure sind überall gefragt.

Und so wird Hermann Rühmann im Jahr 1912 mit einem Angebot konfrontiert, das seine kühnsten Vorstellungen übersteigt und ihn samt Familie nach Essen zurückführt. Dort hat sich in der Zwischenzeit nicht nur die Einwohnerzahl verändert, ganze Straßenzüge entstanden neu, der Bahnhof wurde erweitert und ihm gegenüber ein üppiger Prachtbau errichtet. Der ist schon deshalb die Attraktion der Stadt, weil er nicht nur das größte Gebäude am Platz ist, sondern in einer Rekordbauzeit von nur zwölf Monaten hochgezogen wurde. «Gegenüber dem Portale des Hauptbahnhofes und der Hauptpost erhebt sich in gigantischer Form der Handelshof», heißt es werbeträchtig im ersten Hotelprospekt. Der Bauherr habe «in richtiger Würdigung des allgemeinen Verkehrsbedürfnisses mit dem Riesenbau ein Werk geschaffen, welches den verwöhntesten Ansprüchen des Publikums Rechnung trägt». Werbung übertreibt für gewöhnlich, in diesem Fall aber nicht. Der Handelshof bietet, was das Herz begehrt: luxuriös ausgestattete Zimmer mit kaltem und warmem Wasser im Bad, einer Uhr, Telefon, Dampfheizung und elektrischem Licht und auch ansonsten allen Komfort, sogar einen elektrischen Aufzug bis unters Dach. Im Erdgeschoss ein Restaurant von über vierhundert Quadratmeter Fläche, darüber, im ersten Stock, ein Café von gleichem Raum, darunter, im Tiefparterre, auf zweihundert Quadratmetern ein Bierrestaurant.

Am 18. Oktober 1912 wird beim Oberbürgermeisteramt eine Schankkonzession beantragt und die Erlaubnis zur Führung eines Hotelbetriebes. Dessen Eröffnung ist für Weihnachten geplant und Vater Rühmann als Hoteldirektor auserkoren. Den Behörden wird der freilich nicht als Chef der Bahnhofskneipe von Wanne präsentiert, für sie ist er der internationale Hotelfachmann. Ungeachtet der Tatsache, dass das einzige Hotel, das er bisher führte, das Stemme, gleich in der Nähe liegt, nur ein paar Schritte entfernt. Aber Grenzen verlaufen ja manchmal fließend. Seinem Geltungsdrang kommt diese grenzenlose Sichtweise nur entgegen. Er unterschreibt am 27. Januar 1913 den Mietvertrag für das Hotel und die dazugehörigen gastronomischen Einrichtungen und damit auch die Verpflichtung, jährlich 109 000 Reichsmark an die Besitzerfirma zu zahlen. Ab sofort kleidet er sich in edlem Gewand, legt sich – standesgemäß – eine Pferdekutsche zu und gehört zu den Ersten, die in Essen mit stolz geschwellter Brust und sportlich in Weiß gekleidet an Bord eines Zeppelins in die Lüfte schweben. Dass der Posten eines Hoteldirektors auch mit anstrengender Arbeit verbunden ist, will er nicht so richtig gelten lassen, er verlegt sich lieber aufs Präsentieren.

Blenden kann er gut, neuerdings auch bei Frauen, nur die eigene sieht die marode Fassade hinter dem Strahlemann. Sie registriert sein Gebaren mit Argwohn und Furcht und erkennt auch, dass es sich auf Dauer nicht rechnen kann, wenn die Ausgaben weit über den Einnahmen liegen. Sie steckt ihre ganze Kraft in die Arbeit für das Hotel, versucht, auch ihrem Mann den Ernst der Situation klar zu machen. Doch anstatt endlich die Notbremse zu ziehen, galoppiert Hermann Rühmann in verhängnisvoller Selbstüberschätzung weiter. Wagemutig spekuliert er mit seinem Geld an der Börse, was ihm keinen Gewinn beschert, sondern noch mehr Schulden. Trotzdem übernimmt er noch im August 1913 die Konzession für den Schankbetrieb im Hotel, schon Anfang Dezember aber gezwungenermaßen die Verantwortung für eine unabwendbare Pleite. Von wegen Hotelfachmann, Rühmann dilettiert, sichtbar für jedermann. Nach nur einem Jahr ist sein Traum ausgeträumt.

Auch seine Ehe übersteht die aufreibende Zeit im Handelshof nicht. Was nicht daran liegt, dass er für seine Frau keine Liebe mehr empfindet. Nach endlosen Saufgelagen, heimlichen Affären und etlichen Schlagfertigkeiten, die mit verbaler Rhetorik nichts gemein haben, hat er sich als Ehemann endgültig disqualifiziert. Jahrelang ertrug Margarethe Rühmann all diese Demütigungen, schützte die Kinder, so gut es ging, opferte ihren Stolz und ihre Befindlichkeiten als Frau, um die Familie zusammenzuhalten. Wenn sie ihm mit Trennung drohte, und das tat sie mehrmals, gelobte er Besserung, die er spätestens im nächsten Rausch vergaß. Um wenigstens die Kinder vor dem Schlimmsten zu bewahren, wurden Hermann und Heinz auf ein Schulinternat nach Lennep im Bergischen Land geschickt, um Ilse kümmerte sich eine Kinderfrau. Nun aber sieht Margarethe Rühmann keinen anderen Ausweg mehr: Sie verlässt ihren Mann, zieht in eine eigene Wohnung an der Brunnenstraße 74, die ihr ein Verwandter zur Verfügung stellt. Sie hat etwas Geld gespart und wird ansonsten von ihrer Familie finanziell unterstützt.

Am 28. Juli 1914 erklärt das Deutsche Kaiserreich Russland und Frankreich den Krieg. Vier Tage später verfügt Wilhelm II. die allgemeine Mobilmachung. Die Maßnahmen sind von langer Hand vorbereitet, die Menschen in Deutschland mit der Mähr von fremder Bedrohung und feindlicher Isolierung auch propagandistisch eingestimmt. Die Rüstungsindustrie läuft auf Hochtouren, deutscher Stahl und deutsche Waffen für deutschen Raum, das Militär übernimmt die Macht. Von den politischen Wirrnissen verstehen Heinz und Hermann nicht viel, für sie hat der Kriegsausbruch eine andere Bedeutung. Sie dürfen endlich zu ihrer Mutter zurück. Überglücklich steigen sie an einem der ersten Augusttage in die Bahn und fragen sich, warum auch die anderen Menschen so begeistert sind. Kommen die alle aus einem Heim? Wohl kaum. Auf den Bahnhöfen begegnen ihnen singende und lachende Gestalten, ein wahrer Freudentaumel allerorten, Kriegshysterie. Heil dir im Siegerkranz! Eine Nation begrüßt das Schießen und Morden.

Als die beiden Jungen auf dem Essener Hauptbahnhof dem Zug entsteigen, sind sie selig und fest entschlossen, die traurige Zeit im Heim zu vergessen. Heinz, der sehr an seiner Mutter hängt, hatte unter der Trennung gelitten und manche Nacht weinend im Bett gelegen. In ihrer Heimatstadt treffen sie auch ihren Vater wieder, der die neue Situation nicht verkraftet und verzweifelt versucht, Mitleid bei seiner Frau zu erregen, um ihr Herz zurückzugewinnen. Er hat alles verloren, die Familie, sein Geld, das Hotel und zuletzt auch den guten Ruf. Nicht einmal als Gastwirt in Wanne hätte er noch eine Chance. Er versumpft nachts in düsteren Spelunken und schläft tagsüber seinen Rausch aus. Einer geregelten Arbeit geht er nicht mehr nach, seine Verzweiflung ist groß, das Verlangen nach Alkohol ebenso. Die angeblichen Freunde, die sich um ihn scharten, solange er die Zeche zahlte, sind verschwunden, sein einziger Halt, Margarethe nämlich, ist es auch. Die lässt sich nicht mehr erweichen, sie will nicht an seiner Seite zugrunde gehen und reicht bald die Scheidung ein. Am 17. März 1915 wird das Ende ihrer Ehe mit Hermann Rühmann vor dem Landgericht Essen amtlich besiegelt – und damit auch dessen Ende.

Die familiären Turbulenzen wirken sich natürlich auch auf die Kinder aus. Sie leiden darunter. Vor allem Heinz, den wohl sensibelsten unter den Rühmann-Kindern, bedrückt der Konflikt der Eltern, der ihm tränenreiche und schlaflose Nächte bereitet. Seine schulischen Leistungen sind längst nicht so gut, wie er später behaupten wird. Er besucht die Humboldt-Oberrealschule und gerät nicht nur einmal mit den strengen Paukern aneinander. Heinz gehört zu den Kleinsten in seiner Klasse; diese frühe Rolle ist nicht einfach für ihn, weil sie mit Demütigungen verbunden ist und dem Gefühl, nicht genug beachtet zu werden. Also versucht er, die ersehnte Aufmerksamkeit auf andere Art zu erringen. «Meine früheren Lehrer werden mir, ob sie es wollen oder nicht, bestätigen müssen, dass unser Verhältnis zueinander ein kühles, ja gespanntes war», wird er sich zwanzig Jahre später, 1935, als Star des deutschen Films in einem Interview auslassen. «Wir hatten voreinander keinerlei besondere Hochachtung, das beruhte auf Gegenseitigkeit. Trotzdem will ich heute nicht bestreiten, dass die Schuld für diese Spannung fast ausschließlich bei mir lag. Ich habe damals (...) viel Blödsinn gemacht.»

Sein Mathematikprofessor Hugo Kabath hat es ihm besonders angetan. Ein gelehrter Mann mit Staatsexamen in Chemie, Mineralogie, Botanik, Zoologie, Physik, Erdkunde, Mathematik und Turnen, aber für den Schüler Heinz vor allem ein «überaus komischer Kauz, ich konnte ihn um die Bohne nicht ausstehen. Darum hänselte ich ihn, wo ich nur konnte und wurde nicht müde, vor meinen feixenden Kameraden den Professor in seiner ganzen Schrulligkeit und Eigenheit nachzuahmen.» Und tatsächlich, schon damals soll der junge Rühmann über eine besondere Gabe verfügt haben. Er beobachtet die Menschen in seiner Umgebung sehr genau, vor allem die, bei denen er auffällige Verhaltensweisen oder eine markante Aussprache auszumachen glaubt. Der ungeliebte Mathelehrer bietet sich für derlei Studien geradezu an mit seiner beinahe theatralischen Gestik, seinem Pathos und den Schimpfkanonaden, die er angesichts der unaufmerksamen Schülerschaft regelmäßig in ostpreußischer Färbung von sich gibt. «Dieser verrickte Riehmann, verflixter Lausebengel aber auch ...!» Der Gescholtene soll den Spaß eines Tages auf die Spitze getrieben haben. Er stellt sich in einer Pause an die Tafel und gibt sein Talent zum Besten, zum Gaudi der anderen Schüler. «Riehmann, sätzen Sä sich! … Sä send albern, Ehnen fählt die settliche Reife …» und so weiter. Die Klasse tobt, der Lärm muss bis ins Lehrerzimmer zu hören sein. Aber Heinz, der Kleine, mal ganz groß und ganz in seinem Element, fühlt sich dadurch nur noch mehr angespornt. Und merkt gar nicht, dass der Beifall schlagartig verstummt. Ehe er sich's versieht, spürt er eine Hand an seinem Hemdkragen, die ihn ziemlich unsanft aus seiner Rolle auf seinen angestammten Platz befördert. Professor Kabath ist außer sich und spart nicht mit fluchenden Worten. Heinz' Eltern werden benachrichtigt, der Schulverweis aber bleibt aus.

So jedenfalls soll es sich damals an der Essener Schule zugetragen haben. Heinz Rühmann hat diese Geschichte in vielen Interviews erzählt und in seinen Lebenserinnerungen niedergeschrieben. Auch von anderen Autoren wurde sie immer wieder gern aufgegriffen, aber wohl niemals ernsthaft hinterfragt. Rühmann, der in seinen Filmen so lustig wirkte, es im Leben aber nicht war, gab oft nur widerwillig Auskunft über dasselbe, weshalb sich jeder Schreiber freuen musste, eine Anekdote präsentiert zu bekommen, die zu dem Image passte, das sich der Schauspieler im Laufe seiner Karriere zugelegt hatte. Vor allem passte sie zu seinen Rollen in *So ein Flegel* und *Die Feuerzangenbowle*. Aber passte sie nicht zu gut? Kann ja sein, dass die Erinnerung an jenen Mathematikprofessor Pate stand, als er diese Figuren nach dem Buch von Heinrich Spoerl einstudierte. An der Darstellung aber, dass er ihn schon als Zwölf- oder Dreizehnjähriger perfekt imitierte und damit die versammelte Klasse unterhielt, sind durchaus Zweifel angebracht.

Merkwürdigerweise erinnerten sich seine Mitschüler stets an eine Reihe von Streichen, die sie mit ihm ausheckten, an heimliche Schießübungen mit einer Luftbüchse und daran, dass sie gemeinsam einen Klapperstorch auf dem Turm des Gymnasiums montierten, nicht aber an sein komödiantisches Talent. Einer, der es hätte wissen müssen, war Alfred Hampel, Rühmanns Banknachbar und Schulfreund aus jener Zeit. Auf die schauspielerischen Fähigkeiten seines Kumpels angesprochen, antwortete er: «Ach was, wir haben nur Blödsinn angestellt. Wenn das eine Vorarbeit zum Filmstar ist, dann bin ich auch einer. Klar haben wir über ihn gelacht, aber nur, weil er so komisch aussah.» Auch die Kinder anderer Mitschüler haben von ihren Vätern diese Rühmanniade nicht erzählt bekommen. Skepsis drängt sich zusätzlich auf, wenn man bedenkt, dass Rühmann – wie schon bei seinem Sprungversuch vom Balkon des Hotels – auch in diesem Fall im Laufe der Jahre mehrere Varianten präsentierte. Einmal, erzählt er in jüngeren Jahren, soll er von seinem wütenden Lehrer körperlich gezüchtigt worden sein, ein anderes Mal, memoriert er später, habe der angeblich überhaupt nicht reagiert, ihn nur stumm auf seinen Platz verwiesen, Version drei beinhaltet die Strafarbeit, hundertmal den Satz *Ein Katheder ist keine Bühne* zu schreiben, Nummer vier eine gehörige Tracht Prügel, verabreicht von seinem Vater.

Sollte es diese Begebenheit im Ansatz dennoch gegeben haben, wird sie über die Jahre wie die Szene in einem Drehbuch publikumswirksam ausgeschmückt worden sein. Liegt das nicht sogar in der Natur der Sache? Muss ein Schauspieler, der wie Rühmann jahrzehntelang für Film und Theater lebt, in einer Scheinwelt mit gelernten Rollen aus erfundenen Geschichten, nicht zwangsläufig den Bezug zur Realität verlieren, zumindest streckenweise? Muss er sich mit den erdachten Charakteren nicht identifizieren, um sie überzeugend spielen zu können, so sehr, dass er irgendwann nicht mehr weiß, wer er selbst eigentlich ist und wo seine Mitte? Und muss er schließlich nicht auch sein Image mit Leben erfüllen, damit es glaubwürdig erscheint?

Wesentlich erfolgreicher gestaltet sich für den Schüler Rühmann der Deutschunterricht. Und da findet sich dann doch ein erster Hinweis auf das, was ihn in Zukunft einmal beschäftigen und auszeichnen wird. Er liest gern Bücher, wenn auch für lange Zeit vor allem Karl May, und findet seine Freude daran, Gedichte auswendig zu lernen und vorzutragen, mit einer enormen Ausdrucksfähigkeit, wie er findet. Als ihm die gereimten Verse nicht mehr genügen, stürzt er sich auf Dramen von Schiller, Goethe und Grillparzer. Als Publikum müssen seine Mutter und die Geschwister herhalten, ihnen deklamiert er selbstbewusst den Montgomery aus *Die Jungfrau von Orleans* – zweiter Aufzug, sechster Auftritt: «… o wär ich nimmer über Meer hierher geschifft, ich Unglücksel'ger! Eitler Wahn betörte mich …» Beim nächsten Mal nimmt er sich den Part des Leon aus Grillparzers *Weh' dem, der lügt* vor, irgendwann auch Goethes Faust-Monolog. Bruder Hermann ist das alles suspekt, er hat wenig Sinn für die schönen Künste, ist mehr für die handfesten Dinge und wird später Landwirtschaft studieren. Schwester Ilse dagegen ist hingerissen, sie himmelt ihren Heinz an.

Die kontinuierliche Übung in der Jugend wird ihm als Schauspieler helfen, selbst umfangreiche und schwierige Texte ohne größere Mühe zu büffeln. Ein Heinz Rühmann wird niemals zu Proben erscheinen, ohne seinen Text perfekt zu beherrschen, weder beim Theater noch im Filmatelier. Diese Vorarbeit leistet er zu Hause, in aller Ruhe, und wehe, wenn ihn jemand dabei stört. Wobei sich das Textlernen in beiden Fällen unterschiedlich gestaltet. Während er für den Film praktischerweise immer nur die Passagen lernt, die für die jeweiligen Aufnahmen benötigt werden, und sie danach in der Regel gleich wieder vergisst, behält er seine Theaterrollen komplett im Gedächtnis, den oberflächlichen Wortwitz aus *Der Mustergatte*, aber auch die komplizierten Schachtelsätze, die er als Sprachprofessor Higgins in Shaws *Pygmalion* zu sprechen hat.

Eine andere Lektion aus der Schulzeit ist ebenfalls sicher verbürgt. Sie bleibt dem aufgeweckten Schüler sozusagen ein Leben lang im Gesicht geschrieben. Gemeint ist eine kleine Narbe am linken Mundwinkel, die er sich auf dem Schulweg einhandelt. Raufereien gehören wie heute schon damals zum Tagesprogramm eines vorpubertären Jungen. Und Heinz mischt kräftig mit, lässt kaum ein Handgemenge aus. Weil er so klein ist, verspürt er vielleicht mehr als andere den Wunsch, sich wenigstens auf diese Weise Respekt zu verschaffen. Manchmal werden die Auseinandersetzungen mit den Fäusten ausgetragen, was die Chancen des kleinen, aber kräftigen Heinz erhöht, gelegentlich auch mit Steinen, geworfen aus dem Hinterhalt. Wie gefährlich das sein kann, bekommt er schmerzhaft zu spüren, als ihn eines der Wurfgeschosse trifft und ein Loch in seine Gesichtshaut reißt. Das ist so groß, dass es von einem Arzt genäht werden muss.

Die körperlichen Blessuren verheilen, die seelischen sitzen tiefer, auch bei dem Jungen Heinz, der das Scheitern der elterlichen Ehe zu verkraften sucht. Was soll er tun mit seinen Gefühlen? Er liebt seine Mutter, trotzdem fehlt ihm der Vater. Der war für ihn eine Lichtgestalt, ein Vorbild, das er bewunderte. Lange wird er das Foto aufbewahren, das den Vater an Bord des Zeppelins zeigt. Bei seiner Mutter findet er für seine Sentimentalität wenig Verständnis, sie muss ans Leben denken, an den täglichen Kampf ums Überleben. Wenigstens hat Margarethe Rühmann gute Freunde und zwei Schwestern, die zu ihr halten. Dass sie auf die Hilfe anderer angewiesen ist, hat sie ihrem Mann zu verdanken, und das nimmt sie ihm übel. Sie ist nicht gut auf ihn zu sprechen, auch den Kindern gegenüber nicht. Kommt doch einmal die Rede auf ihn, lässt sie kein gutes Haar an ihm, was sich einerseits auf die Kinder überträgt, sie andererseits in Gewissenskonflikte stürzt. Immerhin ist es ihr Vater, sie lieben ihn, dürfen das Gefühl aber nicht ausleben. Für den Sohn Heinz wird das lange Zeit ein Trauma bleiben.

Daran ist vor allem die Nachricht schuld, die Mutter Margarethe wenige Monate nach der Scheidung ihren Kindern verkündet. Es muss im Herbst 1915 gewesen sein, genau ist das Datum nicht mehr zu ermitteln. Euer Vater ist tot, soll sie gesagt haben, er hat sich umgebracht. Viel mehr nicht.

Der Tod von Hermann Rühmann senior ist bis heute ein Rätsel. Ganze sechs Wörter ist seine Verzweiflungstat dem Sohn Heinz in dessen Memoiren wert: «... er beendete sein Leben in Berlin.» Kein Wort der Trauer, keine Erklärung, wann er es tat und wie, auch nichts darüber, von wem und wo er beerdigt wurde. Klar ist nur, dass sein Grab nicht mehr existiert, da es nach Ablauf der gesetzlich festgelegten Ruhezeit eingeebnet wurde. Damals konnte niemand ahnen, das darin der Vater jenes Jungen liegt, der als Schauspieler so berühmt werden sollte. Seine Existenz wird von dem am liebsten verschwiegen, so tief sitzt die Verletzung, Jahrzehnte später noch.

Und damit hängt sicherlich auch zusammen, dass Heinz Rühmann von sich aus nie ein Foto seines Vaters veröffentlichen lässt. Während er eine Reihe von Aufnahmen, auf denen seine Mutter abgebildet ist – in jungen Jahren, allein und mit ihren Kindern –, stets für Publikationen freigibt und auch Bilder, die ihn mit seiner ersten Ehefrau, Ernst Udet und anderen Menschen zeigen, die ihm nahe standen, nicht zurückhält, ist kein einziges Motiv mit seinem Vater dabei. Auch in seinem Nachlass, den seine dritte Ehefrau im August 1997 für rund 150 000 Mark an die Stiftung Deutsche Kinemathek in Berlin verkauft, fehlt ein solches. Fotos vom Vater geraten erst heute, im Jahr 2001, durch dieses Buch an die Öffentlichkeit, sieben Jahre nach dem Tod des prominenten Sohnes.

Heinz Rühmanns Geschwister haben es ähnlich gehalten und den Selbstmord des Vaters in ihren Erinnerungen meist ausgespart. Karin Molck-Ude, die Tochter seines Bruders Hermann, erfuhr von ihrem Vater lediglich, dass sich der Großvater im zweiten Halbjahr 1915 in Berlin erhängt haben soll. Die Rühmanns machten lange ein Geheimnis daraus, noch in den fünfziger und sechziger Jahren war der Freitod des Vaters weitgehend unbekannt. Um die Familienschande unter der Decke zu halten, verstießen die Brüder Heinz und Hermann sogar gegen das Gesetz und belogen im Nazireich einen Richter, machten ihm gegenüber eine wissentlich falsche Angabe, um es juristisch auszudrücken. Das geschah unmittelbar nach dem frühen Tod der Schwester Ilse, die am 15. November 1934, gerade dreißig Jahre alt, in Berlin-Wilmersdorf infolge eines medizinischen Behandlungsfehlers an einer Blutvergiftung starb. Nachdem sie an einer Lungenentzündung erkrankt war, hatte ihr ein Arzt eine antiseptische Spritze verabreicht. Als es danach um die Ausstellung eines Erbscheines ging, war zu klären, wer die nächsten Angehörigen waren. Die Eheleute Ilse und Theo Eisen waren geschieden, gemeinsame Kinder aus dieser Verbindung nicht hervorgegangen, blieben als Erbberechtigte also ihre Eltern und die Geschwister Heinz und Hermann. Die konnten den Tod der Mutter anhand einer in München ausgestellten Sterbeurkunde nachweisen, den des Vaters allerdings nicht. In einem Schreiben an das zuständige Nachlassgericht in Berlin-Charlottenburg formulierten Heinz und Hermann Rühmann wahrheitswidrig: «Wir versichern, dass der Vater, soweit wir uns noch erinnern, im zweiten Halbjahr 1915 in Berlin durch Unfall ums Leben gekommen ist.» Es sei ihnen jedoch unmöglich, eine Sterbeurkunde zu beschaffen, mit der diese Aussage amtlich zu belegen wäre, da das zuständige Standesamt nicht ermittelt werden könne, was wiederum der Wahrheit entsprach.

Ungefähr ein Jahr nach dem Tod des Vaters ziehen Heinz und seine Geschwister mit der Mutter nach München. Warum ausgerechnet von Preußen nach Bayern, wird den Kindern nicht weiter erklärt. Das ist eben so, ihr werdet schon neue Freunde finden! Mutter Rühmann ist keine Frau der großen Worte, sie trifft die Entscheidung einfach. Schließlich befindet sie sich in einer Notsituation, sie muss sehen, wo sie mit ihren drei Kindern bleibt. Dass es in München trotz einer halben Million Einwohner damals noch eher provinziell zugeht und die Stadt ein vergleichsweise billiges Pflaster ist, wird sie womöglich beeinflusst haben, vor allem aber der Umstand, dass ihre beste Freundin Tilly Korn bereits dort wohnt. Die Firma von Peter Ostermayr, der zehn Jahre zuvor in München-Geiselgasteig, auf dem späteren Bavariagelände, seine Spielfilmproduktion gründete, spielt bei ihren Überlegungen jedenfalls noch keine Rolle. Sie treiben andere Sorgen um. Es ist noch immer Krieg, die Stimmung in der Bevölkerung schlägt um, Lebensmittel wie Milch, Fleisch und Margarine werden knapp, also auch teurer, das Brot wird rationiert. Karl Liebknecht demonstriert in Berlin trotz Verbots gegen den Krieg, die Gewerkschaften rufen zu Streiks auf. Die Situation spitzt sich überall zu, sie muss an ihre Kinder denken.

Tilly Korn bereitet alles für den Umzug vor und kümmert sich um eine Bleibe, praktischerweise im selben Haus, die aber erst in einigen Wochen frei wird. Die erste Adresse für die Neuankömmlinge ist die Schlotthauerstraße 5, Wohnung drei, in der Nähe der Isar. Beim Einwohnermeldeamt wird der Zuzug aus Essen am 23. April 1917 registriert, «bei Korn», er dürfte jedoch einige Zeit früher stattgefunden haben, vermutlich im dritten oder vierten Quartal 1916 schon. Am 3. Mai 1917 legen die Meldebeamten handschriftlich eine so genannte Ledigen-Liste für Heinrich Wilhelm Rühmann an. Darin werden sein Beruf vermerkt – «Realschüler der vierten Klasse» –, Name und Profession der Eltern, ohne Hinweis auf den Tod des Vaters, seine Staatsangehörigkeit – «Preußen» –, Geburtszeit und -ort. Anfang Juni erfolgt der nächste Eintrag, Rühmanns beziehen ihre eigenen vier Wände in demselben Haus. Einen Monat später wird die Akte erneut bemüht, der Registerbeamte vermerkt eine Abmeldung, Sohn Heinz nach Leutstetten, Arbeitseinsatz in den Schulferien. «Jetzt sitze ich hier auf dem Privatgut des Königs und bin ein tüchtiger Forstarbeiter geworden», schreibt der von dort an seinen Essener Schulfreund Alfred Hampel. «Wir müssen tüchtig arbeiten, bekommen aber auch am Tag 2,50 Mark. Arbeit ist von 6 bis 11 Uhr und von 12.30 bis 5.30 Uhr. Zehn Stunden und freie Verpflegung.»

Zu diesem Zeitpunkt hat Heinz Rühmann die Schwierigkeiten überwunden, mit denen er sich anfangs in München herumschlagen muss. Er wird in die Realschule am Regerplatz aufgenommen und vor allem den ersten Schultag in Erinnerung behalten. Die Mutter schickt ihn natürlich in seiner besten Kleidung zum Unterricht, er soll gleich einen guten Eindruck hinterlassen. Was dazu führt, dass ihr Heinz noch vor der ersten Stunde seinen ersten Lacherfolg zu verbuchen hat – allerdings unfreiwillig und peinlich berührt. So steht er auf dem Pausenhof und muss mit ansehen, wie seine neuen Mitschüler hämisch mit den Fingern auf ihn zeigen und sich vor Lachen biegen. Das liegt weniger an seinem verdatterten Gesichtsausdruck als an seiner Bekleidung. Dabei hatte seine Mutter den niedlichen Matrosenanzug noch extra gewaschen und gebügelt. Und mit keiner Silbe daran gedacht, dass der die Bayern eher an ein Faschingskostüm erinnern könnte. Das ist der erste Akt, der zweite folgt Minuten später, als ihn der Lehrer im Klassenzimmer nach seinem Namen fragt. Wieder Gelächter, ab sofort muss Heinz mit dem Spitznamen *Rührei* leben. Eine bittere Pille für den Neuen, aber manchmal ist es im Leben wie am Theater: Misslingt die Generalprobe, wird die Premiere ein Erfolg. Die Generalprobe des Schülers Rühmann geht kräftig daneben, dafür wird er in der Folgezeit noch einige gute Auftritte erleben. So klein und schmächtig der Vierzehnjährige auch ist, er erweist sich als zäher Kämpfer. Und als lernwilliger Schüler, der sogar an seiner Sprache feilt, um sich darin den anderen anzupassen, die sein Bemühen erkennen, seine Ausgeschlafenheit, und ihn bald respektieren.

Die Begeisterung für den Sport begünstigt seine Integration. Wie viele seiner neuen Schulkameraden tritt er dem Sportverein München 1860 bei, allerdings nicht, um gegen das runde Leder zu treten. Ausgerechnet der Kleine versucht sich als Hürdenläufer, fast zwei Jahre lang. Er trainiert Ausdauer, Schnelligkeit und Sprungkraft, stählt seine Muskeln, ohne nennenswerten Erfolg jedoch, was ihm ganz schön zu schaffen macht. Er feilscht um Aufmerksamkeit und Beachtung, würde so gern im Mittelpunkt stehen, um seine körperliche Unscheinbarkeit auszugleichen. Als der erhoffte Erfolg auf sich warten lässt, er nicht über zweite und dritte Plätze hinauskommt, gibt er es auf, die Welt als Sportler erobern zu wollen. Wieder ein Dämpfer, aber den lässt er sich nicht anmerken.

Mag sein, dass ihn solche Erlebnisse und die schweren Zeiten in der Familie hart gemacht haben, auf jeden Fall haben sie ihn gelehrt, welcher Fähigkeiten es bedarf, sich auch in demütigenden Momenten nicht unterkriegen zu lassen. Und dieses Vermögen wird für ihn einmal mehr wert sein als alles Geld.

In München ändert sich die Lage bald, wenigstens ein bisschen zu seinen Gunsten. Das verdankt er sicherlich seiner Schlagfertigkeit, aber auch einer gewissen Bequemlichkeit der Mitschüler. Sie merken sehr schnell, dass sich *Rührei* bei ihnen beliebt machen will und sich deswegen nicht scheut, ihre Interessen auch gegenüber den Lehrern zu vertreten. Ein idealer Klassensprecher, die Wahl ist schnell beschlossen, die Arbeit mal eben auf den Neuen abgewälzt. Heinz fühlt sich trotzdem geehrt und nimmt den neuen Posten gern an, weil der seine Rolle in der Klasse aufwertet. Zumindest denkt er das. Bis ihm mal wieder Zweifel kommen – nach dem Abschluss der mittleren Reife, als er für die anschließende Feier die Aufführung eines Theaterstücks vorschlägt. Gute Idee, meinen die anderen und machen sich eifrig ans Werk. *Rührei* denkt an eine Rolle für sich und an die des Regisseurs gleich noch mit – seine Mitschüler nicht. Doch nicht der Kleine, wie soll das denn aussehen! So ernst können sie ihn also doch nicht genommen haben. Die Befindlichkeiten des Klassensprechers kümmern niemanden und auch nicht, dass er, enttäuscht und gekränkt, zu dem Fest dann gar nicht erscheint. *Rührei* bleibt eben *Rührei*, ein fremder Preuß', ein Zugereister, ein Einzelgänger.

Ein Einzelgänger vielleicht, ein Stehaufmännchen ganz sicher. Kleine Fehlschläge steckt Heinz Rühmann weg, jetzt im Jugendalter, später sowieso, auch wenn Narben bleiben. Dabei hilft ihm eine Fähigkeit, die seinen Charakter prägt. Was immer ihm widerfährt, er legt es so aus, als sei es nicht gegen ihn gerichtet, auf jeden Fall aber nicht durch ihn verursacht. Ein Heinz Rühmann bleibt immer schuldlos. Anfangs, im Kindesalter, ist das ein verständlicher Schutzmechanismus, später ein streitbares Rechtfertigungsvehikel für sein Verhalten im Dritten Reich, noch später auch Ausdruck einer gewissen Selbstverliebtheit.

Schon als Schüler ist Heinz Rühmann kein Grübler, er hat genug damit zu tun, sich zu behaupten. Aus seiner frühen Zeit in München sind einige Briefe erhalten geblieben, die er seinen ehemaligen Klassenkameraden in Essen schickt. Sie verdeutlichen vielleicht am besten, wie er seine neue Umgebung sieht und sich in ihr einrichtet. «Ich habe hier in München sehr nette Lehrer», schreibt er, «und es geht bei uns in der Klasse viel gemütlicher her, als in Norddeutschland. Wenn der Lehrer bei uns ruft: Saubub dreckiger, oder Brillenschlang', geschwollene, so macht das gar nichts aus. Nur ich muss immer furchtbar lachen ...» Wenn er nicht übertrieben hat, was bei ihm schon damals gelegentlich vorkommt, muss es ein angenehmes Schülerleben gewesen sein: «Wir machen hier gar keine Klassenarbeiten, das ist ein wunderbar faules Leben. Vorhin war ich in der Stadt und habe König Ludwig gesehen, der in einer Equipage mit seinem Adjutanten spazieren fuhr ...» Auch über die Ferienregelung und sein erstes Zeugnis zeigt er sich zufrieden. «Ich habe bereits seit dem 14. Juli schon Ferien bis 1. Oktober. Mein Zeugnis war gut. Fünf Mal sehr gut und fünf Mal gut ...» Die Ferien fallen offenbar arbeitsintensiver aus. «Nun wird es wohl nächste Woche nach

Eching zum Ammersee gehen. Da helfe ich in der Land- und Forstwirtschaft ...» Von seinen neuen Landsleuten ist er recht angetan. «Heute Nachmittag ist die große Jacobi-Dult (riesige Kirmes). Da saufen sich die Münchener alle einen ordentlichen Rausch an, wie immer! Überhaupt sind die Münchener ganz famose Kerle, so gemütlich und freundlich, da kommt ein Essener gar nicht gegen an. Auch ich habe schon mein gut Teil bayerisch gelernt. Es ist gar nicht so gefährlich, wie es sich anhört ...» Beim nächsten Mal hat er für seinen alten Freund auch gleich noch einen Tipp auf Lager, so von Schüler zu Schüler. «Einen guten Rat will ich dir geben: Wenn du kannst, nimm' den Stenographie-Unterricht an deiner Schule mit. Ich habe es hier auch gelernt. Es ist tadellos. Die Lehrer diktieren hier in der Klasse und wir stenographieren mit. Das geht riesig fix. Ich habe es zwar auch nachlernen müssen, da die Buben hier es schon ein Jahr hatten.»

Im Frühjahr 1918, Heinz Rühmann besucht inzwischen das Luitpold-Gymnasium, wird die Lage auch für den Sechzehnjährigen ernst. Der Krieg ist noch immer nicht zu Ende, Deutschland steht vor der Niederlage, unter großen Teilen der Bevölkerung herrschen Armut und Hunger. «Auch wir sollen zur Landwirtschaft heraus. Geprüft und untersucht wird aber erst nach den Osterferien. Wahrscheinlich komme ich, wie im vorigen Jahre, als Führer einer Gruppe heraus – zehn bis zwanzig Schüler. Bin jetzt auch dem Jungsturm-Regiment, 8. Kompagnie, beigetreten. Das Regiment besteht aus 48 Kompagnien je 70 Mann. Jede Kompagnie hat einen Leutnant als Führer (aber einen richtigen). Dienstags und freitags ist abends von 6.45 Uhr bis 8.30 Uhr in der Kaserne Übung. Samstags Scharfschießen mit Modell 98 (nach Scheibe 150 Meter), Sonntags Felddienstübungen, wo militärische Aufgaben gelöst werden. Das ist was anderes wie die Essener Jugendwehr!» Offenbar schildert er in anderen Briefen sein Leben in München in den schillernsten Farben, von Armut oder Mangel erwähnt er nichts, im Gegenteil. Sodass ihn sein Brieffreund, dessen Familie es offenbar nicht so gut erwischt hat, bittet, Lebensmittel zu schicken. «Lieber Alfred, ich würde ja gern alles für Euch tun, aber leider ist es so streng, dass überhaupt nichts über die Grenze hinaus darf. Und es wäre schade um das Schöne, das dann in die Hände der Eisenbahner fiel. K. können wir ja auch nichts schicken. Und langsam wird es hier auch knapp. Also, nimm es mir bitte nicht übel, was nicht geht, das geht nicht.»

Für einen Jungen in seinem Alter gibt es ohnehin spannendere Angelegenheiten. Das Thema Krieg tritt in den Hintergrund, wenn er von seinen Freizeiterlebnissen und den Plänen für die Zukunft berichtet. «Das Wetter ist jetzt hier sehr kalt, Schneewetter. Das freut uns Buben sehr, denn dann geht's hinaus in die weiten Fluren, wo Ski und Bobsleigh gefahren wird. Das wird einen anderen Winter geben als in Essen. Von meiner Mutter habe ich auch schon die Erlaubnis erhalten, im Sommer wieder in die Alpen zu dürfen. Dann wage ich mich schon an die 2000er heran, denn vergangenen Sommer habe ich in den nicht sehr hohen Tegernseer und Schlierseer Bergen (1600 bis 1900 Meter) sehr viel gelernt an Klettern und Gratübergängen. Weißt du, ein Grat ist eine ziemlich gefährliche Kletterei, da muss man sich höllisch in Acht nehmen.»

Was er nicht schreibt: Er fühlt sich ziemlich allein in seiner neuen Heimat. Es will ihm nicht so recht gelingen, Freunde zu finden. Er ist ein Muttersöhnchen, aber das allein stellt nicht das Problem dar. Es liegt einfach auch daran, dass er in seiner Freizeit andere Dinge im Kopf hat als die meisten seiner Mitschüler. Die interessieren sich nicht so sehr fürs Wandern, für Literatur noch weniger. Keiner von ihnen wäre wohl auf die Idee gekommen, seitenlange Texte auswendig zu lernen – und das noch freiwillig. Sie jammern schon, wenn ihnen der Lehrer die acht Strophen von Schillers Ballade *Der Handschuh* aufträgt. Heinz kann nicht genug davon kriegen, er studiert gleich noch *Der Taucher* dazu und danach *Die Bürgschaft*. Wo er sich auch herumtreibt, er hat immer eines seiner Bücher dabei, kleine Reclamheftchen mit den deutschen Klassikern, die er leicht in der Hosentasche verstauen kann. Die meisten kauft er sich selber. Das Geld verdient er mit Nachhilfestunden, die er Mitschülern gibt. Er nimmt fünfzig Pfennig für eine Stunde, nicht viel, aber er ist sparsam, und so reicht es bald für eine Theaterkarte. Die Atmosphäre im Schauspielhaus fasziniert ihn, das ist seine Welt. Von da an lässt er kaum eine neue Vorstellung aus, manchmal spendiert ihm auch der ältere Bruder eine Karte.

Plötzlich entdeckt er, wonach er suchte, ohne sich selbst darüber im Klaren gewesen zu sein. Seine Bücher, das Theater, die Bühne. Er erzählt seiner Mutter davon, die noch nicht so richtig weiß, was sie von den Ambitionen ihres Sohnes halten soll. Ein Künstler in der Familie, oh je, das gab es noch nie. Landwirte, Hotelbesitzer, Handwerker, aber keine Schauspieler, wo hat der Junge das nur her! Da sie aber schnell merkt, dass es ihrem Sprössling ernst ist, hilft sie ein bisschen nach. Sie zeigt ihm eine kleine Anzeige, die sie in einer Münchner Lokalzeitung entdeckt, mehr durch Zufall: «Liebhaberbühne sucht neue Mitglieder». Das muss ich mir doch gleich mal anschauen, denkt der und macht sich auf den Weg zur Augustenstraße. Eine gute Adresse, hier befinden sich zu dieser Zeit auch die Münchner Kammerspiele, geleitet von Otto Falckenberg, der so brillante Schauspieler wie Kurt Horwitz, Max Schreck, Lucie Mannheim, Sibylle Binder und später auch Elisabeth Bergner um sich schart, wenn auch manchen nur für kurze Zeit. Gerade mal sechs Jahre später, im Dezember 1925, wird dieser Falckenberg neben Dorothea Wieck, Maria Bard, Hans Schweikart und Adolf Wohlbrück einen jungen Mann als Thispe in *Ein Sommernachtstraum* von William Shakespeare auf die Bühne holen, der jetzt noch ehrfurchtsvoll an dem Gebäude des Theaters vorbeischreitet – auf dem Weg zu den anderen Liebhabern der Bühne, den unbekannten, namenlosen, die ein paar Häuser weiter in einem bescheidenen Domizil untergekommen sind. Von den Brettern, die ihm einmal die Welt bedeuten sollen, sieht er bei ihnen jedenfalls noch nichts.

Die Laienkünstler proben in einer Kneipe, in einem etwas größeren Raum hinter der Wirtschaft. Ernüchternd, aber immerhin besser als seine einsamen Sprechproben in freier Natur, beim Wandern. Schauspieler sind Schauspieler, ein Saal ist ein Saal. Die Aufnahmeprüfung, falls von einer solchen überhaupt die Rede sein kann, findet am gleichen Abend statt. Er soll einen Text vorsprechen, irgendeinen, mehr nicht. «Wer wagt es, Rittersmann oder Knapp, zu tauchen in diesen Schlund?», setzt er mit ernster Miene an und gestikuliert bedeutungsschwer mit den Armen, was angesichts seiner Größe und jugendlichen Erscheinung ziemlich lustig ausgesehen haben muss. Schüler Heinz kennt die wahren Stärken des Schauspielers Rühmann noch nicht, das Minimieren von Gesten, das Sichzurücknehmen, die Monotonie der Sprache, die Wirkung des Schweigens. Er poltert weiter, soweit das seine recht dünne Stimme erlaubt. «Einen goldnen Becher werf ich hinab, verschlungen schon hat ihn der schwarze Mund …» Ob sich Schiller an seinem Vortrag ergötzt hätte? Die Herren und Damen Freizeitmimen jedenfalls sind angetan und nicken zustimmend, was soviel bedeutet wie: Junger Mann, Sie sind uns willkommen!

Endlich erhält er die Bestätigung, die man ihm an der Schule verwehrte, und seine erste Rolle. Das Stück, ein Rührstück, ist hinlänglich bekannt, aber nicht weiter erwähnenswert, *Der Müller und sein Kind*, ein Trauerspiel des als Scheindichter gescholtenen Historiendramatikers Ernst Raupach, eines fast Vergessenen aus der Goethe-Zeit. Es wird kurz vor Weihnachten aufgeführt, in besagtem Saal, Rühmann spielt den Sohn Konrad, der erst einen eindrucksvollen Tod hinzulegen hat, um dann als Geist auf dem Friedhof zu erscheinen. Die Zahl der Zuschauer ist überschaubar, der Beifall verhalten – und Jungschauspieler Rühmann bald für die Schule verloren. Was soll er mit all der Mathematik, mit Physik und Chemie, wenn er doch zum Theater will? Die großen Dramen der Vergangenheit sind es, die ihn wirklich interessieren, und er sieht sich mittendrin, als jugendlicher Held oder leidenschaftlicher Liebhaber. Am Gymnasium dagegen sieht er seine Rolle mittlerweile ganz anders, dort gestaltet er seine Auftritte zunehmend lieblos, weder leidenschaftlich noch heldenhaft. Er ist froh, wenn der Unterricht vorbei ist, und will sich auch am Nachmittag mit dem Schulkram nicht belasten. Er schnappt sich lieber eines seiner Bücher oder Texthefte und verschwindet in den kleinen Park, der sich nur ein paar Fußminuten von der Wohnung entfernt in der Nähe des Isarufers befindet.

Längst hat er einen Entschluss gefasst, er wagt es nur noch nicht, ihn in die Tat umzusetzen.

VIERTES KAPITEL

Wer wagt – gewinnt!

So weit kann es also führen, dieses Schauspielerleben! Ein ewiges Vegetieren zwischen Schein und Sein, eine Suche an der Oberfläche, nach der Wahrheit, der Wahrhaftigkeit, dem wahren Ich. Die Balance zu finden gelingt nur wenigen. Zu verlockend ist der Zustand des Rausches im Erfolg, zu betäubend die Verehrung des Publikums, wenngleich die zuerst auf eine Rolle gerichtet ist, auf eine erfundene Figur, und nicht auf den Menschen, der sie ausfüllt, der ihr für den Auftritt seinen Körper leiht und manchmal auch die Seele. Das ist heute so, und das war damals nicht anders.

Harry Walden hätte das wissen müssen. Vielleicht wusste er es auch und hatte es nur vergessen über all die Jahre, infolge der Trunksucht und des Drogenmissbrauchs, der tragischen Spuren seiner Popularität. Die Nachricht von seinem Tod kommt aus Berlin. Sie verbreitet sich unter dem Schauspielervolk im ganzen Land. Dass es kein Herzinfarkt war, kein gewöhnlicher Tod, beschleunigt die Sache nur. Es ist der 6. Juni 1921, Waldens Ende liegt einen Tag zurück, als Heinz Rühmann davon erfährt. Seit einigen Wochen lebt er in Hannover, ist in einem kleinen Zimmer zur Untermiete untergekommen. Das hiesige Residenztheater hat ihn engagiert, seine erste Premiere steht unmittelbar bevor. Ein Gastspiel der berühmten Hilde Knoth, die Auftaktvorstellung ist für den nächsten Tag angekündigt, das Haus nahezu ausverkauft. Die alten Klassiker gehen gut, Friedrich von Schiller, Christian Dietrich Grabbe,

Georg Büchner auch. Diesmal ist Franz Grillparzer an der Reihe mit seiner Tragödie um die großen menschlichen Gefühle, *Des Meeres und der Liebe Wellen*. Die Knoth, heroischste Mutter der Theatermütter, übernimmt passend die Hauptrolle der Hero. Und der Neue wird als Leander mitwirken, dem es zukommt, die zur Ehelosigkeit Verpflichtete anzuhimmeln, was an sich schon komisch wirken dürfte, was aber keiner so sieht – es ist ein Trauerspiel. Keine große Rolle für Rühmann, aber noch ist der Kleine ja auch kein großer Name. Er ist erst neunzehn und Hannover gerade seine zweite Theaterstation.

Da hatte es Harry Walden, der Verstorbene, schon zu mehr gebracht mit seinen sechsundvierzig Jahren. Er war ein gefeierter Don-Carlos-Darsteller – aber auch mit allerlei Lustspielen auf Reisen, manchmal, im Sommer, an den Kammerspielen in München –, zuletzt sogar Direktor des Renaissancetheaters in Wien, immer ein Mann für die Hauptrolle. Ganz zum Schluss war er das dann auch noch einmal gewesen, der Hauptdarsteller in seiner eigenen Tragödie, für die es nur wenig Text gab – einen Abschiedsbrief, verfasst von seiner Frau Frieda Waagen, einer ehemaligen Schauspielerin. Sie wisse genau, entwarf sie kurz und bündig die Dramaturgie für die letzte Aufführung, dass ihr geliebter Mann unheilbar krank sei. Deshalb sei es ihr Wunsch, dass er, sie und ihr Sohn gemeinsam aus dem Leben scheiden. Anschließend schritt sie zum ersten Akt. Sie spritzte den Männern Morphium ins Blut, und nachdem die das Bewusstsein verloren, schnitt sie ihnen mit einem Rasiermesser die Pulsadern auf. Wortlos auch der zweite Akt, blutig wie der erste. In diesem rückte sie ihrem eigenen Leben zu Leibe, verabreichte sich nacheinander drei Morphiuminjektionen ins Bein und ging noch einmal mit dem Messer zu Werke. Als sie gefunden wurde, tot, hielt sie es noch krampfhaft in der Hand. Alle drei seien sie Morphinisten gewesen, heißt es später.

Und Rühmann hört auch das Gerücht, dass nicht irgendeine unbestimmte Krankheit, sondern bestimmt krankhafte Eifersucht zu dem Drama geführt haben soll. Walden war ein stattlicher Mann, ein Charmeur und Genießer, das wusste er, und von Frauen umschwärmt, das konnte er sich denken. Schein und Sein, Licht und Schatten, Jubel und Verzweiflung, Rausch und Tod, all das gehört also auch zu dem neuen Leben, für das sich der junge Rühmann entschieden hat. Er ist in eine exaltierte Gesellschaft eingetaucht, in die Welt der Kunst. Und die ist auch eine Welt der Verlockung und des Traumes. Träume sind Scheinwelten, in denen Gedanken beflügeln oder – wie im Falle Walden – zerstören. Rühmann wird das noch oft genug erfahren, jetzt ist es erst mal eine neue Einsicht, schockierend vielleicht, aber mehr nicht für ihn. Er nimmt sie lediglich zur Kenntnis und hat ansonsten andere Sorgen. Walden ist Berlin, und Berlin ist weit entfernt. Rühmann sitzt in Hannover, morgen wird sich hier zum ersten Mal der Vorhang für ihn heben, auch für ihn. Das ist Aufregung genug, und es ist mal wieder seine zweite Chance. Die letzte Pleite liegt ihm noch im Magen, das Gefühl, versagt zu haben, nicht gefragt zu sein, einfach ausgemustert zu werden wie in Breslau. Noch einmal will er es nicht verpatzen.

Es ist schon merkwürdig, dass Heinz Rühmann nach jedem ersten Anlauf auch einen zweiten für sich abonniert zu haben scheint. Während andere Niederlagen hinnehmen müssen und daran mutlos verzweifeln, darf er immer noch mal ran. Das ist schon so, als es für seinen späteren Beruf das erste Mal darauf ankommt, damals in München, als er noch das Gymnasium besucht und seine freien Nachmittage in den Grünanlagen an der Isar verbringt, immer ein Buch vor den Augen, lesend oder Text lernend. Er hat die Spaziergänge nie gezählt, aber es kommen etliche zusammen, bis er, ein Jüngling von achtzehn Jahren, eines Tages einer Frau begegnet, die ihn von seinem Textbuch ab- und aus dem Konzept bringt. Sie ist jung und schön, aber leider auch verheiratet und vor wenigen Wochen erst Mutter von Zwillingen geworden. Trotzdem müssen sich die beiden auf Anhieb sympathisch gewesen sein, sonst wären sie aneinander vorbeigegangen, hätten sich vielleicht gegrüßt, flüchtig, mehr aber kaum. Sie sind aber stehen geblieben, haben lange miteinander gesprochen und sich noch oft getroffen.

Was wirklich zwischen ihnen war – Rühmann wird ein Leben lang um diese junge Frau ein Geheimnis machen. In seinen Erzählungen nennt er sie kryptisch Madame B., beschreibt sie als südländische Schönheit mit dunklen Augen und noch dunkleren Haaren, Solotänzerin von Beruf, angestellt beim Ballett der Staatsoper, zurzeit in Babypause dank eines muskulösen Leistungssportlers, der vor allem beim Speerwerfen brilliert, seine Zeit auch ansonsten am liebsten mit Körperertüchtigung verbringt, für Dinge der geistigen Art aber wenig Interesse bekundet. Vertraut man der Rühmannschen Erinnerung, ist er der Madame nicht etwa wie ein gewöhnlicher Spaziergänger erschienen, sondern eher wie ein Geschenk des Himmels. Vielleicht auch wie ein Engel, klein genug ist er ja. Deutlich kleiner als sie auf jeden Fall, das macht aber nichts, sein Charme ist umso größer, glaubt sie, sagt er.

Süffisant berichtet Rühmann von ihren Avancen, die er, ganz Gentleman, geduldig über sich ergehen lässt, angeblich ohne dem mitunter aufdringlichen Werben zu erliegen. Es soll auch nicht so sehr der Reiz ihrer Erscheinung gewesen sein, der ihn veranlasst, sich gleich am nächsten Tag erneut mit ihr zu treffen, an gewohnter Stelle, er mit Textbuch, sie mit Kinderwagen, als vielmehr die Hoffnung, dass die junge Dame ihm helfen könnte, einen einflussreichen Ansprechpartner beim richtigen Theater zu finden. Die Liebhaberbühne mag für den Anfang ganz lehrreich sein, dass sie nicht die große Kunst bedeutet, begreift er schnell, zumal es dort auch nichts zu verdienen gibt außer Anerkennung. Nun aber sitzt diese Frau neben ihm auf einer Parkbank und erzählt von einem, dessen Name nicht nur den Theaterinteressierten ein Begriff ist: Fritz Basil, Hofschauspieler und Regisseur, ein Großer seines Fachs, eine Instanz in der Münchner Theaterwelt, gefürchtet und verehrt zugleich. Hätte es zu dieser Zeit Klatschzeitungen gegeben, wäre er sicher regelmäßig darin vorgekommen. Diesen Basil würde sie gut kennen, sagt die junge Mutter, und Rühmann wittert seine Chance. Können Sie mich mit ihm bekannt machen?, soll er ziemlich schnell gefragt und ihr dafür allerlei versprochen haben. Einen Kinobesuch zum Beispiel und einen Kuss, vielleicht noch mehr, was er jedoch verheimlichte. Überhaupt stellte er die Szenerie recht burlesk und so dar, dass die Balletttänzerin zwar über beide Ohren in ihn verliebt, er jedoch nur an ihren hervorragenden Kontakten interessiert gewesen sei. Ach, wie gut, dass niemand weiß ... Dumme Frau, kluger Mann, wie es nur der Rühmann kann.

Zu dem Kinobesuch soll es dann nicht gekommen sein, wohl aber zu einem innigen Kuss. Schon als sich die beiden das nächste Mal treffen, überbringt sie ihm die ersehnte Nachricht, woraufhin er ihr dankbar um den Hals fällt, was sich 1969 in einer Zeitung dann so liest: «Ich weiß nicht mehr, wie es geschah – überwältigt von dieser Eröffnung, riss ich stürmisch wie ein feuriger Liebhaber auf der Bühne ihren Kopf zu mir herüber und gab ihr einen langen Kuss. Dann rannte ich davon ...» Und bald zu dem Herrn Hofschauspieler. Der ist ein viel beschäftigter Mann, er empfängt ihn zwischen den Proben im Ballettsaal des Staatstheaters an der Maximilianstraße und hält sich nicht lange bei der Vorrede auf. Nun, zeigen Sie mal! Rühmann, der von sich und seinen Fähigkeiten und auch davon überzeugt ist, auf der Bühne der ideale jugendliche Liebhaber und Held zu sein, schmettert los. Zuerst einige Passagen aus Grillparzers *Weh dem, der lügt*, dann, in völliger Selbstüberschätzung, den Anfangsmonolog des *Faust*, zum Schluss schlüpft er in die Rolle des Mortimer aus Schillers *Maria Stuart* – «Wie ward mir, Königin! Als mir der Säulen Pracht und Siegesbogen entgegenstieg, des Kolosseums Herrlichkeit den Staunenden umfing ...» Basil staunte keineswegs, er schüttelte den Kopf und winkte ab. Finis. Temperament sei wohl vorhanden, aber das allein genügt nicht für einen, der Schüler werden will bei ihm.

Rühmann ist niedergeschlagen, aber jung und trotzig genug, um sich durch die Worte des Alten nicht von seinem Vorhaben abbringen zu lassen. Außerdem, wie soll er das der Mutter beibringen? Hatte er ihr nicht schon vollmundig verkündet, bald ein großer Schauspieler zu sein? Warte mal, wenn ich erst bei dem Basil war. Nun als Versager dastehen, das geht nicht. Nein, diese Blöße will er sich nicht geben. Schon gar nicht, nachdem sein Bruder Hermann bereits mit einem Landwirtschaftsstudium begonnen hat und auf dem besten Weg ist, einen anständigen Beruf zu erlernen. Der würde der Mutter nicht mehr lange auf der Tasche liegen und bald sein eigenes Geld verdienen, was auch nicht unwichtig in einer Familie ist, die seit Jahren ohne den Ernährer auskommen muss.

Der Mut der Verzweiflung treibt ihn, einen gewissen Professor Possart aufzusuchen. Der wenigstens müsse doch sein Talent zu würdigen wissen. Ritter Ernst von Possart, einst scharf kritisierter Generalintendant des Königlich-Bayerischen Hof- und Residenztheaters, aber auch virtuoser Sprechkünstler und Charakterdarsteller alter Schule, ist in München eine mindestens genauso berühmte Erscheinung wie Basil. Jedoch ist im Unterschied zu dem sein Stern am Theaterhimmel bereits verglüht, als der Achtzehnjährige ihn in seinem Privatquartier aufsucht. Um nicht gleich an der Tür abgefertigt zu werden, trägt Rühmann dessen Buch *Erstrebtes und Erlebtes* unterm Arm, eine Art Bibel für junge Schauspieler. Wenn er schon bei ihm kein Gehör findet, will er ihn wenigstens um eine persönliche Widmung bitten. Diese Idee erweist sich als fruchtbar, der Herr Geheimrat lässt bitten – und Rühmann seine Verse vortragen. Der hat aus der Pleite bei Basil offenbar nichts gelernt, wieder muss es ausgerechnet Fausts Monolog sein, der Tragödie erster Teil – «Habe nun, ach! Philosophie, Juristerei und Medizin, und leider auch Theologie! Durchaus studiert, mit heißem Bemühn. Da steh ich nun, ich armer Tor! Und bin so klug als wie zuvor ...» Eine Tragödie, wie wahr, wie wahr. Denn auch der Theatermeister im Ruhestand kann sich für die Vortragskunst des jungen Mannes wenig begeistern. «Mein junger Freund, was Sie mir da eben geboten haben, war reine Deklamation», wird Rühmann sich dessen Worte merken und später niederschreiben. «Ich gebe zu, recht begabt, aber Sie müssen nicht nur sprechen, sondern auch spielen!» Der kunstgerechte Vortrag einer Dichtung allein sei tote Kunst, die erst durch gekonnte Mimik und eindringliche Gestik des Schauspielers, durch seine Seele, die er hergibt, zum Leben erweckt werde.

Noch ein Reinfall, das verschlägt ihm glatt die Sprache, von dem ernüchternden Besuch bei Possart erzählt er vorerst niemandem, nicht mal seiner Mutter, die seine engste Vertraute ist. Stattdessen taucht er nach der Schule wieder öfter im Park auf, in dem er vor kurzem die Dame vom Ballett getroffen hatte. Vielleicht könnte sie ja noch einmal ... Seine Hoffnung ist nicht umsonst, es kommt schon bald zu einer neuen Begegnung, die junge Mutter hat die Route ihrer Spaziergänge beibehalten. Und da sie sich ihm trotz der bisher nicht eingelösten Versprechen noch immer verbunden fühlt, verschafft sie ihm tatsächlich besagte zweite Chance. Fritz Basil erwartet ihn noch einmal, diesmal auf der kleinen Probebühne des Nationaltheaters, und diesmal nimmt er sich Zeit. Die Hartnäckigkeit des jungen Mannes muss ihm imponiert haben, dessen Textsicherheit und sein umfangreiches Repertoire an klassischen Rollen wohl nicht minder. Vielleicht ist aus dem Kleinen doch was zu machen, er scheint ja fest entschlossen, und fleißig ist er auch, keine Frage. Wenn man nur sein jugendliches Temperament ein wenig zügelt, ein bisschen an seiner Aussprache werkelt und ihn vor allem von den Rollen der feurigen Liebhaber fern hält. Schauen wir mal, was er wirklich kann!

Über zwei Stunden soll diese neuerliche Audienz gedauert haben, Rühmann ist danach völlig erschöpft, er hat alles gegeben, kann kaum noch sprechen. Braucht er auch nicht, weil es an dem Theaterlehrer ist, die entscheidenden Worte zu sagen. Er sagt sie auch, betont langsam, mit näselnder Stimme, wie es so seine Art ist, und dem markanten rollenden *R*, R-r-r-r-r – wie Rühmann. Und das wird er fortan noch öfter sagen, denn diesen Rühmann nimmt er – im zweiten Anlauf – nun doch unter seine Fittiche, ab sofort ist er sein neuer Schüler. Geschafft! Am folgenden Freitag hat er sich zum ersten Unterricht einzufinden, im Theater, fünf Uhr nachmittags. Von da an treffen sie sich zweimal die Woche, Rühmann erscheint stets in seinem besten Anzug. «Und wagen Sie es bloß nicht, sich zu verspäten.»

Das wird er nicht, er hat ja bald den ganzen Tag über Zeit. Denn mit dem Gymnasium ist endgültig Schluss, jetzt hat er den Mut dazu, auch wenn Margarethe Rühmann verständlicherweise Bedenken anmeldet. Welche Mutter sieht es schon gern, dass der Sohn ohne Abschluss von der Schule geht. Aber ihr Heinz will das Wissen, das er zum Leben noch zu brauchen glaubt, unbedingt bei Meister Basil erwerben. Auf Logarithmen und Trigonometrie verzichtet er gern, auch Algorithmus und Integralrechnung liegen ihm nicht. Für ihn ist es deshalb eine viel leichtere Entscheidung, er ist ein unbekümmerter junger Mann, der nur seine Rollen im Kopf hat und Träume vom großen Erfolg, der die Sorgen einer Mutter, wie Hunger und Existenzangst, nicht kennt. Rasch verabschiedet er sich von seinen Mitschülern, das fällt ihm nicht schwer. Und er versäumt es auch nicht, sie ausdrücklich darauf hinzuweisen, dass er ab sofort nicht bei irgendjemandem, sondern bei dem berühmten Fritz Basil in die Lehre gehen würde und dafür sogar noch ein Honorar bekäme. Dieser Satz geht ihm leicht von den Lippen, wie das so ist, wenn man sich als Sieger fühlt.

Was aus der jungen Frau vom Park geworden ist, die ihm den Weg zum Theater bereitete, bleibt ein Rätsel. Dabei hätte sie sicher nichts dagegen gehabt, als seine Förderin gerühmt zu werden, zumindest später, als er dann ein Star ist. Stellt sich also die Frage, ob es die romantisch-verliebten Treffen mit ihr überhaupt gegeben hat, oder ob es sich bei der rätselhaften Madame B. nicht doch nur um eine Nachbarin handelte, die von Rühmann, seiner Mutter oder deren Freundin zielgerichtet auf ihre Verbindungen zum Theater angesprochen worden war, ansonsten aber keinerlei Gefühle für den jungen Mann empfand? Auch diese Darstellung findet sich in den Archiven; welche von beiden Versionen der Wahrheit entspricht, ist nicht mehr mit Sicherheit zu klären. Schon möglich, dass Rühmann der Nachwelt seine erste Liaison mit einer Frau verschwieg, das würde passen zu ihm, der stets penibel darauf bedacht war, seine Affären geheim zu halten. Was ihm durchaus gelang, obwohl es reichlich davon gab. Seltsam ist in dieser Hinsicht allerdings, dass offenbar auch den jeweiligen Frauen daran gelegen war, nicht mit ihm in Verbindung gebracht zu werden, selbst nach seinem Tod. Keine von ihnen brüstet sich damit, seine Geliebte gewesen zu sein.

Mit achtzehn interessieren ihn Frauengeschichten noch nicht so sehr, ein Schürzenjäger wird er erst später. Momentan ist ihm mehr daran gelegen, als Schauspieler voranzukommen. Das hat er sich nun einmal in den Kopf gesetzt. Von Basil als Schüler aufgenommen zu werden gelingt beileibe nicht jedem. Außerdem fällt seine

Wirkung auf das weibliche Geschlecht eher bescheiden aus, wer dreht sich schon nach so einem kleinen Wichtigtuer um! Er gibt wirklich eine komische Figur ab, und das im wahrsten Sinne des Wortes, nur, dass das zu dieser Zeit noch niemand erkennt und in die richtigen Bahnen lenkt. Einerseits wirkt er aufgrund seiner Körpergröße noch wie ein Junge und sein Gesicht mit dem schelmischen Grinsen wie das eines Lausbuben, der es faustdick hinter den Ohren hat. Andererseits müht er sich, den Anschein eines Erwachsenen und ernst zu nehmenden Künstlers zu erwecken. Etwa, wenn er im Schatten seines Lehrers – ein korpulentes Mannsbild, dieser Basil – in Münchens Innenstadt über die Maximilianstraße schlendert. Dann reckt und plustert er sich, sucht nach einem bedeutungsschweren ernsten Gesichtsausdruck, um nicht nur größer, sondern auch wichtiger zu erscheinen. Eine Rolle, die er nicht bewältigen kann, und das spürt er wohl. Vor allem seine Größe macht ihm zu schaffen. Er misst nur einen Meter fünfundsechzig, und sein Körper sieht selbst in Anzügen der kleinsten Konfektionsgröße für Männer verloren aus.

«Mein großer Kummer war meine Kleinheit», wird er später sagen und auch schreiben, «ich wollte doch jugendlicher Held werden, und kleine Helden gibt es eben nicht. Jedenfalls nicht am Theater.» Darunter wird er ein Leben lang zu leiden haben, wie viele kleine Männer, die sich groß fühlen. Die Zahlenfolge Eins-Sechs-Fünf wird ihm ewig verhasst bleiben, weil sie unabänderlich ist. Das begreift er spätestens, nachdem er sich Stahlfedern für Streckübungen gekauft hatte, die in einer Zeitungsannonce als Wundermittel angepriesen worden waren. Mit ihrer Hilfe sollte man die eigene Körpergröße um drei bis fünf Zentimeter strecken können. Rühmann schindet sich mühevoll, muss aber bald erkennen, dass er auf einen miesen Werbetrick hereingefallen ist und ihm das Hantieren mit den Federn nicht einen Zentimeter mehr bringt. Das Problem mit seiner Größe kann er also nicht wie andere lösen, er muss sich damit begnügen, es zu kaschieren, so gut es geht. Bald hält er deshalb nach hochhackigen Schuhen Ausschau und kauft sich zusätzlich noch dicke Einlegesohlen. Die benutzt er manchmal gleich im

Doppelpack, was wiederum dazu führt, dass er mit seinen Hacken aus den Schuhen schlappt. Sehr elegant kann sein Gang unter diesen Umständen kaum ausgesehen haben.

Eleganz versucht er auf eine andere Art zu erreichen, die er seinem Meister abschaut: Er fängt früh an, Zigarren zu rauchen, als äußeres Zeichen seiner Männlichkeit. Nicht Zigaretten, die werden von gewöhnlichen Menschen konsumiert, ein Rühmann pafft Zigarren, möglichst dick und möglichst lang, obwohl er ihrem Geschmack nichts abgewinnen mag. Aber das macht nichts, entscheidend ist, das Vorbild zu kopieren. Darin ist selbst er schon ein Meister. Näselt Basil beim Sprechen, näselt auch Rühmann, erscheint der alte Herr erkältet und mit heiserer Stimme zum Unterricht, krächzt auch der junge, beugt er zur Begrüßung seinen Oberkörper leicht nach vorn, tut es ihm sein Schüler gleich. So sehr er sich auch müht, bleibt er doch der Kleine neben dem großen Basil, und das nicht nur in körperlicher Hinsicht.

War Rühmann bis dahin fest überzeugt, auf dem Gebiet der Schauspielerei schon einiges an Fertigkeiten zu beherrschen, treibt der ihm seine Flausen schnell aus. Wenn er jemanden das Handwerk seines Fachs lehrt, dann gründlich, von der Pike auf. Und dazu gehört eben nicht nur das Sprechen an sich. Sein Schüler spricht viel zu schnell, die Aufregung. Dass es auf eine deutliche Aussprache ankommt, leuchtet Rühmann ein, auf ein dem Milieu angepasstes Idiom auch, auf die richtige Betonung, selbstverständlich, und auf die Lautstärke, klar. Aber was hat zum Beispiel das Gehen mit alldem zu tun? Das ist ihm dann doch suspekt, daran hatte er noch gar nicht gedacht. Basil bringt es ihm bei, nach seinem Verständnis gibt es unendlich viele Arten zu gehen, jede Figur verlangt nach einer eigenen. Don Carlos etwa, der kommt deutlich schwerfüßiger daher als Beichtvater Domingo, Mephisto tänzelnd gewandter als Faust, während Don Camillo betont steif hinter dem quirligen Peppone herstakst. Manchmal trainiert er einen ganzen Tag, um für eine Figur den entsprechenden Gang zu finden. Später, viel später, wird er diese Suche nach dem richtigen Schritt in einem Maße perfektionieren, wie das nur wenige seines Fachs vermögen. Die besten

Momente hat er, wenn die Zuschauer allein an den Körperbewegungen erkennen, was in seinem Kopf vorgeht. Das erinnert dann an das Spiel eines Clowns, der ohne Worte, nur mit dem Pantomimischen auskommen muss. Der Komiker Rühmann wollte immer ein Clown sein, vielleicht war er deshalb so gut darin.

Vom Komiker ist er in seiner Münchner Lehrzeit noch weit entfernt. Das liegt in erster Linie an ihm selbst. Er wehrt sich gegen die leichten Rollen, weil es ihn zu den gewichtigeren drängt. Nicht den Junker Bleichenwang will er spielen, diese komische Gestalt aus Shakespeares *Was ihr wollt*. Er denkt eher an den Ferdinand aus Schillers *Kabale und Liebe*, was vielleicht ginge, fände man eine Luise, die noch kleiner ist als er. Vor allem aber stellt er sich als Don Carlos vor, als König Lear, Hamlet oder Faust.

Nun ist Ehrgeiz an sich kein schlechter Charakterzug, bedenklich wird es nur, wenn man seine Anlagen verkennt und sich zu maßloser Selbstüberschätzung zwingt. Das wirkt dann gewollt und verklemmt. Beim jungen Rühmann treffen wohl zwei Dinge zusammen: Einerseits plagen ihn wegen seiner Größe Minderwertigkeitskomplexe, andererseits ist er viel zu sehr mit seiner Außenwirkung beschäftigt, um sein wahres Wesen, die ihm eigenen Werte zu erkennen, also auch die naturgegebene Komik, die in ihm steckt. Er nutzt nicht die Voraussetzungen, die er besitzt, sondern versucht sich so zu geben, wie er sein möchte. Er lebt gegen seine Natur. Während er selbst gern lacht, ist ihm das Lachen anderer über ihn zuwider. Dieses Lachen bedeutet für ihn Auslachen und das ungute Gefühl, nicht ernst genommen zu werden. Ein psychischer Komplex, der sich in Zukunft noch verstärken sollte. Basil nimmt auf derartige Befindlichkeiten keine Rücksicht. «Schauspieler, die leuchten wollen, wo es nicht sein darf, muss man gewaltsam unter den Scheffel stellen», sagte schon neunzig Jahre zuvor Schriftsteller Ludwig Börne – ein kluger Satz. Dennoch ist der Lehrmeister geduldig. Wer zu ihm komme, bleibe entweder eine Stunde oder zwei Jahre, pflegt er zu sagen. So viel Zeit benötige er, um aus einem talentierten Unbedarften einen talentierten Schauspieler zu formen.

Schüler Heinz kommt bereits seit fünf Monaten zu ihm, als Basil endlich beginnt, mit seinem Schützling die erste Rolle einzustudieren. Begeistert ist er nicht, der junge Held, ausgerechnet den Junker Bleichenwang soll er spielen, also doch. Bei einer der Proben stellt sich unerwarteter Besuch ein, ein Mann, den Rühmann nie zuvor gesehen hatte. Er schleicht sich in den dunklen Bühneneingang und beobachtet das Geschehen auf der Bühne, wo sich Rühmann gerade bemüht, den Text des Junkers so vorzutragen, wie er es mit seinem Lehrer besprochen hat. Das gelingt ihm anfangs auch gut, Basil kaut an seiner Zigarre und nickt gefällig – hat sich doch gelohnt, die Mühe mit dem Kleinen. Stutzt dann allerdings, als sein Bleichenwang plötzlich aus dem Konzept gerät. Er sei wohl nicht mehr bei der Sache, will er ihn gerade mahnen, als dieser auf den Fremden deutet. Rühmann macht sich auf ein Donnerwetter gefasst, da er weiß, dass Basil es hasst, bei Proben gestört zu werden. Wundert sich dann aber, denn der Krach bleibt aus, stattdessen eine herzliche Umarmung, die beiden Herren scheinen sich zu kennen. Und das schon ziemlich lange. Bei dem ungebetenen Gast handelt es sich um Richard Gorter, auch der ein Mann der Bühne. Er kommt aus Breslau, dort ist er Direktor der Vereinigten Theater, verantwortlich gleich für zwei große Häuser, das Lobe- und das Thalia-Theater, beide verfügen jeweils über mehr als eintausend Plätze.

Basil wird den Anlass seiner Reise geahnt haben, dieser Gorter ist ständig auf der Suche nach neuen Talenten. Schüler von seinem Münchner Kollegen sind ihm stets willkommen, denn die haben ihr Handwerk gelernt. Anerkennung schmeichelt dem Meister, bisher sind sie sich noch immer einig geworden. Hin und wieder soll Basil auch eine kleine Prämie zugesteckt bekommen haben. Diesmal stehen die Dinge indes anders. Nein, unmöglich, der Kleine hier ist nicht zu haben. Das geht nicht, er ist doch noch ein ungehobelter Jungspund und längst nicht fertig mit seiner Lehre. Eine gründliche Ausbildung hält der Meister für unabdingbar. Frühestens in einem Jahr, mein Lieber, können Sie nochmal nachfragen, eher nicht, das müssen Sie verstehen. Praktische Erfahrungen seien doch auch wichtig, hält Gorter dagegen. Schon, aber wenn man zu früh damit beginne, schade es nur … Das geht eine Weile so weiter, Rühmann steht daneben und glaubt seinen Ohren nicht zu trauen. Da streiten sich doch tatsächlich zwei Theatergrößen um ihn, den Anfänger, der vor einem halben Jahr erst mit der Ausbildung begonnen hat. Dann muss ich ja doch gut sein. Er ist nicht gut, aber auch nicht schlecht, auf jeden Fall verbesserungsfähig. Und deshalb will Basil sein neues Pferd noch nicht aus dem Stall lassen. Er tut es dann aber doch, das Geschäftliche machen die beiden Herren unter sich aus, hinter der verschlossenen Tür von Basils Büro. Wie gegenständlich die Argumente sind, die der Breslauer Theaterdirektor in dem kleinen Raum auspackt, wird Rühmann nicht erfahren. Auf alle Fälle reichen sie aus, seinen Lehrer überraschend schnell umzustimmen.

Für Heinz Rühmann bricht eine neue Zeit an, viel schneller, als er zu träumen gewagt hätte. Das erste Engagement! Und gleich an zwei Theatern. Plötzlich ist er kein Schüler mehr, er darf sich nun Schauspieler nennen, mit gerade mal achtzehn Jahren. Der Vertrag wird am 18. März geschlossen, elf Tage nach seinem Geburtstag. Damit besitzt er es schwarz auf weiß. Nun will er es natürlich sofort auch amtlich bescheinigt wissen. Er nimmt das Dokument und stiefelt zur Stadtverwaltung. Dort lässt er in seinem Pass unter der Rubrik *Beruf* die Bezeichnung *Schauspieler* eintragen. Schauspieler, er liebt dieses Wort, jeden einzelnen Buchstaben. Schauspieler, welch ein Gefühl! Der kleine Rühmann ein Shootingstar, nur, dass es das Wort damals noch nicht gibt. Besser so, denn der Stern will den Theaterhimmel noch nicht so recht erleuchten.

Während er sich auf seinen Umzug nach Breslau vorbereitet, planen andere im Münchner Hofbräuhaus ihren ersten großen Auftritt auf dem Welttheater. Am 24. Februar 1920 versammeln sich im Festsaal die Ewiggestrigen, um ihr Morgen zu planen und einem dreißigjährigen Mann zuzujubeln, der ihnen mit einem Fünfundzwanzig-Punkte-Programm den Weg dahin weisen will. Er spricht vom Ausschluss der Juden aus der Volksgemeinschaft, von der Überlegenheit der arischen Rasse, von einer völkischen Weltanschauung und dem nationalsozialistischen Führergrundsatz. Sein Vortrag ist rhetorisch wirkungsvoll gestaltet, darauf ist der Redner stets bedacht. Mal bebt seine Stimme, fast bedrohlich, mal klingt sie verführerisch sanft, so hat er es gelernt, übrigens auch bei Hofschauspieler Basil. Es ist die NSDAP, die sich an diesem Abend formiert, am Pult und bald an ihrer Spitze steht Adolf Hitler, Mitglied Nummer sieben. Noch ist seine braune Bewegung nicht stark genug und die neugeborene Demokratie konsequent. Nach einem missglückten Putschversuch drei Jahre darauf wird die Partei verboten und ihr Anführer verhaftet werden. Aber auch der wird bekanntlich eine zweite Chance erhalten.

Jungschauspieler Rühmann gibt am 22. Mai 1920 bei der Münchner Meldebehörde seinen Umzug bekannt. Als neuen Wohnort lässt er Breslau im Niederschlesischen eintragen. In der Stadt an der Oder, die damals zu Preußen und heute zu Polen gehört, überlässt eine Witwe dem jungen Künstler ein Zimmer in ihrer geräumigen, aber nicht sehr feinen Wohnung. Eine merkwürdige Frau, die alte Dame, sie trägt den Namen Marow – und allerlei Geheimnisse mit sich herum. Sie schwört auf übersinnliche Kräfte und praktiziert spiritistische Sitzungen, bei denen sie sich angeblich mit ihrem verstorbenen Mann in Verbindung setzt. Dazu benötigt sie ein Medium, über das sie den Kontakt herstellen kann, also ein paar Freunde, die sie an ihrem Wohnzimmertisch versammelt. Rühmann muss auch einige Male an der gespenstischen Zeremonie teilnehmen, die ihm suspekt vorkommt, aber was tut man nicht alles, um die Gunst der Vermieterin zu erhalten.

So sieht es also aus, das Dasein als Künstler, reichlich trostlos. Aber mehr kann er sich halt nicht leisten, die Vereinigten Theater zahlen ihm jeden Monat nur eine schmale Gage von achtzig Mark. Da es sich um Privatbühnen handelt, müssen sie im Unterschied zu den städtischen ohne jegliche Zuschüsse haushalten. Entsprechend bescheiden werden die Angestellten bedacht. Neueinsteiger wie Rühmann stehen auf der untersten Stufe der Gehaltsleiter. Zwar steuert die Mutter noch mal die gleiche Summe bei, von einem Darlehen, das sie bei Verwandten aufnimmt – für große Sprünge reicht es dennoch nicht. Er hat Miete zu zahlen für die enge und schäbige Behausung, Gas und Strom gehen extra, und ein paar Lebensmittel muss er sich auch kaufen. Die Witwe führt ein strenges Regiment, sie kassiert im Voraus, Damenbesuche sind auf dem Zimmer nicht erwünscht, nach zweiundzwanzig Uhr verboten.

Darauf ist der neue Untermieter auch gar nicht erpicht, ihn plagen mal wieder andere Sorgen. In seiner Phantasie hatte er sich dieses Leben irgendwie angenehmer vorgestellt. Triumphierend wollte er stolz erhobenen Hauptes seine neue Heimat erobern. Hey, hier komm ich, euer Junker Bleichenwang. Mochte er die Rolle anfangs nicht, ist sie ihm inzwischen aus gutem Grund ans Herz gewachsen, immerhin hat sie ihm seine erste Anstellung an einem Theater eingebracht und immerhin in Breslau. Mag der Name der Stadt heute eher mit rußenden Industrieanlagen, Arbeitslosigkeit und Verfall in Verbindung gebracht werden und nicht unbedingt mit hoher Theaterkunst, so sah das in den zwanziger Jahren des vergangenen Jahrhunderts entschieden anders aus. Damals, lange bevor die Bomben des Zweiten Weltkriegs das meiste in Schutt und Asche legten, war Breslau mit seinen zahlreichen alten Kirchen und Theatern und dem historischen Stadtkern durchaus sehenswert. Vor allem junge Schauspieler nahmen gern Engagements an Breslauer Häusern an. Viele sahen darin ein Sprungbrett für eine Karriere in den Hochburgen der Bühnenkunst Berlin, München und Wien. Für einige von ihnen, Käthe Gold zum Beispiel und Walter Franck, stellte sich der ersehnte Erfolg später auch ein.

Als es dann so weit ist, der Zug aus Westen auf dem Hauptbahnhof hält, giert Rühmann nicht nach seiner Shakespeare-Rolle und schon gar nicht nach Jubeln. Mit gesenktem Kopf schlürft er über den Bahnsteig und gleicht eher einem geprügelten Hund. Er fühlt sich erbärmlich. Am liebsten würde er sich vor der Welt verstecken. So wie einer, der sie erobern will, blickt er jedenfalls nicht drein. Und das liegt weniger an Lampenfieber oder mangelndem Selbstbewusstsein als vielmehr an einer merkwürdigen Krankheit, die ihn vor wenigen Tagen aus heiterem Himmel befiel. Als er an jenem Morgen, es war ein Sonntag, vor dem Spiegel stand, um sich zu rasieren, erschien ihm sein Gesicht plötzlich wie ein schlechter Picasso, verzerrt und völlig schief. Sprechen konnte er noch, pfeifen nicht mehr. Seine besorgte Mutter suchte mit ihm noch am gleichen Tag einen Arzt auf. Der stellte eine Lähmung der linken Gesichtshälfte fest. Bedenklich, bedenklich, meinte der, mit dem Nervus facialis stimme was nicht. Solch ein Krankheitsbild würde er zwar kennen, aber nur von älteren Männern, die ein verwerflich lasterhaftes Leben führten. Wie alt ist der Sohn, achtzehn? Der junge Mann wird doch …? Natürlich nicht! Seltsam ist es trotzdem. Dieser Fazialisnerv sei ein stark motorischer Nervenstrang, der als Reizleiter in erster Linie die Gesichtsmuskeln, die Haut im Bereich der Ohrmuschel und verschiedene Drüsen im Bereich des Kopfes versorge. Dieses Wissen würde ihm aber auch nicht weiterhelfen, Medikamente gegen die Beschwerden gäbe es nämlich nicht, meist würden sie von allein wieder verschwinden, wenn er Glück habe und sich die Entzündung beruhige. Eine Besserung trete manchmal schon nach zwei Tagen ein, es könne aber ebenso gut zwei Monate dauern oder gar drei.

Na prima, denkt Rühmann, in diesem Zustand brauche ich bei Gorter gar nicht erst antreten. Soll denn alles umsonst gewesen sein? Wohl kaum. Das kann er auch seiner Mutter nicht antun, sie hatte Tage und Nächte an ihrer Nähmaschine gesessen, um seine Garderobe herzurichten. Damals mussten sich Schauspieler noch selbst einkleiden, wenigstens für Gegenwartsstücke, das war im Anstellungsvertrag so festgeschrieben. Historische Kostüme wurden gestellt, dafür gab es einen Fundus am Theater. Frack, Smoking und Gehrock gehörten hingegen zur geforderten Standardausrüstung, jedenfalls sollten sie das, dazu Mantel und Hut, zwei Anzüge, ein heller und ein dunkler, und passende Schuhe, also braune und schwarze. Bis auf einen bescheidenen Anzug und die Schuhe hatte er wohl nichts davon besessen. Aber wie so oft löste Margarethe Rühmann das Problem, das war so ihre Art. Sie konnte so schnell nichts erschüttern, ein paar Kleider müssen ja wohl zu beschaffen sein. Immerhin hatte sie schon ganz andere Schwierigkeiten bewältigt, drei Kinder allein durch die Zeit des Krieges gebracht, die blutigen Unruhen der Novemberrevolution mit ihnen unbeschadet überstanden und den Ausnahmezustand nach dem Sturz der Münchner Räteregierung. Sie hatte stets dafür gesorgt, dass leidlich Geld und genug zu essen im Haus waren. Seine Mutter, die Überirdische, auf die er sich jederzeit verlassen konnte, die er geradezu abgöttisch verehrte. Sie änderte einige Kleidungsstücke ab, die vermutlich noch von ihrem Mann stammten, bügelte sie auf und verstaute sie sorgfältig in einem großen Reisekoffer, neben den anderen Sachen, die sie neu gekauft hatte. Abgesehen von diesen Mühen existierte ein Vertrag, ein juristisch verbindliches Dokument, das er unterschrieben und nun zu erfüllen hatte.

Vielleicht verschwindet diese verdammte Lähmung ja bald. Noch war Zeit. Setzen Sie sich eine Frist, geben Sie sich fünf Jahre, hatte ihm sein Lehrer Basil zum Abschied mit auf den Weg gegeben, in fünf Jahren müsse er den Durchbruch geschafft haben. Gelänge ihm das nicht, solle er sich nicht länger vormachen, ein Schauspieler zu sein, dann solle er tunlichst von der Bühne verschwinden. Also steckte er seinen Pass in die Tasche, setzte sich mit seinem neuen Hausstand in den Zug und fuhr seiner Zukunft entgegen. Fünf Jahre – der erste Tag davon hatte gerade erst begonnen, noch war nichts verloren, auch wenn er nichts Gutes verhieß.

Der Empfang in Breslau fällt dürftig aus. «Es lohnt sich nicht, von meinem Breslauer Jahr zu erzählen», resümiert Heinz Rühmann später, um dieses unrühmliche Kapitel möglichst zu meiden. Es ist sein erstes Engagement, also mal wieder eine erste Chance, aber die pflegt er für gewöhnlich ja nicht zu nutzen. So geschieht es dann auch. Direktor Gorter ist verärgert über seinen Neueinkauf, da dieser nicht als außergewöhnlicher Junker Bleichenwang, sondern als ganz gewöhnlicher Patient zum Saisonauftakt erscheint und erst mal krankgeschrieben werden muss. Der Regisseur, der das Stück inszenieren soll, sieht das nicht anders, zwangsweise muss er umbesetzen, tröstet den Neuankömmling aber wenigstens. Selbstverständlich dürfe er auf die Bühne, sobald er wieder wie ein normaler Mensch aussehe. Das ist dann nach einigen Wochen so weit, die Lähmung verschwindet praktisch über Nacht, wie sie gekommen war, Rühmann meldet sich am Theater, für die Rolle des Junkers kommt er freilich zu spät.

Der Theaterleiter und seine Regisseure sind vorsichtig genug, ihn zunächst mit kleineren und kleinsten Rollen zu betrauen. So kann im Notfall schnell ein anderer einspringen. Auf vielen Programmzetteln taucht nicht einmal sein Name auf, was ihm zusätzlich Verdruss bereitet. Wie soll er da berühmt werden? Jedes Mal, wenn die Aufführung eines neuen Stücks geplant wird, ruft der Regisseur das Ensemble zu sich, um die Rollen zu verteilen. Diese Zusammenkünfte gestalten sich für den Neuen so spannend wie ein Gewinnspiel. Wie viele Textbücher sind es denn heute? Wird er diesmal eins erhalten? Oder ist seine Rolle wieder nur so klein, dass der Text bequem auf zwei DIN-A4-Seiten passt? Am schlimmsten trifft es ihn, wenn er nicht einmal einen Zettel bekommt, dann ist er nur als Komparse vorgesehen und zum Schweigen verdammt. Ausgerechnet er, der schon mit sechzehn die ersten Rollen textlich verinnerlichte und jetzt über ein recht ansehnliches Repertoire verfügt, der Monologe von Hamlet und Faust beherrscht und den des Don Carlos höchstens noch einmal kurz auffrischen müsste.

Welch verwegene Träume – hier und jetzt muss er kleinere Brötchen backen, sehr kleine. Als am 21. Juni 1920 im Thalia-Theater Gerhart Hauptmanns *Rose Bernd* aufgeführt wird, ein sozialkritisches Gegenwartsstück um das Schicksal einer Kindsmörderin, mimt Rühmann einen namenlosen Arbeiter – und muss sich damit begnügen, lediglich zwei Sätze zu sagen. Dieser Kurzauftritt dürfte aber nicht sein erster in Breslau gewesen sein. Die Berichte aus dieser Zeit weisen jedoch beträchtliche Lücken auf, was nicht nur einem schlechten Erinnerungsvermögen zuzuschreiben ist. Ein Großteil alter Unterlagen und Archivmaterialien ist den Bombenbränden des Krieges zum Opfer gefallen. Rühmanns Premiere soll in einem Stück stattgefunden haben, dessen Namen er später vergessen haben will. Ein berühmtes kann es kaum gewesen sein. Ansonsten ist es nur allzu verständlich, dass er sich später nicht an jeden Auftritt und auch nicht an jede Premiere erinnern konnte bei der Vielzahl, die er in einem Zeitraum von über fünfzig Jahren absolvierte. Zu seinem Bühnenauftakt in Breslau fällt ihm rückblickend nur noch ein, dass er einen blasierten jungen Mann zu spielen hatte, der während der gesamten Aufführung nur einmal, im zweiten Akt, auf der

Bildfläche erscheint, ein paar Worte spricht und wieder abgeht. Was er damals zwar bedauert, was ihm aber auch die Gelegenheit bietet, an einem Abend gleichzeitig in zwei Stücken und auf zwei Bühnen aufzutreten, im Lobe- und im Thalia-Theater. Hat er in dem einen seinen Auftritt hinter sich, setzt er sich in die Bahn und juckelt zum anderen, um in ein neues Kostüm und eine neue Rolle zu schlüpfen. Wenn die Zeit dazwischen nur knapp bemessen ist, steht auch mal ein Chauffeur für ihn bereit, was ihm das Gefühl gibt, so unwichtig dann doch nicht zu sein. Autos sind noch selten, das hebt ihre Bedeutung und die der Menschen, die darin sitzen.

Es muss Heinz Rühmann daher wie eine Belohnung vorgekommen sein, als ihm im Sommer die Figur des Doktor Hilti in Frank Wedekinds *Die Büchse der Pandora* angetragen wird. Allerdings ist der Regisseur mit dieser Wahl denkbar schlecht beraten. Während der Maskenbildner einiges zu tun hat, um den Achtzehnjährigen in einen reifen Schweizer Privatdozenten zu verwandeln, kostet es den bei seinem Auftritt wenig Mühe, die Rolle völlig zu verhunzen. In einer Szene soll er sich der zwar attraktiven, aber verruchten Lulu nähern, die Geld sozusagen im Schlaf verdient, um ihr zu verstehen zu geben, dass auch er mehr als einen netten Gruß von ihr begehrt. Was aber macht dieser Rühmann? Er schleicht wie ein fieser Lüstling an sie heran, rollt gierig mit den Augen, sabbert notgeil vor sich hin, vibriert mit seinem Körper, als hätte ihn ein Stromschlag getroffen. Und findet es, ganz pubertärer Jüngling, auch noch amüsant. Mit dieser Art Humor steht er allerdings alleine da, das Publikum ist empört. Was der Regisseur davon hält, zeigt er bei der nächsten Rollenverteilung: Rühmann zurück ins Glied, am besten ganz nach hinten.

Von solchen Kommandos lässt der sich aber nicht mehr entmutigen. Nachdem sein Gesicht wieder heil ist, spürt er den alten Drang zu großen Rollen. Wenn die mich auf der Bühne nicht in den Vordergrund lassen, dann sorge ich eben selbst dafür. Die Szene kann nicht klein genug sein, der Neue aus München nutzt sie schamlos aus. Wenn der vorgegebene Text gesprochen ist, dichtet er einfach Sätze dazu, um ein paar Lacher zu ernten und nicht gleich wieder verschwinden zu müssen. Hilft auch das nicht, geht er schon mal zur Rampe und spricht die Zuschauer mit zotigen Bemerkungen direkt an. Bei denen funktioniert das meistens, bei seinem Direktor und den anderen Schauspielern nicht. Die halten ihn für einen Wichtigtuer, einen arroganten noch dazu. Auch den Kritikern verdirbt er mit seinen Einlagen den Spaß, einer schreibt: «Herr Rühmann unterhielt wieder einmal die Galerie. Legen Sie dem jungen Mann stärkere Fesseln an, Herr Spielleiter!» Womit er bestimmt einen richtigen Ratschlag erteilt, den Gescholtenen aber garantiert nicht verärgert. Für den zählt, dass sein Name in der Zeitung steht. Immer noch besser als ignoriert zu werden. Nichts findet er schlimmer, das war schon in der Schule so. Auffallen um jeden Preis, niemand soll ihn für gewöhnlich halten.

In dieser Hinsicht benimmt er sich wie die meisten Künstler, die ausschließlich antreten, um berühmt zu werden. Solange sie unbekannt sind, ist ihnen beinahe jede Schlagzeile recht. Haben sie den Durchbruch geschafft, klagen sie wie Goethes Zauberlehrling – «... die ich rief, die Geister, werd' ich nun nicht los!» Auch Rühmann wird später ein mehr als gespaltenes Verhältnis zu Journalisten entwickeln. Einige von ihnen wird er sogar hassen, die meisten zumindest verachten. Er wird wie ein verärgerter König Interviews reihenweise und über mehrere Jahre hinweg ablehnen und, wenn überhaupt, dann nur mit denjenigen führen, die ihm unterwürfig begegnen und freiwillig auf unbequeme Fragen verzichten. Aber auch dann wird es ihm keiner recht machen können, wird er sich beschweren über gedruckte Formulierungen, die er so nicht gesagt haben will, über reißerische Überschriften, auch über Fotos, die schlecht ausgeleuchtet sind, ihn zu ernst oder zu lustig zeigen.

Bis dahin müssen noch Jahrzehnte vergehen, erst einmal ist er jedem verbunden, der sich berufen fühlt, seinen Namen in die Zeitung zu setzen. Ein Foto wäre natürlich besser, aber davon ist er noch weit entfernt. Dabei hätte er – gäbe es den Vierfarbdruck schon – einen schönen Paradiesvogel abgegeben. Denn nicht nur auf der Bühne legt er Wert auf seine Kleidung, auch wenn er seine armselige Behausung verlässt, ist er darauf bedacht, im Blickpunkt zu stehen.

Tatsächlich drehen sich die Leute auf der Straße nach ihm um, nicht, weil er schon eine lokale Berühmtheit wäre, sie staunen über seinen seltsamen Aufzug. Exzentrisch, würde man heute wohl bemerken, damals schütteln sie den Kopf, wenn er im auffällig karierten Anzug daherkommt, mit lilafarbenen Socken, die gut zu sehen sind, mit Strohhut und Spazierstock, den er übermütig zu schwingen pflegt. Diese unsteten Künstler aber auch, dieses verdorbene Volk.

Rühmann genießt diese Momente wie einen gelungenen Auftritt auf der Bühne. Wenngleich er noch eine merkwürdige Auffassung davon hat, was als gelungen zu bezeichnen ist. Eigentlich stimmt er darin während seiner Zeit in Breslau nur einmal mit allen Beteiligten überein, mit den Kollegen, den Zuschauern und sogar mit den gestrengen Kritikern. Bei dem gelobten Stück handelt es sich um die *Kindertragödie* von Karl Schönherr, eine ernste Dreipersonenaufführung, ein so genanntes Volksstück, das anrührt und begeisterte Resonanz findet. Das war's dann aber auch schon mit Rühmanns Höhepunkten, abgesehen von einigen Märchenvorführungen in der Vorweihnachtszeit, die er so mochte, wie es das junge Publikum tat. Die Kinder amüsierten sich prächtig, und der Schauspieler kassierte Sondergagen.

Als die Spielzeit 1920/1921 an den Vereinigten Theatern in Breslau zu Ende geht, hat Rühmanns Förderer Richard Gorter seinen Direktionssessel zu räumen. Auf dessen Nachfolger ist Rühmann nicht gut zu sprechen. Paul Barnay legt zwar einen bemerkenswerten Spielplan für die neue Saison vor. Er plant auch viele gute Stükke und noch mehr gute Rollen, aber nicht mehr mit Heinz Rühmann. Das bestehende Ensemble wird übernommen, bis auf einen, das ist er. Was hatte der alte Basil so schön gesagt? Fünf Jahre, dann muss er es geschafft haben. Jetzt steht er schon vor dem Aus, nach nur einem Jahr. Sein Lehrer wird maßlos enttäuscht sein, und seine Mutter erst. Ihr hatte er doch von großen Erfolgen berichtet, hatte ihr in seinen Briefen von der Begeisterung des Publikums geschrieben und davon, dass sein Direktor sehr zufrieden sei mit ihm.

Die kleinen Schwindeleien bleiben dann aber doch sein Geheimnis, das Geständnis und der peinliche Rückzug nach München ihm ebenfalls erspart. Stattdessen trifft überraschend ein Telegramm aus Hannover ein: «Sind Sie noch frei für die Saison 1921/1922?» Meinen die wirklich mich? Rühmann liest es gleich noch einmal. Diese Anfrage schickt der Himmel. Nicht ganz. Es war nur Ewald Schindler, der eher einem begrenzten Universum vorsteht, dem Residenztheater nämlich. Sein Angebot erscheint dem eben Gekündigten dennoch geradezu göttlich: «Biete Jahresvertrag als jugendlicher Liebhaber und Naturbursche, hundertzwanzig Mark Gage.» Unter diesen Umständen hätte er es auch für weniger gemacht, endlich soll er Liebhaberrollen spielen, das hatte er sich immer gewünscht. Hannover, ich komme! Was fällt ihm bei Hannover eigentlich als Erstes ein? Seine Mutter, die ist dort geboren. Wenn das kein gutes Omen ist.

Zurück also nach Hannover, seiner zweiten Station auf dem Weg in den Theaterhimmel. Auch das Residenztheater ist ein privat geführtes Haus, daher in erster Linie auf Gewinn bedacht. Die Schauspieler haben Akkordarbeit zu leisten, vormittags Proben, abends Aufführungen, alle drei Wochen steht eine Premiere an. Theaterchef Schindler ist jedoch kein Schinder, er geht mit gutem Beispiel voran, übernimmt die größten Rollen oftmals selbst. Außerdem ist er stets bemüht, seine Angestellten bei Laune zu halten. Ein gutes Arbeitsklima wirkt sich auf die Qualität der Aufführungen aus, meint er und liegt zumindest in seinem Haus nicht falsch damit. Andere setzen auf Konfrontation und Tyrannei, weil sie das angeblich brauchen, um ihr kreatives Potenzial zu entfalten, er braucht das nicht. Was möglicherweise auch daran liegt, dass er eine ausgeklügelte Personalpolitik betreibt, neben erfolgreichen Mimen wie Willi Maertens eine Reihe Anfänger verpflichtet, die nur so darauf brennen, eingesetzt zu werden.

Zu denen, die noch nicht so bekannt sind und bereitwillig jede Rolle übernehmen, gehören Rudolf Platte, Heinz Rühmann und ein groß gewachsener schlaksiger junger Mann namens Lingen, der damals noch Theodor heißt. Alle drei werden später Karriere machen, sich als Bühnen- und Filmschauspieler profilieren und noch öfter miteinander zu tun haben.

Für die jungen Männer keine leichte Zeit, weil das Leben in Deutschland schwer geworden ist. Das Land steuert nach der Kriegskapitulation in das nächste Desaster, politisch wie wirtschaftlich. Die Auswirkungen der Inflation drücken die Stimmung in der Bevölkerung, Angst und Hunger gehen um. Über einen leeren Magen klagen auch die Künstler. Ihre ohnehin kläglichen Gagen werden durch den lawinenartigen Währungsverfall praktisch über Nacht zum noch kläglicheren Obolus degradiert. «Wir hatten alle nichts zu essen», erinnert sich Rudolf Platte in besserer Zeit an die schlechte. «Unsere Gage reichte gerade für ein paar Zigaretten. Wir schoben ständig Kohldampf.» Nur Heinz sei Hans im Glück gewesen: «Eine ältere Kollegin, die wir Bonny nannten, hatte ihn in ihr Herz geschlossen und versorgte das schmächtige Kerlchen ab und zu mit ein paar belegten Broten. Es war eine schlimme, aber auch herrlich verrückte Zeit.»

Trotz oder gerade wegen der Resignation im Lande lechzen die Schauspieler und nicht nur die nach allerlei Vergnügungen. Lange suchen müssen die Künstler nicht, schon am Eingang des Theaters werden sie nach jeder Probe fündig. Dort drücken sich allerhand Frauen herum, junge und ältere, die man heute wohl als Groupies bezeichnen würde. Damals geht es etwas dezenter zu, aber genauso ab wie heute. Das erleichtert die Angelegenheit ungemein, der jugendliche Liebhaber Rühmann entscheidet sich für eine blonde Prinzessin, spielt aber kein Theater mit ihr. Von gemeinsamen Radtouren und harmlosem Händchenhalten wird er später berichten, das Wesentliche in seinen Erzählungen aber vergessen, wie immer, wenn es um Frauen geht. Dann wird er zum Märchenerzähler, inszeniert sich selbst als Moralapostel, obgleich er es besser weiß. Nicht einmal geküsst haben will er die junge Frau in Hannover, die er als seine erste Liebe ausgibt, obwohl er der schon in seinen Münchner Tagen begegnet war.

Die Premiere am Abend jenes 7. Juni wird übrigens ein voller Erfolg, Hilde Knoth, die berühmte Schauspielerin aus Berlin, gebührend gefeiert. Von Heinz Rühmann dagegen nimmt kaum jemand Notiz. Das grämt ihn ein bisschen, aber er kennt das aus Breslau. Die

Rolle des Verschmähten ist offenbar für ihn abonniert. So wird es noch vierzehn Jahre später in einer Publikation kolportiert, die unter dem Titel *Wahre Geschichten* erscheint, und das ausgerechnet 1934, in einer Zeit, in der nur wahr ist, was wahr sein darf. «Dieser neue Liebhaber – einfach unmöglich», steht da rückblickend geschrieben. «So etwas hatte man in Hannover noch nicht zu sehen bekommen. Aber die Direktion war ja von allen guten Geistern verlassen. Ließ sich nicht dadurch abschrecken, dass dieses Bürschchen in Breslau jämmerlich ausgerutscht war. Die Zeitungen da drüben in Breslau hatten sich so 'ne Zumutung einfach verbeten ... Und dieser liebenswürdige Jüngling spielte jetzt in Hannover den Leander in Grillparzers ‹Des Meeres und der Liebe Wellen›. Dieser Kopf eines nicht allzu aufgeweckten kleineren Büroangestellten sollte auf einer griechischen Ephebengestalt sitzen und Verse sprechen, aus denen die Brandung des Hellespont drang! Eine Blamage.»

So verheerend ist sein Auftritt auch wieder nicht. Aber es bleibt das alte Problem: Der schmächtige Rühmann besitzt einfach nicht die Gestalt eines feurigen Liebhabers. Wie soll er den denn überzeugend rüberbringen, wenn er der Kleinste auf der Bühne ist, wenn selbst seine Angebetete ihn um eine halbe Kopflänge überragt? Bei allem Bemühen muss das einfach lächerlich wirken.

Trotzdem wird er gut beschäftigt. Noch im selben Monat steht er als Don Octavio in Grabbes Tragödie *Don Juan und Faust* auf der Bühne, allerdings wieder nicht lange. Noch vor dem Ende des ersten Aktes muss er sterben. Don Juan streckt ihn wirkungsvoll mit einem Schwert nieder. Unmittelbar danach gelangt er zu seiner nicht viel größeren, aber wichtigeren Rolle, das allerdings nur durch einen unglücklichen Zufall. Denn eigentlich ist er für das neue Stück gar nicht vorgesehen. Friedrich Walkhoff, Direktor und Regisseur in einem, bereitet *Ein Sommernachtstraum* von Shakespeare vor. Er will die romantische Komödie in einer modernen Fassung präsentieren. Aus dem Herzog von Athen wird ein englischer Lord und Athen kurzerhand an die Themse verlegt. Ernst Roters hat eine neue Musik geschrieben, die Rollen sind verteilt und einstudiert, Willi Maertens spielt den Weber Zettel, Hilmar Geißler den Squenz,

Robert Preuß den Flaut und so weiter. Wenige Tage vor der Premiere passiert es dann: die Darstellerin des Puck bricht sich ein Bein. Bisher wurde diese Rolle meist von kleinen, zierlichen, immer aber von Frauen gespielt, nur fehlt in dieser Situation gleichwertiger Ersatz. Was die Statur betrifft, kommt am ehesten Rühmann infrage, aber der ist ein Mann. Trotzdem wagen, alles riskieren? Der Regisseur ist mutig genug, er findet schnell Gefallen an seiner Idee. Warum den Puck nicht mal mit einem Mann besetzen! Damit dürften wir in die deutsche Theatergeschichte eingehen. Geschichte ist noch fern, was näher liegt, ist die Reaktion des Publikums. Auf der ganzen Linie ein voller Erfolg, auch die Kritiker sind angetan, der vom *Hannoverschen Anzeiger* besonders. Die Inszenierung stelle alle alte Tradition in die Ecke, meint der, und mache aus dem Spiel etwas völlig Neues. Sogar für den Ersatzmann hat er ein Lob übrig: «Heinz Rühmann als Waldschrat Droll war voller Leben und brachte in die Waldszene die richtige Märchenstimmung.»

Von einem Durchbruch zu sprechen wäre sicher verfrüht. Aber es lässt sich gut an in Rühmanns neuer Theaterheimat. Bei der nächsten Rollenvergabe erhält er endlich nicht nur ein komplettes Textbuch, sondern auch den Part eines Hauptdarstellers. Jubel! «Mein Herr, was wollen Sie von mir? Mich auf meinen Beruf vorbereiten?» Das fragt er natürlich nicht, diese Worte sind für die Bühne bestimmt, Prinz Leonce soll sie sprechen, der müßiggängerische Sohn des Königs, der sich am liebsten im herrschaftlichen Garten auf eine Bank lümmelt und vorbeiziehende Wolken beobachtet. *Leonce und Lena* ist ein amüsanter Dreiakter von Georg Büchner, und Rühmann als jener Leonce in jedem Akt auf der Bühne zu sehen. Ein echter Fortschritt und die erste Rolle, in der man sich ihn lebhaft vorstellen kann. Sie hat im Ansatz mit dem zu tun, was er in vielen seiner Filme verkörpern wird, den unbekümmerten Kindsmann.

Aber erst einmal führt er sich als Kindskopf auf. Allzu schnell vergisst er die Niederlagen vergangener Tage und ist ansonsten der Meinung, nur noch die wichtigen Rollen spielen zu müssen. Hin und wieder bekommt er die auch, und dann meist so auf die Bühne, dass die Kritiker ihn durchaus lobend in ihren Texten erwähnen. Selbst dann noch, wenn ein Stück ansonsten nach Schlachtermanier verrissen wird. Ein Beispiel, das nicht wichtig, aber so amüsant ist, das es schade wäre, es zu verschweigen. «Dieser Schwank hat schon so viel Schimmel angesetzt, dass für uns wirklich keine genießbare Stelle mehr zu entdecken ist», erkennt ein Rezensent nach der Aufführung von *Das Tal des Lebens* im Januar 1922. «Ich wurde den Eindruck nicht los, dass auch die Darsteller unter dieser Depression litten, einen lahmen Gaul zum Siege reiten zu müssen. Und wenn Paul Bohne ein paar Mal auf Kommando des Markgrafen unsäglich falsch ‹haha› und ‹juhu› machte, so konnte er das nur darum so vorzüglich, weil uns allen nicht der Sinn nach haha und juhu stand. Und ihm selbst am allerwenigsten.» Eine Schelte auf der ganzen Linie, oder doch nicht? Der Kritiker entdeckte einen Lichtblick: «Heinz Rühmann und Eva Schack gaben ein gefundenes Paar. Sie hatten viel dörflichen Charme und ein paar kräftige Arme voll froher Laune.»

Es sind die ersten, langsam eintrudelnden Anerkennungen, die ihm schnell zu Kopf steigen. An einem Theater gilt es eben auch kleinere Rollen zu besetzen, selbst wenn sich der junge Herr verkannt fühlt. Eine solche Entscheidung im Frühjahr 1922 trifft ihn besonders hart. Ausgerechnet er, der junge Liebhaber mit Format, als einfältiger Kellner Viktor, für den in der französischen Verwechslungskomödie *Die fremde Frau* nur ein einziger Auftritt vorgesehen ist. Undenkbar, eine Frechheit, das lässt sich ein Rühmann nicht bieten! Natürlich erscheint er dann brav zu den Proben, wenig motiviert zwar, aber da seine Rolle so klein ist, fällt das kaum auf, er hat nur ein paar Worte zu sagen. Wie sollte er das seiner Freundin erklären? Ihr hatte er unlängst vorgeschwärmt, schon ein ganz Wichtiger am Theater zu sein. Und jetzt das, er musste sich etwas einfallen lassen. Tut er auch, rechtzeitig zur Premiere. Er kommt ungewöhnlich früh ins Theater und verkriecht sich in die Garderobe. Dort klebt er sich einen großen Schnurrbart ins Gesicht und trägt die Schminke dick auf, bis er glaubt, als Rühmann nicht mehr erkannt werden zu können. In dieser Maskerade betritt er als Kellner Viktor im dritten Akt die Szenerie. Ein Gerichtssaal, ein strenger Richter, Viktor als Zeuge. Er hat eine Aussage zu machen. Immer noch verärgert, gibt Rühmann sich mufflig, spricht den Text nicht in gewohnter Manier, also betont und auf Wirkung bedacht, er spult ihn nachlässig herunter, in monotonem Tonfall, fast schon geleiert. Da seht ihr mal, was ihr davon habt, ein Rühmann hat wichtigere Rollen zu spielen. Er ist unzufrieden mit der Welt, aber zufrieden mit sich, seine Rache scheint gelungen. Als er von der Bühne abgeht, zuckt er zusammen. Diese Geräusch kennt er doch, wieso Beifall, wieso jetzt, der Akt ist doch noch gar nicht zu Ende? Das Publikum ist amüsiert, klatscht erst auf die Schenkel und dann in die Hände. Überraschender Szenenapplaus. Auch die Zeitungen sparen am nächsten Tag nicht mit Beifall, im *Hannoverschen Kurier* liest er: «Die Gestaltung der Kellner-Rolle durch Heinz Rühmann hat gezeigt, dass er, bisher unbestimmt in seiner Entwicklung, offenbar auf dem besten Wege ist, als Schauspieler ein höchst eigenwilliges Profil zu gewinnen. Er besitzt ganz offensichtlich eine starke komische Begabung.» Die war dem jungen Mann bis dahin gar nicht aufgefallen. Was nicht verwunderlich ist, da er sich mit seinen Rollenwünschen selbst in ein Korsett gezwängt hatte. Feurige Liebhaber und jugendliche Helden wollte er spielen, die sind in den wenigsten Stücken lustige Gesellen.

Rühmann wird diesen Abend zaghaft als einen ersten kleinen Erfolg am Theater verbuchen. Der nächste lässt lange auf sich warten. Der Sommer bricht an, in Hannover geht die Spielzeit zu Ende – und das für immer. Diesmal ist er nicht der Einzige, der keinen neuen Vertrag erhält. Es werden alle entlassen, das Residenztheater muss schließen – aus wirtschaftlichen Gründen, noch eine Folge der Inflation.

FÜNFTES KAPITEL

Es wird schon wieder besser

Einige Wochen des Sommers verbringt Heinz Rühmann bei seiner Mutter in München, die wichtigen Nachrichten aber kommen aus Berlin. Es sind Katastrophenmeldungen. Die Inflation nimmt nie gekannte Ausmaße an. Der Wert der Geldscheine verfällt schneller, als sie gedruckt werden können. Fünfhundert Trillionen Mark Notgeld sind bald im Umlauf. Mitte des Jahres 1922 gab es den Dollar noch für sechshundertsiebzig Reichsmark, zwölf Monate später notiert er an der Börse schon mit achtundneunzig Millionen. Selbst das ist noch ein guter Kurs, im September 1923 sind es fünfundzwanzig Milliarden Reichsmark, im November über vier Billionen. Damit besitzt die deutsche Währung nur noch knapp ein Billionstel ihres Vorkriegswertes. Die Folge im Großen: Armut und Hunger grassieren, rechtsextreme Kräfte nutzen die Lage politisch aus, propagieren in ihren Parolen Arbeitsplätze und Wohlstand und rekrutieren auf diese Weise eine enorme Anhängerschaft. Die Folge im Kleinen: Der billigste Platz im Theater kostet mehrere tausend Mark. Die Gagen der Künstler werden täglich ausbezahlt, sind aber am nächsten Morgen nicht mal mehr die Hälfte wert. Die Auswirkungen der Krise sind nicht nur dramatisch, sie nehmen auch skurrile Züge an. Wer einkaufen gehen will, benötigt einen ordentlichen Batzen Geld, vor allem braucht er eine große Tasche, einen Koffer oder am besten einen ausrangierten Kinderwagen, um die wertlosen Moneten kiloweise transportieren zu können. Ins Portemonnaie passen die Scheine längst nicht mehr.

Wenn die alten Werte schon verloren gehen, werden sie durch neue ersetzt. Die Menschen suchen immer nach dem Erträglichen, und wenn es nur Ablenkungen sind, so ist ihr Naturell. Sie haben den Krieg überlebt, die Revolution und blutige Putsche überstanden und erfahren, wie erbärmlich wenig ein Menschenleben wert sein kann. Jetzt ist alles überstanden, alles vorbei, jetzt wollen sie das bisschen Leben leben; jeden Tag ein Fest, es könnte ja der letzte sein. Alkohol hilft und Drogen helfen und Musik und Tanz und Sex. Wo verlangt wird, wird auch geboten, und wenn es die primitivsten Vergnügungen sein müssen. So sind die Gesetze des Marktes, und die funktionieren noch, wenn ansonsten nichts mehr geht. Der Schnaps ist vergleichsweise preiswert, Kokain und Morphium sind sogar am helllichten Tag vor dem *Kaufhaus des Westens* am Tauentzien zu erwerben. Und dort, in der deutschen Hauptstadt, aber auch anderswo, stehen neuerdings nicht nur ehrbare Künstler auf den Bühnen, Schauspieler und Musiker, sondern auch junge nackte Frauen, die sich ekstatisch räkeln und Tänzerinnen nennen. Die schummrigen Bars nahe dem Bahnhof Friedrichstraße, die Höhlen des Lasters, sind mitunter besser besucht als Theater mit anspruchsvollen Programmen. Nicht die große Kunst ist jetzt von vielen gefragt, eher die große Zerstreuung. Selbst diejenigen, die dabei nicht an die niedersten Gelüste denken, meinen Operette statt Oper, Lustspiel statt Trauerspiel.

Wie bieder sieht dagegen das Leben des beschäftigungslosen Jungschauspielers in München aus. Darauf achtet schon die allmächtige Mutter, die für Vergnügungen der frivolen Art nichts übrig hat. Sie wurde evangelisch erzogen, nicht streng, aber auch nicht so, dass sie am Untergang des Abendlandes Gefallen fände. Das versucht sie ihrem Sohn zu vermitteln, auch jetzt noch, da er erwachsen ist. Das Wort Sünde verbindet sie mit dem Namen eines Mannes, der ihr einst sehr nahe stand und der Vater ihrer Kinder war. Denn der ist auch vom rechten Weg abgekommen und in die Halbwelt des Rausches abgeglitten. Erst ist ihm sein Erfolg zu Kopf gestiegen, dann der Alkohol, irgendwann beides, bis er nichts mehr besaß, nicht mal mehr den Mut zum Leben. Margarethe Rühmann zieht ihn und seinen frühen Freitod hin und wieder als warnendes Beispiel heran: Junge, daran siehst du, wohin das führt.

Junge gibt sich also reichlich Mühe, den braven Sohn zu mimen, und es ist eine Rolle, die er auch ohne Textbuch ganz gut beherrscht – solange Frau Mama in der Nähe ist. Er geht kaum aus, und wenn, dann kommt er frühzeitig und schnurgerade nach Hause zurück. Mit wem soll er auch trinken, gute Freunde hat er nicht. Aber der Schein trügt, wie so oft in dieser Zeit, auch bei ihm. Sobald er dem Einflussbereich der Mutter entkommen ist, wirken andere Kräfte, und der Fluch des Vaters verfliegt. Dann ist er ein gewöhnlicher junger Mann, der vom Alkohol auch nicht lassen kann. Im Gegenteil, er findet recht schnell Gefallen an dem leicht beschwingten Gefühl, das sich bei ihm bereits nach dem ersten Glas Korn einstellt.

Nicht nur deswegen wird er froh gewesen sein, als er im August wieder seinen Koffer packen kann. Es hat doch noch mit einem neuen Engagement geklappt, zwar nicht in Berlin und auch nicht in München, aber wenigstens noch für die beginnende Spielzeit. Es wird eine lange Reise mit dem Zug, sie führt Richtung Norden, seine neue Wirkungsstätte ist das Schauspielhaus in Bremen. In der Stadt an der Weser geht es beschaulicher zu als in den Metropolen, aber Spaß am Leben haben wollen die Menschen auch hier. Gut für die Leute vom Theater, die Vorstellungen sind selten ausverkauft, aber meist hinreichend besucht.

Zum ersten Mal wird Rühmann nicht mehr wie ein blutiger Anfänger behandelt, mehrere Lokalzeitungen vermelden ihn sogar namentlich als Neuzugang. Überhaupt gehen die Herren Journalisten äußerst wohlwollend mit ihm und seinen Auftritten um. Schon nach der Aufführung des Lustspiels *Mein Freund Teddy*, des ersten Stücks nach der Sommerpause, wird seine Bühnenpräsenz positiv registriert. Trotz nicht allzu vieler Gelegenheit mache sich der neue Darsteller vorteilhaft bemerkbar, erkennen die *Bremer Nachrichten*, er stelle sich recht aussichtsreich in der Figur des Kunstmalers vor, befindet die *Weser-Zeitung*, «bühnengewandt und lustig» sieht ihn die *Bremer Zeitung* in der Rolle des kleinen frechen Freundes. Über jedes Stück wird berichtet, und in jedem Bericht wird sein Name erwähnt, einen besseren Start hätte er sich nicht wünschen können.

Die Sorgen seiner Mutter sind zu diesem Zeitpunkt jedenfalls unbegründet, aber typisch für sie, wie ein Brief zeigt, den sie ihm nach Bremen schickt: «Ich wünsche dir viel Glück für deine neue Stellung in Bremen. Leider liegt diese Stadt weit weg von München, sonst würde ich dich besuchen. Hast du genug Wäsche? Wer sorgt für dich? Achte auf dein Äußeres, das so wichtig ist, wenn man Schauspieler ist. Viele tun es nicht. Geh auch regelmäßig zum Haarschneider und denk an deine Gesundheit. Wenn du etwas brauchst, dann musst du es mir schreiben. Uns geht es gut, was wir auch von dir annehmen. Deine Mutter.»

Das Antwortschreiben ihres Sohnes ist nicht erhalten geblieben. Aber es wird so ausgefallen sein, dass es sie beruhigt. War ihm ohnehin nie sonderlich daran gelegen, der Mutter von seinen Schwierigkeiten zu berichten, liegt im Moment auch gar kein Grund zur Klage vor. Außerhalb des Theaters lässt es sich nämlich genauso gut an. Schon nach wenigen Tagen findet er ein gemütliches Zimmer bei zwei älteren Damen, die Schwestern sind und gemeinsam eine recht pompöse Villa am Stadtrand bewohnen. Dort fühlt er sich auf Anhieb wohl, aber auch ein bisschen wie ein Hochstapler. Seine neue Behausung ist nicht nur geräumig, auch mit wertvollen Jugendstilmöbeln eingerichtet, vom Fenster aus bietet sich ihm ein herrlicher Blick auf einen weiträumigen Park. In welch Löchern hatte er bisher immer unterkommen müssen! Hier riecht es nicht mehr nach feuchten Wänden und muffigen Teppichen, hier riecht es nach Wohlstand. Den er sich gar nicht leisten kann, aber die Damen des Hauses sehen das nicht so eng, sie kommen ihm mit der Miete entgegen, das Geld ist doch sowieso nichts wert. Und dann sind da noch ihre mütterlichen Gefühle, die der Kleine vom Schauspielhaus in ihnen weckt. Sie sind beide um die sechzig, er könnte ihr Sohn, ja sogar ihr Enkel sein. So liebevoll behandeln sie ihn auch. Das Einzige, was sie neben der Miete vom ihm verlangen, ist seine Gesell-

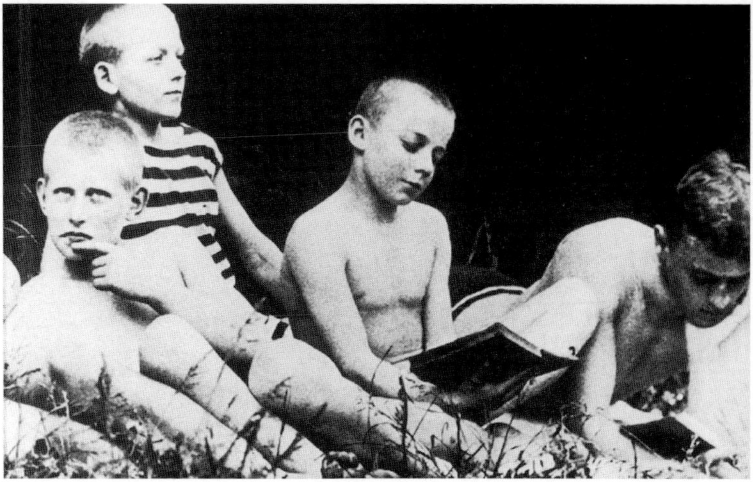

6 Schulausflug um 1911, Heinz Rühmann in der Mitte (mit Buch)

7 Die 2. Klasse der Oberrealschule in Essen, 1914. Heinz Rühmann in der oberen Reihe ganz links

4 Die Eltern 1898,
ein Jahr vor ihrer Hochzeit

5 Mutter Rühmann mit ihren Söhnen Hermann
und Heinz (im Kleidchen), 1903

2 Heinz Rühmanns Geburtshaus: Das Hotel Stemme in Essen

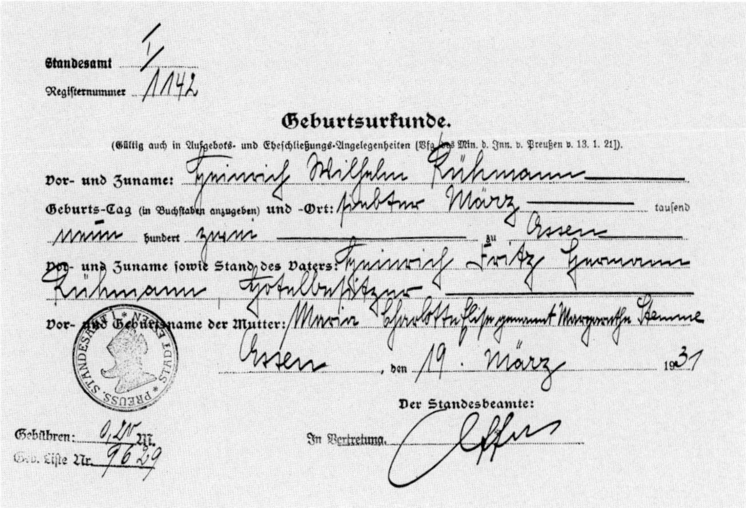
Standesamt I

Registernummer 1142

Geburtsurkunde.

(Gültig auch in Aufgebots- und Eheschließungs-Angelegenheiten [Vfg. des Min. d. Inn. v. Preußen v. 13. 1. 21]).

Vor- und Zuname: Heinrich Wilhelm Rühmann

Geburts-Tag (in Buchstaben anzugeben) und -Ort: siebten März tausend neun hundert zwei zu Essen

Vor- und Zuname sowie Stand des Vaters: Heinrich Fritz Hermann Rühmann, Hotelbesitzer

Vor- und Geburtsname der Mutter: Maria Charlotte Elise genannt Margarethe Stemme

Essen, den 19. März 1931

Der Standesbeamte:

In Vertretung. [signature]

Gebühren: 0,20 M.

Geb. Liste Nr. 9629

3 Die Geburtsurkunde

1 Familienbild: Margarethe und Hermann Rühmann mit ihren Kindern Heinz (links), Ilse und Hermann 1913 in Bad Wildungen

8 Jugendbild – Heinz Rühmann als Schauspielschüler

9 Der junge Theater-Schauspieler: Heinz Rühmann (3. v. l.) in Shakespeares *Ein Sommernachtstraum* an den Münchner Kammerspielen, 1925

10 Marlene Dietrich, Heinz Rühmann, Otto Wallburg, Paul Hörbiger und Oskar Sima (v. l. n. r.) in George Bernard Shaws *Eltern und Kinder* an der Komödie Berlin, 1928

11 Schon sein erster Tonfilm brachte den Durchbruch – *Die Drei von der Tankstelle*, 1930: Heinz Rühmann, Oskar Karlweis und Willy Fritsch (v. l. n. r.)

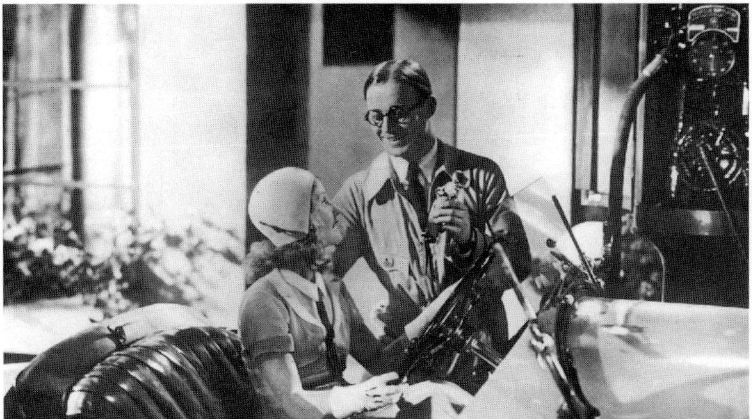

12 *Die Drei von der Tankstelle*: Heinz Rühmann mit Lilian Harvey

13 Heinz Rühmann mit seiner ersten Ehefrau Maria auf dem Flughafen Tempelhof, 1931

schaft, nicht täglich, aber jeden Sonntag, wenn es sich einrichten lässt. Punkt elf Uhr erwarten sie ihn im Salon des Hauses, um gepflegte Konversation zu betreiben. Die große Politik steht dabei selten im Vordergrund, zu trostlos die Lage, lieber hören sie von den kleinen Geschichten, die sich am Theater ereignen. Ihrem Untermieter sind diese Einladungen stets willkommen, da sie meist mit einem anschließenden Mittagessen verbunden sind. Natürlich kochen die galanten Schwestern nicht selbst, dafür beschäftigen sie Personal. Eine warme Mahlzeit ist für Rühmann wie ein Lottogewinn, die kann er sich sonst nur selten leisten, die Gage vom Abend reicht am Morgen kaum noch für ein Butterbrot, deshalb bleibt er gern.

Wenn er es dann doch einmal eilig hat, ist garantiert ein junges Fräulein der Grund, das irgendwo auf ihn wartet. In Bremen ist es nicht anders als in Hannover, auch hier lauern die Verehrerinnen der Schauspieler geduldig am Theatereingang. Seine nächste Freundin aber will Rühmann weit entfernt vom Musentempel kennen gelernt haben, während einer seiner zahlreichen Radtouren, die er unternimmt, mit Vorliebe nach Worpswede, entlang der Moorlandschaft. Eines Tages habe ihn kurz vor dem Ziel ein reizendes, ebenfalls radelndes Geschöpf überholt, wird er sich erinnern. Natürlich ist sie von seiner überwältigenden Erscheinung so angetan, dass sie sich gleich nach ihm umdreht. Und dabei passiert es dann, sie stürzt bäuchlings auf die Straße und schrammt sich die Knie auf, dass das Blut nur so quillt. «So begann's. Soll ich davon wirklich noch viel erzählen? Ihr wisst es ja alle, wie es ist, wenn man sich in ein junges Mädchen verliebt.» Und da das tatsächlich alle wissen, klingt seine Schilderung – wie immer, wenn er von seinen angeblich äußerst seltenen Erlebnissen mit Frauen berichtet – auffällig harmlos. Natürlich hat er sie in seiner jugendlichen Schwärmerei nur angehimmelt, nicht mehr, weil er viel zu schüchtern war. Und natürlich hat er sie deswegen in später niedergeschriebenen Erinnerungen gleich ganz weggelassen. Das passt gut zu einem Satz, mit dem sich Heinz Rühmann gern zitieren ließ: «Ich war – und bin – im wirklichen Leben kein stürmischer Liebhaber.» Dann war er offenbar ein windiger Genießer, als junger ungebundener Mann sowieso, aber auch später als verheirateter. Schauspielerin Gertraud Jesserer, die in den sechziger Jahren mit ihm für einen Film vor der Kamera stand, weiß es besser. Sie offenbarte jüngst in einem Fernsehporträt, dass er neben seinen Ehen auch ständig Affären pflegte. Und sie ist nicht die einzige Zeitzeugin, die das sagt. Aber das ist ein anderes Kapitel.

Nicht Frauengeschichten bringen ihn in Bremen in Verruf, sondern sein verstärkter Hang zum Alkohol. Da die Inflationsmillionen nicht für regelmäßige Mahlzeiten reichen, legt er sie in Flüssignahrung an, bevorzugt Bier und billigem Fusel. In der Nähe des Schauspielhauses treffen sich die Künstler in kleinen Cafés oder verrauchten Kneipen, je nach Tageszeit. Unabhängig davon sind allerdings ihre Bestellungen. Korn ist ein beliebtes Getränk, schon zur Mittagszeit, und Bier natürlich, zum Nachspülen. Rühmann besitzt einen kräftigen Zug, darin steht er seinem trinkfreudigen Vater nicht nach. Und wie der findet er oft kein Ende, bechert, bis er kaum noch stehen kann. Einmal setzen ihn seine Zechkumpanen in diesem Zustand in eine Straßenbahn, er soll nach Hause fahren, seinen Rausch ausschlafen, um am Abend wieder halbwegs für die Bühne fit zu sein. So gut das gemeint ist, es erweist sich nicht als kluge Entscheidung, denn das Gejuckele auf den Schienen bekommt seinem strapazierten Magen nicht. Ehe die Bahn an einer der nächsten Stationen hält, muss er sich übergeben. Er schafft es gerade noch, aus dem geschlossenen Abteil zu torkeln. Was er dann auf der vorderen Plattform anstellt, sieht wenig appetitlich aus. Die übrigen Fahrgäste reagieren empört, der Schaffner wirft ihn kurzerhand hinaus.

Am nächsten Morgen wacht Rühmann zwar in seinem Bett auf, wie er dorthin gekommen ist, weiß er aber nicht mehr. Dafür wissen andere, dass seine Gage zu kürzen ist, denn natürlich war er am Abend auch nicht zu der Vorstellung erschienen. Ein klarer Verstoß gegen seinen Vertrag, der streng geahndet wird. Es bleibt nicht der einzige, die Direktion des Hauses mahnt ihn wiederholt. Mit Ihrer Disziplin, Herr Rühmann, steht es nicht zum Besten! Mit seiner Berufsauffassung auch nicht. Er trinkt zu viel und spielt zu wenig. Und manchmal trinkt er auch, wenn er spielt. Oder er geht schon betrunken auf die Bühne. In diesem Zustand kann er das Publikum vielleicht noch erheitern, die Theaterkritiker nicht. Schnell verspielt er den Kredit, den sie ihm anfangs einräumten. «Ganz unmöglich spielt Heinz Rühmann seinen Sekretär, albern und abgeschmackt», stellt der eine nach der Premiere des Lustspiels *Der Schildpattkamm* von Richard Kessler fest; einem anderen fällt auf, dass ebendieser Sekretär nicht bedacht habe, «dass er keine Pfauenfeder auf der Nase balancierte». Nach der Aufführung von Gerhart Hauptmanns *Fuhrmann Henschel* wird er sogar als «Ausfall» tituliert.

Rühmann führt diese unerfreuliche Entwicklung später nicht auf seine alkoholbedingten Ausfälle zurück, sondern auf die schlechte Stimmung, die am Schauspielhaus geherrscht haben soll. Die beiden Direktoren hätten sich nicht wie Künstlerfreunde, eher wie bessere Beamte benommen, steif und verbiestert. Für Fröhlichkeit und Scherze seien sie nicht zu haben gewesen. Stattdessen hätten sie ein strenges Regiment geführt und ihn für jeden kleinen Verstoß mit Strafzettel oder Gagenkürzung gemaßregelt. Vor allem, dass sie einen Teil der Gagen zeitweilig mit Kohlen und Kartoffeln beglichen – in Inflationszeiten noch die sicherste Währung –, nahm er ihnen übel. Alle Rollen, die er für sich als zu unbedeutend empfand, natürlich auch. Er fühlte sich mal wieder verkannt. Wegen der Rollen soll es zu einer ernsten Aussprache gekommen sein, bei der sich Rühmann heftig beklagt. Nicht ohne Erfolg, danach bieten sie ihm die Hauptfigur in einem Stück an, das wie kein anderes zu seinem Markenzeichen werden sollte.

Nur dass er sich dessen noch nicht bewusst ist, als er und seine Mitspieler Marianne Berger, Käthe Hausa, Max Schmack und Richard Knorr unter der Leitung von Julius Donat Ende September mit den ersten Proben beginnen. Heinz Rühmann übernimmt den Part des Billy Bartlett, der einen Ehemann abgibt, wie er im Buche steht, im Leben aber nicht zu finden ist. Er trinkt nicht, er raucht nicht, geht beizeiten zu Bett und gafft niemals einem fremden Rock hinterher. Das findet seine Gattin ganz nett, aber auch ziemlich langweilig, sodass sie sich bald über das triste Eheleben bei ihm beschwert. Billy sucht Rat bei seinem Freund Jack. Der wiederum erzählt seiner Frau von dessen Kummer, die ihm heimlich zu Hilfe eilt. Gemeinsam versuchen sie, Billys Gattin eifersüchtig zu machen, was ihnen auch gelingt, aber zu allerlei Komplikationen führt ... Nach der hohen Schule anspruchsvoller Theaterkunst klingt das gerade nicht, eher nach einem leichten Boulevardstück. Platte Story, harmlose Dialoge, bestenfalls etwas Oberflächliches zum Lachen, wenn es gut inszeniert ist. Mehr schwebte dem Engländer Avery Hopwood auch gar nicht vor, als er diesen Schwank schrieb, der in der deutschen Übersetzung den Titel *Der Mustergatte* trägt.

Das Werk passt haargenau in die Zeit, aber noch nicht zu Rühmann. Die Zuschauer wollen Spaß haben, sie wollen lachen und für zwei Stunden vergessen, was vor den Türen des Theaters geschieht. Das ist jetzt so, im Herbst 1922, das war früher schon so, während des Krieges und direkt danach, und das wird auch später so sein, eigentlich immer, wenn das reale Leben den Menschen zur Qual wird. Je unerträglicher es sich gestaltet, desto größer der Wunsch, ihm zu entfliehen, wenigstens in Gedanken.

Keine fünfzehn Jahre später werden Menschen über Deutschland kommen, die diese Funktion von Kunst und Unterhaltung für ihre Zwecke instrumentalisieren. «Eine nationale Führung, die Anspruch auf diesen Ehrentitel erheben will», wird Joseph Goebbels, der Propagandachef der Nazis, noch im Oktober 1941, als die Welt schon brennt, pathetisch ausrufen, «muss es sich zur Pflicht machen, das Volk nicht nur in seinen Sorgen, sondern auch in seinen Freuden, nicht nur in seinen Belastungen, sondern auch in seinen Entspannungen liebevoll und hilfsbereit zu begleiten.» Und vier Monate später wird er an anderer Stelle hinzufügen, dass man mit Kopfhängerei und weltanschaulichen Theorien keine Schlachten gewinne. «Es ist deshalb notwendig», wird er in seinem Tagebuch vermerken, «unser Volk in einer guten Stimmung zu erhalten und die moralische Widerstandskraft der breiten Massen zu stärken.» Dabei spielt das Theater eine wichtige Rolle, noch mehr der Film. Ein Stoff wie der vom braven Mustergatten ist ihm gerade recht. Als ihn 1937 die Anfrage erreicht, ob der mit Heinz Rühmann verfilmt werden darf, hat er keine Einwände. Er fühlt sich verstanden, das Volk braucht seichte Unterhaltung, ein bisschen Verblödung kann auch nicht schaden. Solange es nur zu seinem Führer steht.

Die Premiere in Bremen geht am 14. Oktober 1922 über die Bühne, sie wird ein voller Erfolg. Mit seinen zwanzig Jahren gibt Heinz Rühmann zum ersten Mal den naiven friedfertigen Mustergatten, der die Zuschauer in seinen besten Szenen zu Tränen rührt, zu Lachtränen. Nachdem der Beifall an diesem Abend so überwältigend ist, wittern die Theaterchefs das große Geschäft. Es müsste doch mit dem Teufel zugehen, wenn daraus nicht ordentlich Kapital zu schlagen wäre. Wir lassen das Stück einfach laufen, solange die Massen zu uns strömen. Der Strom versiegt dann aber doch schneller, als sie dachten und als ihnen lieb ist, Ernüchterung kehrt ein. Bald spielen die Schauspieler vor halb leeren Rängen. Um sie nicht noch mehr zu demütigen, wird *Der Mustergatte* abgesetzt, die letzte Vorstellung ist die siebzehnte. Eine Enttäuschung auf der ganzen Linie und nach dem hoffnungsvollen Start auch ein Rätsel. Es waren doch alle begeistert, das Publikum tobte, die Presse lobte. Aber mit Logik ist dem nicht beizukommen, nicht jetzt. Logik ist in diesen unruhigen Zeiten keine verlässliche Größe und Ursachenforschung ein mühsames Unterfangen. Dafür bleibt keine Zeit, ein neues Stück muss einstudiert werden.

Jahre später wird Heinz Rühmann versuchen, die Gründe seines Fehlstarts als Mustergatte zu deuten: Es sei nicht allein die Schuld des Regisseurs gewesen. Er habe damals wahrscheinlich noch nicht die schauspielerischen Möglichkeiten gespürt, die in der Rolle steckten. Eine schlichte Erkenntnis, die nur die halbe Wahrheit offenbart, weil sie verschweigt, dass er sich in der Rolle des Mustergatten nicht immer mustergültig verhielt. Wenn er sich in der berühmten Schwipsszene zum Beispiel daran machte, mit der Frau seines Freundes eine Flasche Schnaps zu leeren, war in dieser nur selten Wasser – was seinem Spiel bestimmt eine gehörige Portion Authentizität verlieh, sich aber auf den geordneten Fortgang der Handlung kaum förderlich ausgewirkt haben kann. Es ist für Schauspieler eine Binsenweisheit, dass man einen Betrunkenen überzeugend nur mit klarem Kopf spielen kann.

Davon erwähnte er natürlich nichts. So weit ging seine Selbsteinsicht dann doch nicht, eigentlich zu keiner Zeit. Und wenn es anders gewesen sein sollte, hat er seine Erkenntnisse tunlichst für sich behalten. Anderen gegenüber erweckte er zwar gern den Anschein, in seiner Leistung anfechtbar, zu sein und selbst mit sich am strengsten ins Gericht zu gehen, wurde es allerdings konkret, verstieg er sich meist in schwammige Formulierungen. Dann sagte er, dass er eben schlecht gewesen sei, dass ihm das Betriebsklima am Theater nicht behagt habe, dass er unmögliche Rollen annahm, weil er Geld gebraucht hätte. Auch von den Eskapaden, die er in jungen Jahren fabrizierte, redete er nur, wenn sie dazu beitrugen, ihn als liebenswerten Lausebengel darzustellen. Lausebengel, überhaupt ein Wort, das er im Alter in Interviews mit Vorliebe für sich gebrauchen wird. Er achtete stets darauf, dass es sich um harmlose Anekdoten handelte. Einige davon passten auffällig gut zu einer bestimmten Figur, die er in einem Film spielte. Seltsamerweise gelangten die dann ausgerechnet unmittelbar vor der Premiere in Umlauf, was sie manches Mal dem Verdacht aussetzte, wenn nicht gänzlich erfunden, dann doch dem Anlass gemäß ausgeschmückt worden zu sein.

In einigen Redaktionsstuben mögen derlei Anekdoten kritisch hinterfragt worden sein, öffentlich infrage gestellt wurden sie nicht. Warum auch, bediente Rühmann mit seinen Geschichten doch nur auf gefällige Weise ein Klischee, das sein Publikum von ihm verinnerlicht hatte: Heinz Rühmann als braver kleine Biedermann – schüchtern und bescheiden, korrekt und strebsam –, der gelegentlich über die Stränge haut, um den Stärkeren ein Schnippchen zu schlagen. Für die Öffentlichkeit lebte er diese Rolle. Sie gehörte zu seinem Erfolg. Sie machte ihn erst möglich. Er hätte seine Glaubwürdigkeit verloren, im Leben wie im Film und auf der Theaterbühne, hätte er sich so dargestellt, wie er wirklich war. Daran waren weder er interessiert noch die Medien, wenigstens nicht die der Yellow Press, die auf solche Storys angewiesen waren und sind. Sie partizipierten an seinem Erfolg.

Der Schauspieler, Regisseur und Theaterleiter Gustaf Gründgens sagte als Achtundzwanzigjähriger einmal nach einer gelungenen Theateraufführung, bei der er einen Homosexuellen überzeugend darstellte, dass er durch die Rolle ein Gesicht bekommen habe, es sei aber nicht sein Gesicht. Eine Bürde, die viele Schauspieler zu tragen haben. Besonders die, die auf einen bestimmten Typ von Rollen festgelegt sind. Von ihnen erwartet das Publikum, dass sie als Mensch so sind wie der, den sie auf der Bühne oder der Leinwand verkörpern. Rühmann erging es da nicht anders. Müssen Memoiren von berühmten Künstlern schon deshalb und gezwungenermaßen auch ein bisschen zu Märchenbüchern mutieren?

In Rühmanns Erinnerungen geriet die *Mustergatten*-Aufführung in Bremen «recht provinziell». Das Publikum habe sich nicht amüsiert, schrieb er, und das Ensemble die Situationskomik nicht erkannt, die in dem Stück stecke. Sein vernichtendes Urteil: «Eine Wald- und Wiesenaufführung.» Nun sind Einschätzungen, die die Qualität eines Theaterabends unter die Lupe nehmen, stets vom subjektiven Empfinden des jeweiligen Betrachters geprägt. Mag sein, dass Rühmann aus künstlerischer Sicht sogar den Kern traf, die Begeisterung des Publikums aber muss er schlichtweg übersehen und überhört haben. In den Kritiken von damals stellt sich der Sachverhalt jedenfalls ganz anders dar. «...es genüge die Feststellung, dass das Theater zu bersten drohte, so dröhnten die Lachsalven durch das Haus», heißt es da. Und an anderer Stelle: «Ein großer Heiterkeitserfolg war unausbleiblich.» Ein dritter Berichterstatter erlebte ein Publikum, das «im Schutz der Dunkelheit» im Saal «kicherte, lachte, wieherte, brüllte vor Vergnügen, und zwar vom Anfang bis zum guten Ende». Unklar ist, ob Rühmann den Premierenerfolg über die Jahre schlichtweg vergaß oder anderes bezweckte. Schreiben wir es seinem Gedächtnis zu.

Um dasselbe war es – zumindest was seine Zeit in Bremen betrifft – ohnehin nicht gut bestellt. Ein Beispiel nur: Es ist richtig, dass er mit den Direktoren des Schauspielhauses zunächst einen Jahreskontrakt für die Spielzeit 1922/23 aushandelt. Am 3. August 1922 meldet er sich in München ab, aber schon am 11. Dezember des gleichen Jahres wieder zurück. Zu diesem Zeitpunkt muss er bereits einen

Monat bei seiner Mutter gewohnt haben, da seine Abmeldung in Bremen mit dem Datum des 18. November vermerkt ist. Zwar zieht er in den folgenden Jahren noch mehrmals um, allerdings nur noch innerhalb von München. Erst im August 1927 wird er die Meldebehörde darüber informieren, dass er die Stadt erneut verlässt, um nach Berlin zu gehen. Bremen sollte er – inzwischen längst ein berühmter Filmstar – erst Ende September 1934 wiedersehen, um mit einem eigenen Ensemble ein Gastspiel an jenem Schauspielhaus zu geben, dass ihm zwölf Jahre zuvor so wenig behagte.

Die Rühmannschen Wanderbewegungen werden hier so ausführlich aufgelistet, da sie beweisen, dass er sich damals lediglich vier Monate, von August bis November 1922, in der Hansestadt aufhielt. Das wiederum ist wichtig für eine Episode, die er für seine Selbstinszenierung gern verwandte. Er fand sie bedeutsam genug, um sie sogar in seinen Lebenserinnerungen zu erwähnen, und zwar im Zusammenhang mit ebendiesem frühen Aufenthalt in Bremen. Er schildert, wie sich die wirtschaftlich schwierige Situation im Land auf sein Leben auswirkte, dass die Gage zwar regelmäßig gezahlt wurde, aber infolge der Inflation schon wenige Tage später keinen Kaufwert mehr besaß. An den Erwerb des eben erschienenen *Zauberbergs* von Thomas Mann, den er gern besessen hätte, sei demzufolge nicht zu denken gewesen. Ein Buchhändler auf der Hutfilterstraße, die es heute noch gibt, habe ihm aus der Patsche geholfen, indem er ihm das Buch für einige Zeit auslieh. So weit, so gut, aber warum beschrieb Heinz Rühmann diesen an sich bedeutungslosen Vorgang? Bücher konnten sich in jenen Jahren viele nicht leisten. Und für noch mehr Menschen war Lesen sicherlich nicht der erste Zeitvertreib, da sie andere Sorgen hatten und wenig Muße. Wollte er damit verdeutlichen, dass er als junger Schauspieler ungeachtet aller Widrigkeiten des Lebens die wesentlichen Dinge nicht übersah, die sich im allgemeinen Kulturbetrieb ereigneten? Dass er trotz des vorzeitigen Schulabbruchs die Genialität Thomas Manns zu schätzen wusste? Ging es ihm darum, dass in seinen Memoiren der Name des großen Lübecker Literaten auftaucht? Oder lag ihm schlicht und ergreifend daran, als belesen zu gelten? Mit den Erfindungen eines Karl May, die er damals als Privatlektüre noch favorisierte, konnte er in dieser Hinsicht ja kaum Lorbeeren ernten. Dennoch wäre er besser beraten gewesen, bei der Wahrheit zu bleiben. Thomas Mann hatte zwar bereits im Jahr 1912 mit den Arbeiten am *Zauberberg* begonnen, als er in Davos weilte, erschienen ist sein Zauberwerk jedoch erst 1924. Daran können auch keine Zweifel bestehen, da Mann im Gegensatz zu Rühmann ausgesprochen penibel recherchierte und genauso exakt Tagebuch über sein Leben führte. 1924 befand sich Rühmann etwa siebenhundertfünfzig Kilometer von Bremen entfernt. Und er war das ganze Jahr über am Münchner Schauspielhaus engagiert. Es ist nicht einmal mit Sicherheit zu sagen, ob er das Buch überhaupt jemals gelesen hat, erst recht nicht, ob er es schon in jungen Jahren tat. Zwar besaß er eine stattliche Auswahl an Büchern, zumeist von Reclam, bei denen es sich in der Mehrzahl um Werke deutscher und englischer Klassiker handelte und die er als Textbücher zum Lernen von Rollen benutzte. Darüber hinaus jedoch galt er in dieser Zeit nicht unbedingt als Leseratte. Später, als arrivierter Schauspieler, ließ er sich in seinem Haus über eine ganze Wand Regale montieren, die er mit Büchern füllte. Es befanden sich kostbare Stücke darunter, mehrbändige Lexika, seltene Erstausgaben, signierte Werke bedeutender Autoren. Die wenigsten davon hatte er gelesen. Er bevorzugte Stefan Zweig, im hohen Alter vor allem Gedichte von Rainer Maria Rilke. Wenn Journalisten kamen, was er äußerst selten zuließ, oder andere Besucher, Regisseure, Drehbuchautoren oder Mitarbeiter von Filmfirmen, empfing er sie am liebsten vor der imposanten Bücherkulisse.

Nach dem *Mustergatten*-Flop nähert sich Rühmanns Intermezzo in Bremen rasch dem Ende. Wie es schließlich dazu kam, kann nicht mit letzter Sicherheit nachvollzogen werden. Zwei mögliche Versionen stehen zur Auswahl. Rühmann bezieht sich darauf, dass er sich am Schauspielhaus nicht wohl gefühlt habe und dass er sich mit Naturalien schlecht bezahlt wähnte. «Schön und gut, aber von Kartoffeln und Kohlen allein kann der Mensch auch nicht leben», klagte er. Deshalb habe er seinen Rausschmiss regelrecht provoziert. Er sei die Direktoren verbal angegangen, habe sich über dies und jenes beschwert, mitunter ziemlich unverschämt angesichts seiner Stellung und seines Alters. Als das nichts bewirkte außer Gagenkürzungen und Abmahnungen, habe er seinen Frust auf der Bühne ausgelebt und absichtlich gepfuscht. Während einer nachmittäglichen Jugendvorstellung von Schillers *Wilhelm Tell* will er es dann auf die Spitze getrieben haben. Er erscheint als Ulrich von Rudenz im Kostüm eines Ritters, der im zweiten Aufzug seine erste Szene zu spielen hat. Es entspinnt sich ein Dialog zwischen ihm und seinem Onkel, dem Freiherr von Attinghausen. «Ich sehe, dass Ihr meiner nicht bedürft, ich bin ein Fremdling nur in diesem Hause», hat er an einer Stelle zu sagen. Es sind die Worte von Schiller, sollen aber gleichzeitig die Gedanken von Rühmann gewesen sein. Den ersten Einsatz absolviert er noch wie einstudiert, die nächsten werden immer kürzer. Er überspringt Textpassagen, die Stichworte für seine Mitspieler gleich dazu. Keine Achtung vor dem großen Dichter! Er verstümmelt das Stück, die Vorstellung droht zu platzen. Nur mit Mühe und einigem Erfindungsreichtum der anderen Schauspieler wird sie bis zum Schluss gerettet. Ein Debakel, nicht auszumachen, wäre das während einer Abendvorstellung geschehen. Am Nachmittag aber sitzen Schüler im Parkett und klatschen trotzdem Beifall. Den Direktoren sollen Rühmanns ungehörige Extravaganzen dennoch nicht verborgen geblieben sein, sie hätten den missratenen Helden erst zu sich gebeten – und dann aus dem Haus.

Die andere Version von Rühmanns unrühmlichem Abgang beinhaltet im Grunde Ähnliches. Allerdings konzentriert sie sich nicht auf dessen eigene Entschlossenheit, den Vertrag um jeden Preis lösen zu wollen. Das erscheint auch wenig glaubwürdig, da Theaterengagements zu jener Zeit nicht gerade auf der Straße lagen. Im Gegenteil, die Bühnenbetriebe befanden sich wie die gesamte Wirtschaft in einer Krise, viele, vor allem private, die nicht von der Stadt subventioniert wurden, mussten geschlossen werden. Bei denen, die überlebten, gingen die Zuschauerzahlen zurück. All das führte zwangsläufig dazu, dass mehr Schauspieler entlassen als eingestellt werden mussten. Wer einen Vertrag in den Händen hielt, konnte sich glücklich schätzen, in der Theaterprovinz Bremen wie in München oder Berlin. Dieser Zustand kann auch Rühmann nicht entgangen sein. Demnach klingt es wahrscheinlicher, dass die Theaterleitung den jungen Schauspieler nach zahllosen Verstößen, die nicht selten übermäßigem Alkoholgenuss zuzuschreiben waren, gegen seinen Willen vor die Tür gesetzt hat. Mit seinen ständigen Ausfällen habe er das Maß des Erträglichen einfach überschritten. Hinzu kommt, dass ihn einige seiner Bühnenpartner wohl nicht unbedingt als sympathischen Zeitgenossen erlebten. Er soll ihnen trotz seiner schauspielerischen Unerfahrenheit mitunter ausgesprochen überheblich vorgekommen sein. So unterschiedlich die Sichtweisen, das Ende ist identisch: Heinz Rühmann kehrt nach München zurück, um mal wieder bei seiner Mutter unterzukommen.

So wohl er sich in ihrer Nähe fühlt, ist es ihm doch unangenehm, ihr mit seinen fast einundzwanzig Jahren noch auf der Tasche zu liegen. Aber die Familie hält zusammen und bringt den brotlosen Künstler mit durch. Bruder Herrmann verdient mittlerweile seine eigenes Geld, Schwester Ilse, die zwei Jahre jünger ist als Heinz, arbeitet bei einer Bank. Eine gute Lehre, sie kennt sich in finanziellen Angelegenheit bestens aus und versucht, das spärliche Vermögen der Familie durch geschickte Währungstausche zu mehren. Der Dollar ist das sicherste Kapital. Sie hat ein paar davon auf ihrem Konto, und damit lässt sich etwas machen. Allerdings keineswegs so, wie es Rühmann in seinem Buch *Das war's* beschrieb: «... meine Schwester Ilse (...) spekulierte höchst geschickt für uns alle. Mit einem Dollar. Von Tag zu Tag tauschte sie ihn in andere Währungen, bis Lebensmittel daraus wurden und diese wieder zu Geld, und schließlich hatten wir wieder einen Dollar.» Der Dollar war damals schon die härteste Währung, ein Tausch in eine andere hätte niemals Gewinn erbracht. Tatsache ist, dass ihre Transaktionen bescheiden ausfallen, dennoch so viel abwerfen, dass sie ihrem Bruder hin und wieder eine Eintrittskarte fürs Theater oder ein Textbuch spendieren kann. Heinz bedankt sich artig, peinlich ist es ihm trotzdem. Ausgerechnet die jüngere

Schwester verfügt über Geld, er hat es nicht einmal zu einer dauerhaft festen Anstellung gebracht.

Sofort nach seiner Rückkehr bemüht er sich, ein neues Engagement zu bekommen. Zuerst versucht er es in München, das wäre die bequemste Variante. Doch die Intendanten der Münchner Bühnen, bei denen er nachfragt, winken ab. In Nürnberg ist keine Stelle für ihn frei; in Düsseldorf findet er beim Intendantenpaar Louise Dumont und Gustav Lindemann am Schauspielhaus zwar Gehör, aber keine Anstellung. Er wendet sich an einen Agenten. Der telegrafiert durchs Land, verschickt Rühmanns Unterlagen, eine Art Personalbogen, dazu eine Liste mit den Rollen, die er beherrscht oder vorgibt zu beherrschen, sein Repertoire. Die sollte möglichst lang sein, das würde seine Chancen erhöhen. Der Mann hat gute Kontakte, aber zunächst auch keinen Erfolg. Bis eine Nachricht aus Braunschweig eingeht, man zeigt sich interessiert. Jugendlicher Komiker gesucht. Für die Aufführung des Lustspiels *Der Herr Senator* ist noch die Rolle eines gewissen Mittelbach zu besetzen, als Gast auf Anstellung, wie es heißt. Was nichts anderes bedeutet, als dass die Zuschauer über die Dauer derselben entscheiden. Sind sie von dem Darsteller begeistert, darf er bleiben, fällt er durch in ihrer Gunst, kann sein Gastspiel schon nach einem Auftritt zu Ende sein.

Glück gehabt, die Rolle des Mittelbach steht auf Rühmanns Zettel, Pech nur, dass er sie noch nie gespielt hat. Ein Wagnis, aber, wie man sieht, durchaus von Nutzen. Dem Agenten erspart er die Wahrheit, er hätte fast jede Rolle angegeben, um endlich wieder ein Angebot zu bekommen. Außerdem ist Textlernen kein Problem, darin ist der Kleine groß, den hat er nach wenigen Tagen drauf. Doch damit allein ist es nicht getan. Er fühlt sich als Mittelbach nicht besonders sicher. Als er nach Braunschweig reist, lässt er es die anderen aber nicht merken. Auf der Probe geriert er sich als Profi aus der Theaterhochburg München, erklärt mit ausschweifender Geste den Auftritt, um die eigenen Schwächen zu kaschieren. Die anderen schütteln den Kopf – was bildet der sich ein! Nur einer nicht, der kommt aus Berlin, ist ebenfalls nur Gast auf Anstellung und findet sich in der Provinz so fehl am Platz wie Rühmann. Die beiden werden sich schnell einig, wie ihrem Dilemma am besten beizukommen ist. Eine Straßenecke weiter befindet sich ein gemütliches Lokal – ein paar Kurze, genau das Richtige. Am Nachmittag vor dem ersten Auftritt sitzen sie wieder einmal dort und langen kräftig zu. Entsprechend angeheitert finden sie sich am Abend im Theater ein.

Die Vorstellung beginnt, und Mittelbach alias Rühmann erntet schnell die ersten Lacher. Wer sagt's denn, die mögen mich, hier kann ich bestimmt bleiben. Er improvisiert, überrascht mit erfundenen Textpassagen, die weder mit dem Stück noch mit seiner Rolle zu tun haben, schert sich – mal wieder – einen Teufel um die Stichworte für die anderen und ist bald nur noch darauf aus, die Zwerchfelle der Zuschauer zu bespielen. Von wegen jugendlicher Komiker, er führt sich auf wie ein jugendlicher Kasper. Zu guter Letzt verliert er völlig die Selbstbeherrschung und kümmert sich gar nicht mehr um die Handlung des Stücks. Er stellt sich an die Rampe und redet albern kichernd, wie ein Teenager, der seinen ersten Schwips erlebt, auf das Publikum ein. Wie finden Sie das eigentlich, was wir hier spielen? Also, ich finde das alles sehr komisch. Das Publikum offensichtlich auch, wann erlebt man schon einen Schauspieler auf der Bühne, der so betrunken ist. Nur einer kann dem nichts Witziges abgewinnen, er kann sich nicht mal zu einem Schmunzeln durchringen – der Theaterleiter. Als Rühmann am nächsten Tag bei ihm erscheint, um seine Gage abzuholen, kündigt der ihm die Freundschaft. Sein Auftritt sei ja wohl eine Katastrophe gewesen. So einen könne er in seinem Haus nicht gebrauchen. Angenehme Rückreise auch!

Heinz Rühmann hat die Umstände seines kurzen Ausflugs nach Braunschweig mehrmals beschrieben. Er erwähnte sie sowohl in der Artikelserie *Heinz Rühmann erzählt sein Leben*, die im Sommer 1969 in der *Welt am Sonntag* erschien, als auch in seinen Lebenserinnerungen, die anlässlich seines achtzigsten Geburtstags als Buch veröffentlicht wurden. Wenn einige Details in den beiden Darstellungen voneinander abweichen – zum Beispiel bekommt er einmal die Kündigung noch am selben Abend, in der anderen Fassung erst am Tag darauf –, so stimmen die wesentlichen Fakten doch überein. Dass sich das Ganze in Braunschweig abspielte, dürfte als sicher gelten.

Schwieriger ist in diesem Zusammenhang die Bewertung einer Veröffentlichung, die im Herbst 1956 in der *Deutschen Illustrierten* erfolgte. Unter der Überschrift *Mein Mann Heinz Rühmann* wurde dessen Werdegang zum berühmten Filmschauspieler nacherzählt und dem Leser suggeriert, dass es sich um die Aufzeichnungen von Hertha Feiler handelte, Rühmanns zweiter Ehefrau, von der noch die Rede sein wird. Die nun berichtete von einem Zwischenfall, der sich an einem Theater in Magdeburg zugetragen haben soll, etwa zur gleichen Zeit wie der Rauswurf in Braunschweig. Demnach wurde Rühmann eines Morgens besonders freundlich von seiner Zimmerwirtin, eine Lehrerswitwe, zum Frühstück empfangen. Sie hatte den Tisch auffallend feierlich gedeckt, mit frischen Semmeln, duftendem Kaffee und einem Blumenstrauß. Neben seiner Tasse lag säuberlich gefaltet die Zeitung vom Tag. Auf der Theaterseite stieß er auf einen Artikel, der mit den Worten *Heinz Rühmann erobert sich die Herzen der Magdeburger* überschrieben war und inhaltlich genau diese Begeisterung wiedergab. Kaum dass der so Gerühmte sein Frühstück beendet hatte, rief ihn ein Schauspieler vom Theater an, dem die überaus positive Kritik nicht entgangen war. Die beiden kamen schnell zu dem Schluss: So ein Ereignis muss gebührend gefeiert werden. Sie verabredeten sich für fünfzehn Uhr in einem Weinlokal in der Nähe des Theaters. Anschließend setzte sich Rühmann an den kleinen Tisch in seinem Zimmer, um der Mutter einen Brief zu schreiben. Sie sollte die frohe Botschaft gleich erfahren. Nach all den Rückschlägen, die ihr Sohn in den letzten Monaten einstecken musste, würde sie sich über diese Nachricht freuen und ein wenig beruhigt sein. Am Nachmittag fand sich Rühmann in besagtem Lokal ein, einer kleinen Kneipe, direkt hinter dem frühgotischen Dom gelegen. Vier seiner Kollegen warteten schon auf ihn, das feuchtfröhliche Gelage begann. Obwohl am Abend noch eine Aufführung anstand, ließen sie sich den Wein schmecken, eine Flasche nach der anderen. Anschließend wankten sie zum Theater, um eine halbe Stunde später mit der Vorstellung zu beginnen. Während sich die anderen ganz gut hielten, übersah Rühmann nichts mehr. Er lachte über die vielen Leute, die da vor ihm saßen, schwankte von einer Seite der Bühne zur anderen, suchte zwischendurch Halt an einem Stuhl, um sich abzustützen. Das alles zum Gaudi des Publikums, das sich vor Lachen kaum halten konnte, bis plötzlich der Vorhang heruntergelassen und die Vorstellung abrupt beendet wurde. Was danach kam, deckt sich mit dem Fiasko in Braunschweig – Rühmann musste gehen. Die Duplizität der Ereignisse ist wirklich verblüffend. Sollte sich Rühmann tatsächlich zweimal kurz hintereinander auf die gleiche Weise derart disqualifiziert haben?

Fest steht, dass er weder seiner Mutter noch der Schwester den wahren Grund seiner schnellen Heimkehr offenbart. Das hätten sie auch kaum toleriert. Es hat eben nicht geklappt, die wollten mich nicht haben, soll er in etwa gesagt haben. Woraufhin sich die beiden Frauen selbst seiner Sache annehmen, und das erfolgreicher, als er oder sein Agent es vermochten. Schwester Ilse soll es gewesen sein, die den Intendanten der Bayerischen Landesbühne auf ihren Bruder aufmerksam macht. Otto Kustermann schreibt dann auch tatsächlich einen Brief an Herrn Heinz Rühmann und lädt ihn zu einem Vorsprechtermin ein. Die Bezeichnung *Landesbühne* klingt großartig, auch für Rühmann, der bis dahin gar nicht wusste, dass es sie gibt. Bald merkt er, dass darunter nichts weiter als eine bessere Wanderbühne zu verstehen ist, die 1921 vom Bayerischen Kulturministerium gegründet und dann auch finanziell gefördert wurde. Wenn man ihn am Schauspielhaus schon nicht anstellt, will er sein Glück wenigstens als reisender Schauspieler versuchen.

Kustermann zeigt sich als engagierter Theaterleiter mit einem Gespür für Talente. Er schart vor allem junge Schauspieler mit Enthusiasmus um sich, die unbedingt spielen wollen und sich nicht zu schade sind, ein Zigeunerleben zu führen, von Stadt zu Stadt zu reisen und von Dorf zu Dorf, um in kleinen Theatern und manchmal auch in Wirtshäusern aufzutreten. Diesmal benötigt Rühmann keinen zweiten Anlauf, er wird gleich nach dem ersten Vorsprechen engagiert.

Lehrjahre sind Wanderjahre, und die Zeit auf Wanderschaft ist für ihn eine heilsame. Hier kann er noch einmal neu beginnen. Zuerst trennt er sich von übertriebenen Vorstellungen, ohne das Ziel aus den Augen zu lassen, später doch noch an einer ersten Bühne auftreten zu können. Er konzentriert sich intensiver auf seine Arbeit, hält sich mit dem Alkohol zurück, zumindest vor den Auftritten. Und endlich kann er auch den Junker Bleichenwang spielen, jene Rolle aus *Was ihr wollt*, die er mit seinem Lehrer Basil einst einstudiert, aber noch nie aufgeführt hat. Das Stück wird in München in einem Probenraum komplett vorbereitet, Handwerker zimmern ein zerlegbares Bühnenbild, ehe sich die Truppe auf Tournee begibt. Gereist wird mit der Eisenbahn, aus Kostengründen in der billigsten Klasse, das stört aber niemanden. Die Unterkünfte sind vorreserviert, meist preiswerte Mehrbettzimmer in einfach ausgestatteten Gasthöfen. Die Auftritte bilden für die Menschen auf dem Land eine willkommene Abwechslung. Sie danken es den Schauspielern nicht nur mit dem Eintrittsgeld, oft auch zusätzlich mit Naturalien: Schinken, Wurst, Obst und Eier – was die Landwirtschaft gerade abwirft. Alles ist schön einfach und einfach schön.

Noch schöner wird es für Heinz Rühmann, als er einer jungen Frau begegnet, die zwar zum Ensemble der Landesbühne gehört, aber meist mit der anderen der zwei Gruppen unterwegs ist. Das bedauert er, erfährt aber wenigstens ihren Namen. Die dunkelhaarige Schönheit heißt Maria Bernheim, tritt aber unter dem Künstlernamen Herbort auf. Das hat vermutlich damit zu tun, dass sie die Tochter eines angesehenen Rechtsanwalts und Justizrats in München ist, der gelegentlich Theaterkritiken für die *Frankfurter Zeitung* verfasst. Dennoch soll der Vater nicht besonders glücklich über die Berufswahl der Tochter gewesen sein. Musste das Mädchen ausgerechnet an dieser Gauklerwelt Gefallen finden! Benedikt und Rosa Bernheim hatten sich für Maria, der schon die Lehrer in der Schule eine hohe Auffassungsgabe und außergewöhnliche Intelligenz bescheinigten, eine andere Zukunft vorgestellt. Auch dass sie es fertig brachte, von dem berühmten Mimen Albert Steinrück in der Schauspielkunst unterrichtet zu werden, konnte sie nicht wirklich mit der Vorstellung versöhnen, die eigene Tochter bald selbst als Schauspielerin zu sehen, womöglich noch in einem dieser flachen Boulevardstücke. Und was hatte ihr diese Ausbildung denn gebracht? Sie ist weder berühmt noch an einem berühmten Theater engagiert. Stattdessen zieht sie wie eine Heimatlose mit dem Thespiskarren übers Land.

Von den familiären Unstimmigkeiten im Hause Bernheim weiß Heinz Rühmann noch nichts, als er sich daran macht, das Herz von Maria zu erobern. Nicht, dass ihn die Liebe wie ein Blitz aus heiterem Himmel trifft, es ist mehr eine Art Jagdinstinkt, der ihn antreibt, das Spiel der großen Jungs. Je mehr die anderen Schauspieler Maria umschwärmen, desto mehr interessiert auch er sich für sie. Die Männer sollen untereinander sogar eine Wette abgeschlossen haben: Wer erobert sie zuerst? Dass Maria vier Jahre und drei Monate älter ist als er und ungefähr zehn Zentimeter größer, stört Rühmann nicht, es gestaltet die Angelegenheit nur noch reizvoller. Irgendwie gelingt es ihm tatsächlich, sich mit ihr zu verabreden. Der Rest ist ziemlich schnell erzählt, merkwürdig schnell. Denn Rühmann hielt es zu keiner Zeit für angebracht, seine Beziehung zu Maria Bernheim ausführlicher zu schildern. Kein Wort darüber, dass er sie jemals geliebt hat, und auch, wie er sie eroberte, verschwieg er stets. Stattdessen sind Bagatellen zu lesen wie: «Maria hat mir in den folgenden Jahren schauspielerisch sehr geholfen. Sie selbst gab das Theaterspielen bald auf und wurde meine ‹Privatregisseurin› beim Rollenstudium.» Oder: «Es ist keine Sensation, wenn zwei junge Menschen heiraten. Mithin auch kein Grund für mich, über unsere Heirat lang und breit nachzudenken.» Schon wenige Wochen nach ihrem ersten Rendezvous sprechen sie darüber.

Man kann davon auszugehen, dass sich Maria diesen Schritt sehr wohl überlegt hat. Ihr Vater, Justizrat Bernheim, ist von der geplanten Eheschließung nämlich keineswegs angetan, von seinem zukünftigen Schwiegersohn noch weniger. Die beiden geben für ihn ein seltsames Bild ab, nach seinem Verständnis passen sie nicht zueinander. Rein optisch stimmt das sicher. Neben dem zweiundzwanzigjährigen Rühmann, dessen Gesicht ihn wie einen Jugendlichen von siebzehn, achtzehn Jahren aussehen lässt, wirkt seine Tochter eher wie eine mütterliche Freundin, wohl auch, weil ihr Körper nicht so schmächtig ist wie seiner. Aber das allein ist es nicht, da ist noch so ein Gefühl, das ihm sagt, dass das nicht gut gehen wird.

Auch von Margarethe Rühmann wird das Paar nicht mit offenen Armen empfangen. Sie hält wahrlich nichts davon, dass sich ihr Söhnchen von einer anderen Frau bemuttern lassen will. Es kommt zu Diskrepanzen zwischen Mutter und Sohn, woraufhin Heinz die mütterliche Wohnung verlässt. Er sucht sich ein Zimmer zur Untermiete und kommt zwischenzeitlich auch bei einem Schauspieler von der Landesbühne unter, mit dem er befreundet ist.

Die Wogen glätten sich schließlich, da sich das junge Paar sein Vorhaben partout nicht ausreden lässt. Sie studieren gemeinsam Rollen ein und planen ansonsten für die Zukunft. Als Erstes muss eine eigene Wohnung her. Die finden sie an der Ismaninger Straße, einer viel befahrenen Verkehrsader, die in nordsüdlicher Richtung den eleganten Stadtteil Bogenhausen durchquert. Im Haus Nummer 102 beziehen sie eine kleine Wohnung im ersten Stock. Um sich die notwendigsten Einrichtungsgegenstände kaufen zu können, bittet Rühmann am Theater um einen gehörigen Vorschuss, den er in monatlichen Raten abzuzahlen hat. Das neue Quartier befindet sich in unmittelbarer Nähe eines Parks. Die Maximiliananlagen, die sich entlang der Isar auf etwa anderthalb Kilometern ausdehnen, sind bequem zu Fuß zu erreichen. Das ist nicht unwichtig, noch lernt er seine Texte am liebsten beim Spazierengehen. Am 12. August 1924 wird ihr Einzug in das Mehrfamilienhaus amtlich vermerkt.

Drei Tage zuvor, in den Vormittagsstunden des 9. August, kümmern sie sich um einen anderen behördlichen Eintrag. Unter der Bescheinigungsnummer 931 lassen sie auf dem Standesamt München I ihre Eheschließung beurkunden. Die Zeremonie geht ohne großes Brimborium vonstatten. Maria hatte sich das in ihren Jugendträumen eigentlich anders vorgestellt. In einem weißen Kleid mit weit auslaufendem Schleier, der von zwei Blumenkindern getragen wird, wollte sie vor dem Traualtar erscheinen. Aber dafür reicht das

Geld nicht. Der Bräutigam trägt einen gebrauchten Anzug. Der genügt ihm, um vor dem Standesbeamten das Gelöbnis für die guten und schlechten Tage abzulegen, ewige Liebe und Treue zu schwören und mit dem Jawort in den heiligen Stand der Ehe zu treten.

Nach den familiären Zwistigkeiten legt niemand gesteigerten Wert auf eine große Feier, das Brautpaar zieht sich bald in seine Wohnung zurück. Das ist Heinz Rühmann auch am liebsten, er ist mit den Gedanken längst wieder beim Theater: am selben Abend steht eine Premiere an, *Die Erwachsenen*, ein zeitgenössisches Stück von einem Gerichtsreporter, der sich unter dem Pseudonym Sling einen Namen gemacht hat. Obwohl das Werk seine Zeit kaum überdauerte und wenn überhaupt, dann nur von bescheidener Bedeutung war, ließ es Rühmann sich nicht nehmen, die Episode vom frisch gebackenen Ehemann, der nichts dringender zu tun weiß, als am Abend seiner Hochzeit Theater zu spielen, immer wieder zu erzählen. Damit fügt er sich gefällig in die Reihe prominenter Schauspieler ein, die in ihren Memoiren den Tag ihrer Eheschließung identisch beschreiben: kurzer Termin auf dem Standesamt, vielleicht noch ein gemeinsames Mittagessen im engen Familienkreis, dann aber sofort wieder zum Theater – als sei das eine Gesetzmäßigkeit für Menschen dieser Profession. Soll heißen: Wir sind eben anders.

Die Wohnung an der Ismaninger Straße hat noch einen Vorteil, sie liegt nicht weit von der Maximilianstraße entfernt. Das ist durchaus von Bedeutung, da zu diesem Zeitpunkt das Engagement an der Bayerischen Landesbühne bereits hinter Heinz Rühmann liegt. Ein Künstleragent, der sich respektvoll mit Hofrat Frankfurter ansprechen lässt, war während einer Vorstellung auf den Junker Bleichenwang aufmerksam geworden, hinter dessen Maske sich Heinz Rühmann verbarg. Bei Frankfurter befindet er sich in guten Händen, er gehört zu den bekanntesten und erfolgreichsten Agenten der zwanziger Jahre, betreut in erster Linie internationale Operngrößen. Frankfurter ist ein geachteter Mann, seine Empfehlungen werden stets aufmerksam registriert, auch an den großen Theatern in München und Berlin.

So kommt es dann auch, dass Hermine Körner von diesem Rühmann erfährt, der als jugendlicher Liebhaber mit einer Wanderbühne durchs Land zieht und mit seiner bestechenden Komik, die eine ganz eigene ist, die Zuschauer zum Lachen bringt. Madame Körner ist nicht irgendwer – sie ist eine begnadete Schauspielerin, eine Urgewalt auf der Bühne, aber vor allem ist sie die Prinzipalin des Münchner Schauspielhauses, also die Frau an der Pforte zum Theaterhimmel. Und sie ist gerade etwas in der Bredouille, weil ihr für das Schülerdrama *Traumulus* noch der Darsteller des Spartacus fehlt, der möglichst jung aussehen sollte. Die Zeit drängt, sie lässt ein Telegramm an Rühmann senden, der findet sich zu den Proben ein und bekommt die Rolle auf Anhieb.

Bei der Premiere im August schlägt er sich wacker, auch die Kritiker registrieren seinen Einsatz positiv. Hermine Körner ist angetan und bietet ihm einen festen Vertrag an, zunächst für die Dauer eines Jahres. Er wird diesen Moment sein Leben lang nicht vergessen: «Einen Vertrag am Schauspielhaus! Ich glaubte, alles erreicht zu haben, was das Leben eines Schauspielers bieten kann!»

Auch beim Münchner Schauspielhaus handelt es sich um ein Privattheater. Es gehört mit seinen 727 Sitzplätzen nicht zu den größten Häusern, wohl aber zu den renommiertesten. Das Eingangsportal befindet sich an der Maximilianstraße. Rühmann kennt diese Seite des markanten Jugendstilbaus seit Jahren. Hier kam er regelmäßig vorbei, als er, noch Gymnasiast, bei jener Liebhaberbühne ein paar Häuser weiter seine ersten bescheidenen Meriten als Laienschauspieler erwarb. Damals schon war es ein Traum von ihm gewesen, eines Tages auf der Bühne des Schauspielhauses zu stehen.

Es war eine verklärte Vorstellung von dem, was ihn jetzt erwartet. Verklärt schon deshalb, weil er verständlicherweise nur den Bereich der Bühne für interessant hielt. Dass selbst ein angesehenes Haus allerlei finanzielle Hürden zu nehmen hat, kam in seinen Träumen nicht vor. Einen der größten Posten macht zum Beispiel die Pacht aus, die monatlich an die Eigentümer zu entrichten ist – sie verlangen elf Prozent der Bruttoeinnahmen. Entsprechend wirtschaftlich müssen die Theatermacher zu Werke gehen, was wiederum die Schauspieler zu spüren bekommen. Alle drei Wochen eine Premiere; wird ein Stück vom Publikum nicht angenommen, muss es möglichst schnell gegen ein neues ausgetauscht werden; was zählt, sind die verkauften Billetts an der Theaterkasse. Namhafte Schauspieler sollen die Zuschauer zusätzlich locken. Wenn sie nicht ohnehin zum Ensemble gehören, werden sie als Gäste für einzelne Aufführungen oder bestimmte Spielzeiten verpflichtet. Da die Besten oft von verschiedenen Häusern gleichzeitig umworben werden, dürfen sie die Gagen diktieren. Für die Theater müssen sich solche Ausgaben natürlich rentieren. Also versuchen sie, die großen Namen als Publikumsmagnet für neue Stücke einzusetzen, so oft es irgendwie geht. Eine beliebte Methode besteht darin, sie in den ersten Aufführungen die Hauptrolle spielen zu lassen, bis das Stück in aller Munde ist und die Vorstellungen weit im Voraus ausgebucht sind. Ist dieser Zustand erreicht, wird der Star gelegentlich durch einen Darsteller der zweiten Garnitur ersetzt, um ihn für ein neues Stück frei zu bekommen. Paul Wegener und Albert Bassermann werden als solche Zugpferde eingespannt, Max Pallenberg natürlich und Ludwig Schmitz und Käthe Dorsch. Damals große Namen, heute sind sie von vielen vergessen.

Rühmann dagegen schätzt sich glücklich, überhaupt zum Ensemble zu gehören, zur Masse der Theaterkrieger also, deren Gagen deutlich niedriger liegen, die auf keine Rolle festgelegt sind, dafür wie Akkordarbeiter in nahezu jedem Stück zum Einsatz kommen, selbst wenn sie nur einen einzigen Satz vorzubringen haben, die Rolle eher der eines Komparsen gleicht. Doch Rühmann klagt darüber nicht, er will ja spielen, irgendwann werden die größeren Auftritte schon kommen. Außerdem befindet er sich am Schauspielhaus in guter Gesellschaft. Neben ihm stehen Paul Verhoeven, Rudolf Vogel und Adolf Wohlbrück auf der Besetzungsliste, Carl Zuckmayer ist als Spielleiter engagiert. Sie alle werden einmal berühmt werden.

Bis dahin wird für Rühmann noch einige Zeit vergehen, erst einmal bereitet ihm etwas anderes Kopfzerbrechen. Bei den Proben für das nächste Stück befürchtet er nämlich, alles wieder zu verlieren. Ein Trauma. Er kennt diese Gefühle nur zu gut, er weiß, wie schnell das in dem Geschäft geht. Dennoch kann er nicht aus seiner Haut, die neue Rolle liegt ihm nicht, mag sie noch so klein sein und ihm nur einen Einsatz und kaum Text abverlangen. Ausgerechnet er in einer Ritterrüstung als gruseliger Henkersknecht, wie soll das denn gehen! Die Blechhaut ist für einen ausgewachsenen Mann geschmiedet, sie ist ihm viel zu groß, zu lang, zu weit, das Schwert schleift auf dem Boden. Unmöglich, denkt er, und Hermine Körner denkt das auch, als sie die Hauptprobe abnimmt, ganz unmöglich. Ein Henkersknecht hat nach ihrer Vorstellung erhaben daherzuschreiten, mit Würde seines Amtes zu walten, und nicht unsicher neben dem Verurteilten hinzustolpern. So geht das doch nicht. Der Kleine kann vielleicht komische Gestalten abgeben, einen Henker sicher nicht.

Dennoch sind Rühmanns Bedenken unbegründet. Sie nimmt ihm zwar die Rolle weg, nicht aber seinen Vertrag. Der wird nur ergänzt, ab sofort stuft sie den Neuzugang in das Fach «jugendlicher Komiker» ein. Sie ist damit die Erste, die seine komische Begabung erkennt. Ihre Einschätzung wirft ihn auf das zurück, was er wirklich ist: eine komische Figur. Ob er will oder nicht, in erster Linie hat das mit seiner äußeren Erscheinung zu tun, mit seinem kleinen Körper, der zu Heldengestalten am Theater nicht taugt, mit dem runden pausbäckigen Gesicht, der Augenpartie, die stets ein verschmitztes Lächeln in sich birgt, den Lachfältchen um seinen Mund. Das will er natürlich nicht. Er ist jung und sähe sich lieber als tapferer Held, nicht zuletzt, weil diese Rolle auch den Frauen im Publikum eher imponiert. Das weiß er, und er träumt davon. Natürlich würde er auch den unwiderstehlichen Liebhaber darstellen, das ginge noch in Ordnung, aber doch nicht eine Gestalt, über die alle nur lachen. Dieses Lachen wird ihm noch Komplexe bereiten, aber es wird ihm auch seine größten Erfolge bescheren. Hermine Körner stellt ihn schon mal an den richtigen Platz, innerlich wehrt er sich noch dagegen.

Nach außen hin gibt er sich alle Mühe, die in ihn gesetzten Erwartungen zu erfüllen, in allen Rollen. Und die werden bald größer. In *Kollege Crampton* von Gerhart Hauptmann spielt er an der Seite von Paul Wegener immerhin dessen Partner, einen Monat später, im Oktober 1924, übernimmt er die Titelrolle in Carl Sternheims *Der Nebbich*. Danach wieder eine Hauptrolle, eine wichtige Nebenrolle, Hauptrolle …

Heinz Rühmann gewinnt als Theaterschauspieler an Format – und das bemerken bald auch andere. Eines Abends sitzt Kurt Horwitz im Publikum. Horwitz ist nur vier Jahre älter als Rühmann, aber schon ein begnadeter Schauspieler, der sich im Ensemble der Münchner Kammerspiele profiliert hat. Er gehört seit Jahren fest zum Stamm und aufgrund seines außergewöhnlichen Spielvermögens zu den meistbeschäftigten Darstellern. Er überzeugt als Hauptmann von Köpenick ebenso wie als Mackie Messer – Bertolt Brecht wird ihn für den besten Messer aller Zeiten halten – oder Mephisto, selbst im Ballett *Die Kaiserin von Neufundland* wird er eingesetzt, tanzt und singt. Dieser Horwitz also ist von Rühmanns Spiel angetan, so sehr, dass er seinem Chef an den Kammerspielen einen Tipp gibt: Den Rühmann sollten Sie sich mal anschauen.

Otto Falckenberg, der Intendant der Kammerspiele, ist ein umtriebiger Arbeiter, beschäftigt den ganzen Tag, zudem ein Herrscher in seinem Reich, der seine Zeit nicht damit vertrödelt, irgendwelchen Nachwuchskräften hinterherzulaufen. Daher liegt es näher, dass er den Jungschauspieler zu sich bestellt. Selbst Rühmann wusste im Nachhinein nicht mehr so recht, wie es zu den Verhandlungen gekommen ist. Einmal beschrieb er eine Szene, die sich unmittelbar vor einer Premiere im Foyer des Schauspielhauses zugetragen haben soll. Falckenberg sei dort plötzlich erschienen, sei auf ihn zugekommen und habe ihm ein Angebot offeriert. Woraufhin er sofort zugesagt habe. In einer anderen Darstellung berichtete er davon – und das scheint glaubwürdiger –, telegrafisch in die Kammerspiele und dort zu dem geschäftsführenden Direktor Julius Gellner zitiert worden zu sein. Der habe ihm von Horwitz' Empfehlung erzählt und ihn gefragt, ob er interessiert sei, zukünftig bei ihm aufzutreten. Danach erst sei es zu einer Begegnung mit Falckenberg gekommen, der zunächst jedoch kein besonderes Faible für den jungen Komiker zu entwickeln vermochte.

Gellner, der gleichzeitig als Regisseur beschäftigt ist, wird später, viel später, in einem Brief schreiben: «Ich war an Rühmanns Engagement an den Kammerspielen sehr aktiv beteiligt und auch an seiner dann sehr bald aufblühenden Entwicklung; mir fiel diese Rolle umso mehr zu, als Otto Falckenberg nie eine ganz starke und echte Beziehung zu Rühmanns Talent fand.» Rühmann selber beklagte eine unangenehme Distanz, die zwischen ihm und dem großen Theatermacher geherrscht und ihn verunsichert habe. Er habe sich anfangs zu wenig beachtet gefühlt von ihm.

Nachdem Rühmann dann zum deutschen Film- und Theaterstar avancierte, verklärten sich diese Spannungen aus beider Sicht. Da erinnerte sich der Schauspieler an einen «immer liebenswürdigen, nie lauten Menschen und Kammerspielchef», was dessen Wesen äußerst oberflächlich beschrieb, denn das beinhaltete ganz andere Seiten, energisch-temperamentvolle, sehr wohl laute und mitunter auch jähzornige. Falckenberg revanchierte sich 1944 in dem Buch *Mein Leben – mein Theater*, das Wolfgang Petzet niederschrieb, und hob zu einer Lobeshymne über den Komiker im Allgemeinen und Rühmann im Speziellen an: «Einem Komiker kann man Komik nicht beibringen. Wenn er eine komische Situation richtig setzt und ausnützt, so muss man ihn gewähren lassen, sonst wirkt er nicht mehr komisch. Denn worin liegt überhaupt das Komische in einem Menschen? Man muss als Komiker auf die Welt gekommen sein, als komischer Mensch, als komische Erscheinung, als komisches Faktum. Das Komische ist ein Teil des Charakters, der Wesenheit eines Menschen. Es ist dem Komiker nicht bewusst, er kann es nicht lernen. Ebenso wenig wie man das ursprüngliche Komödiantentum erlernen kann. Ich habe Heinz Rühmann zuerst gar nicht als Komiker gesehen. Er gefiel mir nur, weil er bei der Körner ein Naturbursche ganz im Sinn dieses Wortes war. Es war in einer ganz kleinen Rolle in ‹Liebes Leid und Lust›, wo es sich mir zeigte, dass er ein Komiker von höchsten Graden war. Er spielte einen armseligen, ein wenig dümmlichen Bauern auf eine Art, die im Gegensatz zu der aller anderen stand. Ich war ungeheuer überrascht, wie er diesen kleinen Tölpel sprechen ließ, so natürlich, so einfach, so komisch, dass ich mir gesagt habe, dem Manne darfst du überhaupt nicht dreinreden. Regie muss da aufhören, wo die Natur richtig funktioniert. Komik kann man nur als Ganzes einsetzen.»

Ob er sich also vorstellen könnte …? Was für eine Frage! Und ob er das kann. Die Kammerspiele, die sind noch eine Klasse höher. Das Haus gilt – trotz der bescheidenen Anzahl von nur 525 Sitzplätzen – als die beste Spielstätte außerhalb von Berlin, zu wichtigen Premieren erscheinen Fachleute aus dem ganzen Land. Und selbst in der Hauptstadt existieren nur wenige Theater, nicht einmal eine Hand voll, die sich in der Darstellungskunst über die Qualität der Münchner erheben. Was die Organisation des Theaterbetriebs in der Augustenstraße betrifft, so dürfte die sogar einzigartig sein. Die Direktoren führen kein strenges, eher ein offenes Haus. Sie bestehen nicht auf festen Sprechzeiten, wie das andernorts üblich ist. Wer ein Anliegen hat, kann sie jederzeit damit behelligen, nur nicht während der Proben. Fast chaotisch sind die Zustände. Neue Schauspieler werden engagiert, obwohl es für sie erst mal keine Rolle gibt, andere verschwinden schnell wieder. Berliner Theaterleiter meinen, dass es bei Falckenberg wie im Taubenschlag zuginge. Ebenso lax werden offenbar die Finanzen gehandhabt. Das Kapital ist immer knapp, nur an Talenten mangelt es nicht. Auch nicht an Spielfreude und an künstlerischem Vermögen der Theaterleitung. Dazu gelingt es Falckenberg und Gellner, erstklassige Schauspieler für ihr Ensemble zu gewinnen. Auf den Besetzungslisten der Jahre 1923 bis 1928 tauchen die Namen von Maria Bard, Hans Schweikart, Kurt Horwitz, Robert Forster-Larrinaga, Adolf Wohlbrück, Dorothea Wieck, Lina Carstens, Hermine Körner, Will Dohm und Therese Giehse auf. Berta Drews hat hier in *Dantons Tod* ihren ersten Auftritt, eine kleine Rolle. Später werden es größere sein; die größte überhaupt spielt sie aber nicht auf der Bühne, sondern im Leben, an der Seite von Heinrich George als dessen Ehefrau und Mutter ihrer Söhne Jan und Götz George.

Im September 1925 stößt Heinz Rühmann dazu. Zunächst bekommt er Nebenrollen zugewiesen, die Regisseure sind zufrieden mit ihm, aber nicht begeistert von seinem Talent. Es kann nicht die beste Zeit für ihn gewesen sein, wenn er sie auch gern als solche schilderte. Mit dem Vertrag an den Kammerspielen habe für ihn das vielleicht schönste Jahr begonnen, das er am Theater erlebte, hielt er in seinen Lebenserinnerungen fest. Den organisatorischen Schlendrian an den Kammerspielen mag er gemocht haben, auf der Bühne jedoch fühlt er sich selten wohl. Das sollte sich noch ändern, aber erst mal quält er sich durch die Proben. Keine Figur will ihm so recht gelingen. Er ist unzufrieden mit sich, hatte er sich von dem neuerlichen Wechsel doch so viel versprochen. Endlich würde ihm der große Durchbruch gelingen. Von wegen, davon spürt er nichts, kein Lob, wenig Ansporn. Es sind stille Niederlagen, die ihm aufs Gemüt schlagen. Während etwa unter Falckenbergs Regie *Kopf oder Schrift* von Louis Verneuil einstudiert wird, lässt der ihn bei den Proben einfach links liegen. Kein Wort, nicht einmal ein kritisches, einfach Schweigen, verletzende Ignoranz. Rühmann ist bedrückt, er fühlt sich geduldet, aber nicht geliebt. Er spielt mit, aber trumpft nicht auf. Diese Rolle will er nun wirklich nicht spielen.

Es folgt eine andere, die des Billy Bartlett, jenes Mustergatten, mit dem er in Bremen nach einer verheißungsvollen Premiere so jämmerlich gescheitert war. Das Stück passt gar nicht zu Falckenberg, er bevorzugt eher das Moderne, natürlich auch die Klassiker, und am liebsten experimentiert er, probiert neue Stücke, neue Darstellungsformen. Er scheut nicht das Risiko, auch wenn es vor allem ein finanzielles ist, falls die Zuschauer ausbleiben. Lieber ist ihm ein volles Haus, auch auf Kosten eines Skandals. So lässt er Arthur Schnitzlers *Der Reigen* aufführen, ein Stück, das lange Zeit verboten war. Prompt kommt es bei der Premiere zu Tumulten im Publikum, Buhrufen und verbalen Protesten. Andere würden abbrechen, Falckenberg schließt den Vorhang nicht. Er setzt sogar neue Aufführungen an, weil er weiß, dass auch Skandale ziehen. Die Kasse klingelt. Für seine Schauspieler wird es ungemütlich, zahlreiche Zuschauer haben Wurfgeschosse eingeschmuggelt, vergammelte Tomaten und faule Eier. Der Chef beobachtet das Spektakel – und lässt den Vorhang oben, bis zum letzten Akt. Die Zeitungen berichten über die stinkenden Unmutsbekundungen, keine positive

Werbung für die Kammerspiele, aber eine gute. Die Karten für den nächsten Abend verkaufen sich blendend. Diesmal schützt ein großes Netz die Darsteller auf der Bühne. Und Polizisten, die gelangen ohne Eintrittskarte in den Saal.

So einen publikumsträchtigen Skandal kann man natürlich nicht beliebig lange auf dem Spielplan halten, sonst riecht es nach Absicht, nach Provokation und Geldschneiderei. Geld spielt aber auch danach noch eine Rolle. Die Kammerspiele sind als Privatbühne ein Theater, das sich rechnen muss, wenn es existieren will. Die Kluft zwischen dem künstlerischen Anspruch der Macher und dem erhofften Zuspruch durch die Zuschauer – ein ewiges Dilemma. Nur große Kunst geht nicht, nur Klamotte will man nicht. Das eine befriedigt die Kritiker, vielleicht noch ein ausgewähltes Publikum, das andere den Geschmack der breiten Masse, deren Bedürfnis nach Amüsement. Die Kammerspiel-Direktoren entscheiden sich für den Mittelweg, als hätten sie eine andere Wahl.

An dieser Stelle kommt Heinz Rühmann wieder ins Spiel, er und seine Rolle als Billy Bartlett. Die Komödie *Der Mustergatte* ist eine Nummer, die jeder versteht und die – halbwegs gut inszeniert und besetzt – eigentlich immer funktioniert. Die Handlung ist schlicht strukturiert, sie stellt den Zuschauer nicht vor Rätsel, nach einer tieferen Bedeutung der Worte zu suchen erübrigt sich. Man könnte es seichte Unterhaltung nennen, die einzig darauf abzielt, das Publikum zum Lachen zu animieren. Aber wer sagt denn, dass das nicht auch eine legitime Aufgabe ist, die ein gutes Theater zu erfüllen hat? So schlecht kann das Stück auch gar nicht sein, jedenfalls nicht mit Rühmann. Er wird es in München zum zweiten Mal spielen und von da an immer wieder, fast ein Leben lang, so oft wie kein anderes, an die dreitausendmal. Es wird s e i n Stück werden, und er wird die Gestalt des langweiligen Billy verinnerlichen zu seinem Ebenbild. Er wird es lieben, weil es ihm zu den ersten großen Erfolgen verhilft und seinem Namen zur ersehnten Bekanntheit. Er wird es achten, wenn er damit in schweren Zeiten den Lebensunterhalt für seine Familie erwirtschaften kann. Aber eines Tages wird er es auch hassen, weil es eben nicht die hehre Kunst darstellt, weil dieser Billy ihn als Darsteller zu sehr festlegt und weil niemand ein Stück wirklich gern so oft spielt.

Im Jahr 1927 – die Kammerspiele haben inzwischen das wirtschaftlich ruinöse Schauspielhaus übernommen und ihr neues Quartier in dem wesentlich weniger ruinösen Gebäude an der Maximilianstraße bezogen – sträubt sich das Orchester noch, die gleichen Töne anzuschlagen. Der Dirigent und seine erste Geige finden zunächst nicht zur Harmonie, die notwendig ist, um Erfolge zu kreieren. Bei dem Mann am Pult handelt es sich um Richard Révy, Schauspieler und Regisseur, diesmal von Falckenberg beauftragt, sich des *Mustergatten* anzunehmen. Ob es eine Strafarbeit ist? Révy zeichnen künstlerischer Sachverstand und eine penible Arbeitsweise aus, dennoch begleitet ihn ein unrühmlicher Ruf an den Kammerspielen. Er gilt als Choleriker, ist auch einer und denkt nicht daran, sein Temperament zu zügeln, selbst Falckenberg gegenüber nicht. Regelmäßig wartet Révy mit Ausbrüchen auf, wenn Falckenberg mal wieder zu einer Direktionskonferenz unpünktlich erscheint. Er besteht nicht nur auf einem präzisen Zeitplan, sondern auch auf dessen Einhaltung, was nicht unbedingt zu dem unkonventionell geführten Haus passt. Das intime Verhältnis, das er zeitweilig zu Falckenbergs Tochter Gina unterhält, trägt nicht zur Verbesserung der gespannten Männerbeziehung bei. Révy hat nun mal seine Prinzipien, seinen eigenen Kopf, und den setzt er auch durch. Was die Arbeit für Rühmann nicht eben erleichtert. Denn störrisch kann auch der sein. Nach seinen Bremer Erlebnissen mit dem Stück glaubt er sich in so mancher Hinsicht der Weisheit näher, als es dem Spielleiter lieb ist. Schließlich will der den Ton angeben. Wie aber soll das gehen, wenn sein Hauptdarsteller nicht spielt, was er vorgibt? Rühmann lässt es auf Misstöne ankommen, bald fliegen die Fetzen, und er wirft hin. Andere Darsteller übernehmen probeweise seinen Part, aber das ist nur ein Bluff des Regisseurs, am Ende kommt doch nur einer infrage.

Als sich am Abend des 22. Juli der Vorhang zur Premiere öffnet, steht Heinz Rühmann auf der Bühne, mit ihm Marianne Berger und Wolfgang Keppler, der sein bester Freund ist. Zwei Stunden lang gibt der Mustergatte Billy alles, die Pointen sitzen treffsicher, Mimik und Gestik stimmen, an einigen Stellen übertreibt er, dem Publikum ist's recht, es honoriert jeden Spaß. Eine gelungene Aufführung, die Direktoren sind zufrieden, der Regisseur auch, Rühmann am meisten. Nach dem Schlussbeifall kann er den Abend als seinen ersten großen Erfolg verbuchen. Mit dieser Einschätzung steht er nicht alleine da, er bekommt sie sogar schriftlich, an den folgenden Tagen, gleich in mehreren Zeitungen. Die Münchner Theaterkritiker, die das Spiel des jungen Komikers schon in anderen Stücken studierten, übertreffen sich gegenseitig mit ihren Lobgesängen. Die eine Eloge liest sich so: «Heinz Rühmann gehört – glücklicherweise für ihn – nicht zu jenen Darstellern, die das Körpergefühl dieser Welt-Verkehrtheit, die uns Tränen der Heiterkeit entlockt, mit Tränen der Melancholie und des Lebensüberdrusses zu büßen haben; seine Natur ist zu heiter und geradlinig für solche Komplexe; Bonhomie, eine leichte innere Rundlichkeit, eine pfiffige Reservatio schützen ihn vor Abgründen. Aber was man in diesem Augenblick sagen darf, ist, dass es mit Rühmann ernst wird. Bei einem Komiker bedeutet das mehr als bei jedem anderen Darsteller.» Eine andere meint wohl das Gleiche, formuliert es nur weniger verquast: «Wie überhaupt soll man ausdrücken, was den unendlichen Reiz dieses Schauspielers ausmacht? Dass sein Spiel den Zauber der Beiläufigkeit hat, in der aber doch alles Eigentliche geschieht; dass sein Spiel sich höchst loyal als Nebensache gibt, wo es die offenbare Hauptsache eines Abends ist; dass der persönliche Charme dieses Schauspielers und Menschen jenen wirklichen Bann ausübt, den von der Bühne herab eben nur Individualitäten, Naturen ausüben können; dass die Komik dieses Mannes zu edel ist, um ins Licht zu treten, zugleich aber das Licht in sich hat, das zart glühende Licht eines anmutigen und auf seine Weise auch intensiven Geistes …»

Wohlmeinende Erwähnungen hatte es auch nach früheren Aufführungen schon gegeben, jetzt aber ist es mehr – es ist Heinz Rühmanns Sternstunde am Theater. Ein neuer Komödiant ist geboren mit einem eigenen unnachahmlichen Profil, mit charmantem Spielwitz und immer auch einer Träne im Knopfloch, mit einer Andeutung des Tragischen hinter dem vordergründig Komischen. Und noch etwas hebt ihn von den anderen seines Fachs ab: die Unverwechselbarkeit seiner Sprache, das leicht näselnde gepresste Timbre, die monotone Intonation, das Unaufgeregte, die scheinbare Beiläufigkeit der Worte. Sie werden von jetzt ab sein Markenzeichen bleiben wie der Stern beim Mercedes. Dabei ist er eher der Volkswagen, der Schauspieler für die Massen.

Der Mustergatte bleibt für Monate auf dem Spielplan und für die Herren Direktoren eine sichere Einnahmequelle. Die Partnerinnen wechseln, weil sie das Theater verlassen oder andere Rollen übernehmen oder krank werden oder schwanger. Auch Rühmann steht in neuen Stücken auf der Bühne, in Georg Kaisers *Papiermühle*, Hauptmanns *Fuhrmann Henschel*, in *Der Hexer* von Edgar Wallace und Shakespeares *Liebes Leid und Lust*, oft an der Seite von Maria Bard, aber nebenbei bleibt er immer auch Billy Bartlett. Er spielt und spielt – zur Begeisterung des Publikums, und die Mitarbeiter des Theaters betrachten es mit Wohlwollen. «Falckenberg macht auf Kunst», pflegt Kurt Horwitz bei mancher Gelegenheit zu sagen, «und Rühmann spielt das Geld ein.» Eine Frau freut sich besonders, die Dame an der Abendkasse. Seitdem Rühmann in der Stadt so bekannt ist, verfügt sie über eine neue Einnahmequelle. Sie verkauft Autogramm-Postkarten von ihm, das Stück für ein paar Pfennige nur, aber die Nachfrage ist so stark, dass es lohnt.

Trotz aller Münchner Erfolge ist Berlin in dieser Zeit für Heinz Rühmann ein magisches Wort. In Berlin glaubt er den Olymp der deutschen Theaterkunst auszumachen. Und wer will nicht ganz nach oben! Wie wohl alle jungen Schauspieler seiner Generation träumt er von einem Engagement an den Bühnen des berühmten Max Reinhardt. Hermine Körner und Otto Falckenberg sind gewiss große Namen, die Münchner Kammerspiele mehr als nur eine gute Heimat für einen Schauspieler, dieser Reinhardt aber gilt als die höchste Instanz. Ein Weltmann, der in der Weltstadt einem Imperium von drei Theatern vorsteht, dem Deutschen Theater, den Kammerspielen und der Komödie. Der schon vor Jahren das erste Mal mit seinem Ensemble über den Großen Teich schipperte, um in den Vereinigten

Staaten monatelang erfolgreich zu gastieren, inzwischen Skandinavien, Polen, Frankreich, Russland, Belgien, Holland und England bereiste, an beinahe allen deutschen Bühnen und auch an einigen in Wien, Salzburg und Prag arbeitete. Der einst erfolgreich schauspielerte, jetzt ein gefragter Regisseur ist und in Hollywood erste Filmarbeiten übernimmt. Bei diesem Programm fehlt natürlich die Zeit, um die Theater selbst zu leiten. Diese Aufgabe überträgt er mittlerweile seinen Vertrauten, zurzeit ist das Robert Klein, was nichts am Namen der Reinhardt-Bühnen ändert. Manchmal weilt der Meister auch höchstpersönlich in Berlin und übernimmt wichtige Regiearbeiten.

Es herrschen schwere Zeiten für Theatermacher in Berlin. Neben den Bühnen von Reinhardt existieren über dreißig andere, die sich dem Schauspiel verschrieben haben. Sie buhlen nicht nur um die Zuschauer, sondern auch um gute Schauspieler. Allerdings ist keine davon wie die Reinhardts von der Stadtverwaltung als gemeinnützig eingestuft, was deren Dasein nur noch schwieriger gestaltet, da sie regelmäßig eine üppige Vergnügungssteuer abzuführen haben, die mitunter fast die Höhe der Einnahmen erreicht. Viktor Barnowsky und Heinz Saltenburg, zwei andere der großen Impresarios in Berlin, gehören ebenfalls jeweils drei Häuser, aber Reinhardt ist einfach der Größte, ein künstlerisches Phänomen. Sein überwältigender Ruf sorgt dafür, dass selbst erstklassige Schauspieler bei ihm Verträge mit vergleichsweise bescheidenen Gagen abschließen. Die berühmte Elisabeth Bergner etwa akzeptiert monatlich vierundzwanzigtausend Mark, was einem Bruchteil der Gage entspricht, die sie anderswo bekommen könnte. Bei Reinhardt zu arbeiten zählt eben mehr. Allein an seinem Deutschen Theater versammelt er zurzeit etwa ein Dutzend Mimen, die zu den Besten im deutschsprachigen Raum gehören, Grete Mosheim, Helene Thimig, Lili Darvas, Gertrud Eysoldt, Albert Steinrück, Werner Krauß, Friedrich Kayßler, Eduard von Winterstein, Paul Hörbiger.

Manche halten Reinhardt für ein Genie, auf jeden Fall arbeitet er hart und ist seiner Zeit weit voraus. Aber nicht abgehoben, er weiß sehr wohl, was auf seinem Gebiet vor sich geht, das nicht nur

Berlin umfasst, seine Späher sind in ganz Europa unterwegs. Eines Tages klopfen sie bei Heinz Rühmann an, sein Erfolg war ihnen nicht verborgen geblieben. Sie unterbreiten ihm ein Angebot. Aber in München abbrechen, alles aufgeben? Die Mutter zurücklassen? Sie klagt in letzter Zeit häufig über Schmerzen in der Nierengegend, quält sich von einem Arzt zum nächsten, ohne dass ihr einer helfen kann. Wenn Not ist, kann sich immerhin seine Schwester Ilse um sie kümmern, sie bleibt ja in der Stadt. Außerdem würde er sie regelmäßig besuchen. Sie wird das bestimmt verstehen, hat sie seine schauspielerischen Ambitionen doch immer gefördert.

Was ist mit den Freunden, mit den gemütlichen Kneipenrunden im Kosttor und im Weinhaus Knecht? Was mit den geliebten Spritztouren zum Tegernsee, die er mit Maria und seinem Freund Keppler oft in dem alten Diabolo unternimmt, der mehr als einem Auto einer fahrbaren Waschschüssel gleicht und neben einem schwachen Motor über eine noch schwächere Gangschaltung verfügt? Zwei Gänge sind überhaupt nur möglich, einer zum Rückwärtsfahren existiert gar nicht. Was wird aus Keppler, seinem einzigen wirklichen Freund? Und wie reagieren die Kollegen an den Kammerspielen, was werden sie davon halten? Jetzt, wo es so gut läuft, wo ihn die Leute schon auf der Straße erkennen? Eine schwierige Entscheidung, oder doch nicht?

Er spricht mit Maria darüber, die hält nicht viel von seinen Plänen. Was wird aus ihr werden, soll sie in München bleiben oder gar mit ihm hin und her pendeln und bald gar kein richtiges Zuhause mehr haben? Hier sind sie ein eingespieltes Team. Sie hat für ihn die Schauspielerei weitestgehend aufgegeben, tritt nur noch selten auf, gelegentlich in den Kammerspielen oder im Schauspielhaus, das ja dazugehört. Sie widmet sich seiner Karriere, sucht mit ihm und für ihn Rollen aus, paukt die Texte mit ihm und feilt an seinen sprachlichen Fähigkeiten. Sie bekocht ihn und führt den Haushalt, erledigt Einkäufe und Behördengänge. Sie gibt ihm all ihre Kraft, ihre Liebe noch dazu. Aber sie spürt wohl auch, dass es nicht ausreichen wird, um ihren Mann zu halten. Wie könnte er dieser Verlockung auch widerstehen! Alle guten Schauspieler gehen nach Berlin. Seine Bühnenpartnerin Maria Bard hat ihren neuen Vertrag bereits unterzeichnet, Robert Forster-Larrinaga wird ebenfalls an die Spree wechseln. Selbst Falckenberg würden sie gern als Regisseur verpflichten, aber der ist nur sich selbst verpflichtet und fest verwurzelt in München. Dafür nahm er sogar die Trennung von seiner zweiten Frau in Kauf, der Schauspielerin Sybille Binder, die im Gegensatz zu ihm unbedingt und bedingungslos in die Hauptstadt wollte.

Rühmann findet einen eleganten Mittelweg – er folgt dem Lockruf der Reinhardt-Bühnen, ohne München ganz aufzugeben. Es ist nicht unbedingt seine freie Entscheidung, er hätte den Vertrag mit den Kammerspielen wohl aufgelöst. Aber so einfach macht man es ihm dort nicht. Immerhin ist er inzwischen mehr als nur ein einfaches Ensemblemitglied, er ist ein Zugpferd, zumindest was die Komödienaufführungen betrifft. Wenn der Name Rühmann auf dem Programmzettel steht, verkaufen sich die Karten gleich viel besser. Da trifft es sich gut, so sehen es jedenfalls die Intendanten, dass er den Vorschuss noch nicht abbezahlt hat, den sie ihm damals für seine erste Wohnung mit Maria gewährten. Zwar sind die beiden mittlerweile in die Kolberger Straße 7 umgezogen, aber das hat ihre finanzielle Situation nicht verbessert, sie haben nichts gespart, womit sie den Kredit jetzt auf einen Schlag tilgen könnten. Das hätte die sparsame Maria gern anders gehabt, aber da ihr Mann das Geld verdient, bestimmt er auch, ob und wofür es ausgegeben wird. Motorisierte Fortbewegungsmittel stehen dabei an erster Stelle, was die größeren Anschaffungen betrifft. Die zieht er einem Teppich oder anderen Einrichtungsgegenständen allemal vor; was nicht nur einmal zu Unstimmigkeiten zwischen den Eheleuten führt. «Kann man in seiner freien Zeit mehr für Tempo sorgen als ich? Wenn ich nicht auf der Bühne stehe, sitze ich in meinem Auto. Ich bin leidenschaftlicher Autosportler», sagt er in einem Interview, das am 10. Februar 1928 in den *Münchner Neuesten Nachrichten* erscheint. Woraufhin ihn der Journalist verwundert fragt: «Was, Sie besitzen ein Auto? So jung und schon ein Auto? (...) Natürlich, berühmt genug sind Sie ja. Das Fahrzeug, das der Mensch fährt, steht ja in direktem Verhältnis zu seinem Ruhm.» Falsch, völlig falsch! Das Auto habe doch nichts mit dem angeblichen Ruhm zu tun. Und schon gar nicht sei es das Ergebnis eines Gagenüberflusses. «Meinen Peugeot-Viersitzer (...) hätte ich nicht, wenn ich nicht vorher ein minderes dreirädriges Auto zu verkaufen gehabt hätte. Dieses hätte ich nicht gehabt, wenn ich nicht vorher ein Motorrad besessen hätte, das ich in der bayerischen Ausweisungszeit einem ausgetriebenen Ausländer hatte abnehmen können für eine in der Inflationszeit erspekulierte Hypotheken- und Wechselbankaktie ...»

Nebenbei bemerkt: Bei dem Gespräch mit jenem Journalisten handelt es sich um einen überaus denkwürdigen Vorgang. *Heinz Rühmann – Gespräch zwischen Schminktöpfen,* steht über dem Artikel. Als Ort des Treffens wird seine Garderobe im Münchner Schauspielhaus angegeben, als Zeitpunkt «nach einer Vorstellung». Anschließend darf der Leser ganz nebenbei die Metamorphose vom Schauspieler Rühmann zum privaten Rühmann miterleben. Anfangs schubbert er die Schminke zwischen unterem Augenlid und Nasenflügel ab, dann «schlüpft er aus der Theaterhose in die zivile (...) schnallt den Gürtel um (...) bedeckt den Kopf (...) drückt den Kragen nicht ohne Mühe ins Hemdknöpfchen», um sich zuletzt eine Krawatte zu binden. Offensichtlich durfte der Zeitungsmann seine Fragen stellen, während sich Rühmann umkleidete. Beinahe unvorstellbar, diese Intimität. Doch noch passt sie in die Zeit. Noch ist er nicht wirklich berühmt. Er genießt eine auf München und Berlin beschränkte Bekanntheit, das schon, aber mehr nicht. Noch freut er sich, wenn die Leute von der Zeitung anrücken, um ihn bei einer Vorstellung zu fotografieren, noch gibt er den Schreiberlingen bereitwillig Auskunft. Er redet viel, weil er hofft, dass dann auch viel erscheint. Diese naive Offenheit wird ihm über die Jahre restlos verloren gehen. Es kommen Zeiten, in denen Heinz Rühmann gar nicht erst zu Interviews erscheint. Von daher ist dieser alte Bericht ein seltenes Dokument.

Zu den finanziellen Verhältnissen im Hause Rühmann des Jahres 1927: Abgesehen von den hohen, aber seltenen Geldausgaben, die Rühmann für diverse Kraftfahrzeuge tätigt, bringt er nach wie vor einen beträchtlichen Teil seiner Gagen in Wirtshäusern durch. Sich nach einer Vorstellung mit den anderen vom Theater zusammenzusetzen ist ihm auch in München eine Gewohnheit geworden, auf die er ungern verzichtet. In der ersten Zeit ist Maria noch häufig dabei, später ist es ihm lieber, ohne sie um die Häuser zu ziehen. Am Ende bleibt nicht viel von seinen Gagen. Er gefährdet mit den fröhlichen Touren nicht den Lebensunterhalt, aber vom Sparen hält er eben auch nichts. Also stehen noch etliche Raten an die Kammerspiele aus.

Man einigt sich auf einen Kompromiss: Eine halbe Spielzeit gehört er den Berlinern, die andere Hälfte verbringt er in München. Wenn er es recht bedenkt, so ungelegen kommt ihm das nicht. Auf diese Weise bleibt ihm wenigstens eine sichere Schiene erhalten. Wie die Preußen ihn auch aufnehmen mögen, seine Münchner Anhängerschaft wird ihm auf jeden Fall die Stange halten. Wenn alles schief geht, kommt er wieder ganz zurück. Eine beruhigende Aussicht.

Aber Zweifel sind gar nicht angebracht. Seine neuen Arbeitgeber versüßen ihm die Reise mit siebzig Mark pro Auftritt. Das ist kein Spitzensatz, fürwahr nicht, dennoch beachtlich, wenn er bedenkt, dass er dafür vor wenigen Jahren in Breslau noch fast einen ganzen Monat die unmöglichsten Rollen übernehmen musste. In Berlin ist seine Position eine andere. Schon die erste Rolle, in die er an den Kammerspielen zu schlüpfen hat, ist eine Hauptrolle, wenn auch eine zweite, das Stück ein Lustspiel mit dem schlichten Titel *Lockvögel.* Eine Zeit lang steht es jeden Abend auf dem Spielplan, was er schon aus finanziellen Gründen begrüßt. Die Regisseursarbeit übernimmt ein alter Bekannter, Robert Forster-Larrinaga, mit dem er schon in München zu tun hatte. Noch unbekannt ist ihm dagegen der erste Hauptdarsteller. Das liegt aber nur daran, dass er neu ist in der Stadt. Denn den einheimischen Theaterfreunden hat sich der blonde Hans Brausewetter längst ins Herz gespielt, vor allem von jungen Damen wird er verehrt. Seine Popularität birgt allerdings ein Problem. Er möchte seine Stellung halten und achtet deshalb bei den Vorstellungen sehr genau darauf, dass sich der Neue nicht zu stark in den Vordergrund drängt und womöglich mehr Lacher erntet als er. So ist das in diesem Geschäft, die Freundschaft hört an der Rampe auf.

Zwei Stücke verdienen noch besonders hervorgehoben zu werden aus dieser Epoche in Rühmanns Leben: Etwa ein Dreivierteljahr nach seinem ersten Auftritt in Berlin, der trotz Brausewetters Ambitionen, ihn kurz zu halten, als gelungen bezeichnet werden kann, betraut ihn Otto Falckenberg in München mit einer Bühnenfigur, von der er sich neue Besucheranstürme, also auch steigende Einnahmen an der Theaterkasse verspricht. Er überträgt ihm die Hauptrolle in Brandon Thomas' Klamaukklassiker *Charleys Tante* und stellt ihm Will Dohm und Wolfgang Liebeneiner zur Seite. Rühmann ist nicht gerade begeistert. Hätte es nicht endlich mal eine große Rolle in einem bedeutenden klassischen Stück sein können? Irgendwie hatte er immer noch darauf gehofft. Dass er in Komödien ein sicherer Kandidat ist, hat er doch hinlänglich bewiesen. Das weiß Falckenberg, aber auch, dass Rühmann darin am besten ist. Warum sollte er ein unnötiges Risiko eingehen und ihn entgegen seinem Naturell einsetzen? Prinzipiell ist er für Experimente ja zu haben, aber bitte nicht ins Blaue hinein. Dieser Rühmann ist nun mal ein Komiker, und Schluss! Der wird diese Einschätzung noch lange für falsch halten, immer wieder wird er versuchen, ernste Figuren zu spielen, im Theater wie im Film, aber nie wird es ihm wirklich gelingen, über seinen Schatten zu springen. Immer dann, wenn er besonders ernst und wichtig wirken will, wird er nicht besonders gut sein. Oder das Publikum will ihn so nicht sehen, weil es ein ganz bestimmtes Bild von ihm hat und ein anderes nicht duldet.

Wenn man ihn in seinen besten Rollen sieht, als Schelm, als Komiker, als den kleinen Mann, der für Momente ganz groß zu sein glaubt, dann fragt man sich auch, ob er die ernsten Rollen wirklich suchte oder ob es ihm nicht nur darum ging, als Person Rühmann ernst genommen zu werden. Viele, die mit ihm arbeiteten, Regisseure und Schauspieler gleichermaßen, berichten davon, wie sehr er darunter litt, dass die Menschen schon lachten, wenn sie ihn nur sahen. «Er scheute die Öffentlichkeit», beschreibt Regisseur Imo

Moszkowicz, der Anfang der sechziger Jahre den Film *Max, der Taschendieb* mit ihm drehte, das Rühmannsche Dilemma, «weil die Leute immer eine witzige Bemerkung von ihm erwarteten oder so einen typischen Satz mit näseliger Stimme, über den sie sich vor Vergnügen auf die Schenkel hauen konnten.» Er habe Wert darauf gelegt, dass das Komische sein Beruf ist und nicht sein Wesen, sagt Michael Verhoeven, ebenfalls Regisseur und Sohn von Paul Verhoeven, mit dem Rühmann schon in jungen Jahren an den Kammerspielen auf der Bühne stand. Wolfgang Liebeneiner, Schauspieler, Regisseur und später Produktionsleiter bei der Ufa, erzählte gern eine Episode, die auf den ersten Blick vielleicht komisch anmutet, im Grunde aber vor allem Rühmanns Leid erklärt. Als der in den dreißiger Jahren einmal mit seinem Privatflugzeug unterwegs war, sei ihm der Sprit ausgegangen. Er habe notlanden müssen und sei ziemlich unsanft auf einem unebenen Ackerstück aufgeschlagen, wobei er sich einige blutige Verletzungen zugezogen haben soll. Als wenige Minuten darauf ein Bauer aus einem nahen Dorf auf ihn zugerannt kam, muss Rühmann ihm einen recht erbärmlichen Anblick geboten haben. Doch wie hat der Fremde reagiert, als er den Schauspieler erkannte? Herzhaft gelacht hat er. Für Rühmann soll das ein Schock gewesen sein, von dem er ein Trauma behielt. Selbst in so einer ernsten Situation würden sie ihn auslachen. Er hätte ebenso gut in Lebensgefahr schweben können. Seitdem habe er befürchtet, dass die Menschen auch dann noch über ihn lachen würden, wenn er auf dem Sterbebett läge.

Von diesen Ängsten konnte Falckenberg natürlich nichts wissen, Rühmann kannte sie ja selbst noch nicht. Außerdem bleibt ihm keine Wahl. *Charleys Tante* steht an, also spielt er sie, vielleicht bekommt er sie ja danach, die große ernste Rolle. Und wie er die komische Tante aus Südamerika spielt! «Bei der mit stürmischem Beifall aufgenommenen Premiere hielt ich mich noch einigermaßen im Rahmen der Inszenierung», erinnert er sich Jahre danach. Aber schon bei den nächsten Aufführungen habe er seinem Humor freien Lauf gelassen, zum Gaudi des Publikums, das natürlich annimmt, dass jede Handlung, jedes Wort und jede Pointe einstudiert ist. Das

Gegenteil ist der Fall, Zwischenapplaus und lautstarke Lacher animieren ihn zu neuen verbalen Kapriolen, sodass selbst seine Mitspieler zu tun haben, nicht laut loszuprusten. An einer Stelle zündet er sich – als jene kapriziöse Tante verkleidet – aus alter Männergewohnheit eine dicke Zigarre an. Für das Publikum ein Jux. Überraschend betritt die echte Tante die Szene, er versteckt die Zigarre hinter seinem Rücken, wo sie natürlich weiter qualmt. «Hier riecht's aber komisch.» Wieder ein Lacher. Was sagt Rühmann darauf? «Stimmt. Waren Sie das?» Tosender Applaus. So geht das die ganze Vorstellung – wo das Stück auch nur ansatzweise neue Pointen erlaubt, fügt er sie hinzu, aus dem Stegreif.

Und manchmal setzt sein Rauhaardackel Lumpi, den er gern mit ins Theater bringt, dem Ganzen noch die Krone auf. Überliefert ist, dass Lumpi während einer Vorführung plötzlich mit auf der Bühne erschien. Es geht gerade recht turbulent zu, drei Männer jagen der vermeintlichen Tante, also Rühmann in seinen Frauenkleidern, hinterher. Da kann sich auch Lumpi nicht mehr bremsen und folgt ihnen. Die vier Schauspieler verschwinden hinter der Dekoration, der Vierbeiner verliert den Anschluss, er bleibt alleine auf der Bühne zurück. Und da überkommt ihn plötzlich ein Bedürfnis, das auch Tiere schlecht unterdrücken können. Aber wohin, hier steht nirgends ein Baum? Im Notfall muss es eben auch ein kleiner Hügel tun oder das, was er dafür hält: der Souffleurkasten. Langsam, als würde er nach einer besseren Alternative suchen, trottet er darauf zu, hebt ziemlich lässig das hintere Bein und lässt es plätschern. Der Souffleuse gelingt es gerade noch, sich hinter dem Textbuch in Sicherheit zu bringen. Den Erfolg dieses Auftritts beim Publikum kann man sich vorstellen.

Bei einer anderen Aufführung sitzt Margarethe Rühmann im Saal. Sie sieht sich jedes neue Stück an, in dem ihr Sohn spielt. Was sie diesmal auf der Bühne beobachtet, empfindet sie als Spiegelbild der eigenen Person: Der Junge ahmt mich nach. Wie er sich bewegt, wie er spricht, das hat er sich zu Hause abgeguckt. Natürlich übertreibt er mal wieder, aber den Leuten gefällt's. Es ist ein seltsames Gefühl für sie, den anderen Zuschauer zuzusehen, wie sie über ihn lachen, ihm zujubeln. Es macht sie stolz, dass ihr Heinz ihnen so viel Freude bereitet, aber ein bisschen unheimlich findet sie es trotzdem. Sie würde sich auch gern dieser Begeisterung hingeben. Wenn doch diese Ungewissheit nicht wäre. In letzter Zeit fordert es ihr einiges an Mühe ab, sich auf die Handlung der Stücke zu konzentrieren. Eine rätselhafte Krankheit macht ihr zu schaffen. An das Blut im Urin hat sie sich fast schon gewöhnt, aber jetzt kommen Schmerzen in der hinteren Bauchhöhle dazu. Sie werden heftiger und strahlen zunehmend auch in andere Bereiche ihres Körpers aus. Sie soll Medikamente dagegen einnehmen, die bringen unangenehme Nebenwirkungen mit sich, Übelkeit und Schwächegefühle, Konzentrationsstörungen, manchmal auch Magenbeschwerden und Schweißausbrüche. Margarethe Rühmann ist eine gescheite Frau, noch ist sie bei klarem Verstand, sie macht sich nichts vor, sie bekommt etwas gegen die Schmerzen, aber Schmerzmittel sind nun mal keine Heilmittel. Die gibt es für eine Krankheit wie ihre offenbar nicht. Das macht ihr wenig Mut, doch sagt sie das niemandem. Sie ist Anfang 1928 fünfzig Jahre, das ist noch kein Alter zum Abtreten. Sie klagt nicht und versucht, die mitleidigen Blicke im Foyer zu übersehen, die ihren Körper fixieren, der von der Krankheit gezeichnet ist. Sie hat abgenommen, das weiß sie selber, hat häufig auch keinen richtigen Appetit mehr, und sie spürt, dass ihr Körper noch mehr abbaut. Sie geht nicht mehr allein ins Theater, mal begleitet sie Tochter Ilse, manchmal übernimmt Schwiegertochter Maria ihre Betreuung, gelegentlich sind sie beide an ihrer Seite zu sehen. Meistens ist auch Albertine Weiß dabei, sie ist so etwas wie eine Hausangestellte der Kranken und gleichzeitig ihre beste Freundin. Sie ist es auch, die Rühmanns Mutter pflegt, als deren Krankheit das Endstadium erreicht und ihre letzten Kräfte aufzehrt, sodass sie nicht mehr in der Lage ist, das Bett zu verlassen.

Vier Premieren stehen im Frühjahr 1928 an den Kammerspielen an. Dabei tritt Rühmann mit Gina Falckenberg auf, mit der jungen Ruth Hellberg, die schon jetzt nichts für ihn übrig hat und diese Abneigung bis ins hohe Alter kundtun wird, auch wieder mit Maria Bard, Kurt Horwitz, Will Dohm und Hans Schweikart. Im Sommer ist er noch mal an zwei Aufführungen beteiligt, danach ist wieder Berlin dran. *Eltern und Kinder* heißt die Komödie von George Bernard Shaw, die unter der Regie von Heinz Hilpert – auch so ein Gigant in seinem Fach, der später selbst Theater leitet – inszeniert wird. Obwohl Heinz Rühmann in ihm einen Freund erkennt, der ihm später sogar das Du anbietet, wird Hilpert sich bald wenig freundschaftlich zeigen. Bemerkenswert an der Aufführung, die Anfang September ihre Premiere erlebt, ist vor allem die Besetzung. Neben Rühmann und Otto Wallburg, der bereits eine Berühmtheit ist, stehen Else Heims, Paul Hörbiger, Oskar Sima und eine junge blonde Frau auf der Bühne, die Deutschland bald verlassen und in Amerika zu einem Weltstar werden wird: Marlene Dietrich. Sie sei nicht durch eine besondere Begabung aufgefallen, wird Rühmann später zu erzählen wissen, eher durch ihre ungewöhnlich schönen langen Beine. Damals habe man gemunkelt, dass sie diese leider sehr gewöhnlich eingesetzt und sich damit so manche Rolle verschafft habe.

Das Stück findet Zuspruch beim Publikum, es bleibt den ganzen Herbst auf dem Spielplan, danach auch noch, für insgesamt fünfundsiebzig Vorstellungen. Gegen den Erfolg hat Rühmann nichts einzuwenden, nur einmal wünscht er sich, dass es doch besser abgesetzt worden wäre. Das sei am Morgen der Premiere gewesen, schrieb er mehrmals in den verschiedenen Fassungen seiner Lebenserinnerungen und ließ sich auch in zahlreichen Interviews und Zeitungsporträts mit dieser Zeitangabe zitieren. Doch durch die Wiederholungen wurde sie nicht richtiger. Die Premiere von *Eltern und Kinder* an der Komödie in Berlin fand am 12. September 1928 statt, so ist es in den Theaterarchiven vermerkt. Bei dem Tag, von dem Rühmann berichtete, muss es sich jedoch um den 3. November gehandelt haben. An diesem erreicht ihn ein Telegramm aus München, es ist eine Eilsendung, aufgegeben von seiner Schwester Ilse. Irgendwie hatte er seit geraumer Zeit mit dieser Nachricht gerechnet, er wusste, wie es um seine Mutter stand. Aber als er die Post dann in den Händen hält und liest, erscheint sie ihm dennoch überraschend. Auf diese Endgültigkeit ist er nicht vorbereitet, darauf kann man sich nicht einstellen. Wie soll er sich verhalten? Sofort nach München reisen? Wann geht der nächste Zug? Die am Theater werden das verstehen, heute Abend muss ein anderer den Bentley Summerhays übernehmen. Hilpert wird schon jemanden finden.

Am Tag der Premiere wäre das sicher unmöglich gewesen, vielleicht entschied Rühmann sich deshalb für die zeitliche Ungenauigkeit – so klingt es plausibler, dass er nicht alles stehen und liegen lässt, um sich von seiner geliebten Mutter zu verabschieden. «Eine Umbesetzung war so kurzfristig nicht möglich. Ich musste spielen», hieß es bei ihm. Die Frage, ob das zwei Monate später auch noch zutraf und ob man die Vorstellung nicht möglicherweise hätte verschieben können, bleibt unbeantwortet. Immerhin handelt es sich um einen Todesfall in der Familie. Rühmanns Mutter, gerade einundfünfzig, war an Nierenkrebs gestorben. Pillen und Spritzen hatten ihr zuletzt die Schmerzen genommen, aber nicht die unheilbare Krankheit besiegt.

Margarethe Rühmann wird auf dem Waldfriedhof in München beerdigt, dort hat ihre Familie ein Gemeinschaftsgrab erworben. Es ist eine Erdbestattung. Auf dem Grabstein wird der Spruch eingraviert: «Wir begraben nur das Pilgerkleid, und was wir lieben, bleibt in alle Ewigkeit». An gleicher Stelle werden später auch Heinz Rühmanns Schwester Ilse, die Familienfreundin Albertine Weiß und die Urnen seines Bruders Hermann und von dessen Frau beigesetzt.

Rühmann fährt nicht nach München, auch der Beerdigung wohnt er nicht bei. Er könne sich in Berlin nicht so schnell freimachen, teilt er seiner Schwester mit. In seinen Lebenserinnerungen kann man später lesen: «An jenem Abend – man verstehe mich jetzt richtig – hatte ich mehr Lacher und Applaus als auf der Generalprobe, die auch mit Publikum stattgefunden hatte.» Er war konsequent in der Verdrehung der Tatsachen, pietätvoll war er nicht. Mit den Gefühlen ist das ohnehin so eine Sache bei ihm. Maria könnte inzwischen ein Lied davon singen. Ihre Ehe bröckelt, ehe sie sich richtig gefestigt hat. Die häufigen Trennungen mögen notwendig sein, Gemeinschaftsgefühl und Harmonie fördern sie nicht. Das ist ihm auch gar nicht so wichtig, bald wird er ein berühmter Mann sein, dann werden die Frauen sowieso bei ihm Schlange stehen.

Maria, die Jüdin, sitzt oft allein in München, ausgerechnet in der Stadt, in der sich das Unheil zusammenbraut. Das Urteil gegen diesen Hitler war ja wohl ein Witz gewesen, ein schlechter. Erst haben sie ihm nach dem missglückten Putschversuch gegen die Reichsregierung fünf Jahre Festungshaft aufgebrummt, dann aber schon nach acht Monaten den Teppich in die Freiheit ausgerollt, der nicht rot, sondern rot-weiß-schwarz aussieht. Der führt ihn geradewegs zu seinen Kohorten zurück und in den Münchner Bürgerbräukeller, wo er eine neue NSDAP ausruft, die die alte ist. Doch diesmal geht er anders zu Werke, keine Gewalt, das sagt er jedenfalls. Erst mal will er mit Worten überzeugen, aber denen werden sehr schnell Taten folgen. Dafür und zu seinem persönlichen Schutz rekrutiert er die SS, die er verharmlosend «Schutzstaffel» nennt. Dabei ist es eine Killertruppe, wie es sie grausamer nicht geben kann, aber das wird sie erst später unter Beweis stellen. 1927 zählt die Nazipartei 72 000 Mitglieder, drei Jahre später sind doppelt so viele Deutsche stolz, Parteigenosse zu sein, 1932 fast 700 000 … Der Mob marschiert. Merkt denn keiner, was er im Schilde führt? Mit ihrem Heinz braucht Maria über diese Sorgen nicht zu sprechen, der hat keinen Sinn dafür: Bleib mir mit der Politik vom Leibe, damit habe ich nichts am Hut, ich bin Künstler. «Juden raus!» und «Juda verrecke!» – da hört er gar nicht hin. Max Reinhardt und Otto Wallburg sind doch auch Juden und Albert Bassermann und Peter Lorre und Kurt Horwitz und Elisabeth Bergner und Lucie Mannheim und Therese Giehse und Max Pallenberg. Von wegen raus, von wegen verrecken – die stehen jeden Abend auf der Bühne und werden vom Publikum gefeiert. Es ist doch alles in Ordnung.

SECHSTES KAPITEL

Der Mann, der nicht nein sagen konnte

Die Katastrophe beginnt im Filmatelier, aber die ist vergleichsweise harmlos. Das Jahr 1932 geht zu Ende, die Arbeit an dem neuen Film von Heinz Rühmann auch. Es ist sein elfter Tonfilmstreifen, der Titel so fragwürdig wie die Handlung: *Ich und die Kaiserin*. Mal wieder leichte Unterhaltung für den Massengeschmack, darauf ist er abonniert. Es geht um die junge Friseuse einer schönen Kaiserin, die sich von ihrer Herrin ein Strumpfband leiht und es prompt im Wald verliert. Verloren ist es dennoch nicht, ein stattlicher Marquis kommt des Wegs geritten, sein Pferd scheut und wirft ihn direkt neben dem kostbaren Stück ab. Gerade kann er danach greifen, dann schwinden ihm die Sinne, mit einer schweren Kopfverletzung wird er in eine Kaserne gebracht. Dort erscheint bald auch die Friseuse, die immer noch nach dem Strumpfband sucht und für die Freundin des Marquis gehalten wird, der mit verbundenen Augen auf dem Krankenbett liegt. Sie ist ja nicht so und trällert ihm ein Liedchen, das er so wenig vergessen kann wie die Stimme der Schönen selbst. Doch die Angebetete ist natürlich schon vergeben …

Es geht also auch um Liebe und viel Musik, diese Mischung hat sich bisher immer noch verkauft. Folglich holte Erich Pommer einen ins Studio, der sich darauf versteht, einen der besten, Friedrich Hollaender, versierter Kabarettist und König des Chansons. Der hat nie zuvor Regie geführt und zeigte auch Bedenken; was ihn überzeugte, war die Besetzungsliste. An erster Stelle steht Lilian Harvey, der blonde Star, als Friseuse, gleich dahinter Conrad Veidt, der Frauenschwarm, der den Part des Marquis übernimmt. Die dritte Hauptrolle ist für Heinz Rühmann vorgesehen. Er spielt einen jungen Kapellmeister, den Geliebten der Friseuse. Über zweitausend Meter Zelluloid sind abgedreht, eigentlich fehlt nur noch der Schluss, die übliche Einstellung, eine Kussszene in Großaufnahme. Die Friseuse kehrt zu ihrem Musiker zurück, hat er nicht schön komponiert für sie: «Wie hab ich nur leben können ohne dich? Wie konnt ich mich glücklich nennen ohne dich? ...»

Wie bitte? Lilian Harvey ist außer sich vor Wut. Der letzte Drehtag ist kein guter, und deshalb wird er auch nicht der letzte sein. So geht das nicht! Den will ich nicht! Nicht diesen Rühmann! Manchmal spielen sich am Rande der Dreharbeiten die besseren Szenen ab, die vielleicht die besten wären. Doch der Kameramann hat keinen Meter Film zu verschenken, die Kosten sind präzise kalkuliert. Entsprechend den Einstellungen, die das Drehbuch bestimmt, und das sieht nun einmal vor, dass die Harvey die Schlussszene mit Rühmann bestreitet, der Kapellmeister und die Friseuse in trauter Harmonie, Hochzeit nicht ausgeschlossen. Das mag in dem Film standesgemäß sein, einem Star wie ihr gemäß ist es nicht. Sie badet täglich in Sekt und lässt sich ihre Fingernägel mit geschmolzenen Perlen überziehen. Was, bitte schön, soll sie denn mit dem kleinen Rühmann – der große Veidt muss es sein! Der ist nicht nur altersmäßig ein gestandener Mann, der ist eine Filmgröße, schaffte seinen internationalen Durchbruch, als Rühmann noch bei Fritz Basil in die Lehre ging und Lilian Harvey die Schulbank drückte. In dem legendären Stummfilm *Das Kabinett des Dr. Caligari* trumpfte er 1919 als Angst einflößendes, willenlos mordendes Medium auf und empfahl sich damit den einflussreichsten und besten Regisseuren. Mitte der zwanziger Jahre stieg er neben Emil Jannings zum bestbezahlten Filmstar auf, erhielt lukrative Angebote aus Hollywood, die er drei Jahre lang wahrnahm. *Ich und die Kaiserin* dürfte für ihn eher ein B-Movie sein, über die Befindlichkeiten der aufgeregten Blondine kann er jedenfalls nur schmunzeln. Das fällt Friedrich

Hollaender nicht so leicht, er rümpft die Nase und verweist auf das Drehbuch, aber das hat die Harvey – mal wieder – nicht bis zum Ende gelesen. Und wennschon, was schert sie das ganze Geschreibsel. Entweder wird der Schluss umgeschrieben, so wie sie sich ihn vorstellt, oder sie lässt den Film platzen. Sagt sie und meint es ernst, dem Produzenten bleibt keine Wahl. Die Krisensitzung ist überflüssig, die er schleunigst einberuft, auch in einem vertraulichen Gespräch kann er sie nicht umstimmen. Sie will den Veidt, da ist sie stur. Heinz Rühmann wird gar nicht erst gefragt. Dabei ist die ganze Aufregung ohnehin umsonst, wie alle Beteiligten schnell zu spüren bekommen werden.

Denn als am 22. Februar 1933 die Uraufführung der neuen Ufa-Produktion veranstaltet wird, ist Conrad Veidt schon nicht mehr so begehrt, jedenfalls wollen ihn die nicht, die in braunen Hemden im festlich geschmückten Gloria-Palast sitzen. Und das sind überraschend viele. Wirklich überraschend? Haben nicht fast zwölf Millionen Deutsche bei der letzten Reichstagswahl im November 1932 für die Nazis gestimmt? Und vier Monate davor noch zwei Millionen mehr? Damit hatte Adolf Hitler zwar noch immer nicht sein Ziel erreicht, zum Reichskanzler ernannt zu werden, er befand sich aber auf dem besten Weg dorthin, der für Deutschland, für die Welt der denkbar schlechteste sein sollte. Wer von Politik ein bisschen was verstand, ahnte, dass es nur noch eine Frage der Zeit sein konnte, bis in diesem Land alles anders würde. Am 30. Januar hatte dann die Stunde des kleinen Mannes geschlagen, der gern groß tut und lässig die rechte Hand zum Gruß erhebt. Am Abend zogen 25 000 SS- und SA-Uniformierte mit lodernden Fackeln und großflächigen Hakenkreuzbannern über die Prachtstraße Unter den Linden, am Hotel Adlon vorbei, durch das Brandenburger Tor zur Reichskanzlei. Dort stand hinter einem erleuchteten Fenster Adolf Hitler, es ertönte Marschmusik. Auch viele Berliner waren auf den Beinen, dieses Spektakel wollten sie sich nicht entgehen lassen. Vom Bürgersteig jubelten sie den Mörder- und Schlägertrupps der Nazis zu, die allen Grund zum Feiern hatten. Stunden zuvor war ihr Führer, der eingedeutschte Österreicher, von Reichspräsident Paul von

Hindenburg zum Kanzler des Deutschen Reiches ernannt und damit seine propagandistische Mär von der Herrenrasse zur Volksideologie bestimmt worden.

Nach diesem Maßstab, der eine unglaubliche Anmaßung ist, muss der Film *Ich und die Kaiserin* einfach durchfallen. Die Nationalsozialisten interessiert nicht, ob die Schlusssequenz nun noch stimmig ist, sie können keinen Gefallen an der Darstellungskunst der Schauspieler finden, für sie ist auch das Lied der Friseuse kein Ohrwurm wie für Millionen andere, sondern der ganze Film lediglich «ein Machwerk, an dem haufenweise Juden mitgewirkt» haben. Und die sind hier nicht mehr erwünscht. Das ist das neue und ab sofort erste Kriterium in der Kunst. Der Film verschwindet schnell aus den Kinos. Selbst wenn er ein Erfolg geworden wäre, Friedrich Hollaender hätte sich nicht lange daran erfreuen können. Es ist sein erster und wird sein letzter Film in diesem Deutschland sein, das glaubt, auf seine Dienste verzichten zu können. Weil er nicht groß und blond und arischen Blutes ist. Dass sie ihn nicht mehr haben wollen, bekommt er noch am Abend der Premierenvorstellung schmerzhaft zu spüren. Als er den Gloria-Palast verlässt, schlägt ihm jemand von hinten auf den Kopf. Er erkennt den Täter nicht, wohl aber das Zeichen. Das nächste erreicht ihn fünf Tage später, am 27. Februar, da geht der Reichstag in Flammen auf. Eine gute Gelegenheit für die Nazis, sie blasen zum Sturm auf Kommunisten und Juden und Andersdenkende, denn wenn es Brandstifter gibt, dann ja wohl unter diesem «Gesocks». Noch in der gleichen Nacht beginnen sie mit ihrer mörderischen Hatz. Hollaender und seine Frau packen ihre Taschen und reisen ab. Nach ein paar Wochen fahren sie zurück. Sie haben Briefe von Freunden erhalten, ist doch alles nicht so schlimm. In Berlin angekommen, wollen sie seine Schwiegermutter besuchen, aber die wartet schon am Fenster, gibt stumm ein Signal. Verschwindet, bitte, ihr müsst weg! Hitlers Geheime Staatspolizei wartet. Dann geht alles sehr schnell. Ab zum Bahnhof Friedrichstraße, sie nehmen den nächsten Zug, egal wohin, nur raus hier. Der Nachtexpress bringt sie nach Paris, in Sicherheit. Es ist alles noch viel schlimmer.

Auch der einst umschwärmte Conrad Veidt wartet nicht, bis Propagandaminister Joseph Goebbels die führenden Filmschaffenden am 28. März im Berliner Grandhotel Kaiserhof zusammentrommelt, um sie auf die neue Richtung einzuschwören – die unter anderem darin besteht, das Judentum im deutschen Film auszurotten, was er so deutlich bei dieser ersten Gelegenheit jedoch nicht ausspricht. Muss er gar nicht, die Ufa-Oberen überschlagen sich auch so in ihrem vorauseilenden Gehorsam. Nur einen Tag nach dem Treffen beschließt der Vorstand der größten deutschen Filmfirma schon mal selbst die Gleichschaltung und «mit Rücksicht auf die in Folge der nationalen Umwälzung in Deutschland in den Vordergrund getretene Frage der Weiterbeschäftigung von jüdischen Mitarbeitern und Angestellten ..., dass nach Möglichkeit die Verträge mit jüdischen Mitarbeitern gelöst werden sollen». Jedes Vorstandsmitglied müsse entscheiden, wer sofort zu entlassen sei und wer später. Conrad Veidt ist mit einer Jüdin verheiratet, im Sprachgebrauch der neuen Machthaber also «jüdisch versippt». Doch lässt er sich das nicht erst sagen, er wittert die Gefahr und macht sich schleunigst davon nach England. Hanns Schwarz, der Spielleiter von *Bomben auf Monte Carlo*, muss fliehen. Elisabeth Bergner und Fritz Kortner verschwinden ebenfalls, auch die Regieasse Erik Charell und Fritz Lang, mit dem Hitler eigentlich anderes vorhat, den er per Sondererlass zum Arier erklären und als Filmverantwortlichen seiner Gesinnungsbrüder missbrauchen will. Darauf verzichtet der Umworbene besser, wie auf sein Vermögen, das auf den Banken liegt. Dafür ist es jetzt zu spät, die Schalter sind geschlossen, auf den nächsten Tag kann er nicht warten. Wer weiß, was morgen ist. Er nimmt den ersten Zug nach Paris. Peter Lorre geht und Max Pallenberg, zwei erfolgreiche Schauspieler, mit denen Rühmann auf der Bühne beziehungsweise vor der Kamera stand, Therese Giehse, die er als Partnerin an den Kammerspielen bewunderte, Wilhelm Thiele, der Regisseur, Robert Liebmann, der Drehbuchautor, der an *Ich und die Kaiserin* mitschrieb, Werner Richard Heymann, der Filmkomponist und Leiter des Ufa-Orchesters, der auch die Hits zu *Die Drei von der Tankstelle* beisteuerte. Otto Wallburg folgt ein Jahr später, noch erkennt er nicht das todbringende Gespenst. Er dreht elf Filme, ehe er nach Holland flieht. Dort stöbern ihn die Nazis auf, verhaften und deportieren ihn nach Auschwitz, um ihn zu ermorden.

Rühmann war im Kaiserhof wahrscheinlich nicht zugegen. Es dürften auswärtige Filmarbeiten gewesen sein, die ihn abgehalten haben. Trotzdem wird er informiert worden sein. Die Teilnehmerliste weist genügend Namen von Kollegen auf, zu denen er Kontakt pflegte – die der Regisseure Carl Froelich und Karl Ritter, der in SS-Uniform erschien, der Schauspieler Gustav Fröhlich, Hans Albers, Grete Mosheim und Willy Fritsch, der das Parteibuch in der Tasche trug. «Reichsminister Dr. Goebbels, in dessen neuem Ministerium der Film eines seiner wichtigsten Ressorts werden dürfte, wurde bei seinem Eintritt in den Saal sehr gefeiert», kann er im *Film-Kurier* nachlesen. Und dass Ufa-Generaldirektor Ludwig Klitzsch gehorsamst die «Bereitwilligkeit seiner Mitarbeit» bekundet habe. Jener Klitzsch ist kein Verbalist, seinen Worten folgen auch Taten. Er beeilt sich mit dem nächsten Kotau vor den Faschisten. Noch 1933 lässt er mit *Hitlerjunge Quex* einen nazistischen Film drehen, verpflichtet für die Hauptrollen nicht irgendwen, sondern zwei hoch bezahlte Stars, Heinrich George und dessen Frau Berta Drews. Herr Goebbels soll sehen, dass die Filmleute es ernst meinen.

Nach dem Willen der Ufa-Herren hat auch Erich Pommer abzutreten, der sich wie kein anderer um den Erfolg des deutschen Films verdient gemacht hat. Sein Vertrag sei «mit Rücksicht auf die Unmöglichkeit, bei den gegenwärtigen Verhältnissen die von ihm hergestellten Filme zu realisieren, zur Auflösung zu bringen». Mit diesem Beschluss sind sie allerdings schneller, als es Hitler, Goebbels und Kumpanen recht ist. Pommer ist zwar Jude, aber einen wie ihn wollen sie so schnell nicht gehen lassen, der reißt eine zu große Lücke, so schlau sind sie dann doch. Pommer ist schlauer und unterzeichnet einen Vertrag bei der amerikanischen Filmfirma Fox, besteigt Ende Mai in Berlin einen Zug, der ihn nach Hannover bringt. Ein Ablenkungsmanöver. Dort wartet sein Chauffeur, noch immer vertrauenswürdig, mit dem er sich nach Frankreich absetzt. Andere gehen den umgekehrten Weg, aber die sind auch von reiner Rasse. Gustaf Gründgens zum Beispiel erfährt in Spanien von der Machtübernahme durch die Nazis. Er weilt zu Dreharbeiten im Süden und könnte sich von da aus problemlos absetzen. Nachdem ihm Freunde aus der Heimat jedoch signalisieren, dass er nichts zu befürchten habe, kehrt er heim ins Reich und übernimmt – wie es Max Reinhardts Sohn Gottfried später formulieren wird – «die durch den Führer führerlos gewordenen Staatstheater in Berlin». Ohne künstlerische Leitung stehen bald auch die Reinhardt-Bühnen da, denn dem großen Regisseur ist ebenfalls nicht daran gelegen, zum Ehrenarier ernannt zu werden. Im Februar inszeniert er noch *Das große Welttheater* von Hugo von Hofmannsthal am Deutschen Theater, am 1. März ist Premiere – und eine Woche später Schluss für ihn, er geht nach Österreich zurück und dann nach England. Zwei Übergangsdirektoren versuchen sich nach ihm, ehe Reinhardts ehemaliger Oberspielleiter Heinz Hilpert im Chefsessel Platz nimmt, den Rühmann zu seinen Freunden zählt.

Alles befindet sich im Umbruch. Es sind wirre Zeiten und verwirrende. Hitler lässt den Reichstag auflösen und ordnet Neuwahlen an. Zwei Wochen nach dem Reichstagsbrand errichten die Nazis in Dachau das erste Konzentrationslager. Ein Gesetz über die Verhängung und den Vollzug der Todesstrafe wird erlassen, danach eines über die Wiederherstellung des Berufsbeamtentums, auch die Verhütung «erbkranken Nachwuchses» wird geregelt. Nazitrupps zerschlagen die freien Gewerkschaften. Am 10. Mai gehen auf dem Berliner Opernplatz zwanzigtausend Bücher von Albert Einstein, Anna Seghers, Stefan Zweig, den Mann-Brüdern, Ricarda Huch, Carl Zuckmayer und anderen Autoren in Flammen auf. Drohungen, Verfolgungen, Morde.

Für Heinz Rühmann allerdings geht das Leben in den gewohnten Bahnen weiter. Politik ist seine Sache noch immer nicht, und diesen Hitler nimmt er sowieso nicht ernst. Schon vor 1933 soll er eine Puppe besessen haben, die den Diktator mit dem Schnauzbart darstellt und auf Knopfdruck den rechten Arm nach oben schnellen lassen konnte. In ein paar Wochen wird der Spuk vorbei sein, die

Regierungen kommen und gehen, so war es doch die letzten Monate. Erst Franz von Papen, dann Kurt von Schleicher, jetzt eben Adolf Hitler. Die Kanzler wechseln wie die Jahreszeiten. So wie er denken offenbar viele, und wie die denkt er offenbar nicht weiter. Seine Welt ist eine Scheinwelt, sie spielt sich vor künstlichen Kulissen ab. Vor den echten der Weltgeschichte werden am 5. März mal wieder die Vorhänge zu neuen Wahlen aufgezogen. Und mal wieder entpuppen sich die Nazis als Hauptdarsteller, sie heimsen über dreiundvierzig Prozent der Stimmen ein, die SPD muss sich mit einer bescheidene Nebenrolle begnügen, sie bringt nicht einmal die Hälfte davon zusammen.

Am Abend des nächsten Tages – das Leben geht weiter – hebt sich der Vorhang erneut. Heinz Rühmann, Ida Wüst, Max Adalbert, Julius Falkenstein, Lizzi Waldmüller und Lien Deyers sitzen in der ersten Reihe des U.T. am Kurfürstendamm. Premierenzeit, sie warten gespannt auf das Ende des Films *Lachende Erben* und ihren Applaus. Der Regisseur Max Ophüls sitzt weder in der ersten Reihe noch sonst wo im Saal, das scheint auch niemanden zu stören. Ihn am wenigsten, wie er später bekennt: «Ich habe ihn nie ganz bis zu Ende gesehen. Er hat viel Geld gebracht, aber ich als Besucher hätte wohl kaum ein Billett dafür ausgegeben. Ich machte ihn mit reiner Routine …» Vor allem muss es schnell gehen, aber das Wetter bei den Außenaufnahmen in Assmannshausen am Rhein ist so schlecht, dass sich die Dreharbeiten um Wochen verzögern. Der *Rheingauer Bürgerfreund* vermeldet seinen Lesern die Ankunft einer «Reihe prominenter Künstlerinnen und Künstler der sprechenden Leinwand», die im Hotel Krone «Wohnung genommen haben», aber keine Wetterbesserung, immer nur Regen. Schon taucht ein erstes Signal der neuen Machthaber auf in Gestalt eines strammen Jungnazis, der die Bauten erledigen soll. Man müsse jetzt auch solche Leute beschäftigen, erklärt der Personalchef der Ufa. Ophüls, der Regisseur, sieht das natürlich ein – und zu, dass er die Filmerei schleunigst beenden kann. Mehr als die Aufführung interessiert ihn sein Abgang, ihn würden sie sowieso nicht feiern – noch vor der Premiere emigriert er nach Frankreich, einen Tag bevor eine Horde

SA-Männer vor seinem Haus anrückt, um ihn festzunehmen. Über ihn können sich die Nazis nicht mehr hermachen, aber über seinen Film. Nach der Premiere verbieten sie ihn für die Aufführung vor Jugendlichen, denn die dürften nicht zum Saufen animiert werden. Dann schneiden sie einen Satz und eine Szene heraus und verteilen die korrigierte Fassung erneut an die Kinos. Später wird der Reichsminister für Volksaufklärung und Propaganda immer noch Anstoß an der Handlung nehmen und befinden, dass der Film geeignet sei, «die öffentliche Ordnung zu gefährden und das nationalsozialistische Empfinden zu verletzen», da er den zu stellenden Anforderungen nicht mehr entspreche. Unterschrift darunter und Stempel mit Hakenkreuz – und weg damit. Wir haben ja noch genügend andere Filme auf Lager.

Tatsächlich arbeitet Rühmann im Frühjahr 1933 bereits an dem nächsten, und dessen Titel ist so ganz nach dem Geschmack der neuen Herrscher: *Heimkehr ins Glück*. Der Film gelangt im August – unbeanstandet – zur Aufführung, zwei Monate danach läuft *Drei blaue Jungs, ein blondes Mädel* an. Rühmann meint, unpolitische Unterhaltungsfilme zu drehen, und übersieht, dass er nur ein winziges Rädchen einer riesigen Maschinerie darstellt. Die Geschichte, die als erster Tonfilm auf Schiffen der Reichsmarine gedreht wird, bedient sehr wohl die propagandistischen Ziele Hitlers und Goebbels'. Denen ist nämlich unter anderem daran gelegen, endlich wieder ein männliches Idealbild im deutschen Film zu vermitteln. Zwei Matrosen verlieben sich in dasselbe blonde Mädchen, woran ihre Freundschaft zerbricht. Erst als der eine den anderen aus einer lebensgefährlichen Situation rettet, raufen sie sich wieder zusammen, die Frau tritt in den Hintergrund, sie wird sich ohnehin für einen Dritten entscheiden. Nicht emotionale Schwäche, die Liebe zu einer Frau etwa, steht im Mittelpunkt, sondern deutsche Stärke, die Kameradschaft zwischen zwei Männern. Das passt genau zum neuen Denken.

Fünf Filme sind es 1933, sechs im Jahr darauf – Rühmann dreht sich schwindlig. Er verdient jährlich über hundertfünfzigtausend Mark – für ihn schon viel und für die Zeit erst recht – und erlebt, was die gesamte Filmindustrie erfährt, einen enormen Aufschwung. Das nicht etwa zufällig, dahinter steckt politisches Kalkül. Keine Industrie stünde seit dem 30. Januar 1933 so stark und so fortwährend im Scheinwerferlicht der Regierung, erkennt der Filmschriftsteller Oskar Kalbus 1935 in seinem Buch *Vom Werden deutscher Filmkunst*. Man könne im Grunde stolz darauf sein, resümiert er, der Führer höchstpersönlich habe in zahlreichen Gesprächen mit Filmschaffenden seine tiefe Vertrautheit mit der Materie Film bekundet. Und schließlich sei es Goebbels gewesen, der der siebten Kunst im ersten Jahr des Dritten Reiches ein ideelles Fundament gegeben hätte, das er für ideal befindet. Was nicht ganz stimmt, denn was er kraft seines Amtes durchsetzt, war schon viel früher beschlossene Sache. Bereits im Dezember 1931 wurden in den *Nationalsozialistischen Monatsheften* die Noten skizziert, aus denen er jetzt seine düstere Melodie komponiert: «Säuberung des gesamten Filmwesens von rasse- und wesensfremden Elementen ... Abschaffung des Starsystems ... Schärfste Gesetzgebung zur Förderung der deutschen, nationalen, unserem Volkstum entsprechenden Filme ...»

Durch die propagandistische Ausnutzung des Mediums Film verspricht sich Goebbels Massenwirkung bei der Verbreitung der nationalsozialistischen Ideologie. So vordergründig, wie das klingt, geht er dabei allerdings nur selten zur Sache. Sein Plan ist perfider – platte Nazischinken, die vor brauner Ideologie nur so triefen, treiben ihm die Zornesröte ins Gesicht. Das durchschaut doch jeder sofort! Den Streifen *SA-Mann Brand* etwa, ein verfilmtes Loblied auf den einfachen, aber heldenhaften SA-Schergen, der sich gegen die verteufelten Juden und Kommunisten durchsetzen muss, lehnt er rigoros ab. Den ersten Entwurf eines ähnlich verquasten Films über das Schicksal des erschossenen SA-Sturmführers Horst Wessel, eines zum Nazi-Märtyrer stilisierten Dummkopfes, lässt er sogar von der Filmprüfstelle verbieten. Dieses Machwerk schade der nationalistischen Bewegung, heißt es. Wenn schon Ideologie, dann, bitte schön, besser verpackt.

Während Hitler öffentlich bekundet, dass es ihm Ekel bereite, wenn unter dem Deckmantel von Kunst Politik betrieben werde, bastelt sein Medienminister genau an einer solch fatalen Mischung. Er beabsichtigt, die schweren Dinge auf leichte Weise in die Köpfe der Deutschen zu hämmern. Steter Tropfen höhlt den Stein. Unterhaltungsfilme kommen ihm dafür gerade recht, selbst wenn ihre Aufgabe in seinen Augen erst mal nur darin besteht, die Bevölkerung von den Problemen des Lebens abzulenken. Goebbels plant schon weiter, bald wird genau das von immenser Bedeutung sein: die Massen bei Laune halten, ihre Kampfeskraft stärken, während die Welt in Schutt und Asche versinkt.

Noch ist es nicht soweit. Oberflächlich betrachtet, kann sich die Bilanz der ersten Monate durchaus sehen lassen. 1933 werden insgesamt 135 abendfüllende deutsche Streifen von der Filmprüfstelle freigegeben, 22 davon stammen von der Ufa. In der Kinosaison 1933/34 verkaufen die Lichtspieltheater fast zweihundertfünfzig Millionen Eintrittskarten. Die Preise werden möglichst gering gehalten, sie sind trotzdem nicht für jeden erschwinglich. Ein normaler Platz kostet zwischen fünfzig Pfennig und einer Mark, je nachdem, ob sich das Kino auf dem Land oder in einer Großstadt befindet, Logensitze in den Uraufführungskinos zwei Mark fünfzig und mehr. Soldaten, Jugendliche und Kinder erhalten ermäßigt Eintritt, die Rabatte betragen bis zu fünfzig Prozent. Üblich sind Sondervorführungen für diese Gruppen. Noch aber ist die Anzahl der Lichtspieltheater eher dürftig, das wird sich bald ändern. Was nützt die Propaganda, wenn sie die Massen nicht erreicht? Derweil setzt man mobile Kinos ein, besonders für Jugendliche und an Sonntagen, um sie von der Kirche fern zu halten.

Der Boom in der Unterhaltungsindustrie schlägt sich sogar auf die Arbeitslosenzahlen nieder. Saßen Anfang der dreißiger Jahre Hunderte von Schauspielern beschäftigungslos zu Hause, wird in den Ateliers und auf den Bühnen Platz für sie, nachdem ein Großteil der ersten Garde der Darsteller vor den Nazis geflüchtet, die Filmproduktion angekurbelt ist und auch zahlreiche Theater wieder eröffnet werden, die sich in Zeiten der Krise nicht halten konnten. Allein für Theaterzuschüsse machen die Nazis fast zehn Millionen Reichsmark locker. Eine Ausgabe, die sich schnell rentiert. Die Zahl der Theaterbesucher verdreifacht sich von 1932 bis 1936 auf fast zwei Millionen jährlich.

Durch all diese Maßnahmen ändert sich der Stellenwert der Schauspieler selbst. Ihr öffentliches Ansehen wird aufgewertet, und das nicht ohne perfide Hintergedanken. Stars leben schließlich nicht im luftleeren Raum, sie repräsentieren mit ihren Leistungen auch den Staat, in dem sie leben. Am Theater wird das zuerst offenkundig, Hermann Göring, preußischer Ministerpräsident und zuständig für die Staatstheater im Reich, adelt die Ersten seiner Untergebenen. Unter lautem Propagandagetöse verleiht er im April 1934 zum ersten Mal den Titel *Preußischer Staatsschauspieler*, zu den Begünstigten gehört neben Gustaf Gründgens, Werner Krauß, Lothar Müthel, Friedrich Kayßler und Maria Koppenhöfer auch die blonde Emmy Sonnemann, die seiner Zuneigung nicht nur aus künstlerischen Gründen gewiss sein darf und später seine Frau werden wird. Diese Art Ehrung findet Gefallen beim Führer, der sie ab 1937 unter der Bezeichnung *Staatsschauspieler* für das gesamte Deutsche Reich befiehlt und fortan persönlich vornimmt. Käthe Haack und Lucie Höflich werden keine Wahl haben und zu den Auserwählten gehören, Paul Wegener, Hans Brausewetter, Will Dohm, Albert Florath und auch Heinz Rühmann. Der allerdings erst später, 1940, nachdem er bewiesen hat, dass man nicht unbedingt mit einer so genannten Volljüdin verheiratet sein muss.

Soweit zur Außenwirkung der filmfördernden Maßnahmen, die innerbetriebliche sieht anders aus. Was man in den ersten Monaten des Jahres 1933 noch für unmöglich gehalten habe, verkündet stolz Joseph Goebbels, nämlich, die Juden aus dem deutschen Geistesleben zu beseitigen, sei auf eine fast selbstverständlich wirkende Weise Tatsache geworden. Später wird er sich einmal rühmen, an die dreitausend Juden aus dem deutschen Film entfernt zu haben. In einige Positionen rücken Nazis auf, verkappte und auch welche, die ihre Gesinnung verbal stets wie eine Hakenkreuzfahne vor sich hertragen. In den Filmfirmen und an den Theatern werden, wie in allen anderen Wirtschaftsbereichen, nationalsozialistische Betriebszellenorganisationen installiert, die Gewerkschaften darstellen sollen, sich merkwürdigerweise weniger um die Interessen der Angestellten und Arbeiter kümmern als vielmehr um deren Gesinnung. Wer davon nichts hält, gibt sich besser schweigsam. Wer davon nichts hält, aber trotzdem Karriere machen will, praktiziert es wie der Schauspieler und Regisseur Veit Harlan, der im Mai 1933 verkündet: «Unsere Zeit, Deutschlands große Zeit ist da!» Schnell rückt er zu einem der meistbeschäftigten und einflussreichsten Regisseure auf und erfreut die Naziführung im Gegenzug mit antisemitischen Filmen wie *Jud Süß*. Der Nazipartei treu ergeben zeigt sich auch Mathias Wieman, mit dem Rühmann bei Heinz Hilpert zusammen auf der Bühne steht. Zahlreiche Schauspieler wechseln schnell ihre weiße Weste gegen ein braunes Hemd. Filmschönling Viktor de Kowa hebt beizeiten die rechte Hand zum deutschen Gruße, Volker von Collande, Elisabeth Flickenschildt und Hilde Krahl, die zweite Frau des Regisseurs Wolfgang Liebeneiner, der sich in seiner Arbeit auch vereinnahmen lässt. Bei denen, die nicht nur zögern, sondern dafür einfach nicht zu gewinnen sind, wird anders nachgeholfen. Otto Falckenberg, der einst in München Rühmanns komische Begabung entdeckte, wandert für drei Tage in Haft, zu seinem eigenen Schutz natürlich; anschließend ist er dann doch bereit, den einen oder anderen Vorschlag – wir brauchen deutsche Stücke für das deutsche Volk – bei seiner Spielplangestaltung an den Kammerspielen zu berücksichtigen.

Solche Aktionen werden auf regionaler Ebene geregelt, den überregionalen Einfluss lässt sich Goebbels nicht nehmen – er ist der Herr über Volksaufklärung und Propaganda. Mit Vorliebe widmet er sich dem Filmgeschäft, seiner Passion, und zwar äußerst intensiv und in zweierlei Hinsicht. Am wohlsten ist ihm, wenn sämtliche Filmvorhaben bereits in der Planungsphase auf seinem Tisch landen. Er prüft nicht nur die Ideen, auch Drehbücher und Finanzierungspläne, ändert, was ihm nicht gefällt, oder lehnt es einfach ab. Besonders die Gagenvorschläge liegen ihm am Herzen, wenn deren bezifferte Höhen ihm auch oft aufs Gemüt schlagen. Goebbels besitzt uneingeschränkte Macht und nimmt sich das Recht,

Regisseure abzulehnen, die ihm nicht geheuer oder arisch genug sind, und andere einzusetzen. Mit Kameramännern, Drehbuchautoren und Filmkomponisten verfährt er ebenso, selbst die Besetzungslisten der Schauspieler bleiben nicht verschont, gelegentlich versieht er sie mit Streichungen. Einerseits achtet er penibel auf Inhalte, andererseits auf oberflächliche Äußerlichkeiten. So passiert es nicht nur einmal, dass eine von der Produktion zum Einsatz vorgesehene Schauspielerin seinem Wunsch zum Opfer fällt, an ihrer Statt ein junges Filmsternchen auf der Leinwand zu sehen. Für andere müssen ganz neue Rollen dazuerfunden werden.

Die Protegierten wählt er nicht unbedingt nach ihrer darstellerischen Wertigkeit aus, eher und öfter nach ihrer sexuellen Verfügbarkeit. Wie viele auf diese Weise seine Bekanntschaft schließen, fällt ins Reich der Spekulation. Er führt zwar regelmäßig Tagebuch, aber nicht darüber. Über einhundert sollen es gewesen sein, was ihm den Spitznamen «Bock von Babelsberg» einbringt. Wer sich bereitwillig auf seine Besetzungscouch legt, öffnet ihm nicht nur das Kleid, sondern sich auch am ehesten den Zugang zum Filmatelier. Bei dem berüchtigten Möbelstück handelt es sich in seinem Fall um ein bequemes Doppelbett, das er in einem Hinterzimmer seines Ministerbüros am Berliner Wilhelmplatz aufstellen lässt. Wenn ein lauschiges Treffen da gerade unpassend erscheint, weicht er in seine Dienstwohnung an der Hermann-Göring-Straße aus. Und weil einer wie er immer im Dienst ist und derlei Filmtests eben dazugehören, richtet er sich auch in seinen zwei Wohnhäusern entsprechende Proberäume ein. Dieser Fleischbeschau müssen sich nicht nur Debütantinnen unterziehen. Goebbels, der mit hinkendem Klumpfuß, geringer Körpergröße und eingefallenem Gesicht nicht gerade dem Bild eines begehrenswerten Mannes entspricht, aber in seiner sexuellen Gier unersättlich zu sein scheint, erzwingt sich so manches Schäferstündchen. Wie ungestüm und hemmungslos er bei der Kontaktaufnahme mitunter vorgeht, muss auch Margot Hielscher erleben, damals gerade für den Film entdeckt und für Rühmann eine gute Freundin – und mehr, wie noch zu berichten sein wird.

«Ich war einmal bei Goebbels in Lanke draußen, in dem Haus,

das er als Sommerhäuschen bezeichnete, das aber ein Palast war», erzählt Margot Hielscher. «Wir drehten gerade *Das Herz der Königin*. Er kam eines Tages ins Atelier und schaute zu und lud dann vergnügt Stab und Darsteller zu sich nach Hause ein. Ein Autobus holte uns ab, Zarah Leander und Willy Birgel fuhren mit eigenem Chauffeur. Bei Goebbels gab es erst Kaffee und Kuchen, dann fragte er, ob wir Lust hätten, einen Film zu sehen, er hätte gerade *Vom Winde verweht* bekommen. Wir gingen über Marmorfußboden durch einen langen Gang und erreichten an dessen Ende das Heimkino. Auf dem Weg dorthin tauchte Goebbels an meiner Seite auf und meinte, dass ich eine große Ähnlichkeit mit der Hauptdarstellerin Vivien Leigh hätte. In dem Raum thronten zuvorderst vier dicke Polstersessel, dahinter standen ein paar normale Stühle. Zarah Leander und Willy Birgel sollten sich in die erste Reihe setzen und ich mich in einen Sessel direkt neben Goebbels. Dann ließ er das Licht löschen und den Film abspielen. Der Vorhang war kaum aufgegangen, da zuckte ich zusammen – Goebbels grabschte mit seiner Hand an meine Bluse. Zarah Leander hatte das offenbar beobachtet. Scheinheilig fragte sie ihn, ob er nicht den Platz mit ihr tauschen könne, da sie von ihrem so schlecht sehen würde. Damit hatte sie mich vor seinem Zugriff gerettet.» Das war aber nicht das Ende von Goebbels' Zudringlichkeiten. «Er stellte mir nach, rief bei uns zu Hause an, meistens gegen zehn Uhr abends, und meldete sich mit ‹Herr Müller›, wenn ich nicht dran ging. Mein Vater war sehr beunruhigt, er hatte bis vor kurzem in einem jüdischen Bankhaus gearbeitet. Wieso der sich Müller nenne, fragte er mich, man kenne doch seine Stimme. Sicherheitshalber sagte er immer, seine Tochter, also ich, sei nicht zu Hause. Später weilte ich zu Außenaufnahmen für den Film *Auf Wiedersehen Franziska!* in Burghausen. Die gesamte Crew war im Hotel Post untergebracht. Wir saßen gerade bei einem Abendessen zusammen, als die Wirtin hinzukam und mitteilte, dass ein Herr Müller am Telefon sei, der Fräulein Hielscher zu sprechen wünschte. Marianne Hoppe, der ich von den Nachstellungen erzählt hatte, erledigte das für mich. Sie nahm den Hörer, was genau sie sagte, weiß ich nicht, jedenfalls hat Goebbels danach nie wieder bei mir angerufen.»

Marianne Hoppe hatte damals ihre diesbezüglichen Begegnungen mit dem Propagandaminister schon hinter sich und er ihre Ablehnung offenbar akzeptiert. Zwar soll er ihr mit seinem Einfluss beim Film gedroht, aber letztendlich doch nicht den starken Mann markiert haben, als sie seine Avancen zurückwies. Die großen Stars kann und will er nicht verprellen, warum auch, es gibt schließlich genug kleine Sternchen in seinem Revier. Die taugen als Aushängeschild für das nationalsozialistische System vielleicht nicht, dafür als hübsches Anhängsel für den Herrn Minister. Magda Goebbels, seine Gattin und die deutscheste aller deutschen Frauen, die ihm sechs Kinder gebärt, weiß davon und nimmt es hin. Nur einmal, als sich aus einer flüchtigen Liaison mit der Schauspielerin Lida Baarova echte Liebe entwickelt und er für sie Amt und Ehe aufgeben will, schreitet sie ein und dann zum Führer. Adolf Hitler treibt seinem Chefpropagandisten die Flausen aus dem Kopf und dessen Geliebte aus dem Land.

In einem Reich, das sich anschickt, ein Tausendjähriges zu werden, muss eben alles seine Ordnung haben, das weiß der dritthöchste Nazi im Staate selbst am besten. Und Heinz Rühmann soll es bald erfahren. Vier Monate nachdem der «Schriftsteller Dr. Paul Joseph Goebbels» – so ist es auf seiner Ernennungsurkunde verzeichnet – zum Reichsminister für Volksaufklärung und Propaganda ernannt wurde, trifft er die strategisch wichtigste Entscheidung, um im deutschen Filmgeschäft aufzuräumen. Am 14. Juli 1933 lässt er die Reichsfilmkammer aus dem Boden stampfen. Sie wird der für den Film zuständigen Abteilung seiner Behörde unterstellt. Er selbst setzt sich als Präsident ein. Einen Monat zuvor war die Filmkreditbank gegründet worden, die die wirtschaftliche Förderung des Films übernehmen soll. Die Filmkammer ist als Organisation für sämtliche Beschäftigte der Branche gedacht, als Verwaltungsapparat, der vom Goebbels-Ministerium ideologisch gelenkt und geleitet wird und in erster Linie auf die «Säuberung» der Branche und die totale Überwachung derselben zielt. Nur wer Mitglied der Kammer ist, darf in Zukunft noch für den Film arbeiten. Und Mitglied wird nur, wer deutscher Staatsangehöriger und deutschstämmig ist. So jedenfalls ist es gedacht, in der Praxis dann aber nicht hundertprozentig umzusetzen. Ausländische Stars, vor allem Schauspielerinnen wie Olga Tschechowa, Zarah Leander, Kristina Söderbaum, Martha Eggert und Lida Baarova, erhalten nicht nur eine Sondererlaubnis, sie werden von den Filmbossen und den filmverantwortlichen Nazis regelrecht hofiert und mit Vergünstigungen bedacht, solange sie in ihrer Gunst stehen. Aber auch das dient der Propaganda. Die Berühmtheiten aus dem Ausland sollen dem Kinopublikum suggerieren, dass sich der deutsche Film weltoffen gibt und von Weltbedeutung ist. Ausnahmen bestätigen auch in anderen Fällen die Regel, dann nämlich, wenn einheimische Darsteller zwar nicht reinrassig, aber so berühmt sind, dass die selbst ernannten Oberarier auf ihre publikumsträchtige Mitwirkung im Film und am Theater nicht verzichten wollen. Für Sonderregelungen dieser Art findet Goebbels eine einfache Erklärung: «Wer Jude ist, bestimmen wir!»

Zunächst gilt es, sich einen Überblick zu verschaffen und alles unter Kontrolle zu bringen. Ein gigantischer Verwaltungsapparat wird in Gang gesetzt, beginnend mit einer allgemeinen Befragungsaktion der Filmschaffenden. Am 3. Oktober 1933 füllt auch Heinz Rühmann den Fragebogen der Reichsfachschaft Film aus, der zuständigen Fachgruppe der Reichsfilmkammer. Dabei handelt es sich um ein beidseitig bedrucktes DIN-A4-Formular, auf dem nach Herkunft, Konfession und Gesinnung geforscht wird. Der Schauspieler geht nachlässig mit dem Papier um, den Aufforderungen «Deutlich schreiben!» und «Vollständig ausfüllen!», die in fetten Buchstaben und dick unterstrichen am Kopfteil angebracht sind, kommt er nicht nach. Sein Schriftbild wirkt, als habe er sich zwischen Tür und Angel einer leidigen Pflicht entledigt. Bereits die erste Zeile ist zu beanstanden, hinter «Zu- und Vorname» steht lediglich «Heinz Rühmann», die Spalte «Künstlername» versieht er dagegen mit einem Schrägstrich, als verfüge er über einen solchen nicht. Vermutlich geht er davon aus, dass man ihn, den erfolgreichen Schauspieler, ohnehin kennt und er den Bogen nur pro forma auszufüllen habe, der Vollständigkeit halber. Als Wohnung gibt er in Berlin «Grunewald, Salzbrunnerstraße 38» an, unter «Fernsprecher» die

Nummer «H 9 3366», was den Tatsachen entspricht. An dieselben hält er sich fünf Zeilen darunter nicht mehr. Wo nach «Rassische Abstammung und Religion» der Ehefrau gefragt wird, schreibt Rühmann: «seit 1917 keiner Religionsgemeinschaft angehörig», was an sich stimmt, aber nichts daran ändert, dass Maria Bernheim jüdischer Herkunft ist. Dass er das nicht angibt, ist verständlich, in seinem und ihrem Sinne. Lange kann er diesen Umstand jedoch nicht verheimlichen, da offenbar allein ihr Familienname darauf schließen lässt. Bei der Prüfung des Fragebogens wird diese Stelle von Goebbels' Mitarbeitern jedenfalls mehrfach mit einem Rotstift unterstrichen. Rühmanns Vermerk, dass sie keinen Beruf habe, beanstanden sie nicht. Auch auf der Rückseite unterläuft ihm ein Patzer. Oder doch nicht? Die unmittelbar untereinander stehenden Fragen «Mitglied der N.S.D.A.P. seit?» und «Mitglied der N.S.B.O. seit?» beantwortet er nicht. Stattdessen notiert er zwischen den beiden Zeilen, dass er «Mitglied des Kampfbundes» ist, führt aber keine Mitgliedsnummer an. Er meint damit den Kampfbund für die deutsche Kultur, der unter der Ägide von Alfred Rosenberg steht, dem Chefredakteur des *Völkischen Beobachters* und ehrgeizigen NSDAP-Funktionär. Nach dem Zweiten Weltkrieg wird Rühmann diese Mitgliedschaft gegenüber der Entnazifizierungskommission der Alliierten vehement bestreiten und eine eidesstattliche Erklärung abgeben. Er habe das damals nur angegeben, weil er befürchtete, keine Arbeitserlaubnis zu erhalten, wenn er keiner Naziorganisation angehöre, und in die Partei habe er auf keinen Fall eintreten wollen. Sollte das der Wahrheit entsprechen, mag sein Vorgehen logisch erscheinen – für einen, der die Zusammenhänge nicht kennt. Bei Goebbels konnte er mit dem Kampfbund keinen Eindruck schinden, Rosenberg war Goebbels' erklärter Widersacher. Beide rissen sich um den größtmöglichen Einfluss im Film- und Kulturgeschäft. Der Kampfbund war vor 1933 gegründet worden, damit sollte das deutsche Kulturleben nach nationalsozialistischen Idealen ausgerichtet werden. Nach der Schaffung der Reichskulturkammer erwies er sich als überflüssig, wurde aufgelöst, die Mitglieder wechselten en bloc in eine NSDAP-Organisation. Wusste Rühmann nichts davon? War ihm auch entgangen, dass es die Nazis keineswegs darauf anlegten, jeden in ihre Partei zu holen, dass ein solch deutliches Bekenntnis für seine Karriere überhaupt nicht erforderlich war? Bei anderen Vereinen der Nazis zeigt er weniger Berührungsängste. So tritt er der Nationalsozialistischen Volkswohlfahrt bei und dem Reichsbund Deutsche Jägerschaft, der vom Reichsforst- und Reichsjägermeister Göring angeführt wird.

Rühmanns Fragebogen geht anstandslos durch. Zwei Tage später nimmt er die nächste Hürde, indem er ein anderes Formblatt unterzeichnet: «Hiermit erkläre ich meinen Beitritt zur Reichsfachschaft Film unter Anerkennung der Satzung ...» Dazu bescheinigt er, dass es sich bei dem Schauspieler Rühmann auch nach den neuen Maßstäben um einen Menschen erforderlicher Güte handelt: «Ich bestätige ausdrücklich, dass ich arischer Abstammung bin. Weder ich selbst noch meine Eltern sind jüdischer oder sonstiger fremdrassiger Abstammung.» Tatsächlich gilt er durch seine Ehe mit Maria als «jüdisch versippt», was er natürlich niemandem auf die Nase bindet. Am 7. Oktober wird sein Eintritt registriert, zehn Tage darauf ein Mitgliedsausweis ausgestellt, er trägt die Nummer 1357.

Jetzt darf er bedenkenlos Filmangebote annehmen. Sie reißen nicht ab, werden qualitativ aber nicht besser. Er dreht unter Gründgens' Regie *Die Finanzen des Großherzogs* mit Parteigenosse Viktor de Kowa, Paul Henckels, Theo Lingen und Hilde Weissner. Darin spielt er seine Rolle als junger Detektiv nach dem Verständnis der Kritiker zu übertrieben – umso mehr dafür aber nach dem Geschmack des Publikums, das immer mehr seins zu werden scheint. Die Filme können noch so flach sein, inhaltsleer und konstruiert – wenn Rühmann mitspielt, toben die Zuschauer trotzdem. «Ich war oft unkritisch in der Wahl der Stoffe», wird er 1969 im Rückblick schreiben. «Diese Unbedenklichkeit führte auch – bei allem Verständnis, das Maria mir und meiner Arbeit entgegenbrachte – zu ernsten Konflikten in unserer Ehe. Sie meinte, nicht zu Unrecht, ich sei ein Opfer meiner Eitelkeit geworden.»

Mit dem Film *Pipin, der Kurze*, der im Frühjahr 1934 in den Lichtspieltheatern anläuft, erreicht diese Entwicklung einen unrühmlichen Höhepunkt. Das Berliner *12-Uhr-Blatt* veröffentlicht eine lange Kritik, bringt es aber kurz auf den Punkt: «Lag es am Manuskript? Bestimmt. Aber man kann einem Schauspieler wie Heinz Rühmann nicht glauben, dass er selbst so gar keine Urteilsfähigkeit besitzen sollte und nicht vor oder wenigstens während der Aufnahmen gemerkt haben musste, was da von ihm und den anderen gespielt wird. Nämlich gar nichts.» Der Schreiber ist so erbost, dass er Rühmann sogar Geldgier vorwirft, da er auf seinen guten Ruf, aber nicht auf den Film und damit seine Gage verzichtet habe.

Eine Einschätzung, die ihn zu diesem Zeitpunkt nicht mehr sonderlich gestört haben dürfte. Maria hatte schon Recht, aber von der Frau, die ihn einst in München voller Hingabe und mit sicherem Instinkt zum Erfolg am Theater führte, lässt er sich nichts mehr vorschreiben. Film sei etwas anderes, damit kenne er sich besser aus. Der Film verderbe die Schauspieler, sagt einer, der von Amts wegen etwas zu sagen hat, Joseph Goebbels, und meint in erster Linie die hohen Gagen. Die überspitzten Zuwendungen würden den Empfängern zu Kopf steigen, was sich negativ auf ihre Arbeitsmoral auswirke. Erst kürzlich wurde der Reichsfilmkammer eine Auflistung zugesandt, wonach von den Gesamtausgaben für die Filmproduktion eines Jahres über zehn Prozent allein auf die Konten von zwanzig namhaften Darstellern gezahlt werden. Eine Summe von rund fünf Millionen Reichsmark.

Geld verdirbt den Charakter, heißt ein Sprichwort, das trifft wohl auch auf Rühmann zu. Zeitzeugen sagen ihm Arroganz nach, wie ein Star habe er sich aufgeführt, im schlechten Sinne. Die Freundschaft mit Ernst Udet habe ein Übriges getan. Neben dem Fliegerhelden habe er sich unantastbar gefühlt. Im kleinen vertrauten Kreis sei er schon mal über Hitler und Goebbels hergezogen, habe über deren Aussehen und Gebaren Witze gerissen. Das sei jedoch nicht Ausdruck von Verachtung gewesen, er habe sich für sie so wenig interessiert wie für die meisten anderen Menschen.

Allerdings geben ihm die Filmproduzenten auch das Gefühl, etwas Besonderes zu sein. Zunächst werden Rühmanns Filmverträge nur auf seine Verpflichtungen am Theater abgestimmt. In einem zusätzlichen Vermerk heißt es zum Beispiel: «Sie haben mir gestattet, dass ich jeden Sonntag in München Theater spiele, jedoch müssen die Vorstellungen so gelegt werden, dass ich den letzten Schlafwagen, der von München nach Berlin Sonntag nacht abgeht, noch erreichen kann.» Später fordert er ein umfangreiches Mitspracherecht, was ihm auch gewährt wird: «Von mir gewünschte Änderungen an Treatment und Drehbuch müssen ausgeführt werden. Der Regisseur und die übrigen Darsteller werden im Einvernehmen mit mir engagiert.» In einen anderen Kontrakt lässt er den Passus aufnehmen: «... jedoch bedarf die endgültige Bestimmung des Regisseurs Ihrer Genehmigung. Ebenso sind wir bereit, auf Ihren Wunsch hin Herrn Zerlett-Olfenius einen weiteren Mitarbeiter zur Seite zu geben.» Gängig ist auch die Formulierung: «Die Regie übernimmt im Einverständnis mit Ihnen Herr Kurt Hoffmann; Sie übernehmen die künstlerische Oberleitung des Film.» Das bedeutet, dass Rühmann berechtigt ist, auf sämtliche Fragen, die mit der Herstellung des Films zu tun haben, Einfluss zu nehmen, Entscheidungen treffen darf, selbst gegen den Willen des Regisseurs. Ein ungewöhnlicher Kniefall der Produzenten, der nur wenigen Stars vergönnt ist, ihre herausragende Stellung unterstreicht und dementsprechend auf Filmplakaten, in Programmheften und Zeitungsanzeigen als zusätzliche Hervorhebung erscheint. Dem sehr nahe kommt die Vereinbarung: «Die Schnittkopie muss von mir abgenommen werden. Nachträgliche Änderungen – außer Zensur – bedürfen meiner Genehmigung.» Damit sichert er sich ein Vetorecht bis zuletzt.

Auch im Bereich der Vermarktung setzt er seine Vorstellungen durch. Der Zusatz «größtmöglichste erlaubte Starreklame für mich» gehört zu den Standardformulierungen in seinen Filmverträgen. Und deren Umsetzung sieht dann so aus, dass Rühmanns Name an erster Stelle auf Filmplakaten und Werbetafeln erscheint, in auffällig großer und farblich hervorgehobener Schrift, mitunter noch vor dem Titel des Films. Gern gesehen sind von ihm auch Fotos oder gemalte Porträts, am besten überlebensgroß. Hängen sie vor den Eingängen der Kinos, sollten sie schon von weitem gut sichtbar sein. Der kleine Mann ganz groß. Es gibt nicht viele, die darauf Anspruch erheben dürfen, Hans Albers gehört dazu, er wird noch mehr hofiert, Heinrich George, Eugen Klöpfer, Hans Moser, Willy Fritsch und Emil Jannings, Zarah Leander natürlich, auch Paula Wessely, Kristina Söderbaum, Olga Tschechowa und später Marika Rökk.

Heinz Rühmann gehört zu den meistbeschäftigten Filmschauspielern. Wenn Zeit bleibt, was selten ist, spielt er am Deutschen Theater in Berlin, gelegentlich auch an den Kammerspielen in München. Wo er auftaucht, ist es ein Erfolg. Das füllt zusätzlich seine Kasse, nötig hat er es nicht. Es reicht auch so für eine großzügige Wohnung und die Unterhaltskosten seines Flugzeuges. Die Fliegerei bleibt ihm wichtig. Dazu kann er es sich leisten, regelmäßig neue Autos zu kaufen, mitunter besitzt er mehrere gleichzeitig, kaum ein Modell fährt er länger als zwei Jahre. Auch seine Garderobe hält er auf dem neuesten Stand der Mode, ein Muss für einen Schauspieler, das hatte ihm seine Mutter in jungen Jahren schon beigebracht. Und für Maria sorgt er, sie ist seine Ehefrau, zumindest finanziell fühlt er sich verpflichtet. Er überweist ihr Geld für eine Mietwohnung, später für ein Hotelzimmer, und übernimmt die Ausgaben, die sie zum täglichen Leben benötigt. Seine Fürsorge darüber hinaus hält sich in Grenzen, er ist zu sehr mit sich, seiner Karriere und anderen Frauen beschäftigt. Die Beziehung sei zu Ende gewesen, bevor Hitler an die Macht kam, erzählt Rühmanns Nichte Karin Molck-Ude. Man sei freundschaftlich verbunden geblieben, mehr aber nicht.

In Berlin wissen viele seiner Kollegen vom Film nicht einmal, dass er mit Maria verheiratet ist. In der Öffentlichkeit zeigt er sich mit anderen Frauen. Es sind junge Filmschauspielerinnen, die den Star anhimmeln und dem Charme erliegen, über den er zweifellos verfügt. Der Schauspieler Robert Freitag, der ihn zwanzig Jahre später bei gemeinsamen Dreharbeiten näher kennen lernen wird, stellt eine verwegene Theorie auf, was Rühmanns Wirkung auf Frauen betrifft: Er sei ein potenter Kerl gewesen, und das hätten die Frauen gemerkt. Sein ganzes Wesen – der durchtrainierte Körper, das Auftreten, die Bewegungen, Mimik und Gestik – habe Erotik ausgestrahlt. Frauen

14 Das verschmitzte Lausbubenlächeln

15 Mit Hans Albers in *Bomben auf Monte Carlo,* 1931

16 Heinz Rühmann, der Liebling der Frauen:
Szene aus *Es gibt nur eine Liebe,* 1933

17 a, b, c Szenen einer großen Liebe: Heinz Rühmann mit Leny Marenbach

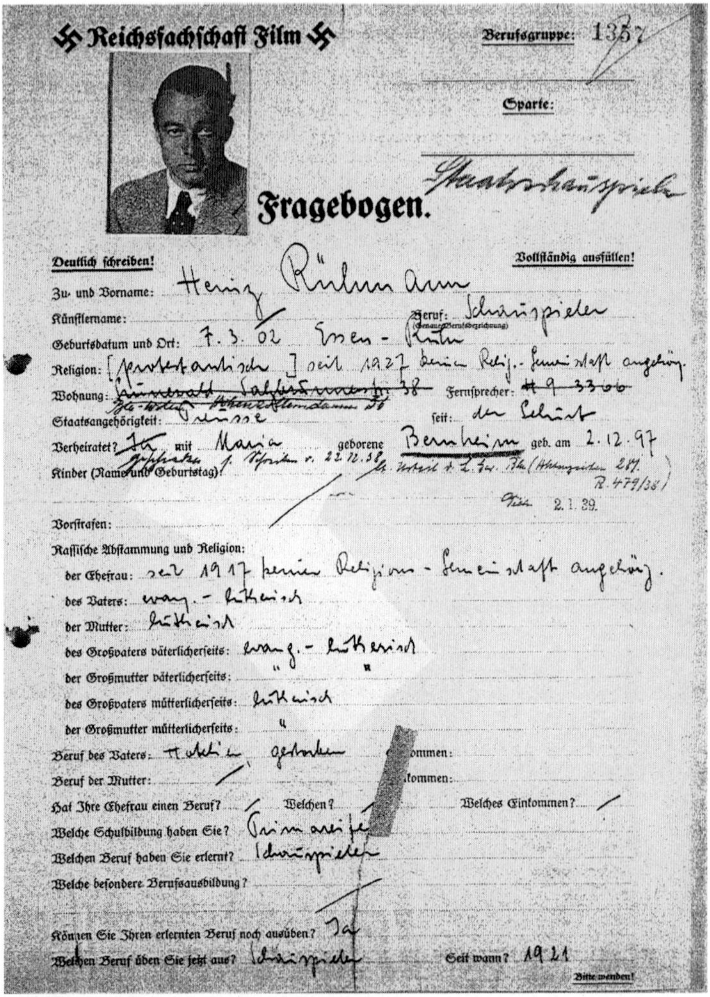

Reichsfachschaft Film

Berufsgruppe: 1357

Sparte:

Staatsschauspieler

Fragebogen.

Deutlich schreiben! Vollständig ausfüllen!

Zu- und Vorname: Heinz Rühmann

Künstlername: / Beruf: Schauspieler (Genaue Berufsbezeichnung)

Geburtsdatum und Ort: 7. 3. 02 Essen-Ruhr

Religion: [protestantisch] seit 1927 keiner Relig.-Gemeinschaft angehörig

Wohnung: ~~Grunewald Salzbrunnerstr.~~ 38 Fernsprecher: ~~H 9 3306~~

Staatsangehörigkeit: Preusse seit: der Geburt

Verheiratet? ~~Ja~~ mit Maria geborene Bernheim geb. am 2. 12. 97

geschieden ... 22. 12. 38

Kinder (Name und Geburtstag): /

R. 479/38

2. 1. 39.

Vorstrafen:

Rassische Abstammung und Religion:

der Ehefrau: seit 1917 keiner Religions-Gemeinschaft angehörig.

des Vaters: evang.-lutherisch

der Mutter: lutherisch

des Großvaters väterlicherseits: evang.-lutherisch

der Großmutter väterlicherseits: " "

des Großvaters mütterlicherseits: lutherisch

der Großmutter mütterlicherseits: "

Beruf des Vaters: Hotelier, gestorben Einkommen:

Beruf der Mutter: / Einkommen:

Hat Ihre Ehefrau einen Beruf? / Welchen? Welches Einkommen? /

Welche Schulbildung haben Sie? Primareife

Welchen Beruf haben Sie erlernt? Schauspieler

Welche besondere Berufsausbildung?

Können Sie Ihren erlernten Beruf noch ausüben? Ja

Welchen Beruf üben Sie jetzt aus? Schauspieler Seit wann? 1921

Bitte wenden!

18 Heinz Rühmanns Fragebogen zum Eintritt in die Reichsfilmkammer, 1933

19 Ernst Udet und
Heinz Rühmann, 1935

20 Besuch bei Adolf Hitler
in der Reichskanzlei, 1937

Deutsches Reich

Luftfahrerschein
für
Flugzeugführer
Nr.

Dienst-
stempel

Dienst-
stempel

(Eigenhändige Unterschrift des Inhabers)

Herr
~~Frau~~
~~Fräulein~~ Heinrich Rühmann

hat die Erlaubnis zum Führen von Flugzeugen
in dem aus Seite 3 ff. ersichtlichen Umfange

Berlin W 62 19 36

Luftamt Berlin

Dienst-
stempel

Unterschrift

21 Flugzeugführerschein, 1936

22 Heinz Rühmann mit Hertha Feiler

23 Maria Rühmanns zweiter Ehemann Rolf von Nauckhoff, 1939

24 Maria (Mitte) mit ihren neuen Schwiegereltern

25 Am Abend der Hochzeit von Hertha Feiler und Heinz Rühmann im Juli 1939: die Brautleute in der Mitte, rechts Rühmanns Exgattin Maria

26 *Quax, der Bruchpilot* (1941) gehört zu Rühmanns bekanntesten Filmen

27 a, b, c Völlig unbekannt waren bisher diese Privataufnahmen: Heinz Rühmann als Kurierflieger bei Dreharbeiten für die *Wochenschau*, 1940

habe er den Eindruck vermittelt, dass er nicht lange rumreden, sondern gleich zur Sache kommen, sofort mit ihnen ins Bett gehen würde. «Er wirkte irgendwie animalisch, begabte Menschen haben so etwas.»

Wenn Maria Bernheim eine gebildete, belesene Frau ist, so kann sie mit den körperlichen Vorzügen ihrer Nachfolgerinnen nicht mehr mithalten. Sie geht auf die vierzig zu, ihre Rundungen fallen üppiger aus, ihre Erscheinung wirkt neben der Rühmanns, der noch immer das spitzbübische Gesicht eines Jungen trägt, fast mütterlich, wie früher schon, nur jetzt noch mehr. Darauf läuft das Verhältnis der beiden dann auch hinaus. Die Ehefrau ist zu klug, um ihre neue Rolle nicht zu erkennen. Sie lässt die Zeit der Eifersüchteleien hinter sich und fügt sich ihrem Schicksal. Ehe sie ihn ganz verliert, will sie ihm eine gute Freundin sein. Gute Freunde sind wichtig in diesen Zeiten, besonders wenn man wie sie ein «J» in den Pass gestempelt bekommt. Das steht für Jude, bedeutet in der neuen, jetzt gültigen Sprache aber «Untermensch».

Heinz Rühmann hat sich in seinen Lebenserinnerungen und auch sonst im Nachhinein schwer getan mit seiner Verbindung zu Maria Bernheim. Dass er in Zusammenhang mit ihr niemals das Wort Liebe gebrauchte, ist die eine Sache, eine andere, dass er sich nach 1945 damit rühmte, sie vor dem Zugriff der Nazis gerettet zu haben, indem er die Ehe jahrelang auf dem Papier aufrechterhielt. Was sich tatsächlich zwischen ihm und seiner ersten Ehefrau abspielte, warum er sie nicht wie andere rechtzeitig ins Ausland und damit in Sicherheit brachte und wieso er sich dann doch plötzlich von ihr scheiden ließ, verschwieg er gern. Die wahren Zusammenhänge sind für die Nachwelt schwer zu rekonstruieren, da es verlässliche Zeitzeugen, die alle Einzelheiten wissen können, nicht mehr gibt. Er selbst hinterließ widersprüchliche Darstellungen und verschwieg entscheidende Fakten.

Punkt eins: Da es für seine jüdische Frau nicht ausreichend Schutz gegeben habe, solange er bei Heinz Hilpert am Deutschen Theater spielte, schrieb er, sei er ans Staatstheater gewechselt, dem Gustaf Gründgens vorstand. Das ergibt Sinn, wenngleich er damit

1937/38 nicht so sehr seiner Frau, sondern sich selbst einen Gefallen erweist. Sie ist als Jüdin so oder so bedroht; nicht für sie, für ihn steht der Job auf dem Spiel. Während Hilperts Haus unter Goebbels' Aufsicht steht, der resolut gegen Juden und «jüdisch Versippte» vorgeht, ist Hermann Göring für das Staatstheater zuständig. Der zeigt sich dank des Einflusses seiner Ehefrau Emmy Sonnemann, die selbst Schauspielerin war, den Künstlern gegenüber verständnisvoller. Gründgens nutzt seine freundschaftlichen Kontakte zur Frau des Reichsmarschalls, um sich für gefährdete Kollegen einzusetzen. Er erreicht es, dass Mitarbeiter, die nicht reinrassig oder mit Juden liiert sind, ihre Stellung behalten. Paul Bildt darf bleiben, Paul Henckels auch. Rühmann gehört dazu, wenngleich er von einem Arbeitsverbot nicht bedroht ist wie später Joachim Gottschalk, der sich auf keinen Fall von seiner jüdischen Frau Meta trennen will, stattdessen 1941 mit ihr und dem Sohn Selbstmord begeht. In der Saison 1936/37 spielt Rühmann unter Hilpert noch neben Otto Wernicke, Angela Salloker und Axel von Ambesser die Hauptrolle in *Androklus und der Löwe* von Shaw. Ein Jahr später erlebt er seine erste Premiere am Staatstheater in *Der Bridgekönig*, seine Mitspieler sind Maria Bard – sie wird sich das Leben nehmen, als ihr Mann an die Front muss –, Hans Leibelt und Paul Henckels. Regie führt Wolfgang Liebeneiner, der erste Mann von Ruth Hellberg, der 1942 zum Produktionschef der Ufa aufrückt.

Punkt zwei: Nachdem die Angriffe gegen seine Frau und ihn immer massiver geworden seien, habe er Gründgens um Hilfe gebeten, der ihm über Emmy Sonnemann einen Termin bei Göring besorgte. Der Reichsmarschall und Oberbefehlshaber der Luftwaffe habe ihm bei der Zusammenkunft geraten, Maria mit einem neutralen Ausländer zu verheiraten. So würde sie eine andere Staatsbürgerschaft annehmen können und nicht mehr gefährdet sein. Das Treffen mit Göring in dessen Festung Karinhall in der Schorfheide findet tatsächlich statt, vermutlich Ende 1936, Anfang 1937. Zuvor war Rühmann in gleicher Angelegenheit bei Goebbels vorstellig geworden, am 6. November 1936, das ist verbürgt. Am Abend dieses Tages notiert der Propagandaminister in seinem Tagebuch: «Heinz

Rühmann klagt uns sein Eheleid mit einer Jüdin. Ich werde ihm helfen. Er verdient es, denn er ist ein ganz großer Schauspieler.» Ist ihm der Gang zu Goebbels leicht gefallen? Ihm bleibt zu diesem Zeitpunkt keine andere Wahl, er fürchtet, dass seine Karriere in Gefahr ist. Das *Schwarze Korps*, die wöchentliche Hetzpostille der SS, widmet dem Schauspieler einen Leitartikel. Nicht um seine künstlerischen Leistungen geht es darin, die Nazischreiber beklagen einen verabscheuungswürdigen Umstand: «Heinz Rühmann, führender Mann in Theater und Film, ist immer noch mit einer Jüdin verkuppelt und ist nicht bereit, Konsequenzen zu ziehen.» Einmal in der Welt, stürzt sich auch der *Stürmer*, ein anderes Naziblatt, auf die Story. In Oldenburg überkleben eifrige Gefolgsleute die Theaterplakate mit der Ankündigung seines *Mustergatten*-Gastspiels – «Ist mit einer Jüdin verheiratet!». Parteigenossen sprechen beim Oberbürgermeister vor und warnen, dass mit einer Störung des Gastspiels im Landestheater zu rechnen sei. SS, SA und Arbeitsfront stünden schon Gewehr bei Fuß, aus auf Krawall. Es könne ja nicht sein, dass hier so einer auftritt. Daraufhin bläst der Intendant die Vorstellung ab, rät Rühmann, einen Bogen um die Stadt zu machen.

Auch in seinem Fliegerclub hält man einen wie ihn nicht mehr für tragbar. Das stört ihn weniger, solange er trotzdem fliegen kann.

Am 25. August 1938 wird ein Schreiben von einem Mitarbeiter der Reichspost abgestempelt, das «An den Herrn Reichsminister für Volksaufklärung und Propaganda – Abteilung II A, Berlin W 8, Wilhelmplatz 8–9» gerichtet ist, unterzeichnet von dem Juristen Bruno Pfennig, der bei der Reichsfilmkammer einen Posten innehat: «Die Schriftleitung der Zeitschrift *Der SA-Mann* fragt bei mir an, wieso der Filmschauspieler Heinz Rühmann, der mit einer Jüdin verheiratet sein soll, immer noch in Deutschland filmen darf und ob die Tatsache der jüdischen Versippung zuträfe ...» Pfennig weiß sehr genau, dass sie zutrifft, denn Rühmanns Name steht auf Liste D der Reichsfilmkammer – darin sind die Künstler aufgeführt, die mit Juden verheiratet oder selbst welche sind. Otto Wernicke und Leo Slezak stehen drauf, Theo Lingen trifft es ebenso, Joachim Gottschalk und Henny Porten auch. Sie alle dürfen nur mit Sondergenehmigung ihren Beruf ausüben, was sich bei Rühmann nicht sonderlich schwierig gestaltet, auch wenn er es nach der düsteren Zeit anders schildern wird.

Demnach habe er 1936 und 1937 auf der «Abschussliste» gestanden. In seinen Erinnerungen schreibt er dazu: «Der Ring um mich zog sich zusammen. Systematisch versuchte man, mir das Wasser abzugraben. Das war am einfachsten dadurch zu erreichen, dass man mich blockierte. Das hieß, man bot mir keine Filmverträge mehr an.» Im ersten der beiden beschriebenen Jahre kommen vier Filme ins Kino, darunter der Riesenerfolg *Wenn wir alle Engel wären*. Der trifft sogar auf Zustimmung bei Goebbels, der ihn vor der Uraufführung in seinem Heimkino sieht und anschließend in sein Tagebuch schreibt: «Ganz groß. Das beste Lustspiel seit langem. Zum Tränenlachen. Rühmann übertrifft sich selbst. Ich bin begeistert.» Adolf Hitler amüsierte sich ebenfalls darüber, wie Goebbels eine Woche später vermerkt: «Auch Führer ist begeistert von dem Fröhlich-Film ...» Im Jahr darauf erscheinen *Der Mann, von dem man spricht* mit der personifizierten Lachgarantie Rühmann–Moser–Lingen, *Der Mann, der Sherlock Holmes war* mit Hans Albers, auch ein Kassenschlager, und *Der Mustergatte*, der für Rühmann zu einem seiner größten Erfolge überhaupt wird. Auch internationale Fachleute loben die Qualität des verfilmten Theaterstückes, auf der Biennale in Venedig vergeben sie mit dem Prädikat «künstlerisch wertvoll» eine Medaille für die beste schauspielerische Leistung. Nur der Vollständigkeit halber: Im Jahr 1934 waren es sechs Rühmann-Filme, 1938 werden es fünf sein, obwohl er da schon eine eigene Produktionsgruppe bei der Terra-Filmkunst GmbH leitet, die zu den elf reichseigenen, also gleichgeschalteten Firmen zur Filmherstellung zählt und neben vielen Unterhaltungsfilmen auch eine Reihe NS-Propagandafilme produziert. Dort erhält er eine feste Monatsgage, die ihn lediglich verpflichtet, pro Jahr in drei Filmen mitzuwirken. Er erfüllt sein Soll und mehr als das.

Was nichts daran ändert, dass auch in seinem Umfeld Denunzianten auftauchen, übereifrige Nazis und Neider, die ihn in Misskredit bringen wollen. Im Sommer 1938 wird in einer Zeitung sogar sein Selbstmord verkündet und dazu eine krude Geschichte von politischen Gründen erfunden, die ihn in die Verzweiflung getrieben haben sollen. Lange hält sich das Gerücht nicht, gleich treten die Schreiberlinge des *Völkischen Beobachters* an, die infame Lüge zu entlarven. Wie könnte Rühmann mit der Politik des Führers nicht einverstanden sein! An anderer Stelle entblöden sich die gleichen Wahrheitsexperten nicht, ihm eine Offizierslaufbahn im Ersten Weltkrieg anzudichten, was schon rein rechnerisch Unfug ist, aber bei passender Gelegenheit immer mal wiederholt wird. Mit solchen Märchengeschichten und falschen Beschuldigungen können ihn weder seine Gegner beeindrucken noch die, die ihn für ihre Zwecke einspannen wollen – und das hat nicht nur mit seinem Prominentenbonus zu tun. Neben dem Wiener Nuschelmimen Hans Moser zählt Rühmann zu Hitlers Lieblingsschauspielern, nicht erst seitdem er beim Film erfolgreich ist. Hitler saß oft im Parkett der Münchner Kammerspiele Anfang der dreißiger Jahre, als er schon ein Führer, aber noch kein Diktator war. Einmal, in einer schweren Stunde, mitten im entscheidenden Kampf um die Macht, habe er durch das Spiel von Rühmann und Maria Bard erlösende Kraft geschöpft. Das soll er dem Schauspieler später, während eines Künstlerempfangs in der Reichskanzlei, mit großer Geste offenbart haben. Paul Hörbiger verkündete der Führer bei anderer Gelegenheit Ähnliches, wie sich der Schauspieler in seinen Memoiren *Ich hab' für euch gespielt* erinnerte: «Wissen Sie, wenn man die Sorgen eines Sechzig-Millionen-Volkes tragen muss, hat man oft das Bedürfnis auszuspannen. Am liebsten sehe ich da die Filme mit Ihnen, dem Rühmann, dem Moser und dem Lingen.»

Das sind Ritterschläge, die ihm nützen, wenn ihn andere verunglimpfen, die nichts von Kunst, aber viel von Verbrechen verstehen. Sie tönen dumpf bis ins letzte Dorf: «In den Mitteilungen Ihres Ortsverbandes finden wir … eine Sonderveranstaltung angekündigt, die ein Gastspiel Heinz Rühmanns bringt. Rühmann ist einer unwidersprochen gebliebenen Meldung des ‹Schwarzen Korps› zufolge mit einer Jüdin verheiratet und damit für die NS-Kulturgemeinde nicht tragbar.» Übel genommen wird ihm auch der enge

Kontakt zu Marias Bruder Otto Bernheim, der als Manager seine Theatertourneen organisiert und ansonsten als Generalbevollmächtigter bei Vertragsabschlüssen mit den Filmfirmen agiert. Noch im Juli 1934 wird Rühmann von der Reichsfachschaft Film aufgefordert, nicht mehr die Dienste seines Schwagers in Anspruch zu nehmen. Den Nazis sind Manager sowieso ein Dorn im Auge, jüdische erst recht. Diese Schmarotzer, tun nichts und kassieren viel Geld. Ein Verbot muss her, wozu ist die Reichsfilmkammer denn da! Schauspieler haben ihre Verträge gefälligst allein auszuhandeln.

Bei anderer Gelegenheit wird Rühmann mal wieder im *Stürmer* attackiert. Eine Berliner Textilfabrik, auf Herren- und Sportbekleidung spezialisiert, hat in Prospekten mit Fotos des Schauspielers für ihre Produkte geworben. Das klingt erst einmal harmlos, stellt aber aus Sicht der Journalisten eine Ungeheuerlichkeit dar. Denn das Unternehmen gehört einem Juden. Sofort werden dem Schauspieler persönliche Kontakte unterstellt, von denen er selbst gar nichts weiß. Ein Fotograf hatte die Fotos ohne sein Wissen verkauft, um sich ein paar Mark dazuzuverdienen.

Stärkere Geschütze fährt später, Anfang der vierziger Jahre, ein gewisser Peter Paul Brauer auf, überzeugtes NSDAP-Mitglied und zeitweise Produktionschef der Terra. Bei einer Produktionsbesprechung mit Goebbels zieht er über Rühmann her: der wolle seinen Vertrag angeblich nicht verlängern, den würde es ins Ausland ziehen. Und mit dem deutschen Gruß sei das bei dem auch so eine Sache, nie habe er ihn mit erhobenem Arm gesehen. Ja, und das Auto, wieso könne er das noch fahren, wo den Sprit doch die Wehrmacht braucht. Ein Pony füttert er außerdem noch durch, wo besorgt er sich das Futter, Lebensmittelkarten dafür gibt es nicht. Ganz zu schweigen von seinen Kontakten zu jüdischen Personen. Das sind schwerwiegende Vorwürfe, die müssen natürlich untersucht werden, die kann auch Goebbels nicht einfach unter den Tisch kehren. Jedenfalls muss er vor den anderen so tun, als ob. Im Grunde aber ist er weniger über Rühmann erzürnt, sondern über den Denunzianten, weil der seinen Laden offenbar nicht in den Griff bekommt. Also macht er sich auch nicht selber die Hände schmutzig, darum soll sich mal Fritz Hippler von der Filmabteilung des Ministeriums kümmern. Das macht der dann auch, lädt Rühmann zu einem Gespräch vor und hört sich an, was der zu sagen hat. Schon zwei Tage später ist die Sache aus der Welt. Der Herr Minister lässt grüßen, und alles Gute noch für den nächsten Film.

Rühmann wird angezählt, aber er kommt mit einem blauen Auge davon; dafür ist er zu berühmt, seine amüsanten Filme den Machthabern zu wichtig, um das Volk bei Laune zu halten – so lange, bis alles vorbei ist. Seinerseits wird er sich später, wenn wirklich alles vorbei sein wird, bei Hippler revanchieren, ihm einen Persilschein ausstellen für diejenigen, die feststellen sollen, ob Hippler an den Machenschaften des braunen Regimes beteiligt war. Irgendwie schon, gezwungenermaßen, aber nicht so richtig, wird ihm Rühmann bescheinigen, er habe sich vor allem als Mensch mit Herz gezeigt in einer so unmenschlichen Zeit.

Damit ist Heinz Rühmanns anfängliche Stellung im Filmbetrieb des Dritten Reiches umrissen, das Rätsel um seine Ehe mit Maria Bernheim aber noch nicht geklärt. Im Gegenteil, mehrere Schriftstücke, die er im Januar und Februar 1946 für die Entnazifizierungskommission verfasste und die im Bundesarchiv Berlin aufbewahrt werden, werfen neue Fragen auf. Rühmann berichtet darin, dass er bereits 1933 Goebbels aufsuchte und ihn um Schutz für seine Frau bat. Der habe ihm jedoch mitgeteilt, dass er sich mit dem Gedanken vertraut machen solle, sich von seiner Frau trennen zu müssen. Bei der Jahresangabe muss er sich geirrt oder verschrieben haben. Eine Bestätigung für den genannten Zeitpunkt gibt es nicht, Goebbels vermerkte in seinem Tagebuch erst drei Jahre danach ein solches Treffen. Rühmann beschreibt dann, wie er und seine Frau beschlossen, nach Österreich auszuwandern, weil sie dort sicherer sein würden. Aus diesem Grund seien sie zu ihrem damaligen Steuerberater gefahren, der in Unterach am Attersee lebte und dort eine Pension betrieb. Bereits vor ihrem Eintreffen habe der sie bei der Gemeinde polizeilich gemeldet. Während des Aufenthalts habe Rühmann dann ein Grundstück in der Nähe des Ortes Weyregg erworben und mit einem Architekten aus Ischl Vorabsprachen zu einem beabsichtigten Hausbau getätigt. Außerdem sei er beim zuständigen Finanzamt in Sankt Pölten vorstellig geworden, um sich als neuen Steuerzahler anzumelden. Was er nicht erwähnte: Die Umzugspläne existierten lange vorher. Als in Deutschland die Nazis an die Macht kommen, wohnen das Ehepaar Rühmann und Marias Bruder Otto Bernheim bereits in Österreich. Auch besagtes Grundstück gehört ihnen schon. Rühmann weilt allerdings nur sporadisch in seinem neuen Domizil, da er die meiste Zeit Filmverpflichtungen nachkommt und die Beziehung zu Maria ohnehin emotional abgekühlt ist. Während eines Berlinaufenthaltes in der zweiten Jahreshälfte 1933 holt ihn dann die Vergangenheit ein. Rühmann erhält eine Vorladung der Zollfahndung und erfährt, dass die Ermittler eine Strafakte über ihn angelegt haben. Es liegt sogar ein Haftbefehl gegen ihn vor, die Vollstreckung kann sein Anwalt im letzten Moment verhindern, er kommt mit einer Geldstrafe davon. Ihm wird die Aushändigung inländischer Zahlungsmittel an einen Ausländer ohne Devisengenehmigung zur Last gelegt. Klingt nach komplizierten Geldtransaktionen, heißt aber nichts anderes, als dass er die Arbeit seines in Österreich lebenden Steuerberaters Hans Jannsen mit Reichsmark vergütete, ohne eine vorgeschriebene Devisengenehmigung dafür zu besitzen. Die fehlte ihm auch für die viertausend Schilling, die er zum Kauf des Baugrundstücks am Attersee verwendete. Die beanstandeten Straftaten – Zahlungen an Jannsen erfolgten mehrmals – soll er 1931 und 1932 begangen haben, also bevor Deutschland von den Nazis regiert wurde, was ebenfalls seiner Geschichte vom späteren Fluchtversuch aus Deutschland widerspricht. Das Urteil wird am 8. März 1934 gesprochen und unter dem Aktenzeichen L.33 C 234/34 abgeheftet. Rühmann muss 13 500 Reichsmark zahlen. Das ist viel, für ihn aber leicht aufzubringen und immer noch besser als Gefängnis. Eine Haftstrafe hätte womöglich das Ende seiner Karriere bedeutet.

Österreich ist danach nicht tabu für ihn; mit *Frasquita*, *Der Himmel auf Erden*, *Eva* und *Ungeküsst soll man nicht schlafen gehen* dreht er kurz hintereinander vier Filme für Wiener Produktionsfirmen. Später wird er neue Angebote annehmen, nicht aus politischen Gründen, sondern weil es in Deutschland angeblich gerade keine guten Stoffe für ihn gibt. Einige dieser Offerten kommen von dem jüdischen Produzenten Oskar Glück. Österreich gehört noch nicht zum Deutschen Reich, da darf so einer noch arbeiten. Aber nicht mehr lange. Die Herren in Berlin finden das jetzt schon nicht gut. Muss einer wie Rühmann ausgerechnet einem Juden sein Auskommen sichern? Bevor sie ihm das übel nehmen, kehrt der Star lieber in seine Heimat zurück.

In den erwähnten Unterlagen findet sich noch ein bemerkenswerter Passus. Darin schreibt Rühmann: «... ich habe die Ehe, um meine Frau zu schützen, bis 1938 aufrecht erhalten». Er schildert die Hetzkampagnen in den Naziblättern und welche Konsequenzen er daraus zog: «Da ich in einer derartigen Situation meiner Frau nicht mehr genügend Schutz und Sicherheit bieten konnte, ließ ich mich scheiden (...) meine Frau hatte jetzt die Möglichkeit, einen Schweden (...) zu heiraten; sie wurde Schwedin.» Ganz so heroisch waren seine Beweggründe dann doch nicht. Anders wird ein Schuh daraus: Nach mehreren kurzen Affären begegnet Rühmann einer jungen Schauspielerin, die sein Herz in Aufruhr bringt. Zuerst fallen ihm die großen dunklen Augen auf, die so herrlich verträumt dreinblicken können, dann das verführerische Lächeln. Gilt es ihm, macht sie ihm Avancen?

Leny Marenbach ist keine oberflächliche Schönheit, wie sie kein oberflächlicher Mensch ist, ihre Gesichtszüge verraten Charakter. Sie himmelt den berühmten Schauspieler nicht an wie ein selbstvergessener Teenager, aber sie zeigt Interesse. Rühmann ist fasziniert von ihr. Diesmal ist es keine oberflächliche Liebelei, kein Zeitvertreib wie in anderen Fällen davor, das merkt er schnell, diesmal sind seine Gefühle stärker. Aus anfänglicher Sympathie entwickelt sich Zuneigung und daraus Liebe. Vielleicht ist es sogar das erste Mal, dass er wirklich spürt, wie sich das anfühlt. Die neue Frau an seiner Seite ist fast sechs Jahre jünger als er, also achtundzwanzig, als sie sich im Frühjahr 1936 begegnen. Beide sind als Hauptdarsteller für den Film *Wenn wir alle Engel wären* engagiert. Rühmann ist der Star, sie die Anfängerin – es ist erst ihre zweite Filmarbeit.

Als Schauspielerin am Theater ist sie nicht so unerfahren, sie gehörte unter anderem zum Ensemble der Schauspielhäuser in Zürich und München. Das erste Gesprächsthema findet sich schnell, wie Rühmann stammt auch Helene Mank – so ihr Geburtsname – aus Essen an der Ruhr. Nachdem sie dort das Lyzeum abschloss, zog es die Kaufmannstochter zur Schauspielerei, sie nahm Sprech- und Gesangsunterricht. Nach der Hochzeit mit einem Schweizer wechselt ihre Staatsbürgerschaft, wodurch sie nur mit Sondererlaubnis im Deutschen Reich auftreten und filmen darf. Das stellt aber kein Problem dar, da sie arischer Abstammung ist und das auch nachweisen kann. Solche Schweizer sind den Nazis noch immer willkommen. Unmittelbar vor Beginn der Filmarbeiten beantragt sie der Vorschrift gemäß den Beitritt zur Reichsfachschaft Film, sie wird als Fachdarstellerin aufgenommen und erhält die Mitgliedsnummer 8719 zugeteilt. Als Adresse gibt sie in Berlin-Wilmersdorf den Hohenzollerdamm 36 an. Das ist zu dieser Zeit auch der Wohnsitz von Heinz Rühmann, aber nicht der einzige.

Der Sommer zeigt sich 1936 von seiner besten Seite. Das erleichtert die Dreharbeiten in dem idyllischen Moselort Beilstein. Als die Filmleute anrücken, laufen die Einheimischen zur Begrüßung an die Hauptstraße, sie wollen die Stars leibhaftig sehen. Der Dicke, ist das nicht Will Dohm? Harald Paulsen entdecken sie, Lotte Rausch, Hans Herten und den Regisseur Carl Froelich, auch so eine Berühmtheit. Heinz Rühmann lässt sich kaum blicken, er erscheint zum Dreh und verschwindet danach gleich wieder. An den habe man sich gar nicht rangetraut, der wirkte so arrogant, erzählt Hilde Löllmann, die – damals zehnjährig – mit anderen Kindern aus dem Ort eine kleine Statistenrolle erhält. In einer Szene tragen die Steppkes Harald Paulsen Kartons auf ein Schiff hinterher. Sieben-, achtmal laufen sie denselben Weg, dann ist der Regisseur mit der Einstellung zufrieden. Die Kleinen übrigens auch, jeder von ihnen bekommt ein Fünfmarkstück. Eine größere Rolle, allerdings nicht im Film, spielt Hildes Onkel Josef Löllmann, der die Gastwirtschaft Gute Quelle betreibt, die sich gleich rechts am Ortseingang befindet. Seine gute Küche spricht sich unter den Filmleuten schnell herum, vor allem die Techniker nehmen hier regelmäßig ihre Mahlzeiten ein. Den größten Auftritt hat er immer dann, wenn er vom Angeln an der Mosel mit einem stattlichen Hecht zurückkehrt, für die Großstädter eine kleine Sensation. Während die technische Crew im örtlichen Hotel Lippmann unterkommt, sind für die meisten Schauspieler Hotelzimmer im nahen Cochem reserviert. Auch Rühmann bezieht dort Quartier, an seiner Seite Leny Marenbach.

Die junge Liebe muss ihre erste Probe bestehen, allerdings nur vor der Filmkamera. Rühmann, der einen frisch verheirateten Kanzleivorsteher vom Dorf spielt, gerät auf dem Weg nach Köln in das sündige Nachtleben der Großstadt. Als er am nächsten Tag aufwacht, findet er sich in einem fremden Hotelzimmer wieder und neben sich eine schöne Frau, die er ebenfalls nicht kennt. Er ahnt, was geschehen sein muss, und verschwindet, ohne die fälligen Kosten für die Liebesnacht zu hinterlassen. Das passt seiner Bettpartnerin natürlich nicht; um nicht ganz ohne Gewinn dazustehen, lässt sie die Bettwäsche des Hotels mitgehen. Den Diebstahl schreibt man dort nicht ihr, sondern dem Beamten von der Mosel zu und erstattet Anzeige gegen ihn. Fast zur gleichen Zeit kommt Rühmanns Ehefrau, also Leny Marenbach in der Rolle der Jungvermählten, in Versuchung und gibt dem Drängen ihres italienischen Gesangslehrers nach. Der fühlt sich zu ihr hingezogen und lädt sie zu einer romantischen Bootsfahrt auf der Mosel ein. Zum Äußersten kommt es hier jedoch nicht, die junge Frau zieht sich rechtzeitig aus der Affäre. Trotzdem lebt sie von nun an mit einem schlechten Gewissen, ihr Gatte nicht minder. Das Eheglück gerät in Gefahr, bis sich zu guter Letzt doch alles einrenkt – die Zuschauer verlangen schließlich nach einem Happy End. Doch ehe danach abgeblendet wird, tritt noch einmal der Kanzleivorsteher vor die Kamera und spricht: «Wenn wir alle Engel wären, dann hätten die Zeitungen nichts zu schreiben, die Zungen nichts zu reden, die Obrigkeiten nichts zu ordnen, Staatsanwälte und Dichter gingen stempeln, und man stürbe vor Langeweile. Es ist erwünscht, dass jeder einmal über die Stränge schlägt – natürlich in allen Ehren und so weit Platz vorhanden. Dann ist die Welt lustig, und es lässt sich leben.» Würde das Drehbuch nicht ausgewiesenermaßen von Heinrich Spoerl stammen, der auch *Der Gasmann* und *Die Feuerzangenbowle* schrieb – die Sätze hätte sich Heinz Rühmann ausgedacht haben können. Eine treffende Erklärung für sein privates Leben. Aber davon wissen die Zuschauer ja nichts, sollen sie auch gar nicht. Die erste Abhandlung über ihn wird erst vier Jahre später erscheinen, *Heinz Rühmann – Der Weg eines Humoristen*, eine kleine Broschüre, die zehn Pfennig kostet, im Inhalt dem Privaten des Künstlers ungefähr so nahe kommt wie die Sonne dem Mond.

Der moralische Zeigefinger passt aber auch so bestens in die Zeit. Man kann ja mal vom Weg abkommen, aber bitte nur bis zum Straßenrand! Nicht nur Goebbels ist angetan. «So ein süßes und freches und doch streng moralisches Filmlustspiel kann nur Carl Froelich hervorzaubern», säuselt einer der Kritiker. Was für das Publikum ein Lacherfolg, ist für die Filmprüfstelle der Nazis eine ernste Sache. Den Männern, die sich wichtig fühlen, geht es nicht um schnöde Unterhaltung, sie führen mehr im Schilde. Daraus muss sich doch was machen lassen, die Leute sollen sehen, dass der Rühmann auf unserer Seite steht. Also verleihen sie dem Film nicht nur irgendein Prädikat, das höchste muss es sein: «staatspolitisch und künstlerisch besonders wertvoll»! Die Anerkennung wird von einem Kritiker der *Licht-Bild-Bühne* ideologisch flankiert, der das Wesen der neuen Macht erkannt zu haben glaubt: «Wo gibt es in der ganzen Welt noch eine Regierung, die den belohnt, der das Lachen lehrt und das Schmunzeln schenkt? Wo gibt es noch Verwaltungen, Behörden, Staatsmänner und Parteimänner, die sich nicht scheuen, dies öffentlich zu bekunden? Damals, vor drei Jahren, dachten viele in Deutschland, dass es nun mit dem Lachen vorbei sei. Ja, mit diesem Lachen war es auch vorbei! Mit dem schmierigen und widerlichen Gegrinse, das aus Nacktrevuen geiferte, das aus den Zoten sprang, die man in Buntbühnen hören konnte. Der Witz jener Tage war gekrampft, der Humor war glitschig, die lustige Laune war Zweideutigkeit. Im neuen Deutschland kann man wieder lachen!» Das sollte für den Regisseur Carl Froelich nicht das einzige Lob bleiben. Goebbels hat Großes mit ihm vor. Zweieinhalb Jahre später ernennt er ihn zum Präsidenten der Reichsfilmkammer und zum Reichskultursenator.

Im gleichen Sommer reisen Rühmann und Leny Marenbach mit dem Auto nach Ahrenshoop, sie wollen ein paar Tage ausspannen. Das kleine Dorf an der Ostseeküste ist eine Oase der Ruhe, zweihundertachtzig Einheimische leben hier. Es liegt auf einer schmalen Landzunge zwischen den Dünen auf der Meerseite und dem Bodden auf der dem Land zugewandten Seite. Eine Straße führt quer durch den Ort, am Ende verliert sie sich in einem Waldstück. Gustav Jaenecke, der berühmte Eishockeyspieler, hatte ihnen die Reise empfohlen und ein Zimmer für sie gebucht. Ein Geheimtipp war es nicht, Ahrenshoop ist in Künstlerkreisen bekannt, vor allem Maler haben sich hier niedergelassen in kleinen reetgedeckten Häusern. Die Landschaft bietet ihnen ausreichend Motive. Jaenecke buchte das Quartier in der Pension Seezeichen auf seinen Namen. Eine Überraschung, als statt seiner das Schauspielerpärchen vorfährt. Die beiden seien in einem großen Cabriolet angekommen, daran kann sich Johanna Matz noch genau erinnern. Auf dem Rücksitz habe ein Hund gesessen, den sie Peterle riefen. Ihr Großvater Fritz Knecht, dem das Ferienquartier gehört, empfängt seine Gäste und merkt schnell, dass Rühmann kein Aufsehen wünscht. Er sei sehr zurückhaltend gewesen, fast scheu. Vor einer Frau, die in einer benachbarten Pension logierte und ihn eines Tages im Garten erspähte, sei er regelrecht geflüchtet. Am liebsten habe er die Zeit allein mit seiner aparten Begleiterin verbracht. Sie spazieren am Strand entlang, manchmal legen sie sich in den feinkörnigen Sand oder gehen zum Schwimmen ins Wasser. Sie tragen einen Fotoapparat bei sich und schießen gegenseitig Bilder voneinander. Einmal Leny in langer Hose, mit Zigarette und vornehmem Mundstück, ganz elegante Dame, die kühl in die Kamera lächelt – klick. Dann Heinz am Wasser, wie er gerade die Badehose hochzieht, zu hoch, erwischt – klick. Leny Marenbach wird die Schwarzweißaufnahmen in ein Album kleben und beschriften. «Fahrt nach Ahrenshoop 1936» steht unter dem ersten Foto. Es werden noch andere

Schnappschüsse dazukommen in den nächsten Jahren. Noch einmal aus Ahrenshoop, dann werden sie bei der Familie Wegscheider logieren, andere sind in Italien aufgenommen und in Paris. Eines ihrer liebsten Fotos stammt aus Monte Carlo. Es zeigt sie mit Rühmann, wie beide am Strand eng beieinander in Badekleidung auf einer Decke liegen. Ein Dokument flüchtigen Glücks.

Es ist eine intensive Beziehung und vor allem eine temperamentvolle. Leny Marenbach gibt sich exaltiert, gelegentlich reagiert sie aufbrausend, für Rühmann ist sie anstrengend. Sie ordnet sich nicht einfach unter, wie er das gewohnt ist. Sie setzt ihren Kopf durch, hat eigene Ziele, sie will Karriere machen. Nachdem der Mosel-Film so einschlägt, muss sie sich darum nicht sorgen. Die besitzt Potenzial, die können wir zu einem Star aufbauen, glauben die Produzenten und tragen ihr genügend neue Rollen an. Doch ihre größten Erfolge erringt sie an der Seite von Heinz Rühmann.

Schon die nächste gemeinsame Filmarbeit zeigt es wieder. Das Projekt erweist sich als cleverer Schachzug, gleichzeitig als Unternehmen mit Hindernissen. *Der Mustergatte* soll auf die Leinwand gebracht werden, Rühmanns Erfolgsstück auf der Bühne, das er schon über zweihundertmal aufgeführt hat und das zu einem Markenzeichen für ihn geworden ist. Vielleicht fühlt er sich deshalb berufen, die Sache mit dem Film besonders ernsthaft zu betreiben. Bei seinem *Mustergatten* darf einfach nichts schief gehen. Die ersten Drehbuchentwürfe lehnt er ab, schließlich setzt er sich selbst mit an die Arbeit. Der geplante Drehtermin muss trotzdem verschoben werden. Als es endlich so weit ist, übernimmt Rühmann die künstlerische Oberleitung. Er besteht auf einer hochrangigen Besetzung. Neben ihm und Leny Marenbach kommen Hans Söhnker, Werner Fuetterer und Heli Finkenzeller in den wichtigsten Rollen zum Einsatz. Offiziell wird Wolfgang Liebeneiner mit der Regiearbeit betraut, auch das legt Rühmann fest, beim Drehen aber hat er das Sagen. Er kennt das Stück am besten, weiß, an welcher Stelle Übertreibung angebracht ist und wo Zurückhaltung, wie die Pointen am wirkungsvollsten zu setzen sind. Der Erfolg gibt ihm Recht, die Premierenfeier im Berliner Gloria-Palast ist eine Orgie des Jubels, Beifall über Beifall und ein Meer von Blumen für die Darsteller. Ein echter Rühmann! Nie war er besser!

Das wird Leny Marenbach bald nicht mehr sagen. Aber erst einmal drehen sie noch einen dritten Film zusammen, der in der Publikumsgunst den anderen nicht nachsteht. In *Fünf Millionen suchen einen Erben* übernimmt Rühmann seine erste Doppelrolle. Er spielt gleichzeitig Peter Pitt und dessen Neffen Patrick, die sich um die Erbschaft ihres verstorbenen Onkels aus Amerika reißen und jeweils allerhand miese Tricks versuchen, um dem anderen zuvorzukommen. Der Film wird ein Kassenschlager, ein neuer Rühmann-Erfolg. Dass ausgerechnet dieser Film in Erinnerung bleibt, liegt vor allem an einem Lied, das Rühmann mit nölig näselnder Stimme vorträgt, ein bisschen schüchtern, ein bisschen verlegen, ein bisschen verzweifelt: «Ich brech' die Herzen der stolzesten Frauen, weil ich so stürmisch und so leidenschaftlich bin, mir braucht nur eine ins Auge zu schauen, und schon is se hin …» Das Lied wird zu einem berühmten Schlager, der bald an jeder Ecke zu hören ist. Dabei ist Rühmann wahrlich kein begnadeter Sänger, aber in diesem Fall wirkt er gerade durch sein Unvermögen besonders echt. Jeder kann dieses Lied singen, bei jedem klingt es anders, aber immer irgendwie gut. «Ich hab bei Frauen so schrecklich viel Glück, das ist kein Wunder, denn mein Sternbild ist der Stier, mein Blut ist Lava, und das ist mein Trick, das liebt man an mir …»

Darüber können die Menschen im Kinosaal schmunzeln, darüber können sie lachen, das lenkt sie ab. Wo ihnen ansonsten doch jede Freude vermiest wird von diesem Hitler und seinen alles überwachenden Regimegetreuen. Längst zeigen die Nazis ihr wahres Gesicht. Der Führer lässt die deutsche Wehrmacht in Österreich einmarschieren, nachdem er in Wien eine braune Regierung erzwungen hat, und bezeichnet es beschönigend als «Anschluss». Die Juden werden öffentlich als Untermenschen diffamiert, sie müssen Judensterne wie ein Kainsmal an ihrer Kleidung tragen und bekommen ein «J» auf die Lebensmittelkarten gestempelt und damit weniger Nahrung zugeteilt. Das trifft auch Rühmanns Ehefrau Maria, aber da kann er nichts tun für sie, er kann nur zahlen. Sie mietet sich unter falschem Namen in einem Münchner Hotel ein, er übernimmt die Rechnung, keine Frage, er kann es sich leisten. Er bekommt achtzigtausend Mark Pauschalhonorar für einen Film, über hunderttausend, wenn er am Drehbuch mitarbeitet, eine Spitzengage, nur wenige verdienen mehr. Zarah Leander natürlich, die ist unantastbar, sie kassiert 150 000 Mark pro Film, egal, ob sie gut oder schlecht ist, Hauptsache sie ist da. Emil Jannings stehen 25 000 weniger zu, dafür lässt er sich auch in Nazifilmen verheizen. Paula Wessely und Hans Albers bekommen 120 000.

Heinz Rühmann befindet sich auf dem Weg zum Gipfel seines Erfolges, Maria Bernheim im Tal der Verzweiflung, geplagt von schrecklicher Angst. Erst recht, nachdem in der Nacht vom 9. zum 10. November 1938 von Goebbels und Hitler angestachelte Nazihorden in blindem Hass durch die Städte ziehen, Synagogen und jüdische Gebetshäuser anstecken, die Wohnungen und Geschäfte von Juden verwüsten und über zwanzigtausend von ihnen überfallen, misshandeln, verhaften und in Konzentrationslager verschleppen.

Vier Tage danach titelt der *Film-Kurier*: «Juden dürfen keine Kinos mehr besuchen.» Und Goebbels erklärt, dass er mit dieser Verordnung einen endgültigen Trennungsstrich zwischen der Lebensgemeinschaft des deutschen Volkes und der jüdischen Bevölkerung zu ziehen gedenkt: «Es ist eine Entwürdigung unseres deutschen Kunstlebens, dass einem Deutschen zugemutet werden soll, in einem Theater oder Kino neben einem Juden zu sitzen!»

Es riecht nach Krieg in diesem Land, das Deutsche Reich ist ein Pulverfass, die Zündschnüre werden schon mal ausgerollt. Erst eine Verordnung zur Einführung der Dienstverpflichtung. Arbeiter dürfen ab sofort dort eingesetzt werden, wo die Regierung sie am nötigsten braucht – bald in der Kriegsindustrie. Dann eine gegen Wehrkraftzersetzung. Wer nur ein kritisches Wort gegen die nationalsozialistische Propaganda verliert, macht sich strafbar, dem droht Zuchthaus. Schon marschieren die deutschen Truppen wieder, erst ins Sudetenland, anschließend in die Tschechoslowakei. Die Zukunft heißt Großdeutsches Reich. Großmachtphantasien!

Heinz Rühmann plant seine eigene Zukunft. Sieht er nicht, was sich da zusammenbraut? Für rund hunderttausend Reichsmark erwirbt er in einer der schönsten Ecken von Berlin ein großzügiges Anwesen mit achtzig Jahre altem Baumbestand, fast ein Park. Von hier aus ist es nur ein Katzensprung bis zu den Filmstudios in Babelsberg, fünf Minuten mit dem Auto. Das Grundstück Am kleinen Wannsee 15 misst über dreitausend Quadratmeter, es liegt direkt am Ufer des Sees und verfügt über einen eigenen Bootssteg. Dort wird bald ein Motorboot mit edlem Mahagonirumpf und schnellem Maybachmotor festmachen. Am Bug lässt Rühmann in weißer Schrift den Namen «Heinz» anbringen, darüber flattert eine Hakenkreuzfahne, das ist Vorschrift. Auch Leny Marenbach meldet sich an ihrer alten Adresse ab. Sie zieht mit in das 24 Meter lange Haus, das eher einer Villa gleicht, über eine Wohnfläche von fast zweihundert Quadratmetern verfügt und aus finnischem Holz errichtet wurde. Rühmann und Marenbach legen Wert auf eine geschmackvolle Einrichtung, am Geld mangelt es ja nicht. Die Wände werden mit Seidentapeten versehen, die Zimmer mit antiken Möbeln eingerichtet, regelmäßig sorgt eine Putzfrau für Sauberkeit. In dem Haus ist noch Platz für einen Dritten, Fred Pinkus, der auch den Kauf des Hauses eingefädelt hatte. Es gehörte einem jüdischen Kaufmann, der emigrieren musste. Nach dem Krieg werden sich dessen Angehörige melden und beklagen, dass der Käufer die Notsituation schamlos ausgenutzt und einen zu niedrigen Preis erpresst habe.

Pinkus führt dem Hausherrn die Geschäfte und fungiert gelegentlich als dessen Chauffeur. Wenn Gäste zu Besuch kommen, übernimmt er die Bewirtung. Die beiden Männer haben sich 1934 kennen gelernt, damals schloss Pinkus für die Versicherungsaktiengesellschaft *Allianz und Stuttgarter Verein* mit Rühmann eine kombinierte Haushaltsversicherung gegen Feuer- und Einbruchdiebstahlschäden ab. Als Pinkus seinen Direktorenposten aufgeben musste, weil er Jude ist, kam er bei dem Schauspieler unter. Der zahlt ihm monatlich eintausend Reichsmark für seine Dienste. Bis zum März 1939, dann flüchtet Pinkus ins Ausland, weil es ihm zu gefährlich wird.

Die Jüdin Maria Bernheim harrt in Deutschland aus. Zu gern würde sie den Worten ihres Mannes glauben. Solange sie seine Frau sei, hat er gesagt, würden sie ihr nichts antun. Er sei zu berühmt, das würde der Regierung schaden. Noch lieber würde sie von ihm hören, dass Schluss ist mit den Seitensprüngen, dass er sich alles nochmal überlegt habe und bereit sei, mit ihr ins Ausland zu gehen. Heinz Rühmann will dies aber nicht, er liebt eine andere. Und er denkt an eine neue Hochzeit, das Leben in wilder Ehe behagt ihm nicht, er wünscht sich klare Verhältnisse. Doch heiraten kann er nur, wenn er sich von Maria scheiden lässt. Er hat ihr viel zu verdanken und würde sie nicht einfach ihrem Schicksal überlassen. Noch schützt sie der gemeinsame Name; als Maria Bernheim, geschiedene Rühmann, wäre sie jedoch in diesem Land nichts mehr wert, nur noch Freiwild, die Judenhasser warten schon. Rühmann entsinnt sich der Worte Görings. Was hatte der damals gesagt? Er solle sie mit einem neutralen Ausländer verheiraten, dann sei sie sicher.

Am 19. November 1938 werden Heinz Rühmann und Maria Bernheim dann doch durch ein Urteil des Berliner Landgerichts rechtskräftig geschieden. Nach der nicht öffentlichen Verhandlung kann damit die Akte der Familiensache 281 R 479/38 geschlossen werden. Wenige Tage später setzt Rühmann die Reichsfilmkammer davon in Kenntnis. Der zuständige Beamte leitet die Nachricht umgehend an das Reichsministerium für Volksaufklärung und Propaganda weiter. Das Schreiben wird mit einem Nachsatz versehen: «Ich bitte, die Rühmann erteilte Sondererlaubnis zu widerrufen, damit er als ordentliches Mitglied in meine Fachschaft Film aufgenommen werden kann.» Goebbels' Leute kommen dem Begehren gern und zügig nach, sie lassen den Filmschauspieler von der so genannten Judenliste streichen. Jetzt ist er einer von uns, denken sie.

Maria Bernheim aber ist noch nicht in Sicherheit. Das wird erst mit Teil zwei des Rühmannschen Plans erreicht, der im folgenden Frühjahr in die Tat umgesetzt werden soll.

Es ist anzuerkennen, dass er sich derart intensiv um Marias Zukunft kümmert. Andere in seiner Situation beweisen nicht so viel

Charakter und überlassen ihre jüdischen Partner sich selbst und den tödlichen Gefahren des Hitlerregimes. Nur wenige legen so viel Hartnäckigkeit an den Tag wie Hans Moser, der sich nicht von seiner Frau trennen will. Er bringt sie erst nach Zürich, dann nach Budapest, wo sie sicherer ist. Moser erwirkt eine Devisenausfuhrgenehmigung bei Goebbels und besucht sie regelmäßig in ihrem Exil.

Bei Rühmann liegt der Fall anders. So uneigennützig ist sein Verhalten nämlich nicht. Er strebt eine schnelle Scheidung an, um selbst wieder heiraten zu können. Aber diese Tatsache hat er später stets verschwiegen. Nur mit seinen besten Freunden sprach er darüber, und das waren nach 1945 sehr wenige. Gyula Trebitsch gehörte dazu, der erfolgreiche Filmproduzent aus Hamburg. Rühmann habe ihm bei einem privaten Treffen einmal offenbart, dass er die Scheidung von seiner ersten Frau wollte, weil er sich in eine andere verliebt hatte. Das sei der eigentliche Grund für diesen Schritt gewesen. Alle Welt glaubte, dass Rühmann mit der neuen Liebe Hertha Feiler meinte, die junge Schauspielerin aus Wien, die er 1938 für den Film *Lauter Lügen* verpflichtet, bei dem er das erste Mal als Regisseur in Erscheinung tritt. Obgleich sie später seine zweite Ehefrau werden sollte, ist es wahrscheinlicher, ja sicher, dass es sich um Leny Marenbach handelt, die zu der betreffenden Zeit noch mit ihm zusammenlebt. Im Dezember 1938, also nach der Scheidung, gibt sie jedenfalls bei einem Schriftverkehr mit ihrer Bank als Adresse Rühmanns Haus Am kleinen Wannsee 15 an.

Folgt man den Erinnerungen der Schauspielerin Margot Hielscher, kommt man ebenfalls zu diesem Schluss. Nach ihrer Darstellung gehört sie Anfang 1939 zum engsten Freundeskreis von Heinz Rühmann, der eine besondere Affinität zu ihr entwickelt. Das erste Mal begegnen sie sich in der Kostümbaracke der Ufa auf dem Filmgelände in Babelsberg. Margot Hielscher ist zwanzig Jahre alt, sie hat die Ausbildung als Kostümbildnerin beendet und für einen Probemonat bei der Filmfirma angeheuert. Eines Tages, sie arbeitet gerade an ihrem Zeichenbrett, steht Rühmann plötzlich hinter ihr. Er sieht auf die Zeichnung und sagt: «Hübsch, was Sie da machen. Wer wird denn das tragen?» Sie dreht sich um und antwortet, dass die Kostüme für Brigitte Horney seien, die gerade den Film *Der Gouverneur* dreht. Rühmann ist angetan, von der jungen Frau und ihrer Arbeit gleichermaßen. Er redet nicht lange herum, Fachkräfte kann er für seine Firma gut gebrauchen, wenn die auch noch hübsch sind, umso besser. Er leitet eine eigene Produktionsgruppe bei der Terra, sein Büro befindet sich auf dem Ufa-Gelände, nur ein paar Schritte entfernt.

Noch vor Ende der Ufa-Probezeit erhält Margot Hielscher ihren ersten Vertrag bei der Terra. Und ausreichend Arbeit, der Film *Paradies der Junggesellen* muss vorbereitet werden. Die Frage der Garderobe für die Hauptdarsteller Heinz Rühmann, Hans Brausewetter und Josef Sieber ist geklärt, sie soll sich um die Kostüme der Darstellerinnen kümmern. Die Arbeit geht zügig voran, nur einmal taucht ein Problem auf, das kompliziert zu werden scheint. In einer Szene sollen die drei Männer mit einer Modelleisenbahn spielen. Das hatten sich Drehbuchautor und Regisseur so schön vorgestellt, aber es wird wohl nichts. Die Spielzeugbahn, die der Requisiteur beschaffte, erweist sich als ungeeignet. Kameramann Carl Drews schüttelt den Kopf: Die Züge sind zu klein, die sieht man kaum auf dem Bild. Es folgt Margot Hielschers großer Auftritt. Sie entsinnt sich, dass ihr Vater eine größere im Keller stehen hat. Viel Ahnung besitzt sie nicht von solchen Dingen, aber sie weiß, dass es eine Märklin ist, Spur eins vermutlich, das größte Modell. Die hatte ein jüdischer Kunde des Bankhauses, in dem ihr Vater einst arbeitete, zurückgelassen, als er aus Deutschland fliehen musste. Die Einstellung ist gerettet, mit der Bahn eines Juden, wenn Goebbels das wüsste. Und Rühmann ist ziemlich scharf auf die Spielzeugeisenbahn. Soll sie wieder im Keller von Vater Hielscher verstauben? Er hat eine bessere Idee. Auf dem Dachboden seines Hauses sei ausreichend Platz, um sie in voller Größe aufzubauen. Also, wenn der Vater nichts dagegen habe. Allerdings nur unter einer Bedingung, er müsse regelmäßig vorbeikommen, damit sie auch damit spielen könnten. Eine Zeit lang fährt Vater Hielscher fast jeden Sonntag zu Rühmann nach Wannsee hinaus.

Überhaupt entwickelt sich zu der Familie ein recht vertrauensvolles Verhältnis, besonders Margot scheint es ihm angetan zu haben. Sie habe sehr deutlich gespürt, wie stark er sich zu ihr hingezogen fühlte. Rühmann macht auch keinen Hehl daraus. Wenn er im Kleinen Haus des Staatstheaters in dem Stück *Der Bridgekönig* auftritt, bittet er sie manchmal, in seiner Garderobe auf ihn zu warten; fühlte er sich einsam, lädt er sie zu sich nach Hause ein. Er bietet ihr sogar an, ihn zu duzen, eine Geste, mit der er äußerst sparsam umgeht.

Es müssen turbulente Zeiten für seine Herzensangelegenheiten gewesen sein. Da ist seine Freundin Leny, aber die Beziehung kriselt; dann die Geschichte mit seiner Frau, für die er nur noch Freundschaft empfindet. Hertha Feiler lernt er auch bald kennen, aber die wahrt noch Distanz. Und dann Margot, das junge Ding, das ihm ein guter Freund ist. Oder doch vielleicht mehr? Auf jeden Fall gehört sie zu den Ersten, die davon erfahren, dass sich Rühmann und Marenbach getrennt haben: «Er kam eines Tages zu mir und war ganz schön geknickt. Dann erzählte er mir, dass Frau Marenbach ihn verlassen hätte. Als sei das nicht furchtbar genug, habe sie in ihrer Wut auch noch sämtliche Teile der Badeinrichtung abmontiert.»

Margot Hielscher gibt sich verständnisvoll und begleitet ihn bei seinem Einkauf in einem Sanitärgeschäft; er muss die fehlenden Teile ersetzen, ehe sich der nächste Besuch einstellt. Von da an treffen sich die zwei noch häufiger. Sie besucht ihn in seinem Haus, manchmal bringt sie ihre Schwester mit. Meistens sind ohnehin Gäste bei ihm, befreundete Regisseure, darunter Carl Froelich, Heinrich Spoerl, der Schriftsteller und Drehbuchautor, ein Produktionsleiter der Terra, ein gewisser Herr Kiekebusch, den alle nur Kieke nennen, gelegentlich der Fliegerheld Ernst Udet und Schauspielerkollegen, Paul Hörbiger zum Beispiel. Die Mahlzeiten fallen nicht üppig aus, auch Rühmann muss mit Lebensmittelkarten wirtschaften, mal eine Kartoffelsuppe, mal eine aus Weißkohl, Fleisch kommt selten auf den Tisch. Größer ist der Vorrat an alkoholischen Getränken, da langen alle kräftig zu. Rühmann ist am Ende solcher Abende meist betrunken, die anderen sind es auch.

Noch jemand will die Trennung Leny Marenbachs von Heinz

Rühmann aus nächster Nähe verfolgt haben, Lida Baarova, die Schauspielerin und Goebbels-Geliebte. Sie sei dem Schauspieler Anfang 1937 bei einer Künstlersammlung für die Deutsche Winterhilfe das erste Mal begegnet, berichtet sie in ihrer Biographie *Die süße Bitterkeit meines Lebens.* «In dem ganzen Rummel schaute Rühmann mehrere Male zu mir herüber und schmunzelte. Ich lächelte zurück, und dann kam er auch schon zu mir (...) Privat hatte er eine herzliche und aufrichtige Art an sich. Obwohl er eine gewisse Scheu davor zeigte, mit Menschen in Kontakt zu treten, waren wir uns sofort sympathisch und telefonierten nach diesem ersten Zusammentreffen häufig miteinander. Ich war froh darüber, dass es in einer Welt, in der man fast schon niemandem mehr wirklich trauen konnte, einen Menschen gab, der die Herzlichkeit und Wärme noch nicht verloren hatte und dem ich mich anvertrauen konnte. Ich gebe zu – ich hatte mich sogar ein wenig in Rühmann verliebt.» Diesem Gefühl habe sie sich angeblich nicht mit letzter Konsequenz hingegeben, da sie fürchtete, Goebbels könnte es erfahren und dem Verehrten Schaden zufügen. Außerdem sei Rühmann ja mit Leny Marenbach eine Affäre eingegangen. «Diese währte jedoch nur so lange, bis die Marenbach, die außerordentlich temperamentvoll veranlagt war, bei einem heftigen Streit Rühmann mit einem Gegenstand am Kopf traf und ihn leicht verletzte. Rühmann rief mich an, und ich verarztete ihn (...) Ich tröstete ihn, was uns beide einander noch näher brachte ...»

An Zuneigung von Frauen mangelt es ihm in diesen Tagen offensichtlich nicht, was zweifellos daran liegt, dass er ihre Bekanntschaft auch immer suchte. Rühmann gehört zu den Menschen, die einerseits nach getaner Arbeit Ruhe in heimischer Umgebung bevorzugen, denen es andererseits aber schwer fällt, Einsamkeit zu ertragen. Eine gemütliche Runde in seinem Haus oder bei Freunden zieht er einer aufgeregten Party in der Öffentlichkeit allemal vor.

Margot Hielscher wohnt an der Seite Heinz Rühmanns noch einem anderen wichtigen Ereignis bei, der zweiten Hochzeit von Maria Bernheim. Ihr geschiedener Mann löst sein Versprechen ein, er besorgt ihr einen heiratswilligen Ausländer. Als geeigneter Kandidat erscheint ihm der Schauspieler Rolf von Nauckhoff, der aus Schweden stammt. Dabei geht es nicht um Liebe, dazu kann er ihn nun wirklich nicht überreden, sondern um Marias Sicherheit – und gezwungenermaßen auch um Geld.

Rolf von Nauckhoff ist in seiner Heimat kein Unbekannter. Seine Karriere hatte er am Theater begonnen, später wechselte er zum Film. Dort ist er anfangs sehr gefragt, da er nicht nur ein brauchbarer Schauspieler, sondern auch äußerlich ein Typ ist, den die Zuschauer mögen, zumindest die weiblichen, und die sind entscheidend. Womöglich hätte er eine große Karriere vor sich gehabt, wenn er nicht dem Alkohol verfallen wäre. Die Sucht ist es, die Rühmanns Ansinnen sogar entgegenkommt, von Nauckhoff ist vor allem mit Geld zu überreden. Und so ein kleiner Sportwagen wäre auch nicht schlecht. Soll er haben, wenn er nur pünktlich auf dem Standesamt erscheint. Das Spektakel wird kein großes, aber Rühmann inszeniert es perfekt. Zur Trauung reisen sogar von Nauckhoffs Eltern an, die anderen Darsteller setzt Rühmann selber ein. Die anschließende Feier geht in einem Gasthaus im Grunewald über die Bühne; es ist eine kleine Runde, die sich zusammenfindet. Karl Schönböck ist da, die Eltern des Bräutigams natürlich und ein paar Freunde. Am späten Nachmittag stoßen Rühmann und seine Begleiterin für ein paar Stunden dazu. Ihr fällt auf, dass Maria Bernheim sehr traurig wirkt, nicht wie eine glückliche Braut. Ihren Abgang danach wird Margot Hielscher niemals vergessen: Rühmann, dem Anlass entsprechend elegant gekleidet, spielt betont zuvorkommend den Kavalier aus bestem Hause. Er hilft ihr in den Mantel und öffnet ihr dann eine Tür, von der er annimmt, dass sie ins Freie führt. Während sie an ihm vorbeigeht, blickt sie nicht nach vorn, sondern ihm in seine Augen, sie lächeln sich zu. Dann stutzt sie, der Weg führt nicht nach draußen, sie steht auf der Toilette, einen Schritt vom Klobecken entfernt. Eine Szene wie aus einem Rühmann-Film.

Ähnlich ungeschickt verhält sich der Schauspieler ein paar Wochen danach. Seine Offerten Margot Hielscher gegenüber sind deutlicher geworden. Er nimmt sie mit, wenn er mit seinem Flugzeug ein paar Runden am Himmel dreht, das ist schon fast ein Liebesbeweis. Den nächsten bietet er unmissverständlich dar. Er erscheint mit einem großen Blumenstrauß vor der Wohnungstür der Hielschers in der Joachim-Friedrich-Straße und bittet Margots Vater um die Hand seiner Tochter. Der hat dagegen nichts einzuwenden, aber auch nichts zu entscheiden. Das muss sie schon selbst wissen. Doch er ist nun wahrlich nicht der Mann, den sie sich für ihr Leben vorstellt. Freunde können sie ja bleiben, sie verstehen sich hervorragend. Bis zu jenem Abend, an dem Margot Hielscher mal wieder in Rühmanns Haus am Wannsee weilt. Er bittet sie zu bleiben, bis die anderen gegangen sind. Sie denkt sich nichts dabei, vielleicht will er ja noch mit ihr reden, oder plagt ihn wieder Liebeskummer? Es wird spät und die Runde lustig, der Alkohol fließt reichlich. Als die beiden dann allein sind, redet Rühmann nicht lange drum herum, er will ihr zeigen, was er für sie empfindet, torkelt auf sie zu, umarmt und küsst sie und versucht auch noch mehr, doch da wehrt sie sich und stößt ihn von sich weg. Nüchtern wird er davon nicht, aber vernünftig. Und einsilbig. Sprechen will er nicht mit ihr, wenn er das andere nicht darf. Dann fährt er sie doch lieber gleich nach Hause. Das tut er auch, obwohl er zu viel Promille intus hat. Aber darin ist er geübt, er findet den Weg auch in diesem Zustand, erst viel später wird ihm das mal zum Verhängnis werden. In dieser Nacht kommt er unbeschadet nach Hause.

Nie wieder werden sich Margot Hielscher und Rühmann so nahe sein. Die Kostümbildnerin betreut insgesamt vier Filme für seine Produktionsgruppe, dann wechselt sie nicht nur den Auftraggeber, sondern auch das Fach und stellt sich selbst vor die Kamera, unter anderem neben Zarah Leander und Marianne Hoppe. Rühmann wird ihr die Ablehnung niemals verzeihen, nicht die private und auch nicht die beim Film. Sie werden sich erst viele Jahre später wieder begegnen, der Graben zwischen ihnen wird bleiben. In jedem der wenigen Worte, die er zu ihr sagt, wird sie seine Verachtung hören. Mit Niederlagen können viele schlecht umgehen, da macht Rühmann keine Ausnahme.

Das bekommt auch Leny Marenbach zu spüren, die zukünftig

weder als Frau noch als Schauspielerin eine Rolle bei ihm spielt. Selbst dann nicht, als die Produzenten das erfolgreiche Filmpaar Rühmann/Marenbach noch einmal aufleben lassen wollen. Keine Chance, diese Rechnung haben sie ohne ihn gemacht, er beruft sich auf das vertraglich zugesicherte Mitspracherecht und lehnt das Ansinnen kategorisch ab. Später geht seine Abneigung noch weiter. Obwohl Leny Marenbach mehr als eine seiner Affären war, sie fast drei Jahre miteinander verbrachten und sogar über Hochzeit sprachen, wird er sie totschweigen, als hätte sie niemals in seinem Privatleben existiert. In Rühmanns Memoiren taucht sie lediglich als «Partnerin aus vielen Filmen und ebenfalls aus Essen» auf.

Seiner ersten Frau gegenüber verhält er sich großzügiger, wenigstens was das Finanzielle betrifft. Jeden Monat überweist er ihr zweitausend Reichsmark. Davon kann sie ihre Wohnungsmiete bezahlen und auch sonst gut leben, glücklich macht es sie nicht. Ihr neuer Ehemann kümmert sich kaum um sie, aber das war Teil der Abmachung, mit der Hochzeit hat er seinen Auftrag erfüllt. Er widmet sich weiter der Schauspielerei, mit mäßigem Erfolg, woran oft der Alkohol schuld ist. Dabei kommt Rolf von Nauckhoff aus einer wohl situierten Familie. Sein Großvater soll ein gebildeter Mann gewesen sein und sogar in dem Komitee gesessen haben, das über die Vergabe der Nobelpreise entscheidet. Wenn dem so war, hat er von seiner Klasse dem Enkel nicht viel vermacht, der gefällt sich lieber als Lebemann. Er trägt teure Kleider, fährt mit einem noch teureren Auto durch die Gegend und gibt sich alle Mühe, den Frauen zu imponieren. Doch der schöne Schein der Äußerlichkeiten trügt – so charmant, wie er sich gibt, ist er nicht immer. Vor allem wenn er getrunken hat, verliert er die Contenance und wird hin und wieder sogar handgreiflich. Von daher kann Maria Bernheim nur froh sein, dass er sich nicht für sie interessiert. Dafür gibt es andere Frauen in seinem Leben, manchmal pflegt er zu mehreren gleichzeitig ein intimes Verhältnis. Das ändert sich auch nicht, als 1944 sein erstes Kind geboren wird, eine Tochter, sie kommt unehelich zur Welt. Die zweite ebenfalls, zwei Jahre später. Erst danach wird er die Scheinehe mit Maria auflösen, die Mutter seiner Kinder heiraten und nach Grünwald bei München ziehen, an seinen bevorzugten Lebensgewohnheiten indes festhalten. Die Töchter, die heute in München leben, erinnern sich an seine Affären und an ein Familienleben, das nicht sehr harmonisch war. 1967 ist Rolf von Nauckhoff an den Folgen seiner Alkoholsucht gestorben.

Möglicherweise ist er vor seinem Tod Maria Bernheim noch einmal begegnet. Sie bleibt ihm trotz seines ausschweifenden Lebenswandels in Dankbarkeit verbunden, gutmütig, wie sie ist, was ihr sicher leichter fällt, da sie nicht mit ihm zusammenleben muss. Nach der Eheschließung wahren sie zunächst noch den Schein, aber gleichzeitig Distanz. Selbst wenn sie wollten, sie passen nicht zueinander. Und das bekommen wohl auch andere mit, denen die Ehe nicht ganz geheuer ist. Maria Bernheim ist offiziell zwar Schwedin, dennoch wird ihr eines Tages erneut ein «J» auf die Lebensmittelkarte gestempelt. Das muss Anfang der vierziger Jahre erfolgt sein. Zu diesem Zeitpunkt lebt sie noch immer in Deutschland. Sie spürt, dass es in diesem Land eben doch keine Sicherheit gibt, nicht, wenn man wie sie Jüdin ist. Denunzianten lauern überall. 1943 gelingt es ihr auf legalem Weg, Deutschland zu verlassen: sie übersiedelt nach Stockholm, bezieht in der Straße Tegeluddswegen 30 eine Wohnung. Da Rühmann ihr nur Devisen im Wert von dreihundert Mark im Monat überweisen darf – ab Februar 1945 sind es noch hundert –, sucht sie sich eine Arbeit in einem Modegeschäft.

Nach dem Krieg, Rühmann hatte seine Zahlungen inzwischen eingestellt, da er sich selbst in finanziellen Schwierigkeiten befindet, kehrt sie nach Deutschland zurück, jedoch erst einmal nur besuchsweise. Die alten Bekannten haben sie nicht vergessen. Die Besitzerfamilie des Hotels Königshof in München heißt sie herzlich willkommen, mit ihr ist sie gut befreundet. Auch zu Rühmanns Familie hält sie Kontakt, vor allem mit dessen Bruder, seiner Frau und deren Tochter. Sie besuchen sich regelmäßig. Im Frühjahr 1956 bezieht sie eine Wohnung in der Widenmayerstraße 50, jetzt will sie für immer in München bleiben und noch einmal einen Neuanfang wagen. Sie mietet ein Ladenlokal am Odeonsplatz und eröffnet eine Espressobar. Die muss sie allerdings bald wieder aufgeben, da sie an Krebs erkrankt. Heinz Rühmann schickt ihr Blumen ans Krankenbett und Genesungswünsche. Aber die Ärzte können nichts mehr für sie tun, die Metastasen haben sich in ihrem Körper ausgebreitet. Am 6. August 1957 stirbt sie in einem Münchner Krankenhaus. Zwei Tage später wird ihr Leichnam auf dem Ostfriedhof feuerbestattet. Rühmann weilt in dieser Zeit zu Dreharbeiten in der Nähe von Ascona.

Zurück in die dreißiger Jahre. Die kommenden Ereignisse sind entscheidend für das weitere Leben von Heinz Rühmann: Gerade hat er seine privaten Verhältnisse halbwegs geordnet, erzwungenermaßen, schon tritt eine neue Frau in sein Leben, die wieder Unruhe stiftet, natürlich nicht absichtlich, wie kann sie denn wissen. Anfangs ist es eine rein berufliche Angelegenheit. Rühmann sucht eine Hauptdarstellerin für den Film *Lauter Lügen*. In dem spielt er selber zwar nicht mit, führt aber zum ersten Mal Regie. Endlich darf er dies, sein Wunsch war es schon lange. In Adolf Teichs, dem Produktionschef der Terra, hat er einen Verbündeten gefunden, der seine Ambitionen unterstützt und fördert. Die ersten Darsteller sind engagiert, Fita Benkhoff, Hilde Weissner und Johannes Riemann. Die männliche Hauptrolle geht an Albert Matterstock, der noch nicht lange im Filmgeschäft tätig ist, aber seit Jahren am Theater Erfolge feiert. Ein Strahlemann aus Leipzig, der schnell die Frauenherzen erobert, anschließend noch einige Komödien dreht, sein Können aber auch im ernsten Fach beweist. Er spielt einen abtrünnigen Ehemann, der von seiner Frau mit raffinierten Tricks zurückerobert werden soll. So steht es im Drehbuch, nur fehlt dafür noch die entsprechende Filmpartnerin. Da er blendend aussieht, darf sie ihm darin nicht nachstehen. Rühmann sucht eine Frau, die einen bestimmten Typ verkörpert. Jung muss sie sein, schlank und auch sonst von bezauberndem Aussehen. Natürlich gibt es im deutschen Filmgeschäft einige Schauspielerinnen, auf die das zutrifft, Leny Marenbach zum Beispiel, aber die kommt nicht mehr infrage, besser wäre ohnehin ein ganz neues Gesicht. Er hat da so seine eigenen Vorstellungen im Kopf, in Worte kann er sie schlecht fassen. Also wälzen er und seine Crew stapelweise Porträtfotos von Schauspielerinnen, tagelang, bis sie endlich fündig werden. Die könnte es doch sein, wenn die so gut spielen kann, wie sie aussieht, wie heißt die doch gleich? Hertha Feiler? Aus Wien? Nie gehört. Was ist noch zu erfahren? Alter: zweiundzwanzig. Größe: einen Meter siebzig, das würde passen. Gewicht: vierundfünfzig Kilogramm, also schlank, wunderbar. Augenfarbe grün, Haare brünett, klingt doch interessant.

Ausgerechnet sie soll es sein. Hertha Feiler, die Tochter eines Oberbaurates der Österreichischen Bundesbahn, sitzt derweil in Paris, ziemlich verzweifelt. Auf Filmleute ist sie gerade nicht gut zu sprechen. Die haben ihr schon so viel versprochen, aber nie ist etwas daraus geworden. Erst dieser Agent, der sie an eine Produktion nach Prag vermittelte, die Pleite ging, ehe der Film fertig gestellt war; dann kamen die Amerikaner von Fox, die von ihrem Englisch und ihrem Gesicht, aber nicht von ihrem Körper begeistert waren. In den Staaten herrschte damals schon der Schlankheitswahn, die wohlgenährte Wienerin war ihnen zu mollig. Drei Wochen hat sie abgespeckt, auf Sachertorte und Fleisch und Fett verzichtet, um sich am Ende elend zu fühlen und trotzdem abgelehnt zu werden.

Dann geht sie halt zum Theater, das hat sie gelernt, ein Jahr Ausbildung an der Wiener Scala hat nicht jeder vorzuweisen. Sogar mit Johannes Heesters stand sie schon auf der Bühne. Ihre Heimatstadt ist ihr jedoch zu ungemütlich geworden, überall die grölenden Braunhemden mit ihren Hakenkreuzarmbinden, da fährt sie doch lieber nach Paris. Der Theaterdirektor, den sie vor einiger Zeit im Urlaub kennen gelernt hatte, erinnert sich, er nimmt sie freundschaftlich in die Arme, aber nicht in sein Ensemble auf. Die Sprache, meine Liebe, so einen Akzent mögen unsere Zuschauer nicht, jetzt schon gar nicht mehr. Heinz Rühmann mag ihn umso mehr, rein privat, während der Filmarbeiten besteht er auf Hochdeutsch. Zunächst muss auch Hertha Feiler Probeaufnahmen absolvieren, die überzeugen den Stab nicht hundertprozentig, Rühmann indes besteht auf ihrem Einsatz. Sicherlich fehlt ihr die Erfahrung, vier Theaterrollen und ein missglücktes Filmdebüt sind nicht der beste Ausweis, aber das wird schon. Sie erhält einen Vertrag und eine bescheidene Anfängergage von zweitausend Mark, die ihr in vier gleichen Raten zu zahlen ist. Das Geld ist nicht entscheidend, viel wichtiger die Vereinbarung: «Ich werde als Hauptdarstellerin genannt.» Erst der Ruf, dann das Vermögen, schon für ihren nächsten Film wird sie die zehnfache Summe erhalten.

Mit seiner ersten Regiearbeit führt Rühmann neue Töne im Atelier ein. Wo er filmt, geht es sehr leise zu. «Ich kann nur bei großer Ruhe arbeiten. Dasselbe erwarte ich auch von Ihnen», schreibt er mit Kreide auf eine schwarze Tafel neben dem Eingang – und alle halten sich daran. Bevor er mit der Probe einer Szene beginnt, werden Kamera und Scheinwerfer in Stellung gebracht, nehmen die Darsteller ihre Plätze ein. Mit leiser Stimme spricht er ihnen den Text vor und demonstriert die Bewegungen, die er von ihnen erwartet. Anschließend sind sie dran, Rühmann korrigiert, mit wenigen Worten und sparsamen Handbewegungen. Erst wenn alles sitzt, wenn er die Szene im Geiste vor sich sieht, gibt er dem Kameramann ein Zeichen, der die Filmrolle auf Kommando in Bewegung setzt. Film ab. Eine Atmosphäre höchster Konzentration, die für die meisten im Studio ungewöhnlich fremd wirkt. Diese Stille sind sie nicht gewöhnt, andere Regisseure setzen auf ein lautes Organ, toben schon mal, wenn ihnen eine Einstellung nicht perfekt erscheint.

Der Rühmann sei ja unnahbar, so ohne Emotionen, habe sie dann anfangs auch von ihm gedacht, schreibt Hertha Feiler 1956 in der Zeitschrift *Deutsche Illustrierte*, die eine Serie über ihr Leben mit dem berühmten Schauspieler veröffentlicht. Aber in Wirklichkeit sei er doch ganz anders gewesen, als er sich nach außen hin gab. Sie habe ihn ziemlich schnell sympathisch gefunden, bei der Arbeit, aber auch sonst. Rühmann muss es ähnlich ergangen sein. Sie treffen sich auch abends nach den Dreharbeiten und am Wochenende. Als der Film fertig ist, möchte er sie nicht gehen lassen. Doch nachdem *Lauter Lügen* ein Erfolg und sie bei der Premiere als neuer Star gefeiert wird, bekommt sie sofort die nächsten Angebote, die sie nicht ausschlagen kann. Den Terra-Verantwortlichen war ihr Talent nicht entgangen, sie hatten sie gleich mit einem Jahresvertrag gebunden.

Eine der Offerten erscheint ihr wie ein Notruf. Der Produzent des Films *Müssen Männer so sein?* steht vor einem Nervenzusammenbruch, und daran ist Adolf Hitler schuld. Ihm ist die Affäre zwischen Goebbels und Lida Baarova zu Ohren gekommen und auch, dass es seinen Propagandaminister so heftig erwischt hat, dass er Frau und Kinder verlassen und seinen Posten hinschmeißen will. Wenn das keine Staatskrise ist, da muss der Führer persönlich einschreiten. Die tschechoslowakische Schauspielerin wird aus dem Reich gejagt, ihr Regisseur steht über Nacht ohne Hauptdarstellerin da. Hertha Feiler ist ein guter Ersatz, die beiden Frauen sehen sich sogar ein bisschen ähnlich. Was sie natürlich nicht weiß: Die Baarova hat noch etwas anderes mit ihr gemein, die Sympathie für Heinz Rühmann. Aber das ist unter den gegebenen Umständen ja kein Thema mehr.

Erst nach dem Krieg werden die beiden sich wieder begegnen, ohne sich in all den Jahren fremd geworden zu sein. Rühmann wird so tun, als habe es die Vergangenheit nicht gegeben, die allgemeine und ihre ganz spezielle, und sich für Lida Baarova einsetzen, damit sie neue Rollen erhält. Seine Bemühungen werden zum Scheitern verurteilt sein, das hätte er eigentlich wissen müssen, die ehemalige Geliebte von Joseph Goebbels ist im Nachkriegsdeutschland einfach nicht en vogue.

Hertha Feiler übernimmt die Rolle, so eine Chance lässt sie sich nicht entgehen. Danach reist sie nach Wien zurück, wieder eine neue Filmarbeit. Und eine gute Gelegenheit, sich über ihre Gefühle für den berühmten Mann klar zu werden. Man kann das auch umständlich formulieren. «Wir waren zwar sehr gute Freunde geworden», schreibt sie in jenem Artikel, «aber noch war kein Wort über eine eventuelle Verbindung gefallen, obzwar ich während der letzten Tage vor meiner Abreise nach Wien schon ganz genau wusste, wie es um ihn bestellt war.» In den folgenden Wochen verheimlicht Rühmann seine Verliebtheit nicht. Diese Frau will er unbedingt erobern. Er schickt ihr Blumen, schreibt Briefe und ruft sie regelmäßig an. Als sie ein paar Wochen später, Ende Juni 1939, in Berlin aus dem Zug steigt, wartet er am Bahnsteig schon auf sie. Seine Geduld ist nun am Ende, beim gemeinsamen Abendessen kommt er schnell zur Sache. Er kniet nicht nieder vor ihr, einen Verlobungsring zieht er auch nicht aus der Tasche, so forsch gibt er sich dann doch nicht. Eher wirkt es, als würde ihm der Satz aus Versehen herausrutschen: «Eigentlich könnten wir ja heiraten.» Es klingt beiläufig wie eine Bemerkung übers Wetter, aber das ist beabsichtigt, lächerlich machen will er sich auch nicht, es könnte ja durchaus sein, dass sie so viel für ihn dann doch nicht empfindet. Die notwendigen Papiere hat er trotzdem schon mal besorgt. Nicht umsonst, sein Plan funktioniert. Nur wenige Tage später, am 1. Juli 1939, findet das Geheimunternehmen Hochzeit statt.

Es ist ein ungemütlicher Tag. Als sie am Vormittag zur Trauung zum Standesamt Berlin-Wannsee fahren, regnet es in Strömen. Die Mitarbeiter dort sind von ihrem Chef zum Stillschweigen verdonnert worden, alles streng vertraulich, Herr Rühmann wünscht keinen Rummel. Nur dessen engste Freunde wurden informiert, sein Bruder Hermann und Franz Micheler erscheinen als Trauzeugen, Herthas Eltern reisen aus Wien an. Der Fotograf Hans Schaller ist auch zugegen, er ist der Einzige, der Rühmann privat fotografieren darf. Ihm vertraut er blind, ohne sein Einverständnis würde Schaller niemals ein Foto an die Presse geben. Die Bilder, die er heute aufnimmt, sind vorerst nur für das Familienalbum bestimmt. Schaller ist es auch zu verdanken, dass es überhaupt eine Aufnahme von der standesamtlichen Trauung gibt. Am Abend nach der offiziellen Zeremonie gelingt ihm im Haus von Rühmann noch ein seltener Schnappschuss, der für den Schauspieler schwerwiegende Folgen haben könnte. Darüber ist sich der Fotograf im Klaren, er geht sorgsam mit dem Foto um; diejenigen, die darauf scharf sein könnten, bekommen es nicht zu sehen. Es zeigt die überschaubare Hochzeitsgesellschaft an einem großen Tisch, auf den ersten Blick nicht weiter aufregend. Sieht man jedoch genauer hin, erkennt man die Brisanz: Während links neben dem Bräutigam die junge Braut sitzt, ist auf der rechten Seite Maria Bernheim zu sehen. Wenn Schaller das Foto auch unter Verschluss hält, irgendeiner aus der Runde muss geplaudert haben.

Bis zu Goebbels dringt die Information vor, eine Ungeheuerlichkeit, wie kann der Rühmann seine geschiedene Frau zur Hochzeit einladen, die ist doch Jüdin. Dieses Detail bleibt den Zeitungen verborgen, die Eheschließung nicht. Obwohl Rühmann keinen gesteigerten Wert auf solcherart Publicity legt, wird sie in ganz Deutschland vermeldet. Das *12-Uhr-Blatt* in Berlin erfährt zuerst davon: «Auf dem Standesamt in Wannsee wurde gestern eine Ehe geschlossen, die der Post Tausende von Glückwunschbriefen aufgeben wird. Heinz Rühmann betrat lächelnd das Standesamt und verließ es als frisch gebackener Ehemann. An seiner Seite tippelte die reizende junge Gattin, die Schauspielerin Hertha Feiler, seit einiger Zeit schon fast so populär wie ihr Heinz ...»

Mit der Popularität ist das so eine Sache. Ob sie berühmt wird oder nicht, das wollen die Herrschaften im Propagandaministerium entscheiden. Denen kommt nämlich ziemlich schnell zu Ohren, dass auch Hertha Feilers Familiengeschichte nicht so beschaffen ist, wie sie es nach ihren beschränkten Vorstellungen sein sollte. Vor allem Joseph Goebbels liegt die Angelegenheit am Herzen, er ist hingerissen von der schönen Wienerin und ziemlich enttäuscht, als er von der Hochzeit mit Rühmann erfährt. Andererseits schreckt ihn das auch nicht ab, schließlich ist er selbst verheiratet, seine Affären pflegt er trotzdem. Wie wichtig ihm die Sache ist, verdeutlicht ein Schreiben, das im März 1939 bei der Reichsstelle für Sippenforschung am Schiffbauerdamm 26 eingeht: «Da der Herr Reichsminister für Volksaufklärung und Propaganda an der Klärung der Abstammungsverhältnisse der Genannten besonders interessiert ist, wäre ich Ihnen dankbar, wenn die Ermittlungen baldmöglichst zum Abschluss gebracht werden könnten.» Es dauert über ein Jahr, dann wird der Fall Feiler noch einmal zur Chefsache. Rechtsanwalt Walter Müller-Goerne, der es trotz seiner Homosexualität, die die Nazis für abartig halten, zum stellvertretenden Reichsfilmintendanten gebracht hat, teilt dem Goebbels-Ministerium das Ergebnis der Nachforschungen mit: «In der Anlage übersende ich die Abschrift (...) meines Abstammungsnachweises, aus dem hervorgeht, dass Hertha Rühmann, geborene Feiler, jüdischer Mischling mit einem

28 a, b Zwei Szenen aus Rühmanns erfolgreichstem Film:
Die Feuerzangenbowle, 1944

29 Öffentliche Vorstellung des Magistrats von Berlin, 19. Mai 1945: Heinz Rühmann im Gespräch mit Walter Ulbricht

30 a, b Auf Theatertournee in der sowjetischen Besatzungszone, 1945/46: Heinz Rühmann in *Der Mustergatte*. Rechts mit Bruni Löbel in der berühmten Schwipsszene

31 Mit dem Produzenten Alf Teichs (rechts) gründete Rühmann 1947 eine eigene Firma, die Pleite ging

32 Spaziergang in Zürich, 1949: Rühmann mit Ehefrau Hertha und Sohn Heinzpeter

33 In Buenos Aires mit Alexander Curt Duma, 1951

Von
Erfolg zu Erfolg:

34 *Auf der Reeperbahn nachts um halb eins*, 1954

35 *Wenn der Vater mit dem Sohne*, 1955

36 *Charleys Tante*, 1956

37 *Der Hauptmann von Köpenick*, 1956

38 *Der Pauker*, 1958

39 *Der brave Soldat Schwejk*, 1960

40 Werbung für eine seiner Paraderollen: als Pater Brown, 1960

41 Spaß bei den Dreharbeiten mit Maskenbildner Josef Coesfeld

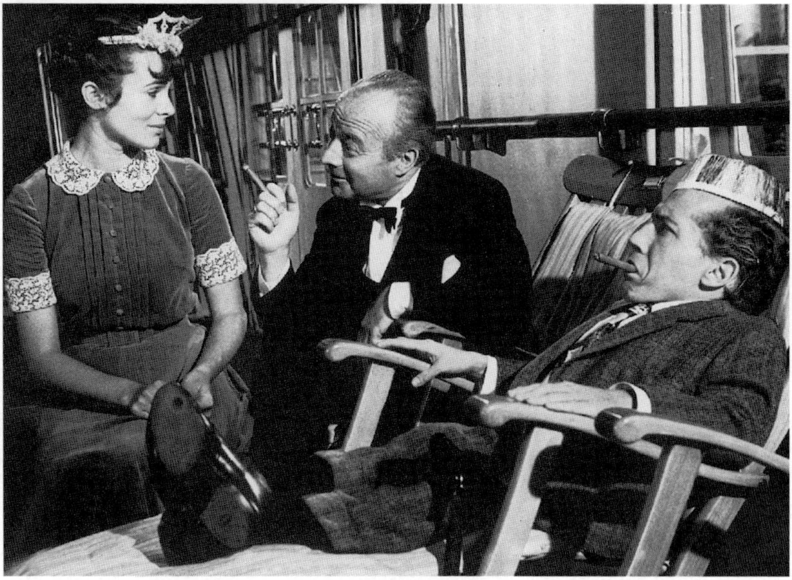

42 Der einzige Hollywood-Film: *Das Narrenschiff*, 1965, mit Gila Golan und Michael Dunn

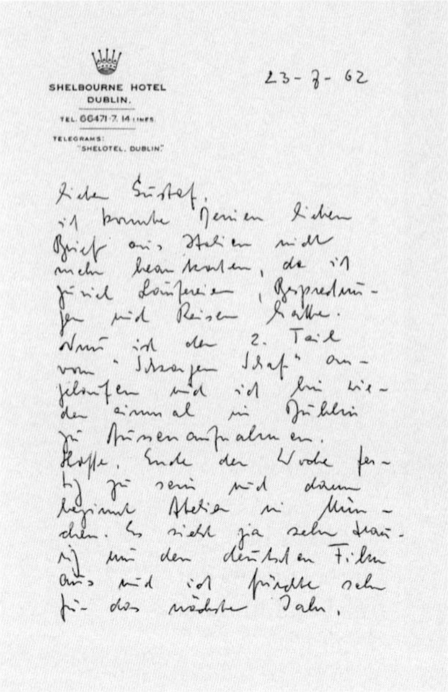

SHELBOURNE HOTEL
DUBLIN.
TEL. 66471-7. 14 LINES
TELEGRAMS:
"SHELOTEL, DUBLIN"

23-7-62

Lieber Gustaf,
ich konnte Deinen lieben Brief aus Italien nicht mehr beantworten, da ich zuviel Konferenzen, Besprechungen und Reisen hatte. Nun ist der 2. Teil vom „Schrägen Schaf" angelaufen und ich bin wieder einmal in Dublin zu Aussenaufnahmen. Hoffe, Ende der Woche fertig zu sein und dann beginnt Atelier in München. Es sieht ja sehr traurig um den deutschen Film aus und ich fürchte sehr für das nächste Jahr.

43 Brief von Heinz Rühmann an Gisi L'Arronge (genannt Gustaf)

44 Hertha Feiler im Urlaub mit Freundin Gisi

45 Das Ehepaar Rühmann, mit handschriftlicher Widmung für Gisi L'Arronge

der Rasse nach volljüdischen Großelternteil ist. Ich bitte um Mitteilung, ob die Auskünfte der Gestapo und NSDAP noch eingeholt werden sollen.»

Hertha Feiler als Jüdin zweiten Grades enttarnt – eine heiße Information, die Heinz Rühmann erhebliche Unannehmlichkeiten beschert haben soll. Mehrere Personen hätten ihn denunziert, wird er nach dem Krieg den Mitgliedern des Kulturausschusses berichten, der seine Rolle im Dritten Reich zu klären versucht, noch 1944 sei deswegen beim zuständigen Kreisleiter der NSDAP in Halensee gegen ihn gehetzt worden. Aus dem Schriftverkehr zwischen Reichsfilmkammer und Propagandaministerium ergibt sich ein anderer Sachverhalt. Nicht einmal eine Woche vergeht, bis Goebbels anordnet, «dass in dieser Sache nichts zu unternehmen sei und der Vorgang zu den Akten genommen werden soll. Ferner sei strengste Amtsverschwiegenheit zu beachten, auf die Sie hiermit besonders hingewiesen werden.» Wer dagegen verstößt, wird hart bestraft, da sind sie nicht zimperlich.

Vielleicht reagiert Goebbels aus Gutmütigkeit so großzügig. Vielleicht, weil er neben dem Schauspieler Rühmann auch den Menschen Rühmann ganz passabel findet und schon früher bereit war, ihm so manchen Gefallen zu tun. Als Rühmann sich einmal über den Regisseur Frank Wysbar beschwert, beschließt Goebbels noch am gleichen Abend in seinem Tagebuch: «Ich befreie ihn davon. Er ist ein netter, witziger und charmanter Junge.» Kurz danach zieht es Wysbar, der ebenfalls mit einer Jüdin verheiratet ist, ins Exil nach Amerika. Vielleicht aber steckt hinter Goebbels' Verhalten auch Berechnung. Schließlich handelt es sich bei Heinz Rühmann nicht um irgendeinen beliebigen Schauspieler, er ist berühmt wie kaum ein anderer, jeder seiner Filme mittlerweile ein Staatsereignis. Goebbels im Premierenkino in der ersten Reihe neben dem Hauptdarsteller, das ist kein seltenes Bild. Von bis zu zwanzig Millionen Menschen werden die Rühmann-Filme gesehen. Rühmann ist nicht nur ein Star, er ist d e r Star. Neben ihm gibt es zwar andere, Hans Albers, Willy Birgel, Heinrich George, Emil Jannings, Gustav Knuth, Karl Ludwig Diehl, Gustav Fröhlich und wie sie alle heißen, durchweg herausragend in ihrem Fach und schauspielerisch oft sogar besser. Dafür werden sie bewundert, von Hunderttausenden oder auch ein paar Millionen. Rühmann aber begeistert das ganzes Volk, Großeltern und Eltern wie die Kinder, Professoren, Arbeiter, Soldaten, Hausfrauen. Für sie alle ist er einer von ihnen, der kleine Mann, ein Star zum Anfassen, obwohl er sich nicht anfassen lässt.

Trotz mangelnder Reinrassigkeit steigen Rühmann und seine zweite Ehefrau zum Glamourpaar des deutschen Films auf. Besonders in den Jahren 1939 und 1940 sind sie häufig Gegenstand der Berichterstattung in den Zeitungen, werden als Traumpaar präsentiert, zahlreiche Privataufnahmen illustrieren die Artikel. Die *Berliner Illustrirte Zeitung* veröffentlicht knapp vier Wochen nach der heimlichen Hochzeit sogar ein ganzseitiges Foto von ihnen auf dem Titelblatt. Es zeigt das Schauspielerpaar in Badekleidung wellenreitend auf dem Wannsee. Der berühmte Filmstar und seine Frau müssen zwei Monate vor Kriegsbeginn als Symbol des Glück herhalten.

«Die große Popularität Heinz Rühmanns hat die Theaterbesitzer veranlasst, bei der Auswahl von Wiederaufführungen in erster Linie auf die Filme dieses Schauspielers zu achten. Es wimmelt augenblicklich auf den Spielplänen unserer Filmtheater von Filmen mit Rühmann», beschreibt der *Film-Kurier* bereits im Juni 1938 den durchschlagenden Erfolg des Komikers. Die Kinobetreiber lassen sich einiges einfallen, um selbst auch am Rühmann-Boom zu partizipieren. Alte Filme, in denen er lediglich kleinere Rollen spielt, werden hervorgekramt und als neue ausgewiesen. Auf den Plakaten erscheint neben dem Wort «Neuaufführung», das zu einigen Irritationen bei den Zuschauern führt, sein Name entsprechend geschäftsträchtig hervorgehoben, sodass er sofort ins Auge springt. Selbst der Film *Der Mann, der Sherlock Holmes war*, der auf Hans Albers als findigen Detektiv zugeschnitten war, worauf dieser auch gesteigerten Wert legte, erscheint in neuem Werbegewand zugunsten des Doktor-Watson-Darstellers. Rühmann im Kino, Rühmann am Theater, sein Triumphzug hält an. Wer ihn auf seiner Seite hat, bekommt auch die Masse dorthin – darin könnte Goebbels' Idee bestanden haben, eine schlichte, aber wirkungsvolle, darin ist er ein

Meister. «Sie sind für uns unentbehrlich», soll er ihm einmal gesagt haben. Gerade jetzt, wo es darauf ankommt, die Menschen in Stimmung zu bringen und auf einen Krieg einzuschwören.

Adolf Hitler hat mit Kunst und Kultur gerade nicht so viel im Sinn. Andere Gedanken vernebeln sein krankes Hirn; sie sind längst keine fixe Idee mehr, er ist fest entschlossen, sich und den Deutschen ein Weltreich einzurichten und die Judenfrage ein für alle Mal zu klären. Jetzt ist er fünfzig Jahre alt, höchste Zeit, das Lebenswerk zu vollenden. Im August 1939 verlässt er die Reichskanzlei in Berlin, um sich für ein paar Tage in das Führerhauptquartier auf dem Obersalzberg bei Berchtesgaden zurückzuziehen. Auf dem abgeschotteten Gelände in den Alpen herrscht Ruhe, trügerische Ruhe – es sollte die Ruhe vor dem Sturm sein. Als er am Morgen des 1. September im Reichstag wieder an das Rednerpult tritt, legt er mehr Pathos als gewöhnlich in seine Stimme: «Polen hat heute Nacht zum ersten Mal auf unserem eigenen Territorium auch durch reguläre Soldaten geschossen. Seit fünf Uhr fünfundvierzig wird jetzt zurückgeschossen.» Zwei Tage darauf erklären Großbritannien und Frankreich dem Deutschen Reich den Krieg. Die Völkerschlacht ist nicht mehr aufzuhalten. Die deutsche Wehrmacht überrollt Polen in achtzehn Tagen, wirft hundert Tonnen Sprengstoff über Rotterdam ab, zwingt Holland und Belgien zur Kapitulation, bombt die englische Stadt Coventry in Schutt und Asche und marschiert bald auch siegessicher durch den Triumphbogen in Paris.

In Deutschland spielen die Kinos einen Rühmann-Film nach dem anderen. *Paradies der Junggesellen* läuft einen Monat vor Kriegsausbruch an, *Hurra, ich bin Papa* fünfzehn Tage danach, in den nächsten Wochen folgen *Der Gasmann*, *Kleider machen Leute* und *Hauptsache glücklich*. Allesamt harmlose Komödien, die sich mehr oder minder geschickt um das ewige Thema zwischen Mann und Frau ranken und nur den einen Anspruch erfüllen sollen, unterhaltsam zu sein. Das seien unpolitische Filme gewesen, wie er überhaupt sich nicht habe einspannen lassen von der Propagandamaschinerie der Nazis – eine Feststellung, auf die Heinz Rühmann größten Wert legen wird, wenn man ihn nach dem Krieg in eine

Schublade stecken will mit denjenigen, die Hitler und Goebbels offensichtlich wohlgesinnt waren. Aus seiner Sicht ist diese Reaktion verständlich, aber mindestens genauso naiv.

Kann ein Mann seines Alters so blauäugig sein? Schließlich produziert keine der Filmfirmen außerhalb der politischen Realität, kein Produzent kann ein Projekt gegen den Willen des Propagandaministeriums durchsetzen, kein Regisseur einen Schauspieler für eine Rolle verpflichten, der Goebbels und seinen Lakaien nicht genehm ist. Als Hitler sich anschickt, Millionen Menschen in den Tod zu treiben, ist die deutsche Filmindustrie längst gleichgeschaltet, ein Staatsimperium und ebenso das modernste Propagandamittel der Macht. Das war in Friedenszeiten schon so und ist es jetzt im Krieg erst recht. Wer etwas anderes behauptet, ignoriert Goebbels' Theorien. Der philosophiert häufig darüber, bei offiziellen Treffen mit Filmschaffenden, beim vertraulichen Gespräch mit dem Führer und abends, wenn er über seinem Tagebuch brütet, um seine so wichtigen Gedanken für die Nachwelt festzuhalten. Einmal schreibt er: «Wir müssen in diesem vor uns liegenden Winter bestrebt sein, alles daran zu setzen, das Volk bei guter Laune zu halten. Es darf im bevorstehenden Winter keine pessimistische, graue oder verzweifelte Stimmung um sich greifen. Da sind Rundfunk und Film unsere besten Hilfsmittel.» Für Hitlers Oberstimmungsmacher – daran lässt der keinen Zweifel, wiederholt es, bis es auch der Letzte gehört haben müsste – sind Filme, die Frohsinn und Optimismus verbreiten, so etwas wie Kriegsartikel. «Die geistige und kulturelle Betreuung des Volkes», verkündet er Anfang der vierziger Jahre, «wird bei längerer Dauer des Krieges immer kriegswichtiger. Unser Volk bei guter Laune zu halten, ist kriegswichtig. Wir haben das während des Ersten Weltkrieges versäumt und mussten mit einer grauenhaften Katastrophe bezahlen. Dieses Beispiel darf sich unter keinen Umständen wiederholen.»

Richtig ist, dass Rühmann als Darsteller nicht herangezogen wird, um in vordergründigen Propagandastreifen und antisemitischen Hetzfilmen eine deutsche Heldengestalt zu verkörpern. Das liegt nicht an seiner Wehrhaftigkeit gegenüber entsprechenden Angeboten, die bekommt er gar nicht, weil seine Gestalt eine solche

Rolle einfach nicht hergibt. Er spielt den Helden für die einfachen Leute, den kleinen Mann, mit dem sich jeder identifizieren kann. Und erfüllt damit natürlich auch einen Zweck, in Nazideutschland wird nichts dem Zufall überlassen. Wie scheinbar nebensächlich das im konkreten Fall aussehen kann, ist nachzulesen zum Beispiel in der *Magdeburgischen Zeitung* vom 4. April 1939. In großer Aufmachung berichtet sie über die Jungfernfahrt des neuen Kraft-durch-Freude-Schiffes «Robert Ley». Adolf Hitler erscheint persönlich an Bord, begibt sich unter die Passagiere, ein Führer auf Tuchfühlung. Über den künstlerischen Höhepunkt der Reise schreibt das Blatt: «In dem großen Theatersaal wohnten der Führer und die KdF-Urlauber der inoffiziellen Uraufführung des neuen Rühmann-Films ‹Der Florentiner Hut› bei, der mit großem Beifall aufgenommen wurde ...» Erst einen Tag danach findet in den Magdeburger Kammerlichtspielen die eigentliche Premiere des Films statt. Hitler möchte das Volk lachen sehen, selbst dann, wenn es nichts mehr zu lachen gibt. Rund achtzig Prozent der während des Krieges hergestellten Filme sind Unterhaltungsfilme.

Am 31. Oktober 1939 notiert Goebbels in seinem Tagebuch: «Filmprüfung: ‹Ich bin Papa›, kein besonders guter Rühmannfilm. Aber für den Krieg schon zu gebrauchen.» Rundum zufrieden zeigt er sich vier Jahre später, mitten im Krieg, mit dem lustigen, aber in seiner Aussage recht unmoralischen Rühmann-Produkt *Ich vertraue dir meine Frau an*: «... ist sehr lustig geworden und stellt für die gegenwärtige Zeit genau das Richtige dar. Mit solchen Filmen können wir dem Publikum auch in der schwersten Zeit eine gewisse Entspannung geben.» Hauptsache, die Leute sind guter Laune, für die politische Kopfwäsche sind die Wochenschauen zuständig, die in jedem Vorprogramm laufen. Wer ins Kino geht, bekommt damit zwangsläufig eine Dosis nationalsozialistischer Ideologie injiziert. Rein zahlenmäßig geht Goebbels' Rechnung sogar auf. Werden 1939 noch 624 Millionen Kinokarten verkauft, steigt die Zahl in den folgenden Jahren kontinuierlich an, 1943 strömen über eine Milliarde Menschen in die Lichtspieltheater. Statistisch gesehen besucht damit jeder Reichsdeutsche vierzehnmal jährlich eine Filmvorführung. Massenflucht aus dem Kriegsalltag, der Film als Durchhaltemedium und wirksame Propagandawaffe.

Ganz bleibt Rühmanns Schaffen von offensichtlichen Propagandaeinsätzen dann doch nicht verschont. Im Spätsommer 1940 wird er für den Film *Wunschkonzert* verpflichtet, der über sieben Millionen Reichsmark einspielen und zu den erfolgreichsten der Kriegszeit gehören wird. Die Idee zu dem Projekt soll Goebbels eingefallen sein. Kein Wunder also, dass der Streifen von der Prüfstelle mit allen zur Verfügung stehenden Prädikaten bedacht wird: «staatspolitisch, künstlerisch, volkstümlich wertvoll und jugendwert». Im Mittelpunkt steht die gleichnamige Radiosendung, die jeden Sonntagnachmittag vom Großdeutschen Rundfunk über Volksempfänger ausgestrahlt wird und höchste Einschaltquoten erzielt. Drum herum ist – mit allerlei Durchhalteparolen und dokumentarischen Kriegsaufnahmen der Wehrmachtsfeldzüge gegen Polen, England und Frankreich versetzt – eine Geschichte um Liebe, Trennung, Herz und Schmerz gestrickt, bei der auch deutsches Heldentum nicht zu kurz kommt. Ilse Werner spielt eine junge Frau, die bei den Olympischen Spielen in Berlin einen Fliegerleutnant kennen lernt und von ihm bald einen Heiratsantrag ersehnt. Doch ehe es dazu kommt, wird der Pilot zu einem Kriegseinsatz abkommandiert. Erst durch das *Wunschkonzert* hört sie wieder von ihm.

Rühmann wird diesmal nicht als Schauspieler engagiert, für ihn ist nur ein kurzer Auftritt vorgesehen. Neben Hans Brausewetter und Josef Sieber soll er den bekannten Schlager *Das kann doch einen Seemann nicht erschüttern* aus seinem Film *Das Paradies der Junggesellen* zum Besten geben. Von dem Lied waren bald umgedichtete Versionen auf dem Markt, eine richtet sich gegen Erzfeind England und wird gezielt als Kriegspropaganda missbraucht: «Das muss den Ersten Seelord doch erschüttern, meinste nicht, meinste nicht, Chamberlain. Und trinkt er auch zur Stärkung schnell nen Bittern, dieser Streich macht ihn weich, wirst schon sehn!» Mit dieser provokativen Anspielung auf die erfolgreiche Bombardierung englischer Städte sollen auch Rühmann und seine zwei Partner in einer der *Wunschkonzert*-Radiosendungen aufgetreten sein. Jedenfalls berichtet der *Steglitzer Anzeiger* 1939 davon: «Unter tosendem Beifall sangen die drei ‹Junggesellen› höchst aktuelle Ergänzungsverse zu dem beliebten Schlager ...» Rühmann konnte sich daran nicht erinnern. Selbst wenn es so gewesen sein sollte, muss es nicht seine freie Entscheidung gewesen sein. Das *Wunschkonzert*, das vor allem Moral und Durchhaltekraft der Angehörigen der deutschen Soldaten im Krieg stärken soll, wird aufgrund seines enormen Erfolges von Goebbels zur Chefsache erklärt. Nicht irgendeinem Rundfunkredakteur obliegt es, die Stars für die Sendung einzuladen, er selbst lässt die Herrschaften bitten. «Reichsminuster Dr. Goebbels erbittet Mitwirkung im Wunschkonzert am 23. März zum Tag der Wehrmcaht stop erbitte sofortige Drahtzusage», funkt die Reichsfilmkammer in einem fehlergespickten Telegramm Anfang März 1941 an Rühmann. Seine unterwürfige Antwort: «Grundsätzlich bereit habe leider keinen Vortrag ...»

Noch ein Auftritt ist Rühmann später entfallen: der in dem eindeutigen Propagandafilm *Fronttheater*, der nach dem Muster des *Wunschkonzerts* gestrickt ist, am 24. September 1942 uraufgeführt wird und die Prädikate «staatspolitisch und volkstümlich wertvoll» erhält. Obwohl sich Goebbels für diese Produktion der Terra nicht erwärmen kann, findet sie beim Publikum durchaus Anklang. Der Streifen, den Regisseur Arthur Maria Rabenalt inszeniert, spielt rund sechs Millionen Reichsmark ein und rangiert ganz oben auf der Beliebtheitsskala der Kinobesucher. Rühmanns Verdienst ist das allerdings nicht, er ist neben Hans Söhnker lediglich in einer kurzen Sequenz von einer halben Minute zu sehen. Die Namen der beiden Schauspieler tauchen nicht einmal in der Darstellerliste auf. Dennoch wird damit Rühmanns Aussage widerlegt, er habe niemals in einem Propagandafilm der Nazis gespielt. Auch seine Behauptung, in keinem seiner Filme seien Symbole der braunen Herrscher zu sehen gewesen, stimmt nicht. Unmittelbar bevor Rühmann und Söhnker zu sehen sind, wie sie an einem Behördentisch stehend ein Beamter abfertigt, werden dem Zuschauer in Großaufnahme das Schild «N.S. Gem. Kraft durch Freude. Künstlerheim» und ein Hakenkreuz präsentiert.

Wenn es um die Ideale der Machthaber geht, haben persönliche Befindlichkeiten in den Hintergrund zu treten. Erst recht, wenn es der Führer ist, der zum Einsatz befiehlt. Daran hat Rühmann in seinen Erzählungen nie einen Zweifel gelassen. So hat er das Foto erklärt, auf dem er mit Adolf Hitler zu sehen ist – und den Eindruck bestritten, der sich beim Betrachten desselben aufdrängt. Nein, sein Lächeln sei keineswegs Ausdruck von Herzlichkeit oder gar Sympathie. Dieser Mann sei ihm im Geiste und auch sonst fremd gewesen. Nur vier-, fünfmal sei er ihm persönlich begegnet. Besagtes Bild entsteht in der Berliner Reichskanzlei. Wie jedes Jahr lässt Hitler für die Deutsche Winterhilfe Sammlungen durchführen. Prominente halten als Lockvögel her, sie haben sich an den belebtesten Ecken der Berliner Innenstadt zu postieren und mit einer Sammelbüchse um Spenden zu bitten. Für den publikumsscheuen Rühmann bestimmt kein angenehmer Auftrag, umso mehr, da er sich vor Spendewilligen kaum retten kann. Die interessieren sich nicht so sehr für die Sammlung, zahlen aber gern ein, wenn sie ihn dafür einmal aus nächster Nähe betrachten dürfen. Wie ein Affe im Zoo sei er sich vorgekommen. Entsprechend rasch füllt sich die Blechdose, die er anschließend in der Reichskanzlei abzugeben hat. Dort wartet schon der Führer mit einem Hundertmarkschein und Pressefotografen, die das Zusammentreffen zu dokumentieren haben. Die Leser sollen schließlich erfahren, wer zu uns steht. Hitler reckt seine Hand ausnahmsweise nicht zum Gruß nach oben, er streckt sie dem Schauspieler direkt entgegen. Die beiden Männer lächeln sich an, der Fotograf drückt auf den Auslöser. Erledigt, der Nächste bitte.

Als unabwendbares Pflichtprogramm verbucht Heinz Rühmann auch eine seiner nächsten Filmrollen. Sie wird ihm im Herbst 1940 angetragen, per Telefon. Der Anruf erreicht ihn in seinem Büro auf dem Filmgelände in Babelsberg, er kommt aus dem Propagandaministerium. Der Mann am anderen Ende arbeitet für das Presseamt. Er beabsichtigt nicht, lange mit ihm zu diskutieren, er gibt nur die Anweisungen weiter, die er von höherer Stelle erhalten hat. Ohne Umschweife kommt er zur Sache, wie es sich für einen pflichtbewussten SS-Mann gehört. Der Herr Staatsschauspieler habe sich auf dem Flugplatz in Rangsdorf einzufinden, dort fänden Dreharbeiten zu einer neuen *Wochenschau* statt. Was hat das mit Komik zu tun, nicht mein Metier, denkt Rühmann, erwidert wohl aber nichts. Der Ton des anderen rät zum Schweigen. Na ja, wenigstens fliegen darf er. Keine große Rolle, er brauche lediglich eine Uniform, den Rest würden die Leute vom Stab schon besorgen. Da Rühmann in seinem privaten Fundus über eine Uniform nicht verfügt, muss auch die beschafft werden. Daran soll es nicht scheitern, die kleinste Größe genügt. Dazu eine Sondererlaubnis, damit er sie auch tragen darf, Ordnung muss selbst in chaotischen Zeiten sein.

Heimvorteil für Rühmann, in Rangsdorf kennt er sich aus. Hier parkt in einem der Hangars sein kleines Privatflugzeug, das er liebevoll «Motte» nennt; das von seinem Freund Ernst Udet steht nebenan. Für den Dreh wird eine moderne Messerschmitt 108 auf die Startbahn gerollt und Kameratechnik. Parallel dazu noch ein zweites Flugzeug, aus dem soll er während seines Himmelritts gefilmt werden. Rühmann erscheint in Fliegerkombination als Unteroffizier oder Feldwebel oder Oberfeldwebel, so genau weiß das keiner mehr. Und so genau ist das auch nicht zu erkennen auf den Fotos, die Gerhard Stoppe aus einiger Entfernung schießt. Für die Qualität der Bilder muss er sich nicht entschuldigen, schließlich ist er kein Profi, sondern ein ganz normaler Soldat vom Bodenpersonal der Kurierstaffel 110. Es sind nur ein paar Schnappschüsse, trotzdem wird er sie wie einen Schatz aufbewahren bis zum heutigen Tag. Wer hat den Rühmann schon so gesehen! Dem wäre es lieber gewesen, wenn ihn niemand in dieser Montur zu Gesicht bekommen hätte. Das kann er aber nicht verhindern. Er klettert also in die Maschine, neben ihm ein Leutnant der Luftwaffe, ein echter, und startet durch. Sein Flug bringt ihn nach Brüssel, wird es in der *Wochenschau* heißen. Natürlich fliegt er nicht nach Belgien, nicht einmal bis Berlin, ein paar kurze Schleifen über dem Flugplatz genügen für das, was die Filmleute mit den Aufnahmen vorhaben. Das Material ist gut, daraus lässt sich etwas machen. Jetzt noch einen markigen Text, und jeder glaubt uns die Geschichte. Der berühmte

Schauspieler Heinz Rühmann als Kurierflieger des Oberkommandos des Heeres, also auch er im Einsatz für Führer, Volk und Vaterland, wenn das keine Botschaft ist!

Er habe sich dagegen nicht wehren können, erklärt er später seinen zweifelhaften Ausflug ins propagandistische Fach. Man kann zwar nicht behaupten, dass er zielstrebig auf den Einsatz hingearbeitet habe, wohl aber, dass er ihn billigend in Kauf nahm. Schon vorher hat er schlichtweg alles dafür getan, dass man auf seine fliegerische Leidenschaft aufmerksam wird. Wenn er sich einerseits rühmte, dass in keinem seiner Filme Insignien der braunen Barbarei zu sehen sind, was inzwischen als widerlegt gilt, schert er sich andererseits auch in der Freizeit nicht darum, mit dem Hakenkreuz am Flugzeug durch die Lüfte zu schweben.

Überhaupt ist die Fliegerei ein Kapitel für sich. Noch existiert der enge Kontakt zu Ernst Udet. Sie fliegen und zechen gemeinsam und um die Wette. Die Rollen sind klar verteilt, der Berufsflieger ist immer noch der Held, bald wird er ein tragischer sein und daran zugrunde gehen. Er war so hartnäckig von den Nazis umworben worden, dass er 1936 nicht nur in die NSDAP eintrat, als Oberst und Chef des Technischen Amtes marschierte er ins Reichsluftfahrtministerium ein und zügig die Karriereleiter empor. Eigens für ihn wurde der Posten des Generalluftzeugmeisters geschaffen. Im ersten Kriegsjahr stieg er auch im Dienstgrad zum General auf, nach der siegreichen Luftschlacht um Frankreich heftete ihm Hitler das Ritterkreuz an die Paradeuniform. Drei Monate später indes beginnt sein Stern zu sinken. Ihrer Freundschaft kann das alles noch nichts anhaben, hier die Politik, da die Fliegerei. Nur sehen sie sich jetzt seltener.

Durch Udet wird Rühmann in die Kreise der militärischen Macht eingeführt. Er begegnet den wichtigsten Männern der deutschen Luftwaffe, trifft mit Admiral Wilhelm Canaris zusammen, dem Chef des militärischen Geheimdienstes, auch Abwehr genannt, und seinem Untergebenen Friedrich Großkopf. Es sind keine zufälligen Begegnungen, Rühmann sucht ihre Nähe, trifft sich mit ihnen gelegentlich zum Abendessen, meist im Edellokal Horcher, weil dort angeblich keiner horcht. Auch in seinem Haus am Wannsee begrüßt er sie. Politische Fragen werden bei solchen Treffen nur selten erörtert; was sie verbindet, ist die Leidenschaft zum Fliegen. Und natürlich schmücken sich die Militärs gern mit einem Star wie Rühmann. Der entwickelt zu den beiden ein vertrauensvolles, beinahe freundschaftliches Verhältnis. Major Großkopf versieht im Stab der Abwehr seinen Dienst, für die Erledigung seiner Aufgaben steht ihm eine Kurierstaffel zur Verfügung. Eine Chance für Rühmann, auch in Kriegszeiten fliegen zu können, was Privatfliegern verboten wird. Mehrmals bietet er Großkopf seine Dienste an. Mit Unterstützung von Udet wird er als Flugzeugführer angestellt, um Kurierflüge durchzuführen. So steht es auf dem Papier, so ähnlich wird es dann auch sein. Nur folgerichtig also, dass der Propagandaminister der Idee verfällt, ihn in gleicher Funktion in einer *Wochenschau* dem deutschen Volk zu präsentieren.

Rühmann stellte diese Aufnahmen immer als Verfälschung der wahren Tatsachen dar, als erzwungene Propagandamaßnahme. Angeblich habe man ihm zudem versprochen, dass sie nur im Ausland gezeigt würden. Aus heutiger Sicht ist das eine schwache Ausrede, denn in Wirklichkeit hatte er mit seinem Verhalten praktisch das Drehbuch dafür geliefert. Rühmann bestritt auch, dass er jemals als Kurierflieger tätig war. Er nannte es anders: Er habe jede sich bietende Möglichkeit genutzt, da er ein leidenschaftlicher Flieger gewesen sei. Für die Bücker-Flugzeugwerke habe er Fahrgestellerprobungen durchgeführt, für seine Freunde bei der Abwehr die Überführung von Flugzeugen, natürlich alles rein unmilitärisch. Oft sitzt dabei der Abwehr-Major mit im Cockpit. Sie wirken wie ein Team, was zur Folge hat, dass Rühmann auf den Flugplätzen, die sie gemeinsam ansteuern, von einigen mit «Herr Hauptmann» angesprochen wird. Sie glauben, dass er dazugehört. Das stört ihn nicht, er denkt sich wohl nichts dabei. Später wird er umso mehr darüber nachzudenken haben. Während Rühmanns Bordbücher, in denen sämtliche Flüge, Auftraggeber und Begleiter zu vermerken sind, nach dem Krieg plötzlich verschwunden sein werden, wird man in den Unterlagen der Canaris-Behörde Flugaufträge für Rühmann finden, die der Chef persönlich abgestempelt haben soll.

Dass Rühmann ein begeisterter Hobbyflieger ist, weiß Hermann Göring, der Oberbefehlshaber der Luftwaffe, seit langem. Sie haben sich bei verschiedenen Gelegenheiten darüber unterhalten, er weiß auch von den Sondergenehmigungen. Dass der Filmkomiker seine Passion selbst in diesen schwierigen und gefährlichen Zeiten nicht unterdrücken mag, soll Göring unangenehm aufgestoßen sein. Jedenfalls behauptete Rühmann das. Nachdem Göring erfahren habe, er prahle damit, ein tollkühner Jagdflieger zu sein, soll der die Absicht verkündet haben, den fliegenden Schauspieler zur Luftwaffe einzuziehen. Doch das ist schwer vorstellbar, da Göring sehr wohl weiß, welchen Stellenwert der Volksbelustiger Rühmann bei den Hetz- und Hitzköpfen des Propagandaministeriums besitzt.

Einrücken muss er dann trotzdem im Frühjahr 1941. Canaris und Udet sorgen für einen Stellungsbefehl, ehe Göring vielleicht doch noch Ernst macht, man kann ja nie wissen und niemandem trauen. Am 10. Februar meldet sich Rühmann bei der Technischen Kompanie der Fliegerhorstkommandantur in Rechlin. Eine wichtige Adresse der Luftwaffe, hier werden die neuen Fluggeräte für den Krieg erprobt, die ersten Hubschrauber steigen in die Luft, Düsenjäger und die berüchtigten V1-Raketen. Rühmann wird einer Sonderabteilung der Abwehr zugeteilt, er genießt Canaris' Schutz, noch kann der einen schützen. Er absolviert vier Wochen Grundausbildung, der Star in Reih und Glied mit denen, die sonst seine Zuschauer sind. Er sei ein Soldat wie alle anderen gewesen, habe wie die Kameraden in einer ziemlich schäbigen Baracke gelebt. In seinen Erinnerungen berichtet er über die morgendlichen Exerzierübungen, bei denen er das uniformierte Publikum amüsiert habe. «Ich muss doch wohl recht komisch gewirkt haben.» Tatsächlich wird er nach wenigen Tagen wegen eines Knieleidens von Fußmärschen befreit. Und noch eine Sonderbehandlung erfährt der verhinderte Soldat: Er darf in seiner Freizeit fliegen, alle möglichen Maschinen stehen ihm zur Verfügung – die Wehrmacht als Abenteuerspielplatz für einen Fliegernarren.

Dass der Aufenthalt in Rechlin so kurz und privilegiert ausfällt, hat Rühmann auch seinem Fliegerkameraden Udet zu verdanken, aber er dankt es ihm nicht. Die Verhältnisse haben sich geändert, jetzt ist er der Star und der einst so lebenslustige Freund nur noch frustriert. Die ersten Luftschlachten werden verloren, und das kreiden Hitler und Göring vor allem Ernst Udet an. Ein General ist nur dann ein guter, wenn er erfolgreich ist. Andernfalls muss er Platz machen für den nächsten, Karrieristen gibt es in seinem Dunstkreis genug, sie warten nur, dass das große Denkmal vom Sockel stürzt. Erst einmal stürzt Udet sich auf den Alkohol. Ein fröhlicher Zecher war er schon immer, aber jetzt nimmt es überhand, und fröhlich wird er davon auch nicht mehr. Es gibt keinen Grund zum Lachen. Die Zeit der schnellen Erfolge ist vorbei. Udet warnt Hitler und Göring, doch die wollen so was nicht hören, die wollen nur den Endsieg. Und machen ihn dafür verantwortlich, dass die neuen Flugzeugmodelle, die in ihrer Entwicklung nicht ausgereift sind, auch ohne Fremdeinwirkung reihenweise vom Himmel stürzen.

Udet erzählt auch Rühmann davon, aber was soll der schon sagen, davon versteht er nichts. Er erkennt nur, dass sein Gegenüber ein gebrochener Mann ist. Als er in Rechlin einen kurzen Wochenendurlaub genehmigt bekommt, bittet Udet ihn in sein Haus an der Stallupöner Allee. Rühmann lässt telefonisch absagen, die Uniform, die er tragen müsse, sei ihm peinlich, weil sie nicht richtig passe, außerdem habe er nur ein paar Stunden Zeit. Möglicherweise ist Udet mal wieder betrunken, vielleicht aber braucht er Hilfe, jemanden, der ihm einfach nur zuhört. Auf jeden Fall schickt er Rühmann daraufhin einen Befehl, er habe sich gefälligst umgehend bei ihm zu melden. Der Schauspieler ignoriert auch das und bleibt zu Hause bei seiner Frau. In schlechten Zeiten erkennt man wahre Freundschaft, Udet bleibt allein. Und er ist es in den nächsten Wochen und Monaten immer wieder und immer mehr. Hitler und Göring planen die neuen Schlachten, aber sie planen ohne ihn. Udets Sturz ist beschlossene Sache, sein Nachfolger wird schnell bestimmt. Erst wird er zu einer Kur auf die Bühlerhöhe abgeschoben, dann aus seinem Amt gedrängt. Der große Fliegerheld wird demontiert, den Rest erledigt er in seiner Verzweiflung selber. Er wird von allen verlassen und zieht sich von allen zurück, sogar seine Freundin schickt er fort, er säuft bis zur Besinnungslosigkeit und schluckt Tabletten gegen Depressionen. Rühmann will ihm noch einen Brief geschrieben haben: Ich bin immer für dich da. In Udets Tagebuchnotizen wird er nicht erwähnt. Kontakte zwischen den beiden gibt es seit Monaten nicht mehr, nicht einmal ein Telefonat.

Gegen fünf Uhr am Morgen des 17. November 1941 greift Udet, fünfundvierzig Jahre alt, das letzte Mal zum Hörer. Er wählt die Nummer seiner Freundin Inge Bleyle, das Klingeln schreckt sie aus dem Schlaf. Udet stammelt nur wenige Worte in die Telefonmuschel, er könne und wolle nicht mehr, es sei aus, dann hört sie einen Schuss. Sie fährt sofort in seine Wohnung und findet ihn tot vor seinem Bett. Daneben ein Zettel: «Eiserner, warum hast du mich betrogen ...»

Heinz Rühmann erfährt erst am nächsten Tag von dem Tod, aber nicht die Wahrheit. In den Zeitungen steht etwas ganz anderes: «Generaloberst Udet tödlich verunglückt». Hitlers Presseleute diktieren den Journalisten ihre eigene Version, ein deutscher Held darf so nicht sterben! «Generalluftzeugmeister Generaloberst Udet erlitt am Montag (...) bei Erprobung einer neuen Waffe einen so schweren Unglücksfall, dass er an den Verletzungen auf dem Transport verschied. Der Führer hat für den auf so tragische Weise in Erfüllung seiner Pflicht dahingegangenen Offizier ein Staatsbegräbnis angeordnet ...» Auf der Trauerfeier erscheint Hitler, Göring hält eine verlogene Rede – mein bester Kamerad, leb wohl – und weint.

Der Schriftsteller Carl Zuckmayer, ein Freund aus alten Tagen, verabschiedet sich später und auf andere Weise von Ernst Udet. Er schreibt ein Drama über ihn, dass unter dem Titel *Des Teufels General* berühmt und später auch verfilmt wird.

Rühmann muss nach seinem Aufenthalt in Rechlin mit der Fliegerei nicht lange pausieren. Seit geraumer Zeit plant er einen Film über seine Lieblingsbeschäftigung, nur ist kein passendes Buch aufzutreiben. Am liebsten schriebe er selbst eins, aber damit stößt er an seine Grenzen, das Fabulieren liegt ihm nicht. Daraufhin beschließt die Produktionsfirma, mit der *Filmwelt* ein Preisausschreiben auszurufen: «Filmstoff für Heinz Rühmann als Sportflieger gesucht.» Als erster Preis werden dreitausend Reichsmark ausgelobt, zehn der

Platzierten winkt jeweils ein Rundflug mit dem späteren Hauptdarsteller in dessen Privatmaschine. Den Zuschlag erhält der Fliegermajor Hermann Grote, der sich gleich mit zwei Texten bewirbt. Filmreif sind sie nicht, aber die Ideen brauchbar; Robert Adolf Stemmle, ein erfolgreicher Drehbuchautor, macht sich gleich ans Werk.

Im Sommer 1941 ist es endlich so weit, die Dreharbeiten zu *Quax, der Bruchpilot* beginnen. Als stimmungsvolle Naturkulisse haben sich die Filmleute eine Gegend am Chiemsee ausgesucht, auch das trifft sich gut, da es von Berlin weit entfernt liegt. Rühmann wird häufig zu Besprechungen dorthin gerufen und legt den Weg natürlich per Flugzeug zurück. Das ist nicht ungefährlich, da er nie weiß, ob sich feindliche Maschinen im Anflug befinden. Er hält seine möglichst tief, nimmt das Risiko aber in Kauf, zum Ärger seiner Frau Hertha, die dem tollkühnen Hobby nichts abzugewinnen vermag. Nahm er früher die eine oder andere Verehrerin bereitwillig zum Fliegen mit, um ihr zu imponieren, kann er bei ihr damit keinen Eindruck schinden. Sie hat panische Angst davor, nur im äußersten Notfall würde sie in seine Maschine steigen. In dieser Hinsicht sind sie grundverschieden, was noch zu erheblichen Unstimmigkeiten in ihrer Beziehung führen wird.

Nur folgerichtig, dass sich Hertha Feilers Begeisterung für den neuesten Film ihres Mannes in Grenzen hält. Darin schlüpft Heinz Rühmann in die Rolle des Otto Groschenbügel, den alle Quax nennen und der bei einem Preisausschreiben eine kostenlose Ausbildung zum Sportflieger gewinnt. Da man sich das nur schwer vorstellen kann, in Kriegszeiten schon gar nicht, wird die Handlung des Films auf das Jahr 1930 zurückverlegt. Dieser Quax also tritt in der Flugschule an, um seinen Preis einzulösen. Schon vorher von den Nachbarn aus seinem Heimatort wie ein Held gefeiert, führt er sich entsprechend auf. Sein Fluglehrer verzweifelt an seiner Disziplinlosigkeit und wirft ihn hinaus. Natürlich ist damit das letzte Wort noch nicht gesprochen, sonst wäre der Film zu früh und ohne Happy End beendet. Otto Groschenbügel erhält noch einmal eine Chance und bald auch den begehrten Pilotenschein.

Es ist das Ereignis des Sommers in dem kleinen Ort Prien. Nicht nur, weil hier die meisten Außenaufnahmen entstehen, viele der Einwohner werden auch als Statisten benötigt. Was sich bei Erwachsenen unkompliziert gestaltet, bedarf bei Minderjährigen einiger Bürokratie. Da in einer Szene auch Kinder zum Einsatz kommen sollen, wird zunächst der Bürgermeister schriftlich um Erlaubnis gebeten: «Wir betonen noch, dass für jede Aufnahme, bei der Kinder mitwirken, eine Kindergärtnerin angestellt wird, die die Kinder für diese Zeit betreut.» Der Bürgermeister leitet das Schreiben an den Direktor der hiesigen Schule weiter, wo es einen Tag darauf seinen Weg zum Bezirksschulrat in Rosenheim fortsetzt «mit der Bitte um Entscheidung und Genehmigung». Wenn die Rühmann-Produktion Unfall- und Haftpflichtversicherung für die Laiendarsteller übernehme, dann sei dagegen nichts einzuwenden. Wieder geht das Papier durch die Instanzen, den gleichen Weg zurück; nach zehn Tagen dürfen die ausgesuchten Kinder zu einer ersten Stellprobe gebeten werden.

Aber die Geduld lohnt sich. Am 3. August, einem Sonntag, wachsen Darsteller und Statisten zu einer großen Filmgemeinschaft zusammen. Der ganze Ort ist auf den Beinen: Terra-Filmkunst und NS-Fliegerkorps, Standarte 97, das abgestellt ist, die Filmarbeiten zu unterstützen, laden zum Filmflugtag auf den Flugplatz von Prien. Eine Musikkapelle spielt auf, in einem Zelt werden Kaffee und Bier ausgeschenkt und Kuchen gereicht. Jeder darf sich bedienen, es ist alles kostenlos, die Statistengage in Naturalien. Für die Leute aus dem Ort eine willkommene Ablenkung, die Nachrichten von der Front verheißen nichts Gutes. Für die vom Film ein Tag harter Arbeit.

Rühmann steigt mit einer alten Flamingo-Maschine in die Lüfte, ein Fluglehrer tut es ihm gleich, fliegt Loopings und andere Figuren, die Kamera am Boden läuft. Die Luftaufnahmen an den folgenden Tagen gestalten sich komplizierter. Unter welchen Umständen die zustande kommen, ist heute nicht mehr vorstellbar. Vor dem Cockpit und auf einer der Tragflächen von Rühmanns Maschine werden Kameras installiert. Die sind relativ klein, fassen allerdings auch nur knapp dreißig Meter Film, gerade ausreichend für eine Drehminute. An die fünfzigmal startet und landet er, nach jeder Landung wird die Filmrolle ausgewechselt, erst dann sind genug Aufnahmen im Kasten. Ein strapaziöses Unternehmen, aber Rühmann beklagt sich nicht, er ist ganz in seinem Element. Das sieht man dem fertigen Film auch an. Er wird für Rühmann und den Regisseur Kurt Hoffmann nicht nur zu einem Erfolg, unter den 49 deutschen Filmen, die in der Saison 1941/42 neu in die Kinos gelangen, erzielt er mit fünf Millionen Reichsmark das höchste Einspielergebnis.

Im Gegensatz zu dem Fortsetzungsstreifen *Quax in Afrika*, der 1943 gedreht wird, durch die Kriegsereignisse aber nicht mehr in die Kinos kommt, zählt der erste *Quax*-Film noch heute zu Rühmanns bekanntesten. Er ist vor allem in Fliegerkreisen beliebt, aber gleichzeitig auch heftig umstritten. Nach dem Krieg sind die Alliierten die Ersten, die etwas gegen den Film vorbringen und ihn auf den Index setzen. Danach erkennen auch andere die wirkungsvoll verpackte Propaganda, die der Handlung innewohnt. Von einem ausgemachten Tendenzfilm sprechen sie, vom Geist der Kriegsvorbereitung, von offener Werbung für die Sportorganisationen der Nationalsozialisten. Alles in allem sei der Film ein ziemlich übles Machwerk der Wehrertüchtigungspropaganda.

Von dieser Seite will das Rühmann nie betrachtet haben. Es sei ein Fliegerfilm, ein lustiger, mit Propaganda habe der doch nichts zu tun. Bei allen Flaggen und Fähnchen, die auf dem Filmflugplatz zu sehen sind: ein Nazisymbol ist nirgends dabei. Darauf habe er geachtet, und darauf sei er dann auch besonders stolz gewesen. Aber erstens spielte der Film bekanntlich im Jahr 1930, und zweitens hätten Goebbels oder seine Männer von der Filmabteilung garantiert darauf bestanden, wenn es ihnen wichtig gewesen wäre. Eine Leichtigkeit für sie, eine Hakenkreuzbeflaggung anzuordnen. Niemand hätte dagegen etwas unternehmen können, auch Rühmann nicht.

Sein Geschichtsbild ließ – was die Zeit im Dritten Reich betrifft – ohnehin zu wünschen übrig. Das ist kennzeichnend für ihn, aber symptomatisch für eine ganze Generation von Künstlern. «Wie hartnäckig doch die Erinnerungslücken unserer beliebten Darsteller und Darstellerinnen in Film und Fernsehen und wie groß unsere Bereitschaft, ihnen jede persönliche Unterschlagung von Wirklichkeit zu verzeihen», konstatiert der Filmexperte Georg Seeßlen in seinem Buch *Tanz den Adolf Hitler*. Schauspielermemoiren hätten zwanzig Jahre lang die Funktion gehabt, die Schließung der Archive unterhaltsam zu begleiten. Ihre Autoren würden nur wiederholen, was sie in der Zeit des Faschismus gelernt hätten, sich dem politischen Anspruch zu unterwerfen, dabei persönlichen Profit zu ziehen und, wissend um die Schuld, eine Fassade zu errichten. Ähnlich schätzt das der Publizist Michael Töteberg in seinem Aufsatz *Ich möchte hier den Vorhang des Schweigens herunterlassen* ein. Während Paul Hörbiger sich in seinen Memoiren die Frage stellen würde, ob er sich mitschuldig gemacht habe, und zu der Erkenntnis gelange, dass es die Nazis darauf abgezielt haben, mit unterhaltenden, unpolitischen Filmen von den Tatsachen der Hitler-Diktatur abzulenken, würde man solche Einsichten bei Heinz Rühmann vergeblich suchen. «Er spielte in lauter unpolitischen Komödien, er hat sich nichts vorzuwerfen.» Tatsächlich sehe Rühmann in seinen Lebenserinnerungen, die er im hohen Alter herausbrachte, in dem *Bruchpiloten*-Streifen noch immer einen «Film so recht nach meinem Fliegerherzen». Memoiren seien Selbstinszenierungen, schließt Töteberg, Eitelkeit und Egozentrik würden die Perspektive bestimmen. «Sie spielten eine Rolle; für das Stück fühlten sie sich nicht verantwortlich.»

Entgegen Rühmanns Darstellungen findet Felix Moeller in dem Buch *Der Filmminister* heraus, dass der Komödiant von Anfang an höchste Wertschätzung im NS-Staat genoss und «bald zu einem relativ engen Kreis um Goebbels» gehört habe. «Goebbels notiert stets, sich bei privaten wie beruflichen Schwierigkeiten des Schauspielers hilfsbereit zeigen zu wollen.» Mit der gleichen Aussage wartet Arthur Maria Rabenalt in seinem Buch *Joseph Goebbels und der «Großdeutsche Film»* auf. Zumindest offenbaren die Tagebücher des Propagandaministers, dass sich die beiden Männer näher standen, als Rühmann das nach 1945 lieb sein konnte. So schreibt Goebbels am 30. Oktober 1940, einen Tag nach seinem dreiundvierzigsten Geburtstag, über den Vortag: «Die Kinder gratulieren als erste. Wie die Orgelpfeifen stehen sie aufgestellt und sagen ihre Gedichte und überreichen ihre Geschenke und Blumensträuße (...) Wir schauen gemeinsam den Film an, den Heinz Rühmann mit den Kindern gedreht hat, zum Lachen und zum Weinen, so schön.» Drei Tage hatte sich Rühmann Zeit genommen, den Goebbels-Nachwuchs so in Szene zu setzen, dass der Papa vor Ergriffenheit schluchzt. Knapp zehn Minuten lang, es ist nur ein Kurzfilm, aber ein eindrucksvoller, nicht zuletzt, weil er in Farbe gedreht wird. Während die filmische Gratulation erhalten geblieben ist, bleibt fraglich, wer das Drehbuch schrieb – und den Text für das Geburtstagsständchen, den die Kinder vortragen: «Lieber Papi, wie Soldaten siehst du uns hier aufmarschiert, und du hast es schon erraten, wir sind da und gratulieren. Brust heraus und Tritt gefasst, weil du heut Geburtstag hast ...»

In dem Monat davor treffen sie sich mindestens zweimal. Am 6. September notiert Goebbels nach dem offiziellen Empfang zum fünfundsechzigsten Geburtstag des Regisseurs Carl Froelich im Filmstudio: «Abends bei Rühmann. Kleine Geburtstagsehrung für Froelich. Er ist sehr nett und wir können tausenderlei besprechen.» Für den privaten Teil der Feier hatte Rühmann seine geräumige Villa am Wannsee zur Verfügung gestellt. Es erscheinen etwa zwanzig Gäste, Filmprominenz zumeist. Anny Ondra gratuliert, die Frau von Max Schmeling und Rühmanns Leinwandpartnerin in *Der Gasmann*, Zarah Leander und der Komponist Theo Mackeben. Für Rühmann vertraute Gesichter, Berührungsängste spürt er aber auch bei Goebbels nicht, sie plaudern eine Weile. Zwei Wochen später heißt es bei Goebbels: «Wir fahren zusammen nach Lanke (...) Abends kommen einige Leute vom Film zu Besuch. Jannings, Ritter, Ucicky, Froelich, Krahl, Rühmann. Wir besprechen viele Filmfragen. Jetzt geht es allmählich im Film aufwärts.» Eine bemerkenswerte Gästeliste. Emil Jannings – führer- und staatstreu, Karl Ritter – dem System stets zu Diensten, Gustav Ucicky – ein Propagandafilmer par excellence … Auch als Ehepaar sitzen die Rühmanns einige Male im Ministerwohnzimmer, rein privat, nicht allein, aber in vertrauter Runde. Goebbels freut sich am 27. Januar 1941: «Ein netter, unterhaltsamer Abend, auf dem ich wieder viel zu hören bekomme.»

Offizieller Natur dagegen ist Rühmanns Auftritt zum fünfzigsten Geburtstag von Hermann Göring im Januar 1943, für den im Preußischen Staatstheater am Gendarmenmarkt eine opulente Gala zelebriert wird. Der Reichsmarschall hat sich neben einigen Gesangsdarbietungen den letzten Akt von Shakespeares *Ein Sommernachtstraum* gewünscht und dazu seine Lieblingsdarsteller auf die Bühne beordert. Neben Rühmann treten Werner Krauß und Theo Lingen auf, Gustav Knuth, Paul Bildt, Viktor de Kowa. Sie werden nicht nur mit dem Beifall des Jubilars bedacht, der schickt jedem von ihnen auch einen prall gefüllten Fresskorb in die Garderobe. Nicht nur eine freundliche Geste, ein Symbol der Dankbarkeit. Soll bloß keiner meinen, wir hätten keine Manieren. Und fürwahr, wer nicht auf dem Vulkan, sondern nach den Pfeifen der hohen Herren tanzt, kann sich recht gemütlich einrichten in jenen Jahren. Die Gagen sind gesichert und trotz einiger Versuche Goebbels', sie auf niedrigem Niveau einzufrieren, immer noch üppig. Stars wie Hans Albers und Jenny Jugo lassen sich auf solcherart Beschneidungen gar nicht erst ein. Rühmann meldet dem Finanzamt zwischen 1939 und 1944 jährliche Einkommen von rund einer Viertelmillion Reichsmark, ein Arbeiter erhält nicht annähernd ein Zehntel davon. Daneben streicht er steuerfreie Extrahonorare ein, die von Hitler genehmigt und aus einem Sonderfonds für die Filmwirtschaft bestritten werden. Auf der Verteilerliste stehen Regisseure und Schauspieler, aber auch leitende Beschäftigte der Reichsfilmkammer. Die Zuwendung für Rühmann beträgt vierzigtausend Mark.

Er gehört zu den Bevorzugten, keine Frage. Rühmann wohnt im exquisiten Villenvorort Wannsee und kann sich jeden nur erdenklichen Luxus leisten, Reitpferde, ein Auto, ein Motorboot und schließlich das Flugzeug. Ehefrau Hertha trägt ihren Teil dazu bei.

Sie gibt ihre Filmambitionen nach der Hochzeit mit dem berühmten Star nicht auf, dreht weiterhin Filme, vor allem an seiner Seite. Obwohl sie mit zwanzigtausend Reichsmark pro Film in der offiziellen Gagenliste der Reichsfilmkammer steht, erhält sie für *Lauter Liebe*, *Kleider machen Leute* und *Hauptsache glücklich* jeweils fünftausend mehr. Für den Film *Quax in Fahrt* handelt sie sogar eine Pauschale von fünfunddreißigtausend Reichsmark aus. Ihr Mann unterstützt sie dabei, wenngleich der eigentlich darauf aus ist, dass sie ihre schauspielerischen Aktivitäten zunehmend einschränkt. Seine Vorstellungen von der Rollenverteilung in der Ehe hat Maria Bernheim geprägt: die Frau ist für das Häusliche und die Familie zuständig, der Mann bringt das Geld nach Hause. Dass sie sich dennoch nach der Geburt des Sohnes Heinzpeter, der am frühen Morgen des 7. Juni 1942 in der Berliner Westendklinik zur Welt kommt, drei Wochen zu früh, nicht ausschließlich auf das Mutterdasein konzentriert, liegt an den Umständen im Reich.

Es herrscht Krieg, und je schlechter es für die deutschen Kampfverbände an der Front aussieht, desto mehr Zivilisten werden zum Kriegs- oder Arbeitsdienst verpflichtet. Männer an die Waffen, Frauen in die Fabriken und Lazaretts, jede Hand wird gebraucht, auch wenn es die eines Künstlers oder einer Künstlerin ist. Wer dem als Schauspieler entkommen will, hat eigentlich nur eine Chance: Er muss von Hitler, Göring und Goebbels gut gelitten sein und auf einer ihrer Listen erscheinen, mit denen sie festlegen, wer für Filmarbeiten noch unbedingt benötigt wird, also unabkömmlich ist. Dafür kommen nur diejenigen infrage, die noch im Geschäft sind und deren Filme noch ins Konzept der Nazis passen. Je länger der Krieg dauert, je größer die Zahl der Niederlagen und Verluste der Wehrmacht, desto mehr schrumpfen diese Listen zusammen. Es gilt, auch die letzten Kräfte zu mobilisieren. Erst recht, nachdem der Propagandaminister am 18. Februar 1943 im Berliner Sportpalast den «totalen Krieg» ausruft. Danach wird eine sechsunddreißig Seiten lange Auswahl zusammengestellt, die die Bezeichnung «Gottbegnadeten-Liste» erhält und die Erwähnten vom Kriegseinsatz freistellt. 280 Darsteller sind aufgeführt und 227 Darstellerinnen,

Heinz Rühmann und Hertha Feiler sind dabei. Es ist ihr wichtigstes Privileg.

Während Millionen Menschen in den Tod geschickt werden, während Millionen Frauen um ihre gefallenen Männer und Söhne weinen, dürfen die Filmstars des Dritten Reiches vor der Kamera so tun, als wäre das alles nur ein böser Traum. Sie dürfen nicht nur, sie sollen es sogar. Unterhaltungsfilme müssen her, bloß nicht an den Krieg denken, an die Bomben, das Elend, den Tod. Davon bekommt doch keiner gute Laune, die aber ist schließlich kriegsentscheidend. Da Schauspieler eben Schauspieler sind, und das in allen Lebenslagen, gelingt ihnen diese Rolle angesichts der Umstände ungewöhnlich gut. Die Welt ist längst nicht mehr in Ordnung, als am 18. März 1943 die Dreharbeiten zu dem berühmtesten Film von Heinz Rühmann beginnen. Bomben fallen auf Hamburg, in Berlin brennt die Innenstadt, die Wehrmacht durchleidet das Fiasko von Stalingrad, der Krieg hat schon die Hälfte ihrer Soldaten gefordert. Auf dem Filmgelände in Babelsberg dagegen ist Heiterkeit angesagt, Szenen wie Einblendungen aus einer anderen Welt. «Sä send albern, Ehnen fählt die settliche Reife ... Sätzen Sä sich ...» Szenen mit Heinz Rühmann, das Drehbuch ist ihm von Heinrich Spoerl auf den Leib geschrieben, der Erfolg vorprogrammiert. «Pfeiffer, Sä onverschämter Flägel ...» Rühmann als Pfeiffer mit drei f in *Die Feuerzangenbowle* – noch heute ein Klassiker, weshalb man sich eine Beschreibung der Handlung getrost sparen kann.

Interessanter ist, welcher Anstrengungen es bedarf, ehe der Film überhaupt in die Kinos kommt. Rühmann behält sich die künstlerische Oberleitung vor, den Regiestuhl besetzt er mit seinem Freund Helmut Weiß. Neben den Schauspielern – Karin Himboldt ist dabei, Hilde Sessak, Erich Ponto, Paul Henckels und Hans Leibelt – verpflichtet die Produktionsfirma einige Primaner aus einer Berliner Schule als Statisten. Obwohl die Dreharbeiten drei Monate dauern, verpassen sie nichts, der Unterricht in ihrer Schule ist kaum noch aufrechtzuerhalten. Viele ihrer Freunde werden zur Wehrmacht eingezogen, Hitler benötigt neues Kanonenfutter, inzwischen trifft es auch die Jüngsten, zuletzt werden sogar Vierzehnjährige abkommandiert. Deshalb hoffen die Laiendarsteller, dass sie möglichst lange im Atelier gebraucht werden. Bis Ende Juni wird ihnen Aufschub gewährt, dann enden die Dreharbeiten. Auf die Aufführung des Films müssen sie noch länger warten, seine Premiere ist zwar noch für den Spätsommer geplant, findet jedoch nicht statt. Auf Wunsch eines einzelnen Herrn wird die Aufführung verboten. Es ist Bernhard Rust, seines Zeichens Reichsminister für Wissenschaft, Erziehung und Volksbildung, der keinen Spaß versteht, besonders dann nicht, wenn es um die deutsche Lehrerschaft geht. Rust gefällt es gar nicht, wie vertrottelt in dem Film einige der Pauker dargestellt sind. Schließlich, wettert er, habe er genug Probleme, geeigneten Nachwuchs für diesen Beruf zu finden. Die Lehrer würden ihm zu schaffen machen, wenn er so ein Machwerk durchgehen ließe. Das sieht auch Goebbels ein.

Rühmann erfährt während der Außenaufnahmen zu seinem zweiten *Quax*-Film in dem kleinen Ort Durach im Allgäu von der Entscheidung. Er reagiert verschnupft, aber nicht unentschlossen – an diesem Film hängt sein Herzblut. Rühmann kennt seinen Status, und er weiß, dass sein Einfluss nicht der geringste ist. Als Erstes sollte er vielleicht mit Göring darüber reden, der könnte ihm helfen. Ob er selbst auf die Idee kommt oder ob ihn ein hoher Offizier des Reichsluftfahrtministeriums darauf bringt, ist nicht ganz klar. Fest steht, dass der Offizier ihm zu einer Audienz bei Göring verhilft – wozu Rühmann wahrscheinlich selbst in der Lage gewesen wäre, wenn sich der Reichsmarschall in Berlin und nicht ausgerechnet im Führerhauptquartier Wolfsschanze im ostpreußischen Rastenburg aufgehalten hätte. Aber auch da öffnen sich ihm die Tore. Das dürfte jedoch zu einem späteren Zeitpunkt gewesen sein, als es Rühmann in seinem Buch *Das war's* beschrieb. Es ist anzunehmen, dass er die Dreharbeiten nicht einfach für mehrere Tage unterbricht. Vermutlich sind die schon beendet, als er sich auf den Weg macht. Denn während er vor allem im Sommer und Herbst in Durach dreht, findet die Begegnung mit Göring erst im Januar 1944 statt. Auf jeden Fall fliegt Rühmann zunächst nach Berlin, packt die fünf Filmrollen ein und fährt mit dem Zug weiter – direkt in die Höhle des Löwen. Dort geht es gespenstisch zu, aber nicht bedrohlich. Rühmann wird am Bahnhof bereits von einem Chauffeur erwartet, der ihn zum Gästehaus befördert. Noch am Abend seiner Ankunft sollen sich Göring und einige Offiziere *Die Feuerzangenbowle* angesehen und an vielen Stellen herzhaft gelacht haben. Adolf Hitler genügt das Urteil seines Reichsmarschalls, um das Verbot aufzuheben. Er ist bei der Filmvorführung nicht anwesend, lässt Goebbels aber eine entsprechende Weisung zukommen, wie der in seinem Tagebuch vermerkt: «Der Führer gibt mir den Auftrag, mich nicht durch Einsprüche von Lehrerseite oder von Seiten des Erziehungsministeriums einschüchtern zu lassen.»

Nach erfolgreicher Mission kehrt Rühmann in die Hauptstadt zurück. Am 28. Januar findet gleich in zwei Lichtspielhäusern die ersehnte Premiere statt. Eine groteske Situation, denn noch stecken den Zuschauern die Schrecken der vorangegangenen Nacht in den Gliedern. Viele von ihnen mussten sie in den Kellern ihrer Häuser verbringen. Nachdem die Sirenen neue Luftangriffe angekündigt hatten, donnerten eintausend englische Kampfflugzeuge über die Stadt und warfen fast viertausend Tonnen Bomben ab. Als sich der Vorhang hebt, ist Berlin nicht mehr, wie es war, aber die Menschen sind es noch, auf der Flucht vor der Wirklichkeit. Kein Rühmann-Film davor verbuchte einen größeren Erfolg, keiner danach wird das schaffen. Allein im ersten Jahr spielt er sieben Millionen Reichsmark ein, insgesamt tröstet er rund zwanzig Millionen Zuschauer einen Kinobesuch lang über die Grauen des Krieges hinweg. Als *Die Feuerzangenbowle* fünfundzwanzig Jahre danach zum ersten Mal im Fernsehen gezeigt wird, erreicht die Einschaltquote 53 Prozent. Das sind mehr als zwanzig Millionen Zuschauer!

Es ist schwer vorzustellen, wie man in den letzten Monaten des Krieges seine Kräfte damit verschwendet, Filme zu drehen, wo es doch ums blanke Überleben geht. Aber schließt das eine denn das andere aus? Tatsächlich wird es für die Produzenten immer schwieriger, alle Rollen der geplanten Filme zu besetzen. Einige Schauspieler verschwinden plötzlich, ohne ihre Adresse zu hinterlassen, andere bringen Atteste von Ärzten, die ihnen eine Krankheit bescheinigen, die den Einsatz unmöglich macht. Bombenangst müssten sie eigentlich diagnostizieren, aber das ist kein medizinsicher Fachbegriff. Daneben gibt es noch die ewig Überzeugten, die bis zuletzt den Endsieg predigen und Vorzeigeware für danach produzieren wollen.

Einige Filmteams nutzen ihre Freiheiten in diesen wirren Zeiten auch geschickt aus, eben um das Leben der Schauspieler, Regisseure und Techniker zu retten. Und wenn die Filmerei nur dazu beiträgt, dass die daran Beteiligten nicht eingezogen werden. Erich Kästner, der im Frühjahr 1945 unter falschem Namen in einen solchen Filmtross der Ufa geschmuggelt wird, berichtete in seinem Tagebuch von seltsamen Außenaufnahmen: Sein Team setzt sich im März ins Tiroler Zillertal ab, inszeniert dort nicht nur die vorgesehene Handlung, sondern die Dreharbeiten an sich. Alles wird so durchgeführt, als würde es tatsächlich um die Herstellung eines Films gehen. Die Gruppe «zog mit den geschminkten Schauspielern an der Spitze geschäftig durch den Ort, hinaus in die Landschaft, und drehte, was das Zeug hielt. Die Kamera surrte, die Silberblenden glänzten, der Regisseur befahl, die Schauspieler agierten, der Aufnahmeleiter tummelte sich, der Frisör überpuderte die Schminkgesichter, und die Dorfjugend staunte. Wie erstaunt wäre sie erst gewesen, wenn sie gewusst hätte, dass die Filmkassette der Kamera leer war …» Gern betreiben Produzenten eine Verlegung der Drehorte in Gebiete, die vom Krieg noch nicht betroffen sind. Dagegen können die im Propagandaministerium schwer etwas vorbringen. Weder verfügen die Unterhaltungsstoffe über einen Bezug zur Realität, noch sind Aufnahmen von zerbombten Häusern erwünscht. Besonders jetzt sollen die Filmkameras heile Welt aufzeichnen, romantische Dörfer, plätschernde Bäche, grünende Heide, Idylle pur.

Eine Flucht kommt für Rühmann nicht infrage. Er hängt an seinem Haus, dem großen Garten, dem See dahinter. Er bleibt und arbeitet weiter. Die Dreharbeiten zu *Der Engel mit dem Saitenspiel* werden im zweiten Halbjahr 1944 noch ohne größere Zwischenfälle absolviert. Er übernimmt die Regie, seine Frau die Hauptrolle, den Sohn Peter versorgt so lange Albertine Weiß, die Freundin der

Familie, die dem Jungen eine liebevolle Ersatzmutter ist. Als es fünf Tage vor Weihnachten zur Uraufführung kommt, sind die Eheleute Rühmann bereits mit ihrem nächsten Film beschäftigt, der den irreführenden Titel *Sag die Wahrheit* trägt. Die Arbeiten ziehen sich bis Mitte April 1945 hin, jeder Tag ist ein gewonnener. Doch mit jedem Tag wächst auch die Angst. Deutschland versinkt in Schutt und Asche, vor allem Berlin wird zur Zielscheibe. Den Regisseur Helmut Weiß trifft es, er wird ausgebombt. Rühmann nimmt ihn in seinem Haus auf. Wann ist der Spuk endlich vorbei? Im Filmatelier geht es schnell zu Ende. Die Schauspielerin Eva-Maria Meinecke setzt sich über Nacht nach Bayern ab, dort ist man sicherer. Dann verkündet Goebbels, dass sämtliche Filmarbeiten sofort zu unterbrechen sind. Der Film kann nicht mehr fertig gestellt werden. Erst nach dem Krieg wird ihn ein anderer Regisseur neu inszenieren, allerdings ohne Rühmann. Der darf zu diesem Zeitpunkt noch nicht wieder drehen, da man ihm die Nähe zu den Nazis übel nimmt.

Jetzt sind auch die Filmleute für den Volkssturm frei, das letzte Aufgebot wird rekrutiert. Doch Rühmann unternimmt noch einen Versuch, sich und einige seiner Mitarbeiter davor zu bewahren. Die notwendigen Kontakte hatte er bereits im November während einer Jagd geknüpft, als er mit einem hohen Funktionär der Organisation Todt zusammentraf. Die staatliche Bauorganisation wurde nach ihrem ehemaligen Leiter Fritz Todt benannt. War sie 1933 von Hitler vor allem mit dem Bau der Autobahnen betraut worden, setzte er sie nach Kriegsbeginn hauptsächlich in den eroberten Gebieten ein. Dort sollte sie die zerstörte Infrastruktur wieder herstellen. Bei den Bauarbeiten werden ausländische Arbeiter eingesetzt, aber auch Kriegsgefangene und KZ-Häftlinge. Zunächst scheint Rühmanns Plan aufzugehen, er und ein Dutzend seiner Mitstreiter werden pro forma aufgenommen und in die olivgrünen Uniformen gesteckt. Rühmann ernennen sie zum Stabsfrontführer, was dem Dienstgrad eines Majors entspricht, den Regisseur Weiß zum Hauptfrontführer. Die anderen können sich niedere Ränge aussuchen, darauf kommt es nicht an. Ziel ist es, die Arbeit der Organisation kennen zu lernen, um dann einen Film darüber zu drehen. So jedenfalls soll

Rühmann den Verantwortlichen seine Idee schmackhaft gemacht haben. Die heldenhafte Arbeit der Bautruppe müsse unbedingt gezeigt werden. So weit kommt es jedoch nicht mehr, nach ein paar Tagen wird das Unternehmen abgebrochen. Selbst den fanatischsten Anhängern Hitlers ist klar, dass eine Kapitulation nicht mehr abzuwenden ist. Rühmanns Produktionsgruppe wird nach Hause geschickt.

Die nächsten Tage verbringt er mit Frau und Kind in seinem Haus. «Ich wurde Fatalist», schrieb er. Die Familie igelt sich ein, richtet den Keller, der ohnehin komplett ausgebaut ist, als Notunterkunft her, hält sich Tag und Nacht darin auf, während in gar nicht so weiter Ferne Bombendetonationen und Maschinengewehrsalven zu hören sind. In dem größten Raum stellen sie Liegen auf, einen Tisch, ein paar Stühle, für den Sohn wird Spielzeug herangeschafft. Nebenan stehen Regale mit dem eingemachten Obst aus dem Garten, Wurstkonserven und Weinflaschen aus besseren Zeiten, eine willkommene Notration. Über ein batteriebetriebenes Rundfunkgerät empfangen sie einen Feindsender, der regelmäßig die neuesten Meldungen durchgibt. Die englischen, amerikanischen und französischen Truppen sind nicht mehr aufzuhalten. Aber was heißt das? Wird alles gut oder nur noch schlimmer? Hitler und seine Vasallen verschanzen sich im Führerbunker unter der Reichskanzlei. Immer wieder Granateinschläge, benachbarte Stadtteile werden dem Erdboden gleich gemacht, die Kinos am Ku'damm brennen. Es ist längst zu spät für eine Flucht aus der bombardierten Stadt. Jetzt können sie nur noch hoffen – hoffen, dass der Sturm über sie hinwegfegt. Lange kann es doch nicht mehr dauern. Direkt gegenüber, am anderen Ufer des kleinen Wannsees, beziehen schon sowjetische Soldaten Stellung.

SIEBTES KAPITEL

Sag die Wahrheit

Der Soldat ist sechzehn Jahre alt. Hans-Erich Brand trägt eine Uniform des Infanteriebataillons Potsdam, seine sechs Begleiter auch. Bis auf ihren Anführer, einen Unteroffizier, ist keiner von ihnen erwachsen. Hitlers letztes Aufgebot. Sechzehn und siebzehn Jahre alte Jungen, Jugendliche, fast noch Kinder sind sie. Doch das sieht man ihren Gesichtern nicht an. Der Krieg hat sie vorschnell altern lassen, die schlaflosen Nächte, der Hunger, die Angst vor dem Tod und davor, ihre Familien nie wieder zu sehen. Das dämpft die Kampfmoral der kleinen Gruppe. Sie soll den Vormarsch der Russen beobachten und die Festung Wannsee verteidigen. Ein klarer Auftrag, sieben Mann gegen eine Armee, jeder von ihnen lediglich ausgerüstet mit einer Maschinenpistole und der Hoffnung, die nächsten Stunden unbeschadet zu überstehen. Sie haben seit fünf Tagen nichts mehr gegessen, die Kleidung und ihre Gesichter sind verschmutzt, als sie am 26. April 1945 vor dem Grundstück Am kleinen Wannsee 15 ihren Fußmarsch unterbrechen. Das Objekt scheint ihnen geeignet, der Feind liegt direkt gegenüber, keine dreihundert Meter entfernt. Einer sieht das Namensschild am Gartentor. Der soll hier wohnen, der berühmte Heinz Rühmann? Der ist bestimmt nicht mehr da. So einer hat sich doch längst in Sicherheit gebracht.

Sie betreten das Grundstück, den unübersichtlichen Garten mit Bäumen und Sträuchern. Ein günstiges Terrain, die Gewächse bieten ihnen Sichtschutz, hier können sie agieren, ohne dass sie die

Russen zu sehen bekommen. Trotzdem werden sie einen Schützengraben ausheben müssen, wenigstens einen halben Meter tief, am besten parallel zum Ufer quer über den Rasen. Von da aus haben sie die beste Sicht. Gerade wollen sie mit dem Graben beginnen, da kommt ein Mann auf sie zu. Moment mal, den kennen sie doch, ist das nicht? Im Kino sieht der viel größer aus. Dass der noch hier ist. Sie seien total baff gewesen, erinnert sich Hans-Erich Brand, inzwischen Doktor der Philosophie. Plötzlich habe Heinz Rühmann leibhaftig vor ihnen gestanden, ihr großes Filmidol. Freundlich sei er gewesen, habe aber verängstigt gewirkt. Die Soldaten erklären ihm, dass jetzt sozusagen die Hauptkampflinie durch seinen Garten geht, weil am anderen Ufer die Russen liegen. Aha, ja, wenn es sich dann nicht vermeiden lässt. Begeistert ist er nicht davon.

Mit dem Graben wird es nichts, schon nach einer Spatentiefe drückt das Grundwasser durch den Boden. Dafür erhalten die Soldaten erst mal eine Stärkung. Der Hausherr bewirtet sie mit einer Flasche Wein, bringt Gläser dazu. Am Abend bittet er sie sogar ins Haus. Dort lernen sie auch seine Frau kennen, den Sohn Heinzpeter bekommen sie nicht zu Gesicht. Bevor sie sich zum Schlafen in den Keller legen, tischt er ihnen noch eine Mahlzeit auf, Brot, Butter, Wurst und nochmal Wein dazu. Dann wendet sich Rühmann vertrauensvoll an den Unteroffizier. Er zeigt ihm seine Browning-Pistole, Kaliber 6.35, und fragt, ob die reichen würde, um sich gegen die Russen zu verteidigen. Der Uniformierte sieht ihn für einen Moment ungläubig an. Nein, damit könne er wohl kaum etwas ausrichten, die feuern mit Maschinengewehren und Stalinorgeln, bestimmt besitzen die auch Handgranaten. Danach habe der Schauspieler ziemlich bedrückt gewirkt, glaubt Brand beobachtet zu haben. Aber möglicherweise sei das nur gespielt gewesen, vielleicht habe er einen Witz machen wollen, um uns aufzuheitern. Gelacht habe keiner von ihnen, zum Lachen sei ihnen schon lange nicht mehr zumute gewesen.

Am nächsten Tag, gegen Mittag, wird die Hauptkampflinie verlegt. Die Soldaten packen ihre Sachen, sie haben einen neuen Befehl erhalten. Zum Abschied sagt Rühmann so etwas wie: Passt auf euch auf, ihr müsst noch etwas tun für den Führer.

Hans-Erich Brand weiß das alles noch so genau, weil er damals stets einen Taschenkalender bei sich trug und Tagebuch führte. «Als wir die Rühmanns verließen, war ihr Garten noch in Ordnung, bis auf ein paar kleine Löcher von unseren Grabeversuchen. Wir haben nicht geschossen, das wäre auch Selbstmord gewesen, die Russen waren uns doch überlegen.» Rühmann wird in seinen Erinnerungen anderes zu berichten wissen. Die Soldaten hätten den Garten verwüstet, Bäume gefällt, den Zaun umgerissen und sich selbständig und ausgiebig am Vorrat im Keller bedient. Und er wird ihnen die Schuld daran geben, dass er in diesen Tagen Hab und Gut verliert: «Das Holzhaus brannte innerhalb weniger Minuten. Den Beschuss hatten wir der elfköpfigen Hauptkampflinie zu verdanken, die als erste das Feuer eröffnete. Der Russe erwiderte vom gegenüberliegenden Ufer des Wannsees. Von allen Häusern am Wannsee wurde nur unseres zerstört.» Hier muss ihm sein Gedächtnis einen Streich gespielt haben. Oder seiner Frau, sie erinnerte sich in einem Zeitungsartikel an andere Szenen: «Der Anblick, der sich uns oben bietet, ist furchtbar. Granaten haben tiefe Löcher aus der Erde gerissen, Bäume sind zerfetzt, und viele Häuser rundum bilden nur noch Ruinen.»

Als Brands Truppe aufbricht, steht Rühmanns Villa jedenfalls noch. Als sie zwei Tage später erneut an dem Grundstück vorbeikommt – auf dem Weg nach Stahnsdorf, dort soll sie sich bei ihrem Vorgesetzen melden –, finden ebenfalls noch keine Kampfhandlungen statt. Die Granaten müssen später in das Gebäude eingeschlagen sein. Was nichts daran ändert, dass die Familie Rühmann grausame Stunden durchlebt. Doch der Brand ihres Hauses ist erst der Anfang, obwohl doch alles gerade zu Ende geht.

Einer der ersten Tage im Mai, noch hat das Deutsche Reich nicht kapituliert. Heinz Rühmann, seine Frau und der Sohn kommen in einem benachbarten Haus unter, dessen Besitzer vor dem großen Bombardement geflüchtet sind. Dort sind sie nicht allein, auch andere haben ihre Wohnung verloren, vor allem alte Männer hocken in dem Versteck, sie wurden nicht zum Volkssturm geholt oder sind einfach nicht hingegangen. Es sind eingefallene Gesichter, in die der Schauspieler blickt, denen man die Qualen der letzten Wochen ansieht. Sie sind unrasiert, einige haben sich seit Tagen nicht mehr waschen können. Es stinkt nach Urin und Schweiß und nach Erbrochenem, die Angst schlägt auf den Magen. Die Fremden kümmert es wenig, dass sie mit einem Filmstar ihr Notquartier teilen, hier spielt das keine Rolle mehr, manche werden ihn gar nicht erkennen so, wie er aussieht. Der Humor seiner Filme ist jetzt nicht gefragt, die Situation ist bitterernst.

Sie sind alle gleich in ihrer Verzweiflung, tragen dieselben Gedanken im Kopf, die Hoffnung, irgendwie lebend aus dem Inferno herauszukommen. Sie reden kaum miteinander, man weiß ja nie, was der andere denkt, ob der nicht einer von denen ist, die das alles hier verursacht haben. Außerdem ist alles schon gesagt. Selbst als sie draußen Stimmen hören, bleiben sie stumm. Englisch ist es nicht, das muss Russisch sein, was kommt jetzt? Die Fremden hämmern gegen die Haustür und brüllen unverständliche Worte, Gewehrkolben krachen gegen das Holz, niemand öffnet. Nur Rühmann geht ans Fenster im ersten Stock, er überlegt nicht, er tut es einfach, öffnet einen Flügel und ruft ein paar Wörter hinaus, die er selbst nicht versteht, so laut es seine Stimme hergibt. Er folgt nur einem Instinkt, sie sollen ernst und möglichst slawisch klingen, vielleicht verschwinden die da unten dann. Ganz geheuer kommt denen das tatsächlich nicht vor, murrend treten sie den Rückzug an.

Aber sie kommen wieder, noch betrunkener und mit noch mehr Wut im Bauch. Sie brechen die Tür auf und richten die Maschinenpistolen auf die Köpfe der Deutschen. Faschisti, sagt einer verächtlich, es ist das einzige Wort, das sie verstehen. Wer in dieser vornehmen Gegend wohnt, muss ein Faschist sein oder wenigstens ein Kapitalist, was in den Augen der sowjetischen Soldaten nicht viel besser, vermutlich das Gleiche ist. Dann erteilt ein Offizier in gebrochenem Deutsch Befehle. Die Männer werden in den Keller gesperrt. Aus anderen Häusern treiben sie noch mehr zusammen. Wer ausbrechen will, wird erschossen. Die Stimme klingt energisch, sie nehmen die Drohung ernst. Einer will noch gehört haben, das sei ihre letzte Nacht, am nächsten Morgen würden sie hingerichtet werden. Verdammte Faschisti! Vor der Kellertür schiebt ein Posten Wache. Die Gefangenen schweigen, diesmal aus einem anderen Grund. Umso lauter geht es in dem Stockwerk darüber zu. Die Soldaten feiern offenbar ihren Erfolg. Aus ihrer Sicht haben sie gerade zwei Dutzend Verbrecher überwältigt und eingesperrt, wenn das kein Grund zum Jubeln ist! Außerdem haben sie die Alkoholvorräte aus den Vorratskellern der umliegenden Häuser erbeutet.

In ganz Berlin und Umgebung, und nicht nur dort, spielen sich in diesen Tagen ähnliche Szenen ab. Die Soldaten der Roten Armee führen sich wie die Sieger auf, sie sind es ja auch, nur verlangen einige von ihnen mehr als Anerkennung. Den Preis, von dem sie glauben, dass er ihnen zusteht, holen sie sich selber. Sie ziehen johlend durch die Straßen, plündern Geschäfte und Wohnungen und räumen beiseite, was sich ihnen in den Weg stellt. Wenn es sich dabei um Menschen handelt, regeln sie es, wie so etwas im Krieg gemacht wird, durch Waffengewalt. Das trifft nicht nur die letzten überzeugten Nazis oder Wehrmachtssoldaten, die zu spät ein weißes Tuch hissen, sondern auch unschuldige Zivilisten. Bei der Besetzung des kleinen Vorortes Saarow-Pieskow werden am 28. April der Schauspieler Harry Liedtke, dem Rühmann in seinem Film *Sophienlund* noch die Hauptrolle zudachte, und seine Frau von randalierenden Sowjetsoldaten erschlagen. Vermutlich einen Tag darauf, genau ist das Datum nicht überliefert, fallen andere Rotarmisten in die Wohnung von Friedrich Kayßler ein. Auch der ist ein berühmter und hoch dekorierter Schauspieler, der in seinem Haus an der Quaststraße 17 in Kleinmachnow das Ende des Krieges herbeisehnt. Als sich die Soldaten an zwei Schauspielerinnen vergreifen wollen, die bei ihm untergekommen sind, stellt er sich ihnen in den Weg. Das stört die wenig, der Krieg hat sie hart gemacht, sie haben schon so viel Blut gesehen, sie schießen sofort, der Einundsiebzigjährige sinkt tödlich getroffen zu Boden. Die jungen Frauen haben keine Chance gegen die brutalen Eindringlinge, ihre Leichen werden später im Nebenzimmer gefunden – mit aufgeschlitzten Leibern. Auch Hans Brausewetter, einer der drei Junggesellen aus dem Paradies derselben, kommt in den letzten Kriegstagen um. Nachdem er mehrere Tage im Keller verbrachte, will er nur mal kurz vor dem Haus nach dem Rechten sehen. Er hält sich eine Sekunde zu lange dort auf, ein Granatsplitter verletzt ihn tödlich.

Von alldem weiß Heinz Rühmann noch nichts, während er in dem spärlich beleuchteten Keller ausharrt. Er liegt zusammengekrümmt in einer Ecke und hört die anderen wimmern und weinen. Er weiß eigentlich überhaupt nichts mehr, nicht, was er denken soll, auch nicht, ob er jemals lebend aus dem Verschlag herauskommen wird. Was ihn aber am meisten quält, ist die Angst um seine Frau und seinen Sohn. Was führen die Soldaten im Schilde? Werden sie ihnen etwas antun, sie umbringen? Gedanken, die ein liebender Ehemann und Vater nicht ertragen kann. Später wird Rühmann sich erinnern, dass er in dem Keller nicht mehr daran glaubte, sie wieder zu sehen. In dieser Nacht hört er, wie schwere Stiefel über den Fußboden über ihnen poltern, Flaschen klirren, Türen knallen, und jedes Mal klingt es, als fiele ein Schuss. Dann ertönt Musik; diese Barbaren, sie hören tatsächlich Klassik.

«Das war die schrecklichste Nacht meines Lebens», schrieb Hertha Feiler in der erwähnten Serie für die *Deutsche Illustrierte*, ihr Mann fabulierte in seinen Lebenserinnerungen: «Über unser privates Schicksal beim Endkampf um Berlin spreche ich nicht gern. Vielen ist viel Schlimmeres widerfahren.» Der Satz seiner Frau trifft es dann eher. Die Soldaten hatten ihren Grund, die attraktive Schauspielerin nicht mit in den Keller zu schließen. Sie soll für die geplante Siegesfeier im Wohnzimmer des okkupierten Hauses herhalten. Den zweijährigen Sohn missbrauchen sie als Faustpfand. Wenn sie nicht macht, was sie von ihr verlangen, würde es ihm schlecht ergehen. Die Soldaten trinken viel, mehr, als ihnen gut tut. Der Alkohol spült die Anspannung der letzten Wochen weg, das Hungergefühl und den letzten menschlichen Anstand. Im Suff reden sie auf ihre Gefangene ein, auf Russisch, ein paar Brocken auch lallen sie auf Deutsch. Sie versteht kein Wort davon, aber sie weiß, was gemeint ist. Die betrunkenen Männer verlieren alle Hemmungen. Vor ihren gierigen Blicken muss sie sich fast vollständig entkleiden, dann fallen sie über sie her.

Hertha Feiler hat nur mit sehr wenigen Menschen über diese

Nacht gesprochen. Zu den Ersten, die die Wahrheit erfahren, gehört die Schauspielerin Lola Müthel. «Ich habe das Ehepaar Rühmann kurz danach in Berlin getroffen. Die beiden wirkten völlig verstört, sie sprachen kaum. Ich setzte mich neben Hertha und fragte, was denn passiert sei. Erst sah sie mich nur an, dann sagte sie leise, dass sie von den Russen vergewaltigt worden sei, und weinte. Es sollen mehrere Männer gewesen sein, angeblich musste ihr Mann alles mit ansehen, aber das kann ich mir nicht vorstellen.» Andere Schauspieler wollen von der Tat ebenfalls aus dem Munde der Gedemütigten erfahren haben. Einige sind sich jedoch nicht sicher, sie könnten es auch von anderen gehört haben, sagen sie. In der Branche würden sich solche Geschichten schnell verbreiten.

Von dem Vorhaben, die Männer im Keller zu erschießen, wollen die Soldaten am nächsten Tag nichts mehr wissen. Sie haben ihren Spaß gehabt. Noch im Morgengrauen verlassen sie das Haus und ziehen weiter, diesmal nahezu lautlos. Die Schritte des Wachpostens sind nicht mehr zu hören. Die Eingesperrten bemerken das, sie wagen sich trotzdem nicht hinaus – bis sie wieder eine Stimme hören, sie sagt etwas in der ihnen vertrauten Sprache, ein gutes Zeichen, ein Hoffnungsschimmer. Ihr könnt rauskommen, flüstert eine Frau, sie sind alle verschwunden. Aufatmen, aber keine Euphorie, dazu fehlt die Kraft. Es liegt morgendliche Stille über dem Ort des Grauens. Das Kanonengrollen in der Ferne ist verstummt. Nur eine Feuerpause, oder ist endlich alles vorbei?

Rühmann fühlt sich elend. Wo sind seine Frau und der Sohn, leben sie noch? Er läuft von einem Haus zum nächsten, nirgends sind sie zu sehen. Sollten sie es doch getan haben? Er fühlt, wie sich sein Magen zusammenkrampft. Sie hatten Zyankalikapseln in einem Blumentopf in ihrem Garten deponiert, für den Notfall, ein befreundeter Apotheker hatte sie ihnen besorgt. Er irrt durch die Gegend, außerstande, klare Gedanken zu fassen. Keine Spur von den beiden. Er weiß nicht mehr, wo er noch suchen soll. Aber er läuft weiter, als müsste er sich beweisen, dass er wirklich noch am Leben ist.

Plötzlich die Erlösung, da vorn, das sind sie. Seine Hertha kommt zögernd auf ihn zu, Heinzpeter spielt auf dem Fußboden, er ist noch zu klein, er begreift nicht, dass die Welt um ihn herum in Trümmer gefallen ist. Und er hat nichts von dem mitbekommen, was in der vergangenen Nacht geschehen ist. Seine Eltern sehen sich in die Augen, die Mutter versucht zu lächeln, sie stehen sich gegenüber wie zwei Fremde. Das ist nicht der Mann, den sie gestern verlassen musste. Heinz Rühmann ist in den letzten Stunden um Jahre gealtert, im Keller sind seine Haare grau geworden und seine grünen Augen stumpf. Auch seine Frau ist kaum wieder zu erkennen. Sie hat ein dickes Tuch um den Kopf gewickelt, ihre Gesichtshaut wirkt grau. Sie umarmen sich, jeder spürt, wie der Körper des anderen zittert. Hertha Feiler ist froh, dass sie das Zyankali in der Nacht nicht gefunden hat. Sie leben, das ist im Moment das Wichtigste, auch wenn es schwer fällt, selbst davon überzeugt zu sein. Jetzt kann nichts mehr passieren, der Krieg ist vorbei, Hitler und Goebbels sind tot.

Der nächste Russe, der nach Wannsee kommt, ist freundlicher; es gibt nicht nur grölende Menschenschinder bei der Siegermacht, so wie nicht jeder Deutsche ein Faschista ist. Es handelt sich um einen Major, der die deutsche Sprache beachtlich gut beherrscht und sich auch ansonsten als gebildeter Mann zu erkennen gibt. Vor allem für das kulturelle Schaffen interessiert er sich, als wäre das jetzt von Bedeutung. Ist es auch, jedenfalls vertritt er diesen Standpunkt. Er denkt nicht an Rache, sondern an die Zukunft und daran, wie er den Schauspielern, die im zerbombten Berlin überlebt haben, zu neuen Auftritten verhelfen kann. Zunächst teilt er der Familie, die mit anderen in einer Behelfsunterkunft haust, eine möblierte Wohnung in der Nähe ihres niedergebrannten Hauses zu, in der Endestraße 28. Ein paar Sachen sind dort noch zu retten, Lebensmittel aus dem Keller und ein paar Kleidungsstücke, wohl auch das eine oder andere Buch.

Dank der Bemühungen des findigen Offiziers bestreitet Heinz Rühmann schon nach wenigen Wochen seinen ersten Auftritt im neuen Deutschland, allerdings auf fremdem Territorium, im eilig eingerichteten Haus der sowjetischen Kultur. Das Ganze nennt sich literarische Matinee, eine Art Lesung, es treten mehrere Künstler auf, Rühmann trägt Nikolai Gogols Geschichte *Die Nase* vor. Der erste Versuch findet so viel Zuspruch, dass neue Veranstaltungen geplant werden, die in einem Haus in Wannsee stattfinden. Der Rahmen ist äußerst bescheiden, schon an Stühlen mangelt es. Die Zuhörer wissen sich zu helfen, sie bringen Koffer und Kisten als Sitzgelegenheiten mit. Rühmann liest Gedichte von Rilke und Morgenstern, die sind jetzt wieder gefragt, seine Frau übernimmt die heiter-skurrilen Verse von Fred Endrikat.

Das Interesse des Publikums ist groß, die Lesungen werden bald viermal in der Woche durchgeführt – Rühmanns erster bescheidener Nachkriegserfolg. Der lässt sich in Geld freilich nicht messen, muss er auch gar nicht. Noch verfügt er über beachtliche Rücklagen. Sie sind auf drei Konten deponiert, zwei in Berlin, bei der Deutschen Bank und beim Postscheckamt, das dritte bei der Postsparkasse in Wien. Erst durch die Währungsreform wird er einen Großteil seines Vermögens verlieren.

Zunächst ist Rühmann sogar für höhere Aufgaben vorgesehen. Das neue Leben, es muss schließlich organisiert werden. Zuerst sind die Kommunisten da. Generaloberst Bersarin, der erste russische Stadtkommandant, hält die Zügel in der Hand. Walter Ulbricht reist mit seinen Genossen am 2. Mai direkt aus Moskau an. In ihrem Reisegepäck befinden sich die Pläne für die Neugestaltung der Stadtverwaltung. Wer hier die Führung übernimmt, regiert bald das Land, denken sie, hoffen sie. Dass die Kommunistische Partei wieder gegründet wird, versteht sich von selbst. Die Genossen drängen, alles muss schnell gehen, noch sind die alliierten Westmächte nicht in die Stadt eingezogen. Mit der Rückendeckung der sowjetischen Befreier werkeln sie einen neuen Magistrat zusammen. Schluss mit der Diktatur, jetzt sind wir Demokraten dran. Ein CDU-Mitglied übernimmt das Gesundheitsressort, ein Parteiloser das für Bau- und Wohnungswesen, auf anderen wichtigen Posten setzt Ulbricht Genossen ein. Zum Oberbürgermeister küren sie den Architekten Arthur Werner, noch einen ohne Partei, aber das soll auch so sein. Es soll demokratisch aussehen, lautet die Devise der Kommunisten, aber wir müssen alles in der Hand behalten. Was die sowjetischen

Besatzer unter demokratisch verstehen, zeigen sie bei der Ernennung des früheren Sozialdemokraten Josef Orlopp zum Stadtrat. Nachdem der ihnen als tüchtiger Verwaltungsfachmann empfohlen wurde, rücken sie vor seinem Wohnblock an, nehmen alle Bewohner des Hauses fest und fragen jeden Einzelnen: «Du sagen – Orlopp gutt?» Die meisten bejahen, damit ist die Wahl entschieden und Orlopp Stadtrat.

Nach zwei Wochen steht der neue Magistrat – und Heinz Rühmann im Gespräch Walter Ulbricht gegenüber. Den Schauspieler haben ihm die Russen ans Herz gelegt: ein berühmter Mann, ein gutes Aushängeschild, darin unterscheiden sie sich nicht groß von denen, die vor ihnen da waren. Mal wieder reißt man sich um ihn. Und Rühmann fühlt sich mal wieder geschmeichelt. Er soll seine Dienste beim kulturellen Aufbau leisten, am besten als Funktionär in der Stadtverwaltung. Als am 19. Mai die neue Leitgarde von Berlin öffentlich präsentiert wird, stellt er die eigentliche Attraktion dar. Die Veranstaltung beginnt um dreizehn Uhr im obersten Sitzungssaal der Städtischen Feuersozietät an der Parochialstraße 1, da das eigentliche Rathaus ausgebrannt ist. Zwar fehlen auch hier einige Fensterscheiben, aber einen besseren Saal gibt es in der Innenstadt nicht mehr. Das Spruchband an der Stirnseite des Raumes verkündet, worum es geht: *Die antifaschistische Einheit – das Unterpfand der Neugeburt des deutschen Volkes!* Erst dankt der Oberbürgermeister der Roten Armee, der nächste Redner fordert die Selbstreinigung des deutschen Volkes, ein dritter die restlose Ausrottung des preußischen Militarismus.

Rühmann, der etwas abseits sitzt, hat solche schweren Geschütze nicht aufzufahren. Er ist als Vertreter der Filmabteilung der Kammer der Kunstschaffenden eingeladen und schweigt, bis er aufgefordert wird, ebenfalls ans Mikrophon zu treten. Der Wortlaut seiner kurzen Rede ist nicht überliefert, dafür ein Artikel in der *Berliner Zeitung* vom 21. Mai 1945: «Er, der wie so viele andere hervorragende Kulturschaffende sogleich seine Person und sein Können in den Dienst des Wiederaufbaus gestellt hat, führte etwa Folgendes aus: Ernste leidenschaftliche Arbeit an der Zukunft schließe keineswegs die Freude und den Humor aus. Im Gegenteil: Wer wirklich arbeite, habe umso mehr Freude und Entspannung verdient. Er versprach – unter stürmischem Beifall der Anwesenden –, dass er und alle volksverbundenen Künstler freudiger und schwerer arbeiten würden als je zuvor, um den am Wiederaufbau Schaffenden die Freude und die Entspannung, deren sie bedürfen, mit den Mitteln der Kunst zu bieten. ‹Diese Aufgabe ist umso schöner für uns›, schloss Heinz Rühmann, ‹als jetzt die Kunst befreit sein wird von allen Schikanen und Fesseln, unter denen sie bis vor wenigen Tagen litt.›» Sagt es und meint es vielleicht auch so. Aber wollte er nicht immer unpolitisch sein?

Es bleibt nicht sein einziger Ausflug ins falsche Fach. Während den ersten im chaosgetriebenen Nachkriegsberlin kaum einer bemerkt, die Überlebenden haben andere Sorgen, schafft er sich mit dem zweiten eine Menge Feinde. Fünf Jahre später, aus dem Deutschen Reich sind zwei deutsche Staaten entstanden, der eine nicht akzeptiert, der andere nur ertragen, schickt er sich erneut an, öffentlich seine Meinung zu äußern. Die, er versteht sie rein menschlich, wird von anderen rein politisch interpretiert, was so falsch nicht ist. Nachdem Otto Grotewohl, der erste Mann in der DDR, Ende 1950 Konrad Adenauer die Bildung eines gesamtdeutschen Rates mit dem Ziel einer Wiedervereinigung anträgt, verkündet der Schauspieler in einem offenen Brief an die *Südbayerische Volkszeitung*: «... und wenn ich auch im Grunde genommen ein unpolitischer Mensch bin, so finde ich doch, dass wir heute in einer Zeit leben, in der man zu den täglichen Dingen des Lebens ... einfach Stellung nehmen muss. Ich würde es daher mit unsagbarer Freude begrüßen, wenn sich eine Verständigung herbeiführen ließe und wenn die sechs Herren, wie vorgeschlagen, sich an einen Tisch setzen würden, um einen gemeinsamen Weg zu finden ...»

Das sehen die führenden Politiker in der Bundesrepublik aber ganz anders und die meisten Zeitungen eben auch. Mit Kommunisten kann man sich nicht an einen Tisch setzen – was sich der Rühmann bloß dabei denkt. Der hätte sich seinen Kommentar sicherlich erspart, wären ihm die Folgen klar gewesen. Während ihn die SED-

Blätter als Leithammel benutzen, vergeht im Westen kaum ein Tag, an dem er nicht in irgendeiner Zeitung als Ochse dargestellt wird. «Quax geht zu Bruch», schreibt der *Neue Vorwärts* in Hannover. Rühmann, der den Anschluss an die Spritzengruppe der deutschen Filmschauspieler nicht finde, sei nach ein paar ernsten Rollen mit seiner Äußerung wieder ins komische Fach gewechselt. *Der Tagesspiegel* veröffentlicht eine Karikatur, die ihn auf einem fliegenden Teppich sitzend und Posaune blasend zeigt, einen Hut tief über die Augen gezogen. Darunter steht: «Volksgenossen! Ich sehe ganz deutlich, dass dies der einzige Kurs zur Sicherheit ist.» Noch härter geht *Die Depesche* mit ihm ins Gericht: «Hat ‹Quax›, der ‹Pilot› aus braunen Tagen, nun endgültig Bruch gemacht bei seiner weltanschaulichen Landung? Oder kommt ‹der Herr› wirklich von einem ‹anderen Stern›? Mag sein, er hat auch nur zu tief in ‹die Feuerzangenbowle› geblickt (…) Wie rührend und wie lustig zugleich. So ist er immer gewesen, unser Heinz im Glück seiner unpolitischen und daher wendigen Natur …» Man stempelt ihn als Kommunisten ab, und die Post Briefe, die an seine Anschrift adressiert und mit der Aufschrift «KPD» versehen sind. Rühmann lernt seine Lektion und zieht sich noch mehr und ausschließlich auf seine Position als unpolitischer Mensch zurück, den nichts anderes als seine Kunst beschäftigt.

Seine Karriere im Berliner Magistrat des Jahres 1945 hält kaum länger an als das Blitzlicht des Fotografen, der ihn mit Walter Ulbricht ablichtet. Der vorgesehene Ausschuss wird noch gegründet, in dem er mitarbeiten und den Wiederaufbau der deutschen Filmindustrie auf den Weg bringen soll, und Paul Wegener zum Vorsitzenden berufen. Dessen Namen bringen die Russen ins Spiel. Sie halten ihn für geeignet, weil er vom Fach etwas versteht und in der Weimarer Republik einmal linke Künstlergruppen unterstützte. Dass er sich, als es darauf ankam, genauso rasch mit den Nazis arrangierte und in der filmischen Horst-Wessel-Hymne *Hans Westmar* einen fiesen Kommunisten darstellte, muss ihnen entgangen sein. Eine merkwürdige Entscheidung, aber davon werden in diesen Tagen genügend getroffen. Was heute noch Gesetz ist, gilt morgen schon nicht mehr.

Der Sommer kommt mit Sonne im Jahr 1945, aber ohne Lichtblick für Rühmann. Anfang Juli rücken die Westalliierten an, Berlin wird in vier Sektoren aufgeteilt – der Anfang einer neuen Zeit, das Ende einer alten Hauptstadt. Die Russen sind für Rühmann nicht mehr zuständig und der beim Magistrat nicht mehr gefragt, bei der Kammer der Kulturschaffenden schon gar nicht. Denn die Amerikaner halten von ihm nichts, er sei ein ausgemachter Opportunist, der nicht an die Künstler im Allgemeinen, sondern an eine eigene Produktionsfirma im Speziellen denke. Unter den Nazis habe er gelernt, sich mit den führenden Kräften zu arrangieren, um sein persönliches Fortkommen zu forcieren. Rühmann wird kurzerhand hinausgeworfen. Auch das hat er später niemals zugegeben. Wie er verschwieg, dass er sich eigentlich nur in dem Ausschuss blicken ließ, weil er annahm, auf diese Weise schneller eine Lizenz für eine eigene Filmfirma zu ergattern, die er mit Eberhard Klagemann gründen wollte. Zum ersten Mal verkalkuliert er sich im neuen Deutschland – es wird nicht das letzte Mal bleiben.

An neue Filme jedenfalls ist erst einmal nicht zu denken. Das Zepter übernehmen andere, die Besatzungsmächte, und die haben ihre eigene Art und eigene Regisseure. Das sind keine Künstler, sondern Entnazifizierungsoffiziere, sie halten sich nicht an die Erfindungen der Filmwelt, ihr Metier sind die Tatsachen der Vergangenheit. War Heinz Rühmann ein Nazi, ein Offizier der Wehrmacht, ein Leuteschinder an der Front?

Der Mann, der das zu prüfen hat, ist Kay Sely, ein englischer Captain und Controll-Officer, der in seiner Heimat zufällig Rühmanns ehemaligen Schwager Otto Bernheim kennen gelernt hatte und deshalb schon einiges über ihn weiß. Diesem Sely obliegt im englischen Sektor die Entnazifizierung im Kulturbereich. Er hat nichts gegen Rühmann persönlich, nimmt seinen Auftrag aber ernst, was dem anfänglich lästig erscheint, später aber eine Hilfe sein wird. Er sammelt sorgfältig alle Informationen, erstaunlich viele gehen bei ihm ein. Ein Rechtsanwalt aus Berlin meldet sich und berichtet von einem Soldaten, der Heinz Rühmann während des Krieges als Hauptmann erlebt haben will. Mit ähnlichen Unterstellungen warten auch andere auf, ein junger Schauspieler zum Beispiel, der sich Mintzloff nennt, aber Nielsen heißt und in Halle mit einem Rühmann in Hauptmannuniform zusammengetroffen sein will. Ein ehemaliger Oberleutnant namens Raethel erinnert sich plötzlich an gemeinsame Stunden in einem Wehrmachtskasino an der Ostfront. Ein Vierter kolportiert, dass sich der Filmstar im mecklenburg-vorpommerschen Anklam besonders schäbig benahm und einen Mann wegen Wehrkraftzersetzung ins Gefängnis brachte. Sehr glaubwürdig erscheinen die Behauptungen nicht, zu zwielichtig die Zeugen, zu dürftig deren Beweise, geprüft werden müssen sie trotzdem. Erschwerend kommt hinzu, dass die ersten Zeitungen über die Verdächtigungen berichten. Nach jeder Veröffentlichung melden sich wieder ein paar Schlaue – Trittbrettfahrer, die alle möglichen und unmöglichen Geschichten erfinden. Einer will Geld von ihm, dem Reichen, der andere sein unehelicher Sohn sein.

Rühmann kann sich und dem britischen Offizier diese Anschuldigungen nicht erklären, er sagt ihm aber auch nicht die Wahrheit. Während er der Kommission seinen Wehrpass mit der Registratur IX 02/ 162/ 5/ 1 vorlegt, der am 5. September 1940 ausgestellt wurde und aus dem eindeutig hervorgeht, dass der Inhaber lediglich 1941 als einfacher Soldat vier Wochen Grundausbildung in der technischen Kompanie der Fliegerhorstkommandantur Rechlin absolvierte, verschweigt er seine fliegerischen Unternehmungen für die Abwehr. Auch von den Aufnahmen als Kurierflieger sagt er anfangs nichts. Gesprächiger wird er erst, als man ihm nach gut einem halben Jahr zu verstehen gibt, dass er als Filmschauspieler nicht mehr arbeiten dürfe, solange die Vorwürfe gegen ihn nicht ausgeräumt seien. Eine Drohung, die seinem Erinnerungsvermögen Anfang 1946 auf die Sprünge hilft. Er gesteht, dass er nicht nur rein privat und für seine Filme flog, sondern häufig auch in Begleitung des Abwehroffiziers Friedrich Großkopf unterwegs war. Obwohl er dabei stets Zivilkleidung trug, hätte schon der Eindruck entstehen können, dass er dazugehörte. Er erinnert sich, dass er auf den Flugplätzen öfter mit dem Dienstgrad Hauptmann angesprochen wurde. Ein bisschen spät, aber immerhin, fällt ihm auch sein kurzer Einsatz bei jener Organisation Todt ein, der ihn vor dem Volkssturm bewahren sollte. Dort trug er eine Uniform mit den Schulterstücken eines Majors, was den anderen sicherlich nicht verborgen blieb.

Für den rätselhaften Hauptmann Rühmann an der Ostfront gibt es erst jetzt eine Erklärung. Der existierte nämlich tatsächlich, allerdings mit einem anderen Vornamen. Willy Rühmann stammte aus Sachsen-Anhalt, er bekleidete den Rang eines Hauptmanns der Infanterie und weilte für die deutsche Wehrmacht in Norwegen, Finnland und Russland zum Kriegseinsatz. Er war elf Zentimeter größer als der Schauspieler, aber wer hatte den schon leibhaftig gesehen? Dafür sah er ihm zumindest ansatzweise ähnlich, der Krieg verändert jedes Gesicht, wodurch ihn einige verwechselt haben könnten. Die beiden Männer begegneten sich im Herbst 1942 sogar in einem Berliner Hotel, in Begleitung ihrer Ehefrauen. Der Hauptmann trug keine Uniform, sonst hätte sich der Schauspieler wahrscheinlich später seiner erinnert. Neben der Gleichheit ihrer Nachnamen stellten sie fest, dass jeder von ihnen eine Frau namens Hertha geheiratet hatte. Bevor sie sich trennten, tauschten sie ihre Adressen aus, nach dem Krieg wollten sie sich wieder treffen. Dann sollte auch geklärt werden, ob sie wirklich großväterlicherseits verwandt sind, wofür es einige Hinweise gab. Zu einem zweiten Treffen kam es jedoch nicht mehr, da Willy Rühmann ein halbes Jahr später, im April 1943, an der Front fiel.

Kurz vor Kriegsende war es dann seine Frau, die verwechselt wurde. Sie kam damals in der Stadt Genthin unter. Dort traf sie mit dem Schauspieler Fritz Kampers zusammen, der einen Lastwagen besorgt hatte und sich damit in Richtung Süden durchschlagen wollte. Als er ihren Namen hörte, bot er ihr spontan an, sie mitzunehmen, in Sicherheit, wie er dachte. Er würde sich selbstverständlich um die Frau von Heinz Rühmann kümmern, sagte er, das sei er ihm einfach schuldig.

Wo sind jetzt, nach dem Krieg, Heinz Rühmanns Freunde geblieben? «Ich habe nie geglaubt, so viele Feinde zu haben», sagt er in einer seiner Vernehmungen. Er kämpft um seinen Ruf, bringt eidesstattliche Erklärungen bei. In der einen versichert er, weder im

Kampfbund für deutsche Kultur Mitglied gewesen zu sein noch in der nationalsozialistischen Partei. Mit der anderen spricht er sich von dem Verdacht frei, jemals als Offizier bei der Wehrmacht und schon gar nicht im Kriegseinsatz gedient zu haben. Er rechtfertigt seinen Auftritt als vermeintlicher Kurierflieger für die *Wochenschau* und seine zahlreichen Flüge für die Abwehr. Dass er dort tatsächlich als Kurierflieger registriert und zugelassen war, verschweigt er – jetzt und später. Bei dieser Gelegenheit fällt ihm dann auch ein, dass er doch einmal eine Wehrmachtsuniform trug, was er bis dahin stets bestritten hatte: «Gelegentlich eines Aufenthaltes in Prag habe ich bei einem oder zwei kurzen Flügen innerhalb der Flugplatzzone, die mir ein Leutnant der Luftwaffe ermöglicht hatte, leihweise die Pelzkombination eines Fliegerleutnants der Luftwaffe über meine Zivilkleidung gezogen, da es Winter war.» Allerdings dürfe das in der Öffentlichkeit nicht bekannt geworden sein, falls nicht jemand vom Bodenpersonal private Fotos aufgenommen habe.

Nach und nach schließen sich seine Erinnerungslücken, was die Vielzahl der Verdächtigungen in den Augen der Ermittler verständlicher erscheinen lässt. Zu guter Letzt reicht er noch einen ausführlichen Lebenslauf ein – man hatte ihn dazu aufgefordert –, in dem er vor allem den Einsatz für seine jüdische Frau hervorhebt und sich als Opfer nazistischer Denunziationen erklärt. Davon kann man halten, was man will, die Beschreibung seiner politische Einstellung dagegen geht gründlich daneben, sie fällt in der Wortwahl – gelinde formuliert – ziemlich makaber aus: «Durch meine eigene kleine Produktionsgruppe, die in politischer und antifaschistischer Richtung einwandfrei war und von mir nach diesen Gesichtspunkten ausgesuchtes Menschenmaterial enthielt (...) war es mir möglich, konsequent eine rein unpolitische und menschliche Haltung in meinen Filmen zu bewahren und nie einen im geringsten tendenziös gehaltenen Film sowohl als Regisseur wie als Schauspieler herzustellen. Meine gesamte Filmproduktion stellt für oben Gesagtes das einwandfreiste Zeugnis aus.»

Eine Verteidigungsschrift, deren Inhalt bis zum heutigen Tag Filmhistoriker und Geschichtswissenschaftler zum Widerspruch herausfordert. Ihre Kritik beginnt mit der Filmfirma Terra, bei der Rühmann in den letzten Kriegsjahren unter Vertrag stand und eine eigene Produktionsgruppe leitete. Neben den leichten Unterhaltungsfilmen, für die unter anderem er zuständig war, zeichnete das Unternehmen für eine Reihe von NS-Propagandafilmen verantwortlich und scheute nicht davor zurück, sich für die Herstellung des antisemitischen Hetzfilmes *Jud Süß* zu bewerben. Lange vorher bildete die Terra eines der ersten Produktions- und Verleihnetze, die sich nach der Machtergreifung dienernd hinter Hitler stellten. Auch Rühmanns Filme sehen einige in einem anderen Licht. Der Film *Quax, der Bruchpilot* war und ist nicht unumstritten. Seine Fortsetzung, die nach dem Krieg, Anfang der fünfziger Jahre, unter dem Titel *Quax in Afrika* das erste Mal gezeigt wurde, sei ein «rassistischer Propagandaschmarren», meint Georg Seeßlen. Karsten Witte fragt in seinem Buch *Lachende Erben, toller Tag*: «Wie faschistisch ist die Feuerzangenbowle?» und stellt die These auf, dass der Unterhaltungsfilm im Dritten Reich als Kunstmittel nicht faschistisch an sich war, aber in diesem Sinne funktionalisiert worden sei. Goebbels habe während des Krieges vom Kino vor allem Ablenkung gefordert, womit er die filmische Fluchtbewegung aus der Wirklichkeit zum staatlichen Programm ernannte. *Die Feuerzangenbowle*, die im Wilhelminischen Reich von 1913 spielt, habe genau dem entsprochen, wie die meisten Rühmann-Filme dieser Zeit.

So kunsttheoretisch betrachten die Politkontrolleure das Problem im Jahr 1945 noch nicht. Sie konzentrieren sich auf die politischen und menschlichen Aspekte und darauf, ob einer nach ihrer Meinung Nazi war oder nicht. Noch ist das Bild unscharf, das sie von Heinz Rühmann und seiner Rolle im Dritten Reich haben. Bis heute sind sich die Experten darüber nicht einig. Der Nachtrag zu seinem Lebenslauf jedenfalls, den er im Februar 1946 abliefert, fällt nicht gerade überzeugend aus. Zum einen gibt es darin die Geschichte von dem angeblichen Versuch, 1933 oder 1934 nach Österreich auszuwandern, die nicht stimmt, aber von den Mitgliedern der Kommission sicherlich gern als Bekenntnis gegen den Nazistaat gelesen wird. Anschließend beschreibt er zwei weitere

Gelegenheiten, die er nutzen wollte, um Deutschland zu verlassen, nun mit Hertha Feiler, seiner neuen Frau. Im Frühjahr 1940 sei er mit ihr zu zwei Filmpremieren nach Kopenhagen gefahren und habe sich dort gleich nach Arbeitsmöglichkeiten am Theater und beim Film umgehört. Nach der Besetzung durch die Wehrmacht sei er noch ein zweites Mal dorthin gereist, von einem befreundeten Produzenten aber vor deutschen Agenten gewarnt worden, die überall herumschnüffeln würden. Will er den Entnazifizierungsoffizieren und dem Kunstausschuss allen Ernstes seine Abneigung gegen das Naziregime damit beweisen, dass er vorhatte, in ein von den Deutschen okkupiertes Land zu gehen?

Wie energisch er das Vorhaben tatsächlich betrieb, verdeutlicht sein angeblich dritter Ausreiseversuch, den er so beschreibt: «... später fuhr ich nach Stockholm, um mich zu der Premiere des Films ‹Quax, der Bruchpilot› zu verbeugen. Da man mich sehr herzlich aufnahm und mir schwedische Filme vorführte, hatte ich Gelegenheit, auch hier nach Arbeitsmöglichkeiten für mich zu suchen, und vor allen Dingen sprach ich fast täglich mit dem Produzenten Marmstett. Ich beschloss auch hier, wiederzukommen, da der Aufenthalt nur drei bis vier Tage dauerte, und es gelang mir auch ein zweites Mal, aber ein Herr Boening von der Kulturabteilung der deutschen Gesandtschaft in Stockholm wich mir nicht mehr von der Seite (...) Ich musste auch jetzt wieder nach kurzer Zeit zurück, gab nur meiner ersten Frau, die im Frühjahr 43 auswanderte, das Filmmanuskript von ‹Sophienlund› mit, mit dem Auftrag, es in Schweden zu verkaufen und mich mit der Regie des Filmes dort zu betrauen. Dies war mein letzter Versuch, der vielleicht geglückt wäre, mit Frau und Kind nach Schweden zu kommen, da wurde vom Propagandaministerium die allgemeine Reisesperre ins Ausland für Künstler verhängt.» Lange kann er nicht auf ein Angebot aus Schweden gewartet haben: bereits im Sommer 1942 inszenierte er als Regisseur den Film *Sophienlund* für die Terra; mit den Vorbereitungen muss er sogar noch früher begonnen haben. Im Februar darauf erfolgte die Uraufführung in der Reichshauptstadt.

Heinz Rühmann konnte weder Englisch noch Französisch und

schon gar nicht Spanisch sprechen. Er war auf seine Muttersprache angewiesen, als Schauspieler konnte er nur im deutschsprachigen Raum bestehen. Eine Emigration hätte für ihn unweigerlich das berufliche Aus bedeutet. Das Problem betraf nicht nur ihn, sondern die meisten seiner Schauspielerkollegen. Ein Star wie Emil Jannings war in Hollywood nur gefragt, solange es den Stummfilm gab. Als die Bilder dann sprechen lernten, endete seine Weltkarriere, da auch er nicht Englisch sprach. Marlene Dietrich dagegen wäre niemals zu einem weltbekannten Filmstar aufgestiegen, hätte sie die Sprache nicht beherrscht. Rühmann hat es im Englischen kaum zu viel mehr als ein paar Fachbegriffen gebracht, die er für die Fliegerei benötigte. Das ist ihm nicht anzulasten. Aber er hat es eben auch nie so gesagt.

Es ist ohnehin fraglich, ob denjenigen, die über die berufliche Zukunft von Heinz Rühmann entscheiden müssen, genug Zeit und Informationsmaterial zur Verfügung steht, um solche Details zu überprüfen. Der Schauspieler beschert ihnen auch so genügend Arbeit. Etwa dreißig Personen bringt er zusammen, die sich als seine Freunde ausgeben und ihm politische Zeugnisse schreiben, mit denen er sich sehen lassen kann.

Der Maskenbilder Alois Woppmann bescheinigt, dass die Produktionsgruppe Rühmann bei der Terra eine Ausnahme gebildet habe und zum Teil denunziert worden sei, weil sie nichts mit den Nazis gemein hatte. Rühmann habe geradezu wehrkraftzersetzend gehandelt, indem er in seiner Garderobe heimlich Feindsender hörte und den Drehstab über die ausländischen Nachrichten informierte. Rühmanns Mut streicht der ehemalige Produktionsleiter Robert Leistenschneider heraus. Als der Pressechef Erich Knauf 1936 von der Gestapo verhaftet worden sei, habe Rühmann zweimal den Generalstaatsanwalt angerufen, um diesen zu einem milderen Urteil zu bewegen. Ohne Erfolg jedoch, der Volksgerichthof verurteilte den Schriftsteller wegen antifaschistischer Tätigkeit im April 1944 zum Tode. Danach habe ihn Rühmann gebeten, Hitlers Adjutanten Schaub aufzusuchen, um den zu fragen, wie man ein Gnadengesuch auf den Weg bringen könne – was ebenfalls vergeblich war, da

Goebbels jedem mit einem Verfahren drohte, der sich in diesen Fall einzumischen gedachte.

Sogar Otto Bernheim, der Bruder von Rühmanns erster Ehefrau, reagiert auf seinen Hilferuf. Er schickt eine Stellungnahme aus London. Die Umstände seines Wirkens im Dritten Reich kann er nicht aufhellen, da er bereits 1935 nach England emigrierte. Was er ihm jedoch zugute hält: Er habe den Kontakt zu ihm, dem Juden, damals nicht abgebrochen, nahm weiterhin Drehbücher und Filmideen von ihm an und sorgte dafür, dass er die Honorare heimlich überwiesen bekam. Die Schauspielerin Alexa von Porembsky will Rühmann sogar als «großen Gegner des Naziregimes» kennen gelernt haben. Auf Argumente, die eine solche Einschätzung begründen, verzichtet sie in ihrem Schriftstück. Auch von Lisa Todenhagen, die bei zwei Filmen als Regieassistentin für ihn arbeitete, geht eine Unbedenklichkeitserklärung ein. Sehr wichtig scheint sie ihr nicht gewesen zu sein, heute kann sie sich jedenfalls nicht mehr daran erinnern: «Wenn so ein Schreiben vorliegt, wird das schon stimmen», sagt sie. «Dann hat er mich wohl darum gebeten. Aber eigentlich kannte ich ihn gar nicht richtig.»

Der Regisseur und Drehbuchautor Helmut Weiß verfasst den umfangreichsten Aufsatz, auch den bemerkenswertesten. Er gehört zu seinen engsten Mitarbeitern, sieht sich als Vertrauensperson, deshalb «darf ich wohl mit Berechtigung etwas für mich in Anspruch nehmen, was sehr wenige Menschen mit Recht beanspruchen können – nämlich: Heinz Rühmann wirklich zu kennen». Als er zum ersten Mal gehört habe, dass der ein verkappter Nazi sein soll, habe er schallend gelacht, kommentiert er die Beschuldigung in seinem Schreiben an die Rechtsabteilung der Kammer der Kulturschaffenden in der Schlüterstraße 45. «Denn anders wie einen Witz kann ich diese groteske Unterstellung nicht empfinden. Diese Behauptung hat für mich etwa dieselbe Absurdität, als wolle man verkünden, Julius Streicher wäre ein Philosemit.» Ansonsten ist das Papier ein Paradebeispiel für jene Persilscheine, die damals zuhauf bei den Behörden eingehen: «Es dürfte wohl nicht zu bestreiten sein, dass es außer den unglücklichen Menschen in den Konzentrationslagern noch ein ‹geheimes Deutschland› gab, bestehend aus all denen, die guten Willens waren und den Nationalsozialismus mit einem zähen und unerbittlichen Hass hassten. Unbestreitbar war Rühmann einer von diesen Männern, und nur seine Frau und ich wissen, was er an Hass, Wut und Schmerz in sich hereingefressen hat, über all das, was in diesem Lande geschah. Nur seine Frau und ich wissen (Wie sollte bei den Verhältnissen in Deutschland es auch jemand anderes wissen können!), wie wir allabendlich und nächtlich uns um das Radio geschart haben, um England und Amerika zu hören und so etwas Mut und Hoffnung zu schöpfen ...» Man habe als Filmemacher auf seinem Gebiet mit seinen Waffen gekämpft: «In einem Land, wo ununterbrochen von Blut, Geschlecht und Erbmasse gefaselt wurde, drehte Rühmann mit ‹Sophienlund› einen Film, der die Verherrlichung der nicht blutsmäßigen Bindung einer Familie ist (...) Der Film ‹Die Feuerzangenbowle› wurde von Goebbels erst verboten, dann aber, als die Volksstimmung immer mehr absackte, als Injektion Heiterkeit unter die müde Seelenhaut des deutschen Volkes gejagt, und es ergab sich die köstliche Situation, dass der Minister einen von ihm selbst verbotenen Film dringend benötigte ...»

Dass Weiß damit genau das Vorurteil bestätigt, mit so genannten Durchhaltefilmen den Nazis bis zuletzt gedient zu haben, entgeht ihm offenbar beim Schreiben. Gleich danach schwingt er sich zu einer paradoxen Bestandsaufnahme der gegenwärtigen Situation im Land auf: «Wir haben in Deutschland (Gott sei dank) keine ‹populären Politiker› mehr, und die neuen Politiker sind noch nicht in dem Sinne populär und können es ja auch noch gar nicht sein. Wir besitzen zurzeit überhaupt nur zwei Menschen, die bei der breiten Masse des Volkes populär und beliebt sind: Hans Albers und Heinz Rühmann.» Weiß legt sich mächtig ins Zeug für seinen ehemaligen Oberspielleiter, obwohl selbst ihm als Drehbuchschreiber die Worte nicht so recht gehorchen wollen. Am Ende vergaloppiert er sich aufs Peinlichste: «Da ja nun das deutsche Volk endlich zu einem brauchbaren Mitglied der großen Völkerfamilie gemacht werden muss, wird man doch sicher nicht auf das Erziehungsinstrument des Filmes verzichten wollen. Da nun aber nach der ‹Inflation des Wortes› (diesem Verbrechen der Nazis gegen den Geist der Sprache) alle hohen, ernsten, getragenen Worte als leere Hülsen abgebraucht vor uns liegen, müssen wir da nicht mit leiseren, stilleren Mitteln, durch Tendenzfilme, deren Tendenz man nicht spürt, fraglos unser Volk zu beeinflussen und zu erziehen versuchen? Und sicherlich ist keine Art dafür besser und wirkungsvoller als die des Humors. Niemand ist aber nun dafür geeigneter als Rühmann, dessen eminentes Talent sich wirklich jeder begrifflichen Definition entzieht, und dem zweifellos die Dinge aus den Bezirken des Unbewussten und Unkontrollierbaren zuströmen …» Die Worte klingen, als habe man sie vor gar nicht allzu langer Zeit aus dem Mund eines anderen schon einmal gehört. Wer sich zu solchen Formulierungen hinreißen lässt, kann vieles behaupten, nur nicht, dass er in den letzten zwölf Jahren unpolitisch war. Er beweist, dass er sehr wohl registrierte, was in diesem Land geschah, und ebenso gut wusste, wozu die harmlosen Unterhaltungsfilme herhalten mussten, denen ein Künstler wie Rühmann zum Erfolg verhalf.

Bis zum Frühjahr 1946 bangt der Schauspieler um seine berufliche und private Zukunft. Denn wenn er nicht spielen darf, kann er auf Dauer auch seine Familie nicht ernähren. Am 28. März findet sich der Prüfungsausschuss zu einer Sitzung zusammen. Auch die Personalie Heinz Rühmann steht auf der Tagesordnung, sie wird endgültig geklärt. Obwohl er am Film- und Theaterleben des Dritten Reiches stark beteiligt gewesen sei, heißt es zum Schluss, stimme die Kommission einer weiteren künstlerischen Betätigung zu. Die Alliierten kommen zum selben Urteil, sie stellen ihm am 5. April eine entsprechende Zulassung aus. Da ist er endlich, der ersehnte Freispruch. Alle Bedenken sind aus dem Weg geräumt. Jetzt hat er es schwarz auf weiß: Er war kein Nazi, nicht einmal als Mitläufer haben sie ihn eingestuft, aber das hat er doch immer schon gesagt. Er wird das auch noch oft wiederholen, nur werden es viele eine ganze Zeit lang nicht hören wollen.

ACHTES KAPITEL

Strich durch die Rechnung

Mit dem Auto gibt es eigentlich immer Probleme, mal fällt die Zündung aus, dann streikt der Vergaser, oder es fehlt einfach an Benzin. Im entscheidenden Moment aber zeigt sich der gebrechliche Adler-Junior erstaunlicherweise als zuverlässiger Gefährte. Das erweist sich als hilfreich, denn Heinz Rühmann ist an diesem Nachmittag sozusagen in geheimer Mission unterwegs, in einem Dorf, dessen Namen er nicht einmal kennt, irgendwo südlich von Berlin. Die Bauern dort verfügen über Schätze, von denen Städter wie er nur träumen. Was nützt ihm sein Geld, wenn er in den Geschäften dafür nichts kaufen kann?

Es herrscht Mangel an allem in dieser Zeit. Die auf dem Land die Bombenangriffe unbeschadet überstanden, sind jetzt die Privilegierten, sie besitzen die wichtigsten Güter, und das sind Nahrungsmittel. Sie haben die letzte Ernte noch eingebracht, die neue steht gerade in der Blüte. Rühmann lächelt zufrieden, eben hat er einen Sack mit Kartoffeln in seinen Wagen gepackt. Der Bauer gab ihn gern her, für den berühmten Schauspieler doch immer, der zahlt ja auch gut. Sie dürfen es nur niemandem sagen, so ein Handel ist schließlich verboten. Wird er nicht, ginge es ihm doch selber an den Kragen.

Der Adler springt sofort an, jetzt noch Obst und ein paar Eier, und nichts wie weg. Aber beim nächsten Hof hält er dann doch nicht mehr an, gibt stattdessen Gas – und macht sich damit eines zweiten Vergehens schuldig. Die Uniformierten von der Dorfkommandantur, es sind mal wieder Russen, haben den fremden Wagen ausgemacht und sich auf die Verfolgung begeben. Auf eine wilde Jagd lässt es Rühmann nicht ankommen, er weiß, wozu die in der Lage sind. Kleinlaut zückt er seine Papiere, aber die genügen den Kontrolleuren nicht, denen sein Name auch kein Begriff ist. Der Sack Kartoffeln, das ist Hamsterei, da kennen sie kein Pardon, Artista oder nicht. Und zu schnell gefahren ist er auch. Also wird er erst mal abgeführt.

Das bekommen einige der Dorfbewohner spitz, die Rühmann natürlich kennen und ihm helfen wollen. Sie rufen in der nächstgelegenen Stadt, in Treuenbrietzen an. Bürgermeister, da muss doch was zu machen sein. Paul Rehfeld, ein Gastwirt, der von den sowjetischen Besatzern gleich nach dem Krieg, der ihnen ein Sieg war, zum ersten Bürgermeister ernannt worden ist, besorgt die notwendigen Papiere und macht sich mit einem Freund auf den Weg, den Schauspieler aus seiner misslichen Lage zu befreien. Noch am selben Abend kehren sie mit ihm zurück. Und so kommt es, dass die Einwohner der kleinen Stadt Treuenbrietzen die Ersten sein werden, die einen Theaterauftritt von Heinz Rühmann nach dem Krieg erleben, Anfang Herbst 1945.

So weit ist es aber noch nicht. Heinz Rühmann hat die letzten Wochen nicht untätig verbracht, obwohl er angesichts der ewigen Denunziationen so manches Mal in Trübsinn verfällt und fürchtet, dass dieser Albtraum niemals enden wird. Aber da sind noch sein Sohn und seine Frau, der es wesentlich schlechter geht als ihm. Er kann sich jetzt nicht hängen lassen, auch wenn ihm sein Vermögen einige Zeit Spielraum böte. Noch muss er nichts verdienen, aber spielen muss er, weil er nicht anders kann. Da es eine Bühne gerade nicht gibt, spielt er zu Hause, ein bisschen heile Welt in der neuen Behausung. Er widmet sich seinem Sohn, Hertha pflegt derweil den kleinen Garten, das lenkt sie ab. Und es ist immer noch besser, als gar nichts zu tun und nur den Erinnerungen nachzuhängen. Irgendwie muss es ja weitergehen. Und wenn Rühmann nicht spielt, dann grübelt er.

Doch wozu lange überlegen, seine Entscheidung reift schnell, er braucht sie nur noch zu treffen. Wenn es keine Bühnen gibt für ihn, muss er sie eben selber zimmern. So neu ist die Situation im Grunde doch nicht. Was unternahm er denn früher, wenn es beim Film mal nicht so lief? Er spielte Theater. Es müsste doch mit dem Teufel zugehen, wenn das jetzt nicht auch zu machen wäre. Da sie ihm die großen Brötchen nicht mehr servieren, backt er halt kleine. Wie damals, als er als junger Spund mit der Bayerischen Landesbühne wie ein Gaukler über die Dörfer zog. Dass er das schon einmal erlebte, hilft ihm jetzt, den Neuanfang zu bewältigen. Auch wenn ihm, dem einst umjubelten Star, der sich jeden Luxus leisten konnte und ihn ausgiebig genoss, die Einschränkung schwer fällt. An den Theatern ist zurzeit nicht viel los, da werden sie nicht auf ihn warten, viele sind zerbombt, noch mehr einfach geschlossen. Aber ein Wirtshaus oder ein Kino müsste doch in jedem Ort übrig geblieben sein. Im Westsektor darf er nicht spielen; solange seine politische Vergangenheit nicht geklärt ist, muss er seine künstlerische Zukunft eben in der Ostzone versuchen.

Aus der flüchtigen Idee entwickelt sich rasch ein konkreter Plan, noch schneller findet sich ein kleines Ensemble zusammen. Alexa von Porembsky ist dabei, Harald Sawade, er zögert keinen Augenblick, Werner Fuetterer stößt dazu und Ingrid Lutz. Sie haben überlebt, das ist Geschenk genug, den Rest wollen sie sich verdienen. Sie sind fest entschlossen, sich in der neuen Zeit nicht unterkriegen zu lassen, das wäre doch gelacht. Sie suchen nach einem geeigneten Stück, das fällt nun wirklich nicht schwer. Es muss was Leichtes sein, das jeder versteht, etwas zum Lachen, das zu Rühmann passt. Was kommt da anderes infrage als *Der Mustergatte*, seine bekannteste und erfolgreichste Rolle am Theater und auch eine gefeierte im gleichnamigen Film? Seitdem er den Billy Bartlett in München spielte, war jeder Auftritt ein Erfolg, bis auf dreihundert Lacher hat er es in einer Vorstellung gebracht. Das Stück weist aber noch andere Vorteile auf, die jetzt von Bedeutung sind. Zum einen benötigen die Darsteller keine aufwendigen Kostüme, für die Herren genügt gehobene Alltagskleidung, für die Damen Rock und Bluse, vielleicht ein langes Kleid, in einer Szene trägt eine nur Dessous und weißes Schürzchen. Zum anderen erfordert das Stück keine komplizierte

Bühnendekoration, für die drei Akte genügen zwei Bilder, die ein halbwegs geschickter Handwerker hinbekommt und die auf einem Autoanhänger zu transportieren sind.

Während die Künstler ihre Rollen proben, übernimmt Günther Heidelmann das Geschäftliche. Es erweist sich als Segen, dass der frühere Regieassistent bei der Terra von der geplanten Wanderbühne erfährt, ein Organisationstalent ohne Gleichen. Irgendwie schafft er es, nicht nur ein paar fahrbare Untersätze zu besorgen, er stellt eine komplette Tournee auf die Beine, spricht Auftritte ab, sorgt sich um die Verpflegung und beschafft Übernachtungsplätze. Auch das technische Personal hat derweil alle Hände voll zu tun. Kurt Squarra, ein geschickter Handwerker, zimmert die Dekoration, Hermann Belitz, ein Bekannter von Rühmann und rein äußerlich fast sein Ebenbild, übernimmt die Beleuchtung und alle anderen technischen Fragen. Walter Suckau findet sich in der Zwischenzeit noch ein, der seinen Opel und sich als Fahrer zur Verfügung stellt, und Konrad Metka, ein gelernter Textilkaufmann, der einen DKW beisteuert und Rühmanns Kontobücher und Geschäftspapiere führt. «Gastspiele Heinz Rühmann» nennt sich das Unternehmen, und schnell zeigt sich, dass der Name immer noch zieht.

Erst einmal zieht die Truppe mit ihrem Treck los, Rühmanns Adler mit ihm und seiner Frau vorneweg, er will immer der Schnellste sein, dahinter Opel, Ford und DKW, jeweils mit einem Anhänger dran. Die Route legt Heidelmann fest, den sie nicht Manager nennen, sondern Reiseleiter. Sie führt Richtung Altmark, in die Region des fruchtbaren Bodens. Und das nicht von ungefähr, die Gagen werden nämlich nicht allein in Geld ausgehandelt, sondern auch in Naturalien, davon soll es da noch am meisten geben. Auf dem Weg dorthin nehmen sie einen kleinen Umweg und kommen an Treuenbrietzen vorbei, wo Rühmann dann das Malheur passiert. So hilfsbereit sich die Stadtgewaltigen an jenem Abend auch präsentieren – sie erwarten eine Gegenleistung dafür. Acht Auftritte handelt der Bürgermeister aus und bietet reichlich Kartoffeln dafür. Außerdem erhalten die Künstler die Erlaubnis, sich ganz legal bei den Bauern der Umgebung mit Lebensmitteln einzudecken. Vor allem frische

Hühnereier sind gefragt, sie werden gegen Freikarten eingetauscht. Im Gasthaus Bürgergarten findet die Generalprobe statt und anschließend die vorgezogene Premiere. Der Saal ist brechend voll, an den nächsten Abenden auch, nur die ersten beiden Reihen bleiben manchmal frei. Die müssen für Soldaten der Roten Armee reserviert sein, die bestehen darauf, ob sie nun kommen oder nicht. Ein ungeschriebenes Gesetz, auf das Rühmann und seine Mitstreiter an jedem Auftrittsort stoßen werden.

Das Gastspiel in Treuenbrietzen geht schneller zu Ende, als von allen erwartet. Das liegt nicht am Zuschauermangel, sondern an einer Tierseuche, die die Gegend heimsucht. Nach vier Vorstellungen brechen die Künstler ihre Zelte ab und reisen weiter, nun wirklich in die Altmark. Dort erweisen sich die sowjetischen Besatzer als ausgesprochene Theaterliebhaber. Anstandslos besorgen sie alle notwendigen Ausweise, damit sich die Gruppe in der Region frei bewegen kann; geht das Benzin aus, sind sie mit Nachschub zur Stelle. Am intensivsten aber möchten sie sich den Damen des Ensembles widmen. Vor allem in Ingrid Lutz sind einige so vernarrt, dass sie ihr auch nach den Aufführungen zu Leibe rücken. Die russischen Offiziere lassen sich ihre Zuneigung einiges kosten, laden die ganze Gruppe nicht nur einmal zum Abendessen mit ausgiebigem Umtrunk ein, in der Hoffnung, am Ende von der Schönen erhört zu werden. Wenn sie auch damit nicht ans Ziel ihrer heimlichen Träume gelangen, bleiben sie den Künstlern dennoch gewogen.

Die anderen Zuschauer tun das auch, in jedem Ort, in dem die Truppe auftritt, wird sie begeistert begrüßt. Etwa fünfzigmal spielt sie das Stück während der ersten Tournee, immer sind die Säle gefüllt, nicht nur halbwegs, bis auf den letzten Platz. Wer sich die fünfzig Pfennig Eintritt nicht leisten kann, bezahlt mit Eiern, Schinken oder Wurst in Dosen. Für Heinz Rühmann und seine Mitstreiter ein anstrengendes Unternehmen, aber immer auch ein gutes Gefühl. Sie haben ihn noch nicht vergessen, und sie nehmen ihm offensichtlich auch nichts übel, nicht das Foto mit Adolf Hitler, das in vielen Zeitungen gedruckt worden war, auch nicht die Treffen mit Joseph Goebbels und Hermann Göring, von denen ebenfalls zu lesen stand. Sein Name steht für seine Filme und die für die lustigsten Stunden in den ernsten Jahren. Lustig ist das Leben immer noch nicht, seine Filme aber bleiben es. So wie er ihr Star bleibt.

Nach einer Unterbrechung von mehreren Monaten – die englischen Militärs bestanden auf Spielverbot, bis er von den Kontrollbehörden endlich seinen politischen Freifahrtschein erhielt – zieht das Wandertheater Rühmann wieder los. Reiseleiter Heidelmann hat Termine in Erfurt, Weimar, Gera und Leipzig vereinbart, die meisten diesmal sogar an richtigen Theatern, es geht aufwärts im Land. Im Juli 1946 reisen sie nach Leipzig. Dort kündigt das Städtische Schauspielhaus fünfzehn Vorstellungen mit dem berühmten Filmschauspieler und seiner Ehefrau an. Nachdem der sowjetische Stadtkommandant das Gastspiel genehmigt, bereiten Theater und Stadtverwaltung es vor wie einen Staatsakt. Plakate und Programmhefte müssen abgesegnet und gedruckt werden, Hotelzimmer gebucht, für Rühmann und seine Leute die schönsten. Der Bürgermeister bestellt im Voraus hundert Karten, natürlich für die besten Plätze, die ersten Reihen im Parkett, weil sie für die besten Genossen sind und ein paar andere verdienstvolle Bürger der Stadt. Davor legt er im Rathaus eine wichtige Aktennotiz an: Vereinbart sind 2800 Reichsmark Tageshonorar, macht rund 42 000 zusammen, dazu freie Kost und Logis, außerdem zweihundert Liter Benzin und zehn Liter Öl. Das reißt ein gewaltiges Loch in den Geldsack der Stadt, man lässt sich Kultur etwas kosten. Dafür feiert das Schauspielhaus dann ausverkaufte Vorstellungen, die Komödianten bringen die gute Laune nach Leipzig und das Publikum wieder Geld ins Theater. Das ist ihnen ihr Heinz Rühmann allemal wert, jeden Abend jubeln sie ihm zu.

Für diese Tour steht Ingrid Lutz nicht mehr zur Verfügung. Dafür fragt Rühmann telegraphisch bei Bruni Löbel an, die er seit den Dreharbeiten zu seinem zweiten *Quax*-Film kennt, in dem sie eine seiner Flugschülerinnen spielte. Sie könnte die Rolle der Doddy übernehmen, glaubt er, und sie würde auch größenmäßig gut zu ihm passen. Darauf achtet er schon, wenn er nach Bühnenpartnerinnen Ausschau hält. Eine Größere würde er freiwillig niemals akzeptieren, nicht mehr, früher war das anders, da fragte man ihn nicht, aber jetzt ist er der Chef. Seine Rechnung geht auf. Die junge Schauspielerin sucht gerade nach einem Engagement und erweist sich bei den Proben als hervorragende Besetzung. Nach den ersten Vorstellungen adelt sie der Meister mit einem Lob, das ihr schmeichelt. Sie sei die beste Doddy, mit der er je gespielt habe.

Das wird sich in Zukunft nicht mehr ändern, sie ergeben ein perfektes Gespann – auf ihrer ersten gemeinsamen Gastspielreise und auf allen, die noch kommen sollten. Über sechshundertmal werden sie in den nächsten Jahren als Billy und Doddy auf der Bühne stehen. Jedes Mal eine Wiederholung, aber auch ein neues Erlebnis, denn kaum ein Auftritt gleich dem anderen. Einmal reißt sie sich aus Versehen einen Schlitz in ihr Kleid, der ihr Hinterteil freilegt, dann bricht krachend das Bett auf der Bühne zusammen, während er einen Handstand versucht. Bei einer Vorstellung schläft sie sogar mitten im dritten Akt ein, nachdem sie in der Pause starke Schmerztabletten geschluckt hatte. Kommt ein unabsichtlicher Gag beim Publikum besonders gut an, proben sie ihn anschließend für die nächste Vorstellung, bis er perfekt ist. Darin ist Rühmann Pedant, Schlamperei duldet er nicht, selbst wenn sie nur in einem kleinen Dorfgasthof auftreten. Die Nummer mit dem Kleid natürlich nicht, das wäre dann doch zu teuer.

Bruni Löbel bewundert seinen Perfektionismus, was auch daran liegt, dass sie grundsätzlich eher Männer mag, die wissen, was sie wollen. Sie ist achtzehn Jahre jünger als er und schaut zu ihm auf. Dass er während der Proben einen patriarchalischen Ton an den Tag legt, bemerkt sie zwar, aber es stört sie nicht weiter, da er an ihr selten etwas auszusetzen hat. Außerdem gesteht sie ihm diese Rolle zu, da er der Erfahrene ist, der auf allen großen Bühnen des Landes gestanden und sich auch im harten Filmgeschäft durchgeboxt hat. So einer muss einfach Recht haben. Also unterwirft sie sich seinem Diktat, Widerspruch duldet er nicht. Auch wenn er leise spricht, wie es seine Art ist, sagt er jeden Satz so, dass Missverständnisse ausgeschlossen sind.

Die Schauspielerin kann nachvollziehen, dass viele der Kollegen ihn für arrogant halten. Diesen Eindruck muss man einfach von ihm gewinnen, da er den meisten Menschen äußerst reserviert begegnet. Selbst sie, die über Wochen und Monate fast täglich mit ihm zusammen ist, bekommt die Diskrepanz zwischen seiner Bühnenrolle, in der er ihr ein guter Freund ist und keinen Witz auslässt, und dem Rühmann im normalen Leben deutlich zu spüren. Eines Tages wird er sie beim Vornamen nennen, das schon, aber niemals wird er sie duzen. Und sie wird nicht den Mut aufbringen, ihn darum zu bitten. Das ergeht den anderen Mitwirkenden der Wanderbühne übrigens ebenso. Rühmann sieht in ihr keine verschworene Gruppe, die sich in schwierigen Zeiten aufmacht, das Publikum zu erobern, sondern ein professionelles Theaterunternehmen, in dem die Rollen nicht nur auf der Bühne klar verteilt sind.

Dass Bruni Löbel nach Jahren enger und erfolgreicher Zusammenarbeit dennoch ein Gefühl der Freundschaft zu ihm entwickelt und ihm Gleiches unterstellt, ist ihr nicht zu verdenken. Wie falsch sie damit liegt, soll sie im März 1950 auf unangenehme Weise erfahren. Heinz Rühmann meldet sich bei ihr, für das Frühjahr ist wieder eine *Mustergatten*-Tournee durch mehrere westdeutsche Städte geplant. Vor dem offiziellen Auftakt sind die Künstler für eine Vorstellung ans Tiroler Landestheater Innsbruck engagiert. Noch bekommt sie keinen schriftlichen Vertrag in die Hand, sagt ihm aber schon mal mündlich zu, was für sie genauso bindend ist. Doch dann erreicht sie plötzlich ein Anruf der amerikanischen Filmfirma Twentieth Century Fox, die sie zu einer Filmpremiere nach New York einlädt. Eine große Chance für sie, dort soll sie mit wichtigen Produzenten und Regisseuren zusammentreffen. Alles ist arrangiert, die Amerikaner übernehmen sämtliche Kosten. Sie muss nur noch ihre Koffer packen. Und Heinz Rühmann darum bitten, in Innsbruck mit einer anderen Partnerin zu spielen, was jedoch kein Problem sein dürfte, da es für Notfälle ohnehin eine zweite Besetzung gibt. Die würde sich sogar freuen, da sie selten genug Auftrittsmöglichkeiten erhält. Bruni Löbel trägt ihr Anliegen also Heinz Rühmann vor, überzeugt davon, dass er Verständnis zeigt – wer träumt nicht von Amerika?

Doch Rühmann reagiert alles andere als verständnisvoll. Unmöglich, das ginge nicht, das Gastspiel in Innsbruck sei bereits plakatiert, außerdem würde der Intendant auf ihrer Anwesenheit bestehen. Die Schauspielerin ist verärgert und enttäuscht, mit ihrem Latein aber noch nicht am Ende. Wenn sie etwas wirklich will, gibt sie so schnell nicht auf. Sie beschafft sich die Telefonnummer des Innsbrucker Theaters und erreicht dessen Leiter. Wie heißen Sie? Löbel? Nie gehört. Nein, nein, natürlich habe er nichts dagegen, er wolle nur den Rühmann haben, wer mit dem spiele, sei ihm egal. Also daher weht der Wind. Das ist ihr dann doch zuwider, sie verständigt Rühmann über ihre Nachforschungen und darüber, dass sie wie geplant ihre Maschine nach New York nehmen werde. Zum Auftakt der Tournee in Deutschland sei sie wieder zur Stelle.

Am Hudson River erlebt sie einen überwältigenden Empfang, wird hofiert wie ein Superstar, mehrere Künstleragenten bieten ihr ihre Dienste und gleich dazu Verträge mit Filmfirmen an. Nach wenigen Tagen führt sie die ersten Verhandlungen, die Summen, die ihr geboten werden, verschlagen ihr die Sprache, das ist eben Hollywood. Aber selbst da bricht man solche Entscheidungen nicht übers Knie, sie braucht Zeit zum Überlegen, aber die hat sie nicht, sie muss nach Deutschland zurück. Wenn doch Rühmann umzustimmen wäre. Sie schickt ihm ein langes Telegramm, die Filmfirma noch eins hinterher, er aber antwortet nur kurz. Die Gastspielreise müsse dann abgesagt werden und sie den finanziellen Schaden übernehmen. Außerdem sei Werner Fuetterer dringend auf die Einnahmen angewiesen, da ihn finanzielle Sorgen plagen. Das ist eine Lüge, aber das erfährt sie erst später. Ihren Kollegen ins Unglück stürzen, dass will sie natürlich nicht. Also reist sie zurück, um planmäßig vor der Premierenvorstellung zur Probe zu erscheinen. Als Ersten trifft sie Werner Fuetterer, der sich nicht nur bester Gesundheit erfreut, sondern auch sonst nicht klagen kann – von wegen Geldschwierigkeiten, keine Spur. Die Wahrheit trifft Bruni Löbel, die eben ihre Karrierechancen in den Vereinigten Staaten begraben hatte, wie ein Schlag gegen den Kopf. «Ich konnte das kaum verkraften», sagt sie noch heute. Jahrelang habe sie das belastet, gerade weil sie Rühmann so schätzte, sei die Enttäuschung besonders groß gewesen. Von da an habe sie zwar weiter mit Rühmann gespielt, aber kein privates Wort mehr mit ihm gewechselt. Es sei ein Vertrauensbruch gewesen, der nicht zu reparieren war. Daran ist Rühmann offenbar auch gar nicht gelegen. Keine Entschuldigung, und auch sonst unternimmt er nichts, um die Sache zu bereinigen – nicht während dieser Tournee und auch zu keinem späteren Zeitpunkt. Selbst als sich die beiden 1958 bei den Dreharbeiten zu dem Film *Der Pauker* wieder sehen, springt er nicht über seinen Schatten. Nur einmal ließ er ihr lediglich ausrichten, dass sie nach Deutschland gehöre und nicht nach Amerika, dort habe sie nichts verloren.

Nach der Ostzone erobern sie die Zuschauer im Westen. Sie treten in Hannover auf, in München und Nürnberg und in vielen kleinen Orten, die auf den Strecken dazwischen liegen. Ende Dezember 1946 ist es endlich so weit: Heinz Rühmann zieht in Berlin ein, zum ersten Mal tritt er wieder in der Stadt seiner größten Erfolge auf. Obwohl er noch immer hier wohnt, bot sich bisher keine Gelegenheit für eine Theaterarbeit. Wird er jetzt das Herz der Berliner wieder erobern können? Er wird, und wie. Auch wenn die Umstände nicht gerade die besten sind. Denn die Vorstellungen finden in der Filmbühne Wien statt, einem Kino, das auch über eine Bühne verfügt. Hier erlebten früher, als es noch U.T. am Kurfürstendamm hieß, einige seiner Filmerfolge ihre Premiere. Jetzt läuft *Der Mustergatte* nur im zweiten, dem Spätprogramm.

Mit der Doppelnutzung seines Hauses beweist der Besitzer Geschäftssinn. Da die letzte Kinovorstellung gegen acht Uhr abends endet, ist anschließend noch Zeit genug für eine Theatervorführung. So rechnet er, und das Publikum lässt ihn nicht im Stich, kurz vor Mitternacht ist seine Kasse voll. Selbst unter widrigen Bedingungen, denn noch kann der große Saal nicht ausreichend geheizt werden. Die Leute kommen im dicken Mantel und lachen sich warm. «Parole: Lachen», schreibt der *Telegraf*. «Was hier um den ‹Mustergatten› herum an Einfällen, Pointen und Gags seine übermütigen Kreise zieht, ist gekonntes Unterhaltungstheater, auf die Bühne projizierter Karneval.»

Den Erfolg feiert Rühmann diesmal ohne seine Frau, sie gehört inzwischen nur noch selten zum Ensemble, weil sie nicht mehr so lange von ihrem Sohn getrennt sein will. Während der ersten Tourneen hatte sich Tina Weiß um ihn gekümmert. Die soll ein Kindermädchen sein, die gute Seele des Hauses, aber auf Dauer nicht die eigene Mutter vollständig ersetzen. Diese Entscheidung kommt Rühmanns Vorstellungen sehr entgegen, der nicht nur am Theater an der klassischen Rollenverteilung festhält. Ihm ist es lieber, Frau und Kind zu Hause zu wissen.

98 Tage bleibt *Der Mustergatte* auf dem Spielplan. Nach der Kälteperiode wird er neu angesetzt, anschließend stehen noch zwei auswärtige Gastspiele an. Dann hat Rühmann endlich wieder Zeit, sich anderen Aufgaben zu widmen.

Er macht aus seinem Herzen keine Mördergrube. Bereits Anfang des Jahres 1947 deutet er in verschiedenen Zeitungsinterviews an, die er am Rande seiner Theaterauftritte gibt, dass er sich bald wieder dem Film zuwenden werde. Die notwendige Lizenz habe er bereits beantragt. Noch vermerken das die Journalisten nur beiläufig mit einem Satz am Ende ihrer Artikel – ein Schauspieler dreht Filme, was soll daran Besonderes sein. Mehr wird er mit dieser Aussage wohl nicht meinen, also belassen sie es dabei. Rühmann denkt schon weiter, aber erst einmal zurück. Wie viel haben die Filmfirmen damals mit ihm verdient, und wie viel davon hat er gesehen? Seine erfolgreichsten Filme spielten locker sieben, acht Millionen Reichsmark ein, von denen höchsten achtzig- bis hunderttausend auf seinem Konto landeten. Sicherlich war das eine beträchtliche Ausbeute, deutlich höher als die vieler Kollegen, aber es könnte noch mehr drin sein. Wenn er nun …? Warum eigentlich nicht?

Schauspieler Heinz Rühmann als Filmunternehmer – das klingt nicht schlecht. Braucht er nur noch einen geeigneten Partner. Den künstlerischen Teil kann er übernehmen, fehlt also einer für den geschäftlichen. Da er davon überhaupt keine Ahnung hat, müsste es eine vertraute Seele sein, auf die er sich blind verlassen kann. Adolf Teichs, den er aus gemeinsamen Zeiten bei der Terra kennt, bietet sich an. Der gebürtige Dresdner hat wie Rühmann die Nazizeit ohne größere politische Blessuren überstanden. Zwar war auch er mit einer Jüdin verheiratet, von der er sich bereits 1934 scheiden ließ, das aber nur pro forma. Heimlich soll er mit ihr bis kurz vor Kriegsende in seinem Haus in Dahlem zusammengelebt haben. Trotzdem gelang dem gelernten Schauspieler und studierten Germanisten im Dritten Reich eine beachtliche Karriere. Zu Zeiten der Machtübernahme durch die Nazis noch beschäftigungslos, arbeitete er sich ab 1935 bei der Terra vom Chefdramaturgen zum mächtigen Produktionschef hoch. Obwohl er sich weigerte, in die NSDAP einzutreten, blieb ihm der Posten bis zuletzt erhalten. Im Herbst 1945 gründete er dann eine eigene Filmfirma und produzierte den ersten deutschen Nachkriegsfilm. Von seinem Vornamen hatte er sich schon vor einiger Zeit getrennt, er kürzte ihn nur noch mit Alf ab. Wenn das keine Biographie ist, die ihn als Partner für das geplante Unternehmen empfiehlt!

Am 16. Juni 1947 schreiten sie zur Tat: in den Registerakten des Amtsgerichts Berlin-Charlottenburg wird die Gründung einer Offenen Handelsgesellschaft festgehalten. Sie nennen ihre Firma Pan-Film und lassen sich als Gesellschafter eintragen, was zur Folge hat, dass sie persönlich für die Verbindlichkeiten derselben zu haften haben, schlimmstenfalls mit ihrem Privatvermögen. Als Geschäftslokal geben sie die Meinekestraße 12 im Westsektor an. Sie erhalten eine Lizenz von der amerikanischen Militärbehörde, später eine von der englischen und eine von der französischen. Das Anlagekapital beträgt zehntausend Reichsmark. Hertha Feiler schlägt die Hände über dem Kopf zusammen. Nicht die Summe erschreckt sie, das Vorhaben als solches ist es, das ihr unmöglich erscheint. Als hätten sie in den zurückliegenden Jahren nicht schon genug riskiert. Sie rät ihrem Mann energisch ab, von geschäftlichen Dingen versteht er nun wirklich nichts. Und er müsse doch auch an die Familie denken. Was soll denn werden, wenn das schief geht?

Rühmann und Teichs planen Großes, doch zunächst nehmen sie eine kleine Korrektur vor. Drei Monate nach der Gründung ändern sie den Namen: auf dem Briefkopf erscheint ab sofort der Schriftzug Comedia-Filmgesellschaft, darüber das Firmenzeichen, zwei Theatermasken, eine lachende und eine weinende. Ein Symbol für gute und für schlechte Zeiten? Erst einmal denken sie nur an die guten, dass schlechte kommen könnten, ziehen sie gar nicht erst in Betracht. Sie gehen einfach davon aus, dass sie ihr Handwerk verstehen, den Geschmack des Publikums besser kennen als andere und vor allem mit Heinz Rühmann das beste Pferd im Stall haben. In ihrer Euphorie eröffnen sie gleich noch ein Büro in Hannover-Linden, danach eins auf dem Bavariagelände in München, in bester Innenstadtlage von Hamburg und am Bahnhof in Wiesbaden. Dazu stellen sie eine Reihe von Angestellten ein; die teuersten sind Kaufleute, die in der jeweiligen Niederlassung als Prokuristen fungieren. In München übernimmt das Rühmanns Bruder Hermann.

Für den ersten Film, den sie selbst produzieren wollen, sind die Vorbereitungen so weit abgeschlossen. Das Drehbuch steht, die Darsteller sind verpflichtet, die Ateliertermine vereinbart. Erich Pommer, der Vertriebene, ist zurückgekehrt und stellt ihnen Räumlichkeiten auf dem Bavariagelände in München-Geiselgasteig zur Verfügung. Am 15. Dezember 1947 soll dort mit den Dreharbeiten begonnen werden. Vorher gönnt sich Heinz Rühmann noch eine kurze Verschnaufpause und eine Prise Familienleben. Mit seiner Frau und dem Sohn fährt er nach Thumsee in die Nähe von Bad Reichenhall, um mit ihnen ein paar Tage auszuspannen. Sie nehmen Pension im Gasthof Madlbauer, einer ruhigen Unterkunft, dennoch fällt es Rühmann schwer, abzuschalten. Noch sind einige Detailfragen zu klären, die ihn umtreiben. Er möchte nichts dem Zufall überlassen, er weiß, dass viel von dem Film abhängt, möglicherweise seine Zukunft als Schauspieler. Über zwei Jahre stand er nicht mehr vor einer Filmkamera. Wird er jetzt seinen Erfolg fortsetzen können, oder bleibt an ihm der Makel haften, nur unter den Nazis ein Star gewesen zu sein, ein stummer Diener der grölenden Meute?

Am 17. November will er sich in Frankfurt am Main mit Heinz Hilpert treffen, den er als Regisseur für das Projekt gewinnen konnte. Darauf bereitet er sich gründlich vor, auch Hilpert ist ein Präzisionsarbeiter. Trotzdem findet er Zeit, ein paar Zeilen an den britischen Entnazifizierungsoffizier Kay Sely in Berlin zu schreiben, der ihm längst keine Steine mehr in den Weg legt: «Haben Sie jedenfalls, Herr Major, herzlichsten Dank für Ihre stete Unterstützung und Liebenswürdigkeit Herrn Teichs und mir gegenüber. Wir wären ohne Ihre Hilfe bestimmt noch nicht so weit. Nun geht es los, und ich hoffe, dass wir Sie und uns nicht blamieren ... Ihr ergebener Heinz Rühmann.»

Den nächsten Urlaub verbringen Heinz Rühmann und Hertha Feiler im Winter 1948 in Mittelberg im Kleinen Walsertal. Sie haben im Kurhaus zwei Doppelzimmer gemietet, da sie nicht allein reisen. In ihrer Begleitung befinden sich Paul L'Arronge und seine Lebensgefährtin Gisela Griffel. Sie wollen zusammen Ski fahren, durch die Winterlandschaft spazieren und abends gemütlich in einer Wirtschaft Wein trinken oder zum Kegeln gehen. Das Pärchen haben sie im Jahr zuvor in Hamburg kennen gelernt. Dort betreibt Paul L'Arronge ein Café, das nach ihm benannt und ziemlich berühmt ist. Es befindet sich in der Dammtorstraße 13, direkt gegenüber der Staatsoper, und ist ein beliebter Treffpunkt für Künstler und Journalisten. Hubert von Meyerinck kommt zum Kaffee, Grete Weiser nach der Vorstellung, Herbert von Karajan lässt sich gelegentlich blicken, Helmut Zacharias, Willy Fritsch, Harald Paulsen, Anny Ondra und ihr Mann Max Schmeling, für den stets sein Stammplatz freigehalten wird. Auch Zeitungsverleger Axel Cäsar Springer gehört zu den Gästen und einige seiner Chefredakteure. Wenn Rühmann in Hamburg an einem Theater gastiert oder zu Dreharbeiten in der Stadt weilt, erscheint er meistens am frühen Nachmittag. Dann geht er durch den lang gezogenen Gastraum und sucht sich in der hinteren Ecke einen ruhigen Tisch. Manchmal ist seine Frau dabei. Eines Tages ist er mit L'Arronge ins Gespräch gekommen, der ihm später seine Gisi vorstellte. Die vier freundeten sich an und planten den ersten von vielen gemeinsamen Urlauben. Den kann Rühmann so richtig nicht genießen, er hat sich Arbeit eingepackt, will schnell noch ein Drehbuch überarbeiten. Da Dreharbeiten angesetzt sind, muss er auch eher abreisen.

Im Jahr darauf fliegen die beiden Paare nach Ascona. Endlich bekommt Rühmann wieder Gelegenheit, seinem liebsten Hobby nachzugehen. Während in Deutschland Privatpiloten noch keine Lizenzen erhalten, darf er in der Schweiz seinen Flugschein machen, was ihm auf Anhieb gelingt. Das hat er noch nicht verlernt. Gisi, die er «Gustaf» nennt, begleitet ihn gern dabei, auch sie ist vernarrt in die Fliegerei. Sie werden noch tollkühne Flugreisen miteinander unternehmen und bald ein Geheimnis hüten. Nachdem er die Zulassung in Deutschland zurückerhalten hat, wird er mit ihr in Hamburg über den Michel schweben und im Tiefflug über Fußballfelder und Kanäle jagen. Nur einmal geht es schief, da befinden sie sich aber in der Schweiz. Während eines späteren Urlaubs in Ascona fliegen sie gemeinsam in einer gemieteten Piper nach Zürich, sie will zum Arzt, er mal wieder zu Dreharbeiten. Auf dem Rückflug zieht sich der Himmel zu, über dem Rollfeld geht Regen nieder. Den Betonboden erreicht Rühmann noch mit einigen Wacklern, dann bricht die Maschine aus und überschlägt sich. Ihm und seiner Begleiterin passiert nicht viel, ein paar leichte Prellungen, nicht der Rede wert. Trotzdem ein ganz schöner Schreck! Darauf müssen sie einen trinken, ein überstandener Crash ist wie ein Geburtstag, alte Fliegerregel. In einem Restaurant muss eine ganze Flasche Whiskey dran glauben, nur verplappern dürfen sie sich nicht. Als neue Gäste in das Lokal kommen, die von dem Unfall erfahren haben und an ihren Tisch treten, gestikulieren die beiden Bruchpiloten mit Händen und Füßen. Hertha Feiler darf doch von dem Unfall nichts erfahren, sonst tobt sie. Die Fliegerei ist sowieso ein rotes Tuch für sie. Fast ein Jahr lang halten Rühmann und die Freundin dicht. Vermutlich hätte seine Frau auch niemals davon erfahren, wenn der Schweizer Fliegerclub nicht einen Unfallbericht an Rühmanns Adresse in München geschickt hätte. Mehrere tausend Mark Schaden sind zu beklagen. Damit die Versicherung zahlt, soll er das Formular ausfüllen. Da er an diesem Tag nicht zu Hause ist, öffnet sie das Kuvert und bekommt einen Wutanfall. Erst zieht sie über ihren Mann her, danach greift sie zum Hörer und wählt Gisis Nummer. Sie ist außer sich, wie könnt ihr nur!

Seine Landung auf dem Flugfeld war missglückt, ebenso unerfreulich fällt sein Start als Filmproduzent aus. Blamage ist gar kein Ausdruck für das, was er am 13. Juli 1948 bei der Premiere des ersten Comedia-Films *Der Herr vom anderen Stern* in der Berliner

46 In seiner Lieblingsrolle: als Clown

58 «Er wollte alle Menschen immer lachen machen …»

46 In seiner Lieblingsrolle: als Clown

47 Mit Ehrungen überhäuft: Bundespräsident Scheel verleiht Heinz Rühmann das Große Bundesverdienstkreuz mit Stern und Schulterband, 1972

48 Goldene Kamera, 1979: Heinz Rühmann in der Mitte, links von ihm Ursela Monn und Marius Müller-Westernhagen

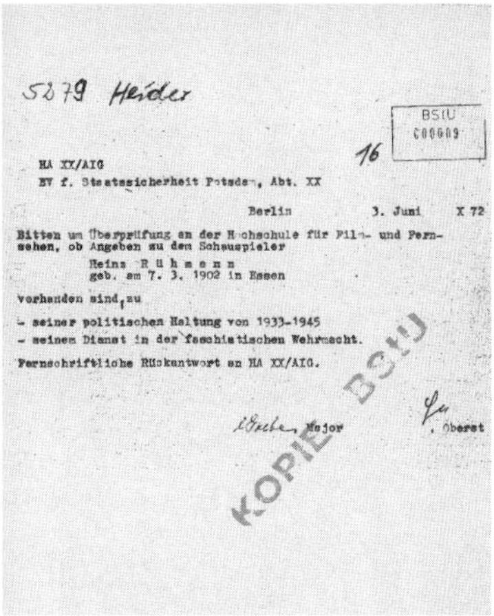

5279 Heider

BStU 000009

16

HA XX/AIG
BV f. Staatssicherheit Potsdam, Abt. XX

Berlin 3. Juni X 72

Bitten um Überprüfung an der Hochschule für Film- und Fernsehen, ob Angaben zu dem Schauspieler

Heinz R ü h m a n n
geb. am 7. 3. 1902 in Essen

vorhanden sind, zu

- seiner politischen Haltung von 1933–1945
- seinem Dienst in der faschistischen Wehrmacht.

Fernschriftliche Rückantwort an HA XX/AIG.

Major   Oberst

KOPIE BStU

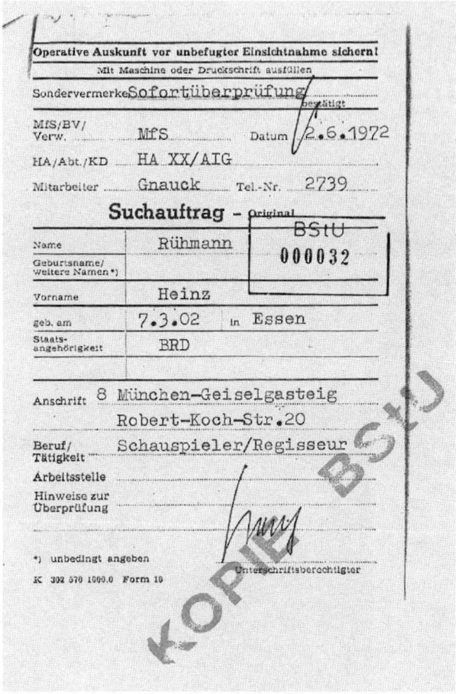

Operative Auskunft vor unbefugter Einsichtnahme sichern!

Mit Maschine oder Druckschrift ausfüllen

Sondervermerke Sofortüberprüfung bestätigt

MfS/BV/Verw. MfS Datum 2.6.1972

HA/Abt./KD HA XX/AIG

Mitarbeiter Gnauck Tel.-Nr. 2739

Suchauftrag – Original

BStU 000032

Name	Rühmann
Geburtsname/ weitere Namen *)	
Vorname	Heinz
geb. am	7.3.02 in Essen
Staats-angehörigkeit	BRD

Anschrift 8 München-Geiselgasteig
Robert-Koch-Str.20

Beruf/ Tätigkeit Schauspieler/Regisseur

Arbeitsstelle

Hinweise zur Überprüfung

*) unbedingt angeben

K 302 570 1000.0 Form 10

Unterschriftsberechtigter

KOPIE BStU

49 a, b In der DDR wurde Heinz Rühmann von der Stasi bespitzelt. Ergebnis: «Die Mehrzahl der Filme, in denen er mitwirkte, unterstützte ebenso die Manipulationspolitik der Faschisten wie der herrschenden Kreise in Westdeutschland nach 1945.»

50 Zwischen den Dreharbeiten eine kurze Pause vor der Skyline von Manhattan, 1981

51 Mit seiner dritten Frau Hertha, genannt «Herthi», an ihrem Lieblingsplatz im Garten

52 Vor seinem Haus in Aufkirchen am Starnberger See bei München

53 Mit dem Sohn Heinzpeter und dessen Frau Marion sowie den Enkeltöchtern Claudia und Melanie

54 Ein Auftritt als Penner: mit Mario Adorf in *Gefundenes Fressen,* 1977

55 Mit dem Garderobier Walter Schreiber und seinem langjährigen Maskenbildner Josef Coesfeld (rechts)

56 Gala zum 90. Geburtstag, 1992: es gratulieren Willy Millowitsch, Loriot (Vicco von Bülow) und Peter Alexander

57 Unter den Gratulanten sind auch der Freund und Produzent Gyula Trebitsch (links) und dessen Tochter Katharina

58 «Er wollte alle Menschen immer lachen machen ...»

Filmbühne Wien erlebt. Die Zuschauer fluchen, sie verlangen das Eintrittsgeld zurück, minutenlang Pfiffe und Buhrufe, ein Desaster. Wo war der Rühmann geblieben, den sie kannten und liebten, wo das verschmitzte Lächeln, die ansteckende Leichtigkeit seines Spiels? Wieso kommt er ihnen als Außerirdischer, der sich infolge eines Betriebunfalls auf die Erde beamt und im Nachkriegsdeutschland mit einer Überfülle an Unannehmlichkeiten konfrontiert wird? Was soll daran lustig sein? Nie hat Rühmann mit seinem Empfinden so danebengelegen. Selbst der bekannte Kritiker Friedrich Luft, der sich um Ausgewogenheit bemüht, streckt am Ende die Waffen: Von der heiteren Anfangsidee bliebe nicht viel mehr als ein redlich-langweiliger Rühmann-Film übrig, «in dem man den Star auch kaum wieder erkannte, so extra-trocken, so bedachtsam, so ganz unlustig war er angesetzt».

Der nächste Film aus dem Hause Comedia kommt bei den Kritikern wesentlich besser weg, erhält auf der Biennale in Venedig sogar einen Silbernen Löwen, gewinnt aber nicht die Gunst des breiten Publikums. Während er aufgrund seines Titels *Berliner Ballade* wenigstens dort ein paar Leute ins Kino zieht und als Achtungserfolg verbucht wird, bleibt außerhalb der Hauptstadt das Publikum von Anfang an weg. Ein schlechter Start auch für den Hauptdarsteller Gert Fröbe, für den die Rolle des Otto Normalverbrauchers die erste in einem Film ist. Ohnehin hatte es ihm einige Mühe abverlangt, sie überhaupt zu bekommen. Während sich Produzent Teichs und Regisseur Stemmle beizeiten für den einen Meter sechsundachtzig großen Sachsen entschieden, musste der Drehbuchautor Günter Neumann erst einmal überzeugt werden. Er hatte seinen Text nämlich für einen kleinen Darsteller geschrieben und gehofft, dass Rühmann die Rolle selbst übernehmen würde, was der aber ablehnte. Am schauspielerischen Vermögen Fröbes liegt es nicht, dass der Streifen floppt, er trifft einfach nicht den Geschmack der Zuschauer, ist denen in der trüben Zeit vermutlich zu anspruchsvoll. Was die wirtschaftliche Lage der Comedia nicht verbessert.

Für jede Produktion müssen Kredite aufgenommen werden, die nur abzuzahlen sind, wenn die Filme auch erfolgreich laufen. Bisher können Rühmann und sein Partner nur Verlustgeschäfte verbuchen. Aber davon lassen sie sich nicht abschrecken. Das Filmgeschäft ist ein zähes, in dem man Stehvermögen beweisen muss. Das wissen sie, und auch, dass sich die Situation über Nacht ändern könnte. Sie brauchen nur einen Kassenschlager, einen Film, der beim Publikum einschlägt, dann sieht es wieder ganz anders aus. Vielleicht erreichen sie das schon mit dem nächsten, die ewige Hoffnung bleibt. Und noch sind die Banken und Verleiher bereit, ihnen großzügige Vorschüsse zu gewähren, bis zu einer Million Mark für eine Produktion. Denn auch sie glauben, dass der Komiker Rühmann noch ein Erfolgsgarant ist.

Sie alle werden eines Besseren belehrt. Mit jedem Misserfolg verblasst sein Name, sinkt sein Stern und bald auch die Hoffnung. Sein Geschmack deckt sich offensichtlich nicht mit dem des Publikums. Er würde am liebsten anspruchsvolle Stoffe anpacken und sich ernsteren Rollen widmen, aber davon wollen die Leute nichts wissen. Dabei wäre die Lösung ganz einfach, Rühmann müsste nur den Rühmann von damals spielen, den kleinen Mann, der unversehens in die Bredouille gerät, sich mit allerlei Geschick und vor allem Humor seinem Schicksal stellt und es schließlich auch meistert. So schwer kann das doch nicht sein. Vielleicht ein bisschen moderner noch, dann müsste es laufen. Das versucht er dann auch mit seinem neuen Film *Das Geheimnis der roten Katze*. Um sicher zu gehen, schart er alte Bekannte um sich. Als Regisseur Helmut Weiß, der sich gleichzeitig am Drehbuch versucht, für die Musik sorgt Werner Bochmann, Gustav Knuth übernimmt die zweite Hauptrolle, für den Rühmann als kleine Überraschung einen VW Käfer beschafft. Den muss er zwar selbst bezahlen, aber allein ein solches Modell besorgen zu können kam im Jahr 1949 einem Wunder nahe. Eine Geste, die Knuth zusätzlich motiviert, er strebt ja auch den alten Erfolg an.

Davor lässt sich Rühmann noch schnell auf ein neues Abenteuer ein. In Hamburg bastelt der Nordwestdeutsche Rundfunk gerade an einem Hörspiel, er soll als Sprecher verpflichtet werden. Da man weiß, dass ein Rühmann nicht unkompliziert ist, fährt der Autor selbst mit den ersten Manuskriptseiten zu ihm. Anfangs erscheint

Rühmann das Vorhaben reizvoll, er sagt also zu. Nach wenigen Tagen überlegt er es sich wieder anders und telegraphiert eine Absage in die Hamburger Redaktion. Die Verhandlungen beginnen von Neuem, das ausgemachte Honorar wird aufgestockt, was ihm die Reise in den Norden versüßen soll. Der Plan gelingt schließlich, Rühmann erscheint für drei Tage beim Sender, Anfang Februar 1949 wird sein erstes Hörspiel unter dem Titel *Du kannst mir viel erzählen!* ausgestrahlt.

Inzwischen haben die Dreharbeiten zu *Das Geheimnis der roten Katze* begonnen. Es entsteht zwar kein Meisterwerk, doch der Film sorgt endlich für einen kleinen Lichtblick. Immerhin sehen ihn sich über drei Millionen Zuschauer an, was Einnahmen von fast eineinhalb Millionen Mark garantiert. Allerdings bleibt davon so gut wie nichts in der Firmenkasse, die Vorschüsse müssen zurückgezahlt, Einspielergebnisse abgetreten werden. Auch die folgenden Produktionen *Martina*, *Mordprozess Dr. Jordan*, *Ich mach dich glücklich* und *Herrliche Zeiten* bessern die Bilanz nicht auf, obwohl die Filme akzeptabel laufen. Rühmann und Teichs wollen zu viel und erreichen zu wenig. Von kaufmännischem Denken sind sie weit entfernt. Rühmann ist Schauspieler und Regisseur, Teichs der Stoffefinder und Dramaturg, Geschäftsmänner sind sie beide nicht. Sie arbeiten wie damals bei der Terra, wo sie aus dem Vollen schöpfen konnten, sich um Finanzierungen nicht sorgen mussten. Ein Missmanagement mit fatalen Folgen.

Sie filmen am laufenden Band. Bis 1950 entstehen acht Spielfilme, mehr als in jedem der anderen bereits existierenden Filmunternehmen. Ohne dass ihnen der wirtschaftliche Erfolg gelingt, was den Filmjournalisten und damit auch der Öffentlichkeit nicht verborgen bleibt. Die *National-Zeitung* gehört am 17. Juni 1949 zu den ersten, die einen drohenden Untergang prophezeien: ‹Das Geheimnis der roten Katze› ist längst kein Geheimnis mehr. Es sollte sich auch schon bis zur Comedia-Filmgesellschaft herumgesprochen haben, was des Rätsels (dieser neuen Pleite) Lösung ist: dass ein guter Schauspielername nicht genügt, um einen guten Film zu garantieren. Und dass mit schlechten Filmen auch der beste Schauspielername allmählich an seiner Prominenz ernstlichen Schaden nimmt.» Im Januar 1950 legen andere Blätter nach. «Wann bekommen wir Rühmann einmal in einem wirklich neuen Film zu sehen?», fragt der *Morgen*, «Heinz macht uns unglücklich», titelt die *Berliner Zeitung* über ihrem Verriss des Films *Ich mach' dich glücklich*. Heinz Rühmann und Alf Teichs sind offenbar die Einzigen, die das so nicht sehen wollen. «Wir haben die falschen Filme zur falschen Zeit gedreht», schrieb Rühmann in seinen Memoiren – kein Wort darüber, dass einige davon einfach schlecht waren.

Übersehen sie die wirtschaftliche Misere – und das nahende Ende gleich dazu? Noch im Januar 1950 gibt sich Rühmann optimistisch. In der *Illustrierten Filmwoche* verkündet er hochtrabende Ziele. Die Dreharbeiten zu dem Film *Camorra* über eine italienische Widerstandsbewegung würden noch im gleichen Monat in Neapel starten. Danach stünde die Verfilmung von Carl Zuckmayers *Des Teufels General* unter der Regie von Helmut Käutner an. Im Februar ginge man mit *Skiwachs*, einem lustigen Filmstoff von Erna Fentsch, ins Atelier, danach folge *Glück im Spiel* ... Rühmann kann an diese Vorhaben selbst nicht mehr geglaubt haben. Mit dem Glück ist es bereits vorbei, als der Artikel erscheint. Liquiditätsschwierigkeiten, sagen die Wirtschaftsprüfer und meinen, dass die Summe der Verbindlichkeiten die des vorhandenen Vermögens deutlich überschreitet.

Die Comedia ist zahlungsunfähig, am 24. Juli 1950 melden Rühmann und Teichs dem Amtsgericht in Berlin-Charlottenburg die Auflösung ihrer Firma. Das Münchner Wirtschaftsprüfungsunternehmen Treuhand-Union wird als Liquidator bestellt. Die Hamburger Landesbank gewährt noch einmal einen Kredit in Höhe von hunderttausend Mark, davon werden die Gläubiger mit den geringeren Ansprüchen abgefunden. Mit ihren hemdsärmeligen Geschäften – Finanzierungsbeteiligungen wurden oft nur mündlich und unkoordiniert verabredet – sollen Rühmann und Teichs mehrere Millionen Mark Schulden fabriziert haben. Die Angaben differieren zwischen zwei und sieben Millionen Mark; ein ehemaliger Mitarbeiter der Treuhand-Union erinnert sich an die Summe von drei bis vier Millionen – nicht nur für damalige Verhältnisse eine gigantische Zahl.

Über die Befindlichkeiten der gescheiterten Filmproduzenten existiert ein rührseliges Bittschreiben, das Rühmann an Kurt Schorcht schickt, den Chef einer Münchner Filmverleihfirma, die mit der Comedia Geschäftsbeziehungen unterhielt und sich in nicht unerheblichem Maße an der Vorfinanzierung von Filmen beteiligt hatte: «Wie Sie wissen, ist aus dem eigentlichen Geschäft der Comedia nicht mehr viel zu erwarten. Das einzige Aktivum, dass die Gesellschaft heute noch vorweisen kann, ist die Arbeitskraft des Herrn Teichs und meine eigene. Ich habe mich verpflichtet, einen beachtenswerten Teil meines gesamten Einkommens für die Liquidation der Comedia zur Verfügung zu stellen und bereits bedeutende Einschüsse geleistet (...) Allerdings ist es uns beiden durch das Damoklesschwert, das durch das ungewisse Schicksal der Firma über uns hängt, oft schwer, aussichtsreiche Verhandlungen zu einem Ende zu führen, da uns immer wieder diese Verhältnisse vorgeworfen werden. Es ist auch verständlich, dass man uns deswegen nicht mehr als vollwertige Partner ansieht und befürchtet, dass bei engeren Geschäftsbeziehungen Gläubiger in diese eingreifen und dadurch aussichtsreiche Unternehmen erheblich gefährden können (...) Außerdem bedeutet der augenblickliche Zustand der völligen Ungewissheit und praktisch unbegrenzten Verschuldung eine solche seelische Belastung, sodass für mich als Schauspieler in meinem Rollenfach die Gefahr besteht, dass die künstlerische Leistung stark herabgemindert wird ...»

Mit dem Schreiben will er den ehemaligen Geschäftspartner überreden, einem Schuldenregelungsabkommen zuzustimmen, das unter anderem eine Stundung der Gläubigerforderungen auf die Dauer von fünf Jahren vorsieht. Bis dahin sollen Rühmann und Teichs die Hälfte aller ihrer Einkünfte abführen. Nach Ablauf der Frist würden die Gläubiger auf eventuell noch ausstehende Zahlungen freiwillig verzichten. Rühmann hofft, dass Schorcht sich blenden lässt und ihm bei der bevorstehenden Gläubigerversammlung Schützenhilfe leistet. Also bittet er unverblümt: «Ich bin der Überzeugung, dass, wenn gerade Sie einen solchen Vorschlag unterstützen, die anderen Gläubiger nicht umhin können, zu folgen ...» Obwohl Schorcht sich darauf nicht einlässt, das Schuldenregelungsabkommen auch nicht unterzeichnet, bleibt er auf über sechshunderttausend Mark Außenständen sitzen. Nach seinem Tod werden seine Nachfolger deswegen 1964 gegen Rühmann und Teichs vor Gericht ziehen – ohne Erfolg, da ihre Ansprüche nach Ansicht des Richters nicht mehr nachzuvollziehen sind, außerdem zu diesem Zeitpunkt bereits verjährt wären.

Ohnehin übertreibt Rühmann in seinem Brief. Sein Kompagnon findet zügig Anschluss, er wechselt als Chefdramaturg zur Neuen Film Verleih GmbH nach München und übernimmt danach in einer Hamburger Firma wieder den Posten des Produktionschefs. «Er war sofort wieder gefragt. Uns ging es nicht schlecht», erinnert sich seine Witwe Katharina Mayberg-Teichs, was daran gelegen haben mochte, dass sie als Schauspielerin eine Blütezeit erlebt und ausreichend dazuverdient. Da sie zwar zusammenleben, aber noch nicht verheiratet sind, bleiben ihre Einnahmen vom Gerichtsvollzieher verschont. Tatsächlich sollen von Teichs kaum Zahlungen zur Begleichung der Comedia-Schulden eingegangen sein, da er irgendwie nachweisen konnte, über keinerlei Vermögen zu verfügen.

Rühmann malte sein Leben in den schwärzesten Farben, schrieb von 264 Mark, die ihm jeden Monat zum Leben blieben. Gleichzeitig schickte er seinen Sohn Heinzpeter auf ein Internat, beklagte sich über die hohen Schulgeldkosten und die neuerlichen Unterhaltsforderungen seiner ersten Ehefrau, die plötzlich wieder in Deutschland auftauchte. Den Umzug in das Haus auf dem Filmgelände in München-Geiselgasteig verlegte er ebenfalls in die Zeit nach der Comedia-Pleite, obwohl sie bereits seit Ende 1947 dort wohnten. Er bezeichnete sein neues Heim als Behelfsunterkunft, die seiner Familie freundlicherweise kostenlos zur Verfügung gestellt worden sei, da sie keinen Pfennig mehr besaß. Der Größenvergleich mag in Bezug auf die geräumige Villa am Wannsee stimmen, nicht aber, dass sie das Haus kostenlos nutzen durften. Lediglich für den Grund und Boden brauchten sie nicht zu zahlen, die Kosten für den Bau hatten sie sehr wohl übernommen.

Nachdem das Unternehmen Comedia so kläglich scheitert, muss sich die Familie zwar einschränken, sie nagt aber nicht am Hungertuch. Rühmann hatte sich rechtzeitig von einem befreundeten Anwalt und Notar ein beglaubigtes Schreiben ausstellen lassen, auf dem zwischen den Eheleuten Gütertrennung vereinbart wurde. Damit sind die Gagen, die Hertha Feiler einnimmt, vor einem Zugriff sicher. Im Gegensatz zu Rühmanns Darstellung, der Gerichtsvollzieher sei in der ersten Zeit zweimal die Woche bei ihm zu Hause Gast gewesen, verschonen ihn die Banken von derlei demütigenden Besuchen. Sie verlassen sich auf die juristischen Vereinbarungen. Durch das Schuldenregelungsabkommen verpflichtet sich Rühmann rechtsbindend, die Hälfte seiner Einnahmen abzuführen. Dem kommt er auch freiwillig nach. Außerdem muss er zusätzlich von seinem Jahreseinkommen noch einmal fünfzig Prozent abgeben, wenn dieses 36 000 Mark übersteigt. Wovon auszugehen ist, da er die Hände nicht in den Schoß legt, sondern gleich wieder sein *Mustergatten*-Ensemble zusammentrommelt und damit auf die Bühne zieht.

Bereits Ende 1949 hatten sich die Schauspieler zu einem umjubelten Gastspiel an der Kleinen Komödie in München eingefunden. Sie setzen es an gleicher Stelle im folgenden Frühjahr fort, ehe sie mit dem Stück in gewohnter Manier auf Reisen gehen. Es gibt wohl kaum ein deutsches Theater, in dem sich Rühmann nicht als Mustergatte vorstellt. Noch im gleichen Jahr wechselt er den Stoff. Marlene Dietrich hatte ihm während eines Berlinbesuchs von der Komödie *Mein Freund Harvey* berichtet, die in Amerika seit langem erfolgreich laufen würde. Dieser Elwood P. Dowd, hatte sie gesagt, das wäre eine Rolle für ihn. Ein Mann, den seine Mutter und die Verwandtschaft für reichlich skurril halten, weil er nie ohne seinen weißen Hasen aus dem Haus geht, den sie allerdings nie zu Gesicht bekommen, da er nur in der Vorstellungswelt seines Kopfes existiert. Nachdem er Interesse bekundete, schickte sie ihm das Textbuch, das zunächst übersetzt werden musste. Als er es dann las, war er sofort angetan, spürte, dass er in dieser Rolle seine leise Komik hervorragend ausspielen könnte.

Es spricht sich unter den Theaterleitern offenbar schnell herum, dass Heinz Rühmann wieder frei ist für die Bühne. Da zählt er noch etwas. Im Herbst 1950 holt ihn Gerhard Metzner, der Intendant der Kleinen Komödie, erneut nach München. Und er gibt ihm die Rolle, die er sich wünscht, den eigensinnigen Elwood in *Mein Freund Harvey*. Die Vorstellungen sind Wochen im Voraus ausverkauft, das Publikum nimmt Rühmann auf wie einen verlorenen Sohn, nach jedem Auftritt gibt es Beifallsstürme. Und bald neue Anfragen von anderen Häusern, sie gehen aus Wien und Zürich ein, aus Hamburg und Frankfurt am Main. In der kleinen Welt des Theaters ist er noch immer ein großer Star.

Mit den Theaterengagements kommt Rühmann passabel über die filmlose Zeit, auch wenn sich die permanenten Trennungen nicht eben förderlich auf sein ohnehin angeknackstes Eheleben auswirken. Seit Monaten herrscht eine gespannte Atmosphäre zwischen den Eheleuten. Hatte Hertha Feiler das Debakel nicht vorhergesehen? Jetzt soll sie es mit ausbaden. Die Missstimmung zu Hause soll zu Komplikationen auf einer der Tourneen geführt haben, von denen seine Frau jedoch nichts erfährt. Sie ist diesmal auch nicht dabei, was ihren Mann dazu verführt haben soll, sich mit einer der jungen Darstellerinnen auch nach den Proben und Vorstellungen noch ausgiebig zu beschäftigen. So wollen es jedenfalls die Mitreisenden beobachtet haben.

Als er dann im Sommer 1951 ohne seine Familie auf dem Flughafen in Frankfurt am Main eine SAS-Maschine nach Buenos Aires besteigt, gilt das für viele als Bestätigung einer privaten Krise im Hause Rühmann. Ein Journalist, der ihn kurz vor seiner Abreise zu einem Interview trifft, erkundigt sich auch danach, ohne zu wissen, dass Rühmann auf solche Fragen prinzipiell nicht zu antworten pflegt. Sein Privatleben ist tabu. Andere Berichterstatter machen sich ihren eigenen Reim auf die Überseereise des Schauspielers. «Heinz Rühmann, der Mustergatte des deutschen Films, wählte die Freiheit», meldet die HÖRZU. «Er ist jetzt in Südamerika. Dort hat er endlich seine Ruhe vor seinen Gläubigern.» Das *Hamburger Abendblatt* spekuliert: «Es ist zu vermuten, dass seine Reise einen Abschied von Deutschland bedeutet – jedenfalls für längere Zeit.»

Verlockend kann ihm der Gedanke wirklich erschienen sein, als er am 14. Juni auf dem Airport Ministro Pistarini aus dem Flugzeug steigt. Wie ein Staatsgast wird er dort empfangen. Reporter und Fotografen warten in der Empfangshalle auf ihn, der Leiter der Freien Deutschen Bühne, eines deutschsprachigen Theaters, und zahlreiche Fans, die er auch hier hat. Seine Filme sind bekannt, über dreißigtausend Deutsche leben in der argentinischen Hauptstadt und der näheren Umgebung. Als persönlicher Betreuer in der Fremde steht ihm Alexander Curt Duma zur Seite, der ihn eingeladen und die Reise für ihn organisiert hat.

Rühmann ist nicht befreundet mit ihm, er kennt ihn nicht einmal besonders, aber er hat noch etwas gut bei ihm. Als er während des Krieges seinen Film *Sophienlund* drehte, war Duma bei einer Nachrichtenstaffel der Luftwaffe auf Sizilien stationiert. Rühmann nutzte seine guten Verbindungen zu Göring und erreichte eine Freistellung für den jungen Soldaten, den er als Kleindarsteller benötigte. Mehr als siebzehn Sätze hatte der vor der Kamera nicht zu sprechen, dafür aber drei Monate Filmurlaub, die er genoss. An diese Zeit erinnerte sich Duma, der inzwischen als Geschäftsmann in Buenos Aires lebt, als er vor einiger Zeit von Rühmanns finanziellen Problemen in Deutschland las. Einerseits möchte er sich revanchieren, andererseits wittert er eine Chance, geschäftlich voranzukommen. In Argentinien ist Rühmanns Name noch unbefleckt; selbst wenn er ein Nazi gewesen wäre, würde das hier nicht viele stören. Nach dem Krieg fanden sich in dem südamerikanischen Land vor allem Deutsche ein, die auf der Flucht waren – vor ihrer Vergangenheit und der neuen deutschen Gerichtsbarkeit.

Wenn sie Rühmann in der Heimat nicht mehr wollen, könnte er doch hier seine Karriere fortsetzen. Also inszeniert Duma den Auftakt entsprechend medienträchtig. Nach der überschwänglichen Begrüßung am Flughafen folgt am kommenden Tag der nächste Termin. Im Hafen ist gerade die «Santa Ursula» eingelaufen, das erste deutsche Passagierschiff, das nach dem Krieg in Südamerika ankert. Rühmann begrüßt den Kapitän oder der ihn, schon stehen wieder Presseleute bereit, ein Lächeln für das Foto. Autogrammjäger gesellen sich gleich dazu. Rühmann unterschreibt und zeigt sich geduldig, obwohl er solche Aufläufe hasst. Lange haben die Journalisten keinen Spaß an ihm, weil er nur kurz antwortet, wenn sie ihn zu fassen bekommen. Eigentlich will er überhaupt nichts erzählen, von der großen Pleite schon gar nicht, die verschwiegt er einfach.

Duma organisiert ein paar Auftritte in einem deutschsprachigen Theater, aber das nur nebenbei, er hat Größeres vor. Er will seinen Gast erst mit Eduardo Sandrini, dem berühmtesten Komiker Argentiniens, zusammenbringen und dann für ein gemeinsames Projekt gewinnen. Die beiden in einem Film – er sieht schon die Schlagzeilen. Und das Geld. Rühmann hat Augen für etwas anderes, er möchte die Gegend erkunden, sich Theater ansehen und Filmateliers. Und das Größte wäre, wenn er fliegen könnte.

Das Treffen zwischen den Komikern kommt noch zustande, mehr aber nicht. Sie sind sich weder sympathisch, noch verstehen sie einander, der eine hält vom Humor des anderen nichts. Dumas Pläne scheitern, Rühmann reist nach dreieinhalb Wochen vorzeitig ab. Sein Abschied fällt in der *Argentinischen Tageszeitung* weniger euphorisch aus: «Heinz Rühmann, dessen bisheriger Aufenthalt in Argentinien durch Akklimatisierungsschwierigkeiten des Komikers unter einem ungünstigen Stern stand, hat gestern mit einem SAS-Flugzeug die Rückreise nach Deutschland angetreten.» So kann man es auch formulieren.

Viel Zeit bleibt ihm nicht, sich über den verpatzten Südamerika-Trip zu ärgern. Zu Hause haben sie ihn doch noch nicht abgeschrieben. Drehbuchautoren arbeiten im stillen Kämmerlein an neuen Stoffen für den Komiker. Es muss doch der alte Erfolg wieder herzustellen sein. Bald rücken die ersten Filmproduzenten an, die ihm Angebote unterbreiten. Sie wissen zwar, dass Rühmann nach dem Krieg noch keinen wirklichen Erfolg landen konnte, aber welches Risiko gehen sie schon ein? Gerade weil er nicht so gefragt ist, bekommen sie ihn für eine überschaubare Gage. Also dreht Rühmann *Das kann jedem passieren* unter der Regie von Paul Verhoeven, den er noch aus seiner Anfangszeit an den Kammerspielen in München kennt. Anschließend findet das nächste Erinnerungstreffen statt, vor der Kamera: die Styria-Film bringt Rühmann, Lingen und Moser in dem Film *Wir werden das Kind schon schaukeln* wieder zusammen. Für die drei Herren, «die lange an Unterernährung mit guten Drehbüchern litten», kommentiert die *Frankfurter Rundschau*, «ist dieser Stoff ein fetter Bissen». Aber für Rühmann noch immer nicht der Durchbruch.

So schlecht kann es ihm dennoch nicht gegangen sein. Immerhin schlägt er ein Filmangebot aus, das ihm möglicherweise zum ersehnten Comeback verholfen hätte. Eine Münchner Produktionsfirma plant, den Roman *Wenn wir alle Engel wären* von Heinrich Spoerl zum zweiten Mal zu verfilmen, der neuen Zeit gemäß in Farbe. Bereits beim ersten Mal hatte Rühmann die Hauptrolle gespielt, jetzt bietet man sie ihm erneut an. Nicht, dass er sie sofort ausschlägt, er fordert eine Gage, die seinen Wünschen, keinesfalls aber seinem gegenwärtigen Marktwert entspricht. Während für die erste Riege, zu der er nicht mehr und noch nicht wieder gehört, Summen zwischen 30 000 und 60 000 Mark üblich sind, verlangt er 85 000. Da er zu Verhandlungen nicht bereit ist und die Firma nicht zur Zahlung einer solch utopischen Gage, sucht sie nach einem Ersatz. Georg Thomalla ist kurzzeitig im Gespräch, doch dann wird das Vorhaben erst einmal auf Eis gelegt.

Rühmanns nächster Film, den er für wesentlich weniger Geld dreht, leitet die Wende ein. Endlich kommen die Hamburger Produzenten Walter Koppel und Gyula Trebitsch zum Zug. Letzterer hatte schon zu Comedia-Zeiten versucht, Rühmann für ein Projekt zu gewinnen, was ihm misslang. Koppel und Trebitsch sind geschickte Unternehmer, ihnen gehört die Real-Film GmbH, eine aufstrebende Produktionsfirma, die sich zu einer der erfolgreichsten in Deutschland mausern sollte. Während Koppel in erster Linie den künstlerischen Anspruch im Blick hat, schielt Trebitsch immer auch nach dem Gewinn; bringen sie beides zusammen, sind sie perfekt. Sie legen Rühmann ein Drehbuch vor, das das Klischee vom kleinen Mann, der sich mit seiner Pfiffigkeit gegen scheinbar Stärkere behauptet, bedient wie in früheren Tagen. Eine neue Rolle, aber der alte Rühmann, ein einfaches und zugleich wirksames Konzept. In *Keine Angst vor großen Tieren* kehrt er zu sich selbst zurück.

Noch ehe der Film ins Kino kommt und diesmal nicht durchfällt, stellt sich ihm ein anderes Produzentenduo vor, Kurt Schulz und Kurt Ulrich, die zwei Chefs der Filmgesellschaft Berolina. Beide haben das Geschäft von der Pike auf gelernt, Schulz als Kameramann, Ulrich bei einem alten Filmverleiher. Wie Profis treten sie dann auch an Rühmann heran, über dessen wirtschaftliche Verhältnisse sie natürlich Bescheid wissen. Aus diesem Grund offerieren sie ihm nicht nur einen Filmvertrag, sie weisen ihm den Weg aus der Krise. Es finden vertrauliche Gespräche statt; zunächst stellen sie ihm hunderttausend Mark dafür in Aussicht, dass er zwei Rollen in den nächsten Berolina-Filmen übernimmt. So entstehen *Briefträger Müller*, Rühmanns erster Farbfilm, und *Auf der Reeperbahn nachts um halb eins*, in dem es ein Wiedersehen mit Hans Albers gibt.

Die beiden Kurts ahnen, dass sie mit Rühmann einen Diamanten in den Händen halten, der zwar ein bisschen angestaubt ist, mit ihrer Hilfe aber zu neuem Glanz finden könnte. Sie planen weiter mit ihm. Und zwar so, dass andere Konkurrenten, die ihn ebenfalls engagieren wollen, erst einmal keine Chance bekommen. «Die hatten einfach mehr Geld als wir», erinnert sich Gyula Trebitsch, dem es erst Jahre später vergönnt sein wird, Rühmann seinen Freund nennen zu dürfen. Sicherlich spielt Geld eine Rolle, aber nicht die alleinige. Kurt Ulrich und Heinz Rühmann verstehen sich künstlerisch und auch menschlich – zumal Ulrich dem Star mit raffinierten Verträgen hilft, seine Schulden zu tilgen und trotzdem genug für sich und seine Familie übrig zu behalten. Der Produzent kommt ihm sogar noch mehr entgegen, er verhilft ihm wieder zu einem Flugzeug. Damit wählt er die wohl cleverste Art, den Schauspieler an die Berolina zu binden. Natürlich darf Rühmann die Maschine offiziell gar nicht besitzen, denn noch sind die Gläubiger hinter ihm her. Deshalb wird sie als Inventar der Firma deklariert und am Rumpf mit einer entsprechenden Aufschrift versehen. Rühmann fliegt sie bei jeder Gelegenheit. Eine erhebliche Investition, die sich für beide Seiten bald auszahlen wird.

NEUNTES KAPITEL

Heimkehr ins Glück

Das Rollfeld auf dem Münchner Flughafen Riem liegt in gleißendem Sonnenlicht. Ein lauer Sommertag im Jahr 1956, wie aus dem Bilderbuch, nur die Luft ist drückend, Föhn über Bayern. Um vierzehn Uhr dreißig rollt eine Cessna 182 zur Startbahn, am schwarzgelben Aluminiumrumpf die Kennzeichnung D-EJOC. Die im Tower wissen: Das ist Heinz Rühmann, er nutzt jede Gelegenheit zum Fliegen, diesmal befindet er sich sozusagen auf Dienstreise. Mit in der grün gepolsterten Kabine sitzt sein Sohn Heinzpeter, der, obwohl erst vierzehn, einen erfahrenen Copiloten abgibt. Er ist in die Fliegerei schon so vernarrt wie sein Vater. Am liebsten würde er selber fliegen, jugendlicher Leichtsinn, aber das kommt natürlich nicht infrage. Auf seinen Pilotenschein muss er noch zehn Jahre warten. Erst an seinem vierundzwanzigsten Geburtstag wird er ihn in den Händen halten, zum Leidwesen seiner Mutter, die dann nicht mehr nur um ihren Mann, sondern auch um den Sohn bangen wird. Zukunftsmusik. Der Motor der Cessna bekommt Schub. Ein kurzer Funkverkehr, Startfreigabe, dann beschleunigt die Maschine, hebt ab und verschwindet am Horizont. Bald erreicht sie die vorgeschriebene Reiseflughöhe von dreitausend Metern, mit zweihundertvierzig Stundenkilometern nimmt sie Kurs auf Italien. Rühmann wird noch am Nachmittag in Venedig erwartet.

Zwei Stunden später steigen Vater und Sohn am Lido aus ihrer Maschine. Am Boden wartet ein Begrüßungskomitee, allerdings ein bescheidenes. Nur wenige Fotografen sind erschienen, die meisten warten woanders auf die Ankunft der großen Stars des internationalen Filmgeschäfts. Es ist Biennale in Venedig, aus der ganzen Welt reisen die Prominenten und Schönen an, für ein paar Tage liegt Hollywood in Europa, am Golfo di Venezia. Rühmann dagegen kennt hier kaum jemand. Deshalb ist es auch nur Sandra Milo, ein italienisches Filmsternchen mit blondierten Haaren und atemberaubenden Kurven, die ihn auf dem Rollfeld in Empfang nimmt. Sie spricht ein paar Worte, die herzlich gemeint, für ihn aber unverständlich sind, da er Italienisch nicht versteht. Das ist noch nicht seine Stunde, sie kommt später, sehr spät am Abend.

Gegen zweiundzwanzig Uhr versammeln sich 1400 Festivalgäste im Palazzo del Cinema. Die Berühmtesten der Berühmten schreiten in festlicher Abendrobe über einen roten Teppich in den großen Saal, Rühmann mittendrin, neben ihm der Regisseur Helmut Käutner und Produzent Walter Koppel. Er fühlt sich etwas verloren und in einer der ersten Reihen auf der Empore ziemlich deplatziert. Nur vier Plätze weiter sitzt Gina Lollobrigida, ein Heiligtum der Italiener, die Göttin der Leinwand. Das Licht erlischt, der Film beginnt. Die Zuschauer sehen eine armselige Gestalt in zerschundener Kleidung, den Schuster Wilhelm Voigt, der nach dreiundzwanzig Jahren aus dem Zuchthaus entlassen wird. In dieser Zeit hat er seine Lektion gelernt, nun will er ein besserer Mensch werden. Bloß, wie stellt man das an? Als Erstes braucht er Arbeit, irgendwas und irgendwo, wählerisch kann einer wie er nicht sein. Er läuft von Pontius zu Pilatus, aber überall wollen sie erst mal seine Papiere sehen. Nur besitzt er nach all den Jahren keinen Pass mehr, und es findet sich beim Amt auch niemand, der ihm einen ausstellen will. Aber ohne Pass keine Arbeit und ohne Arbeit keinen Pass. Das Dilemma nimmt seinen Lauf …

Gleicht es schon einer kleinen Sensation, dass überhaupt eine deutsche Produktion als Eröffnungsbeitrag der Filmfestspiele gezeigt wird, lässt die große nicht auf sich warten. Noch ehe der Abspann des Films beginnt, brechen Beifallsstürme aus, die Zuschauer halten sich nicht zurück, so einen überzeugenden Charakterdarsteller haben sie selten gesehen. Rühmann wird gefeiert, Gina Lollobrigida gratuliert als eine der Ersten, sie ist vom Schuster Voigt so hingerissen, dass sie mit einem Schwall hymnischer Worte über ihn herfällt, bis ihr Mann sie daran erinnert, dass der Deutsche sie vermutlich gar nicht versteht. Wer nicht alles seine Hand schüttelt an diesem Abend – ein Minister der italienischen Regierung, ein Staatssekretär, andere Schauspieler, Regisseure. Und am nächsten Tag verkündet die Tageszeitung *Il Messaggero*, der Film sei «typisch deutsch, aus jenem lächelnden und gutmütigen Deutschland, das keine militaristische Verrücktheit je zerstören kann». Als wüsste sie nur allzu gut über die Biographie des Hauptdarstellers Bescheid.

Jetzt gibt es keinen Zweifel mehr, Heinz Rühmann ist wieder da. Er hat den besten Film seines Lebens abgeliefert. Und den Beweis angetreten, dass er in den letzten Jahren von Regisseuren und Drehbuchautoren unter Wert verkauft worden ist. Zum ersten Mal wird ein Rühmann-Streifen auch international ein Riesenerfolg. Nachdem in Deutschland innerhalb von fünf Monaten über zehn Millionen Menschen den Film *Der Hauptmann von Köpenick* gesehen haben, tritt er weltweit seinen Siegeszug an. Endlich stimmen Kritiker und Publikum an breiter Front überein. Der Film wird in 53 Länder verkauft und mit Preisen überschüttet. Während er in Venedig aus unerfindlichen Gründen am Ende noch leer ausgeht, erhält er zu Hause den Preis der Deutschen Filmkritik, im Jahr darauf den Golden-Gate-Preis bei den Filmfestspielen in San Francisco, den Bundesfilmpreis, den Berliner Kritikerpreis, den Bambi und von der Filmbewertungsstelle in Wiesbaden das Prädikat «besonders wertvoll». In Hollywood wird er sogar in der Kategorie «bester ausländischer Film» für den höchsten amerikanischen Filmpreis, den Oscar, nominiert. Im Vorfeld jubelt die *Daily News*: «Der Film ist einer der besten, die seit dem Kriege aus Deutschland gekommen sind.» Selbst die *New York Times*, die sich für gewöhnlich um einen sachlichen Ton bemüht, kommt nicht umhin zu bemerken, dass *Der Hauptmann von Köpenick* «magnificant» und «superb» sei.

Dabei sah es anfangs nicht einmal danach aus, dass Rühmann überhaupt die Rolle bekommt. Die Kämpfe werden an verschiedenen Fronten geführt. Zunächst besorgen sich Trebitsch und Koppel, die Hamburger Realfilmer, die Rechte an dem Filmstoff und verpflichten mit Regisseur Helmut Käutner einen der namhaftesten Vertreter seines Fachs. Er soll auch das Drehbuch schreiben. Carl Zuckmayer, der die tragikomische Geschichte des Berliner Schusters nach einer historischen Begebenheit als Bühnenstück verfasst und bereits im Jahr 1931 herausgebracht hatte, wird in die Vorbereitungen eingebunden. Das Vorhaben spricht sich in der Branche rasch herum, bald melden sich erste Interessenten für die Hauptrolle. So eine kriegt man nicht oft im Leben geboten. Hans Albers fragt an, auch Curd Jürgens, der gerade in *Des Teufels General* gefeiert worden war, steht zur Debatte. Während Koppel zu einem von ihnen tendiert, sehen Trebitsch und vor allem Käutner keinen der beiden in der Rolle, für sie stellt Heinz Rühmann die ideale Besetzung dar. Von dem wissen sie jedoch, dass er bei der Berolina unter Vertrag steht und dass sich daran in absehbarer Zeit auch nichts ändern würde. Das ist das Erste, was gegen Rühmann spricht.

Den zweiten Einwand gegen seinen Einsatz bringen die Verleiher vor, die sich an der Finanzierung des Films beteiligen werden, unter anderem der Chef des Europaverleihs. Sein Argument: Rühmann tanze gerade neben seiner Frau, Claus Biederstaedt und Walter Giller als *Charleys Tante* in den Kinos, eine Rolle zum Schießen, aber keine für den gesuchten Hauptdarsteller. Die Zuschauer würden ihm nach dieser Klamauknummer in Frauenkleidern den Schuster Voigt niemals abnehmen. Vermutlich hätten sich die Produzenten diesem Einspruch gebeugt, wenn Käutner nicht ultimativ auf seinem Favoriten bestanden hätte. In einer Regiesitzung soll er gesagt haben, dass nur Rühmann für ihn infrage komme und kein anderer. Bekäme der die Rolle nicht, würde er seine Arbeit hinwerfen. Es dauert Monate, bis eine Entscheidung fällt, am Ende setzt sich Käutner durch. Die Vorbereitungen nehmen über ein Jahr in Anspruch.

Rühmann, dem es gelingt, von seinen Berliner Produzenten eine

Freigabe für diesen einen Film zu erhalten, erfährt von den Querelen, was ihm die eigene Entscheidung nicht einfacher macht. Andererseits, wie lange hat er auf eine solche Rolle gewartet! Endlich einmal weg von den Klamotten, den oberflächlichen und weltfremden Spaßfilmen, die ihm zwar liegen, aber niemals das Renommee eines ernsthaften Schauspielers einbringen werden. Rühmann erkennt die Gefahr, aber auch seine große Chance – und er stürzt sich in die Arbeit, als ginge es um sein Leben. Wochen vor den Dreharbeiten reist er nach Hamburg, quartiert sich im Hotel Vier Jahreszeiten ein und setzt sich mit Käutner und Zuckmayer zusammen, um das Drehbuch zu besprechen und die ersten Proben vorzunehmen. Um sich das Gefangenenmilieu besser vorstellen zu können, stattet er der Haftanstalt Fuhlsbüttel einen Besuch ab. Die meiste Zeit jedoch schließt er sich in seinem Hotelzimmer ein, um den Text zu lernen und das Berlinerische, mit dem er gut zurechtkommt, da er einige Jahre in der Stadt verbracht hat. Vor einem großen Spiegel probiert er Mimik und Gestik, bis er überzeugt ist, einen perfekten Schuster Voigt abgeben zu können.

Wenn man den Film heute sieht, fällt es schwer, sich vorzustellen, dass für die eigentlichen Dreharbeiten nur noch einundvierzig Tage benötigt wurden, zwei Drittel davon im Atelier, der Rest für die Außenaufnahmen. Aber als es endlich losgeht, ist alles so gut vorbereitet, dass viele Szenen nur ein- oder zweimal gedreht werden müssen. So ist es Rühmann am liebsten, mit jeder Wiederholung geht seiner Meinung nach die Ursprünglichkeit verloren.

Noch zwei Jahre zuvor hätte niemand einen solchen Erfolg für möglich gehalten. Als Anfang Juli 1954 die Nachricht von einem schweren Unfall die Runde macht, fürchten die Produzenten das endgültige Aus des Schauspielers Heinz Rühmann. Zwar hatte er an den Kammerspielen in München als Estragon in Samuel Becketts *Warten auf Godot* seinen Kritikern gerade bewiesen, dass er sehr wohl in der Lage ist, auch anspruchsvolle Rollen auf der Bühne zu bewältigen, obwohl das Publikum geteilter Meinung war und das Stück nach einundzwanzig Aufführungen abgesetzt wurde. Zwar hielt er bei dieser Arbeit unter dem Regietyrannen Fritz Kortner aus, während andere das Handtuch warfen, was ein Verdienst an sich darstellt. Zwar liefen seine neuen Filme *Keine Angst vor großen Tieren*, *Briefträger Müller* und *Auf der Reeperbahn nachts um halb eins* schon wesentlich erfolgreicher. Zwar bekam er daraufhin wieder lukrative Filmangebote. Aber all das Positive hätte er durch diese eine missglückte Autofahrt zerstören können, zu der er am Abend des 30. Juni auf dem Bavaria-Filmgelände aufbricht.

Kurz nach zweiundzwanzig Uhr setzt er sich in einen gemieteten Borgward 1800, auf dem Beifahrersitz nimmt die zwanzigjährige Kontoristin Margarethe Hirmer Platz. Rühmann fährt auf die Nördliche Münchner, dann auf die Geiselgasteigstraße, er steuert die Innenstadt an. Es ist ungemütlich kühl, zu kühl für die Jahreszeit, gerade ist ein kurzer Regenschauer niedergegangen, die Straßen sind feucht, es ist wenig Verkehr. Knapp zehn Minuten sind sie unterwegs, sie befinden sich am Laurinplatz, als der Wagen plötzlich von der Fahrbahn abkommt. Er prallt gegen einen Laternenmast, rammt eine Stahlverblendung, die junge Beifahrerin schleudert gegen die Windschutzscheibe, endlich kommt der Borgward zum Stehen. Margarethe Hirmer steigt aus, ihr schwinden die Sinne, sie bricht zusammen. Passanten, die den Unfall beobachtet haben, eilen ihr zu Hilfe, jemand verständigt einen Rettungsdienst.

Das Harlachinger Krankenhaus befindet sich nur ein paar Straßen entfernt. Die Bewusstlose wird mit Kopfverletzungen und einer Schnittwunde am Knie eingeliefert, sie steht unter Schock. Heinz Rühmann kommt glimpflicher davon, was die Verletzungen betrifft. Allerdings kümmert er sich auch nicht um seine Begleiterin. Sekunden nachdem sie den Wagen verließ, zog er die Beifahrertür zu, setzte zurück und gab Gas. An der nächsten Straßenecke wendete er und fuhr auf dem kürzesten Weg zu seinem Haus nach Grünwald in die Robert-Koch-Straße 20, das er inzwischen mit seiner Familie bezogen hatte. Als etwa drei Stunden später zwei Polizisten klingeln, liegt er bereits in seinem Bett. Davon lassen sich die Beamten nicht beeindrucken, jetzt zählt auch seine Prominenz nicht mehr, Dienst ist Dienst. Die Männer wissen, was sie in solchen Fällen zu tun haben, sie bringen den Autofahrer Rühmann zur Blutabnahme in eine Klinik, danach auf die Wache, um ein Unfallprotokoll auf- und ihm seinen Führerschein abzunehmen.

Auch am Tag darauf lässt sich Rühmann nicht am Krankenbett der Kontoristin blicken, er liegt mit einer leichten Gehirnerschütterung zu Hause. Dafür erscheint Hans Grimm mit einem großen Blumenstrauß. Einer der Berolina-Chefs hatte ihn angerufen und gebeten, die junge Frau zu besänftigen. Er soll sie dazu bringen, niemandem von dem Unfall zu erzählen. Ein Skandal, wenn das rauskommt. Er könnte das neue Filmprojekt gefährden und nicht nur dieses. Hans Grimm weiß zu gut, was auf dem Spiel steht. Denn er soll es gewesen sein, dem die Idee zu dem Film *Wenn der Vater mit dem Sohne* kam. Seine Witwe Hansi Grimm erzählt: «Er hatte einen ersten Entwurf geschrieben und ihn der Berolina angeboten. Die Geschichte war auf Rühmann und unseren Sohn Oliver zugeschnitten. Mein Mann ging davon aus, dass er die Regie übernehmen könnte. Als der Unfall passierte, liefen schon die ersten Vorarbeiten.» Aber wie soll Rühmann im Film überzeugend den treu sorgenden Pflegevater spielen, wenn er im Leben den gewissenlosen Verkehrsrowdy gibt? Nicht genug damit, dass er nachts mit einer jungen Frau durch München fährt, während die eigene in Berlin mit Dreharbeiten beschäftigt ist, begeht er auch noch Fahrerflucht. Weit kommt Hans Grimm mit seinem Versöhnungsversuch allerdings nicht. Ehe er der Kranken die Blumen überreichen kann, geht deren Freund dazwischen, reißt sie aus seinen Händen und schlägt sie ihm um die Ohren. Ein glatter Rausschmiss, weil der Hitzkopf denkt, Grimm sei der Unfallfahrer gewesen. Offenbar hatte die junge Dame ihrem Freund nicht die ganze Wahrheit gesagt.

Dennoch stehen die Chancen ganz gut, dass sich die Angelegenheit unter den Teppich kehren läßt. Für einen Tag sieht es zumindest danach aus. Die Nation bewegt etwas anders. Im März hatten sich zwei Diebe in der Villa von Marika Rökk zu schaffen gemacht, die auch im Münchner Prominentenvorort Grünwald wohnt. Sie waren durch einen Schacht in den Keller eingestiegen, hatten Schmuck und 12 000 Mark Bargeld entwendet. Damals berichteten die Zeitungen schon darüber, jetzt konnten sie den Fahndungserfolg der Polizei vermelden. Zwei Männer, ein Koch und ein Dachdecker, gestanden den Einbruch, Letzterer bei der Gelegenheit auch, dass er sich im Haus der Schauspielerin bestens auskannte, seitdem er vor einigen Monaten für sie gearbeitet hatte.

Aber die beste Story taugt nur für einen Tag. Länger kann Rühmanns Unfall nicht geheim gehalten werden, dann rauscht es im Blätterwald, vom *Coburger Tageblatt* bis zur *Bildzeitung*, vom *Lübecker Generalanzeiger* bis zur *Süddeutschen*: «Bruchpilot Rühmann», «Heinz Rühmann verunglückt», «Fahrerflucht Heinz Rühmanns?», «Polizei entzieht Heinz Rühmann den Führerschein», «Bettruhe für Rühmann», «Heinz Rühmann vorübergehend festgenommen». Der Gescholtene will das natürlich nicht auf sich sitzen lassen. Er schickt seinen Rechtsanwalt Friedrich Joseph Berthold mit abstrusen Erklärungen vor, Bruder Hermann erzählt den Reportern von einer Bewusstseinsspaltung, die durch einen Schock hervorgerufen worden sei, bei klarem Verstand hätte Heinz das doch nicht getan. Ein paar Tage später kommt es für den Schauspieler noch dicker, angeblich liegt das Ergebnis der Blutprobe vor. Demnach war Rühmann betrunken, als er gegen den Lichtmast fuhr. Von 2,6 Promille berichten Zeitungen, während die Polizeibehörde offiziell nichts gesagt haben will. Ungünstiger kann es kaum laufen, was sollen denn die Leute denken, seine Fans? Was sollen sie denken, wenn er nicht selbst Stellung bezieht?

Also greift er persönlich ein und schickt ein Dementi an die Medien: «Ich fuhr aus Übermüdung mit meinem Wagen an einen Eisenmast; ich war nicht betrunken (…) Ich war in den letzten drei Tagen vor dem Unfall mit Filmarbeiten außerordentlich überbeansprucht und hatte meist bis tief in die Nacht hinein zu arbeiten …» Die junge Frau verschweigt er, aus gutem Grund. Sie wird auch keine Strafanzeige gegen ihn erstatten, sodass er vor Gericht glimpflich davon kommt. Er wird nicht verurteilt, erhält lediglich einen Strafbefehl, der ihm wegen fahrlässiger Körperverletzung eine Geldbuße von 600 Mark auferlegt. Zur gleichen Zeit wird vom gleichen Gericht ein Beleuchter des Residenztheaters wegen Diebstahls zu fünf Monaten Gefängnis auf Bewährung verurteilt.

Der junge Mann hatte vier Glühbirnen, einen wasserdichten Lichtschalter, zwei Wandleuchter und Werkzeug mitgehen lassen.

Über einen Prominentenbonus darf sich Rühmann auch an anderer Stelle freuen. Die Arbeiten an dem Film *Wenn der Vater mit dem Sohne* werden planmäßig fortgesetzt. Er darf sogar entscheiden, wer Regie führt. Da ihm Hans Grimm nicht genehm ist, angeblich, weil er zu unerfahren sei und noch nie auf dem Regiestuhl saß, bestimmt Rühmann, dass Hans Quest den Posten übernimmt. Auch für den ist es die erste Regiearbeit, denn eigentlich ist er Schauspieler. Aber mit dieser Entscheidung stellt Rühmann wenigstens sicher, dass er bis zuletzt auf jede Szene Einfluss nehmen darf. Darauf hat er nie gern verzichtet.

Der Teil des Filmes, in dem der ehemalige Musikclown Teddy Lemke alias Rühmann wieder sein altes Kostüm anzieht, das Gesicht schminkt und auftritt, liegt ihm besonders am Herzen. «Zeit meines Lebens», wird er später bedeutungsschwer formulieren, «habe ich auf die Idee gehofft, auf die Philosophie, die einer Clownsfigur erst den geistigen Hintergrund gibt.» Ein Clown sei für ihn die Erfüllung seiner schauspielerischen Wünsche. Nur durch Gestik und Mimik ausdrücken, wozu andere mit Worten nicht in der Lage sind, ohne Sprache überall verstanden zu werden, das habe für ihn etwas von Vollkommenheit. Dem kommt er in den Clownszenen schon sehr nahe, findet auch die Internationale Artistenloge, die ihn für sein überzeugendes und zugleich außergewöhnliches Spiel mit der Goldenen Artistennadel auszeichnet und zum Ehrenmitglied ernennt. Zwanzig Jahre später wird sich für Rühmann ein Traum erfüllen. Bei einer Wohltätigkeitsveranstaltung wird er in der Manege des Circus Krone mit dem russischen Clown Oleg Popov auftreten und anschließend sagen, dass er sie in diesen Minuten gefunden hat, seine Philosophie.

Der Erfolg des Films ist aber auch dem siebenjährigen Oliver Grimm zu verdanken, der mit seiner kindlichen Naivität und Spontaneität die Herzen des Publikums erobert. Gerade damit hatte Rühmann bei den Dreharbeiten seine Mühe. Das Verhältnis der beiden, das im Film so harmonisch wirkt, musste hart erarbeitet werden.

Waren die Kameras ausgeschaltet, spielten sich andere Szenen ab. Oliver Grimm und seine Mutter, die bei den Dreharbeiten ständig zugegen war, hegen keine allzu guten Erinnerungen an diese Zeit. Der Junge habe in über zwanzig Filmen mitgespielt, aber nie sei er von seinen erwachsenen Filmpartnern so kühl behandelt worden wie von Herrn Rühmann. Die anderen gingen auf ihn zu, beschäftigten sich in den Drehpausen mit ihm, um ein vertrauensvolles Verhältnis zu schaffen, um ihm das Gefühl von Geborgenheit und Sicherheit zu geben. Selbst O. W. Fischer, der für seine Allüren bekannt und noch mehr berüchtigt war, habe ihn liebevoll behandelt, mal auf den Arm genommen, mit ihm herumgealbert. Anders Rühmann – kein Wort zu viel, keine freundliche Geste. Und wenn Oliver beim Drehen nicht exakt das abgesprochene Stichwort gab, ein Kind improvisiert oft, brach Rühmann die Szene sofort ab. Manchmal zerrte er ihn am Arm und herrschte ihn an. Der Junge sei dann völlig verunsichert gewesen. Zu allem Überfluss musste der Kleine auch noch mit einer Zahnprothese spielen. Kurz vor den Dreharbeiten waren ihm die zwei vorderen Schneidezähne ausgefallen. Im Film sieht man von all den Schwierigkeiten nichts mehr.

Als er im August 1955 in die Kinos kommt, sind die Strapazen vergessen – und Rühmanns Unfall auch. Die Befürchtungen der Produzenten, dass er nach den erfolglosen Jahren, nach der Comedia-Pleite nun mit seinem ungeschickten Verhalten bei dem Unfall jeglichen Kredit beim Publikum verspielt hat, bestätigen sich nicht. Seine Anhänger verzeihen ihm diesen Ausrutscher, vermutlich, weil sie lieber an den Rühmann glauben, den sie auf der Leinwand sehen. Und da ist er der tolle Vater und nicht der Lebemann, der betrunken Auto fährt und womöglich noch eine Affäre mit einer dreißig Jahre jüngeren Frau unterhält. So ist unser Rühmann nicht, das hat die Presse doch nur hochgepuscht.

Dabei gehen die Medien so zaghaft mit ihm um wie mit kaum einem anderen Prominenten. Obwohl einigen Gesellschaftsreportern zu Ohren kommt, dass er es mit der ehelichen Treue einmal wieder nicht so genau nimmt, dass er jungen Frauen nachstellt und dabei die Mitarbeiterinnen aus den Büros der Filmfirmen für seine flüchtigen Abenteuer bevorzugt, die ihn bewundern, aber auch schweigen, schreiben sie nichts davon in ihren Blättern. Jener Unfall ist der erste Skandal, der in der Öffentlichkeit verhandelt wird, es bleibt auch der letzte. Und das, obwohl sogar Rühmanns Sohn heute Affären seines Vaters einräumt: «Nein, monogam hat er nicht gelebt, das kann man nicht sagen.»

Auch als Anfang der sechziger Jahre in der Filmbranche die Nachricht die Runde macht, Rühmann pflege ein Verhältnis mit einer recht bekannten Schauspielerin, die sinnigerweise in seinem Pater-Brown-Film *Er kann's nicht lassen* mitspielt, reagieren die Journalisten nicht. Für sie wäre es ein Leichtes gewesen, Rühmann und seine Partnerin aufzuspüren, da sie sich regelmäßig in einer ruhigen Ecke des Restaurants Schwabinger Grill in der Nähe der Türkenstraße im Münchner Stadtteil Schwabing treffen und nur ein paar Straßen weiter eine Wohnung als Liebesnest angemietet haben. Sie unternehmen sogar Reisen zusammen, bei denen Rühmann allerdings penibel darauf achtet, dass sie getrennt auftreten, bis sie den Zielort erreicht haben. Im Hotel besteht er darauf, dass jeder für sich ein Zimmer mietet, sicherheitshalber, damit auch hier der Schein gewahrt bleibt. Bei der Geliebten soll es sich um Ruth-Maria Kubitschek gehandelt haben, die mit ihm nicht nur vor der Filmkamera stand, sondern im gleichen Jahr auch noch auf der Bühne der Münchner Kammerspiele.

Fragt man die Schauspielerin danach, die heute Bücher über Meditationsreisen und Gespräche mit Göttlichen schreibt, dementiert sie die Vorgänge von damals nicht: «Ich kenne diese Geschichte. Sie können das ruhig schreiben, aber ich habe die Vergangenheit für mich gestrichen.» Rühmann sei ein Frauenheld gewesen und im Übrigen nicht der Einzige, der ihr zu Füßen gelegen habe. So freimütig wäre sie mit dieser Information früher wohl kaum umgegangen, schon aus Rücksicht auf Rühmanns Ehefrau.

Während der Dreharbeiten zu *Der Pauker* kursiert das Gerücht, dass auch Hertha Feiler anderweitigen Amouren erlegen ist. Ein österreichischer Produzent soll ihr Herz erobert haben. Dass es zwischen den Eheleuten Spannungen gibt, bleibt weder dem Regisseur noch den anderen Darstellern am Set verborgen. Wera Frydtberg erlebt eine Auseinandersetzung mit, die typisch für den Schauspieler ist: «Wir saßen mittags zum Essen zusammen, nur der Regisseur Axel von Ambesser und zwei, drei andere Leute, Rühmann setzte sich ja nicht mit jedem an einen Tisch. Plötzlich kam seine Frau dazu und stellte ihm eine Frage, ich weiß nicht mehr, worum es ging, es war irgendetwas Belangloses. Wir wussten alle, dass sie gerade diese Affäre mit dem Gruber hatte. Rühmann offenbar auch. Er reagierte total patzig, fertigte sie so harsch ab, dass es uns anderen direkt peinlich war. Am liebsten wären wir aufgestanden und gegangen.» Typisch ist die Reaktion für Rühmann deshalb, weil er nicht aufbraust und ausfällig wird. Er lässt seine Frau die Ablehnung auf andere Weise spüren, spricht ruhig und leise, wie man es von ihm gewohnt ist, aber mit dem Ausdruck ungeheurer Verachtung – was für manchen verletzender ist, das weiß er natürlich. Als Schauspieler kennt er die Wirkung seiner Stimme sehr genau. Es kommt dabei nicht nur auf die Worte an, die er sagt, sondern auf deren Betonung.

In den Klatschspalten der Zeitungen taucht auch diese Geschichte nicht auf. Rühmann, der Unantastbare. Dabei kommen ihm die Journalisten bereitwillig entgegen. Zum einen will sich kaum einer die Chance verbauen, vielleicht einmal mit ihm ein Interview führen zu können. Schließlich wissen sie, dass er nur ausgesuchte Presseleute empfängt. Und dass er sehr gut darüber informiert ist, was die einzelnen Blätter über ihn schreiben. Wer sich negativ auslässt, wartet vergeblich auf eine Audienz. Ohnehin ist er der Meinung, dass ihn die Presse permanent falsch darstellt, und hält sich mit Interviews sehr zurück. Andererseits gibt es da die bunten Blätter der Yellow Press, denen weniger an schmutzigen Skandalen als an Human-Touch-Geschichten liegt. Mit Berichten über Rühmann wollen sie das Bild der schönen heilen Welt ins Wohnzimmer der Leser transportieren. Heinz Rühmann, der brave Ehemann, der treu sorgende Vater, der erfolgreiche Filmschauspieler – ein deutsches Vorbild.

Mit *Der Hauptmann von Köpenick* rückt Rühmann wieder in

die erste Riege der deutschen Schauspieler auf. Er avanciert auf der Beliebtheitsskala zum ernsten Konkurrenten für O.W. Fischer, Hans Albers und Dieter Borsche, die bisher die ersten Plätze für sich verbuchten. Entsprechend schlägt sich das auf seine Gagen nieder. Er kann wieder 100 000 Mark für eine Rolle verlangen, und die Produzenten können sie ihm auch zahlen, da seine Filme Millionen einspielen. Waren es in den letzten Jahren im Schnitt noch drei bis vier Millionen Mark, die ein Rühmann-Film einbrachte, ist jetzt durchaus das Dreifache und mehr zu holen. *Das schwarze Schaf* spielt zum Beispiel 28 Millionen ein, allerdings nicht in einer Saison. Für den Film *Der Pauker* handelt Rühmann noch einen vorläufigen Spitzensatz von 130 000 Mark aus, zuzüglich einer zehnprozentigen Gewinnbeteiligung. Sollte die ausbleiben, steht ihm eine Garantiesumme von 35 000 Mark zu. Der Regisseur Axel von Ambesser muss sich mit insgesamt 36 000 begnügen, während Gert Fröbe für seine nicht unwichtige Nebenrolle gerade mal fünfzehntausend erhält. *Der eiserne Gustav*, der im selben Jahr gedreht wird, bringt Rühmann schon mindestens 200 000 Mark ein, wobei die Grundgage gleich bleibt, die Gewinnbeteiligung erhöht und ein Zusatzhonorar für die Mitarbeit am Drehbuch vereinbart wird. Wenn Rühmann damit auch schon die Spitze halten dürfte, stehen weitere Steigerungen in Aussicht. Für *Der Schulfreund*, den er unter den Fittichen von Regisseur Robert Siodmak für dessen Produktionsfirma abdreht, steckt er insgesamt über 300 000 Mark ein. Nach oben sind auch in den Folgejahren keine Grenzen gesetzt. Durch vertraglich vereinbarte Gewinnbeteiligungen von bis zu zwanzig Prozent wandert mitunter über eine halbe Million Mark für eine Filmarbeit auf sein Konto.

Und noch etwas bringt Rühmanns triumphales Comeback mit sich. Die Produzenten und Verleiher knien wie früher vor ihm nieder. Die Filme, in denen er auftritt, werden wieder zu Rühmann-Filmen deklariert, Rolle und Handlung sind ausschließlich auf ihn zugeschnitten. Die anderen Darsteller treten in den Hindergrund. Er gewinnt größtmöglichen Einfluss auf alle Belange, von der Auswahl des Stoffes bis zum fertigen Film. Passt ihm ein Drehbuch nicht, muss es nach seinen Wünschen überarbeitet werden. Erscheint ihm ein Autor nicht fähig genug oder einfach nur unsympathisch, wird er gegen seinen Wunschkandidaten ausgetauscht. Im günstigsten Fall ist er mit der dritten oder vierten Fassung eines Skripts einverstanden; beklagt er die sechste Aufbereitung immer noch, nimmt ihn auch niemand an die Kandare. Mitunter arbeiten Autoren jahrelang an einem Filmmanuskript, nehmen seine Änderungswünsche immer wieder geduldig entgegen, um am Ende zu erfahren, dass er die Rolle doch nicht spielen will. Später, beim Fernsehen, werden über Jahre hinweg ganze Serien für ihn entwickelt, mit denen er genauso verfährt.

Seine zurückgewonnene Machtposition darf er auch in anderen Bereichen ungehindert ausspielen. Er bestimmt die Anordnung auf Standfotos, Bilder und Werbetexte dürfen nur nach Absprache mit ihm an die Medien herausgegeben werden. Auch Filmplakate müssen seinen Vorstellungen entsprechen, ehe sie ausgeliefert werden. Er achtet darauf, dass sein Name an erster Stelle und entsprechend groß erscheint. PR-Maßnahmen wie Interviews und Fotos während oder am Rande der Dreharbeiten lehnt er kategorisch ab, nur selten lässt er sich zu Ausnahmen überreden. Einem Fotografen, der ihn beim Verlassen des Ateliers auf dem Filmgelände ablichtet, ohne zuvor sein Einverständnis eingeholt zu haben, lässt er kurzerhand Hausverbot erteilen.

Als Regisseur darf nur verpflichtet werden, wer seine Billigung findet. Hans Quest akzeptiert er, Helmut Käutner natürlich, Axel von Ambesser, Robert Siodmak, Paul Verhoeven, Ladislao Vajda, später auch Helmut Ashley, andere lehnt er ab. Gleiches gilt für Kameramänner, Komponisten und Architekten. Selbst die Besetzung der anderen Rollen wird mit ihm abgestimmt. Als Regisseur Ashley für den Film *Das schwarze Schaf* Günther Pfitzmann engagieren will, stößt er bei Rühmann auf Widerstand, denn der ist ihm zu groß, gegen Siegfried Lowitz dagegen bestehen keine Einwände. Bei anderer Gelegenheit meldet ausgerechnet er moralische Bedenken gegen den Einsatz einer verheirateten Schauspielerin an, weil sie ein Verhältnis haben soll. Fritz Wepper fliegt von der Besetzungsliste, nachdem er ihm auf einem Golfplatz unangenehm aufgefallen war.

Außerdem besteht Rühmann auf seinem eigenen Garderobier und einem Maskenbildner, der möglichst nur für ihn da ist. So werden Walter Schreiber und Josef Coesfeld seine ständigen Begleiter und Vertrauten. Worüber sie nicht böse sind, weil es ihnen auch finanziell Vorteile bringt. Da Rühmann meistens verlangt, ausschließlich von ihnen betreut zu werden, können sie ihre Honorare in die Höhe treiben. Vor allem zu dem Maskenbildner Coesfeld, der wie er ein Haus in Grünwald bei München besitzt, entwickelt sich ein freundschaftliches Verhältnis, was aber nichts daran ändert, dass er ihn zwar «Juppi» nennen, aber doch immer siezen wird, selbst nach fünfundzwanzig Jahren noch. So viel Distanz muss sein, schließlich ist er der Star.

Als sich die beiden Männer bei den Dreharbeiten zu *Zwischenlandung in Paris* das erste Mal begegnen, stehen sich zwei altgediente Filmprofis gegenüber. Denn auch Coesfeld ist seit den dreißiger Jahren im Geschäft. Nachdem er zunächst an einem Berliner Theater arbeitete, holte man ihn 1935 zur Ufa. Seine erste Bewährungsprobe bestand er sozusagen im Gesicht von Paul Wegener, der einen Vollbart für seine Rolle benötigte. Natürlich keinen vorgefertigten, damit spielt es sich nicht gut, das zieht und spannt, Wegener bestand auf einem ganz speziellen Exemplar. Coesfeld musste jedes Haar einzeln mit Matrix auf die Haut kleben. Nachdem ihm diese Arbeit zur vollen Zufriedenheit des Künstlers gelang, erhielt er einen Auftrag nach dem anderen. Die größten Stars saßen bei ihm in der Maske, Heinrich George, Hans Albers, Carl Raddatz, Willy Fritsch, Heidemarie Hatheyer und Willy Birgel. Hertha Feiler war auch einmal dabei.

Da Coesfeld seinen Job nicht nur exzellent beherrscht, sondern wie Rühmann ein eher stiller Arbeiter ist, kommen sie auf Anhieb gut miteinander aus. Was dazu führt, dass es von da an kaum noch eine Filmarbeit oder einen Theaterauftritt von Rühmann gibt, für den Coesfeld nicht seine Maske herstellt. Es entwickelt sich eine intensive Zusammenarbeit, die über das Berufliche hinausgeht. Sobald Rühmann eine neue Rolle bekommt, besucht er Juppi in seinem Haus. Sie setzen sich zusammen in dessen Arbeitsraum im Keller und beratschlagen, wie die Filmfigur sein soll. Dabei hat Rühmann meistens schon klar vor Augen, wie er aussehen will. Nach seinen Wünschen entwirft Coesfeld eine Skizze; ist Rühmann einverstanden, fertigt er die benötigten Perücken und Bärte an. «Er kann sehr streng sein», sagte Coesfeld in einem Interview, «und wenn ich seine Vorstellung mal nicht genau treffe, ärgert er sich.»

Auch privat nimmt Rühmann seine Dienste in Anspruch. Er lässt sich von ihm die Haare schneiden und Toupets anfertigen. Coesfeld gehört neben seiner Familie zu den wenigen, die erfahren, dass Rühmann unter seinen spärlichen und dünnen Haaren leidet und eitel genug ist, gegen den fortschreitenden Haarausfall mit künstlichen Haarteilen vorzugehen. Denn nicht nur in seinen Filmen tritt der Schauspieler mit Ersatzhaaren in Erscheinung. Sobald er seine Villa in Grünwald verlässt, trägt er zeitweilig ein kleines Toupet, selbst beim Einkaufen. Diese Marotte ist nicht ganz billig, da Rühmann auch dann auf Coesfelds Diensten besteht, wenn er Interviewtermine, Filmpremieren oder andere PR-Veranstaltungen wahrnimmt. Fliegt er mit seiner Privatmaschine zum Beispiel zu einem Pressetermin nach Hamburg, setzt er während der Reise seine karierte Schiebermütze auf. Nach der Landung aber muss Coesfeld, der schon vorgereist war, in einem Hinterzimmer des Flughafenfriseurs die dürftige Haarpracht des Stars aufpeppen, ehe Rühmann sich in der Öffentlichkeit zeigt. Aber nicht nur deshalb will er Juppi bei sich haben. Der Maskenbildner übernimmt für ihn auch die Rolle eines Schutzpatrons. Bei Dreharbeiten schirmt er ihn vor den anderen ab. Wird es in Rühmanns Umgebung zu laut, fordert er Ruhe ein, damit der Schauspieler sich besser auf seinen Text konzentrieren kann.

Bei über vierzig Filmen betreut er Rühmann, und selbst nachdem er 1979 das Rentenalter erreicht, bleibt er ihm verbunden. Rühmann, der zwölf Jahre älter ist, dreht nun zwar nicht mehr so viel, aber wenn er seinen treuen Diener ruft, ist der zur Stelle. Dafür revanchiert er sich mit einem besonderen Geschenk. Als Coesfeld nach dem Tod seiner Frau erneut heiraten möchte, bittet er den Schauspieler, als Trauzeuge auf dem Grünwalder Standesamt zu erscheinen. Normalerweise würde Rühmann einen solchen Auftritt ablehnen, da er die Öffentlichkeit inzwischen noch mehr scheut und befürchtet, dass es zu einem Medienauflauf kommen könnte. Doch nachdem ihm der Bräutigam verspricht, die Eheschließung geheim zu halten und keinen Fotografen zum Standesamt zu bestellen, erweist er ihm diesen Gefallen. Coesfeld legt den Termin sogar so, dass Rühmann seine geplante Urlaubsreise nach Südfrankreich nicht verschieben muss. Ein Hochzeitsfoto entsteht an diesem Tag aber doch noch, allerdings in Coesfelds Garten. Darauf sind das Brautpaar, Heinz Rühmann und dessen dritte Ehefrau zu sehen. Der ist es auch zu verdanken, dass sich ihr Mann überhaupt ablichten lässt. Als ein paar Monate später die kirchliche Trauung und im Anschluss daran eine Feier mit Verwandten und Freunden stattfindet, sagt Rühmann ab.

Drei Jahre danach, im September 1989, stirbt Josef Coesfeld auf mysteriöse Weise. Er, der immer lebenslustig und gesund war, verliert beinahe über Nacht das Augenlicht. Gleichzeitig verschlechtert sich sein Allgemeinzustand, er fühlt sich schwach und bekommt nur mühsam Luft. Obwohl die Ärzte alle möglichen Untersuchungen durchführen, finden sie die Ursache seiner Krankheit nicht, wenn die Beschwerden auch auf eine Vergiftung hindeuten. Wenige Wochen danach erliegt er einer Lungenembolie. Zu seiner Beerdigung erscheint Heinz Rühmann nicht.

Das Ausmaß der Sonderregelungen für Rühmann geht weit über die Zugeständnisse hinaus, die anderen Hauptdarstellern gemacht werden. Dabei muss er nicht einmal großartig für seine Wünsche kämpfen, die Produzenten kommen ihm zunehmend entgegen. Er ist schließlich das Zugpferd, er bringt das Geld. Da können Drehbuchautoren, Kameramänner und Regisseure noch so gut sein, die Leute gehen ins Kino, weil sie Rühmann sehen wollen. Und die Produzenten beeilen sich, ihm jeden Wunsch zu erfüllen. Dass beim Ausrichten der Scheinwerfer vor dem Drehen so genannte Lichtdouble die Schauspieler vertreten, ist ein normaler Vorgang. Rühmann aber bekommt sein eigenes Double. Den Posten übernimmt ein Mann, der ihm nicht nur in Größe und Statur entspricht, für den auch extra Anzüge geschneidert werden, die denen gleichen, die Rühmann in der jeweiligen Einstellung zu tragen hat. Der außerdem eine Menge Geld damit verdient und es einmal zum Aufnahmeleiter bringen wird.

Während alle anderen Schauspieler sich mit einer normalen Garderobe begnügen, müssen Handwerker für Rühmann in einer Ecke des Ateliers zusätzlich einen kleinen Extraraum zimmern. Der besteht aus einem Holzgestell, etwa zwei Meter lang, drei Meter breit und zwei Meter hoch, das rundherum mit einer Plane überzogen und an einer Seite mit einer kleinen Tür versehen ist. Als Inventar verlangt er einen Tisch, darauf eine Leselampe, einen bequemen Stuhl und eine Liege zum Ausruhen. Gelegentlich bekommt er anstelle dieses Verschlags auch einen Wohnwagen in die Halle gestellt.

Mit dem abgeschotteten Refugium hat es seine besondere Bewandtnis. Rühmann will sich damit nicht wichtig machen, es dient seiner konzentrierten Arbeit. Wenn er nicht selbst vor der Kamera steht, sitzt er darin und verfolgt den weiteren Verlauf der Handlung. Er will hören, wie die anderen ihren Text sprechen, wie sie auf ihre Partner reagieren, damit er seinen nächsten Einsatz entsprechend gestalten kann. Dabei liegt das Drehbuch vor ihm auf dem Tisch, daneben Farbstifte, mit denen er Unterstreichungen und Ergänzungen vornimmt. Den zu sprechenden Text markiert er rot, die Bewegungen meistens schwarz, andere Hinweise versieht er mit blauer oder grüner Farbe. Die abgedrehten Szenen hakt er ab. So ist er ständig auf dem Laufenden und weiß genau, wann er wieder an der Reihe ist. Er verfolgt das Geschehen, als würde er selbst Regie führen. Er ist hoch konzentriert und möchte dabei auf keinen Fall gestört werden.

Wenn er im Atelier auftaucht, hat Ruhe zu herrschen. Auf andere wirkt er mitunter arrogant und verbissen, unnahbar sowieso. Aber das liegt eigentlich nur daran, dass seine Aufmerksamkeit ausschließlich der Arbeit gehört, solange er damit zu tun hat. Mit Schauspielern, die die Pausen nutzen, um vor den anderen den Kasper zu spielen, kann er nichts anfangen. Die aber auch nichts mit ihm. Einige der jüngeren Kollegen betrachten ihn wie einen, der aus einer vergangenen Epoche stammt. Scherzhaft nennen sie ihn «Professor», natürlich nur hinter vorgehaltener Hand, eine solche Taktlosigkeit würde sich ihm gegenüber niemand erlauben.

Irgendwie achten sie ihn alle. Es muss doch etwas an ihm sein, sonst würde er nicht solch einen Erfolg haben. Worin sein Geheimnis bestehen könnte, werden sie nicht ergründen. Rühmann lässt kaum jemanden an sich heran und geht nie aus sich heraus. Als Kavalier der alten Schule pflegt er die distanzierte Höflichkeit. Anbiedernde Kumpelhaftigkeit ist ihm zuwider. Weder lässt er sich auf die Schulter klopfen noch von irgendjemandem duzen. Selbst Produzenten und Regisseuren, die jahrelang mit ihm zusammenarbeiten und sich seine Freunde nennen, gestattet er diese Art von Intimität nicht. Mit dem Begriff Freund hat er ohnehin seine Probleme. Wenn es die jemals in seinem Leben gegeben hat, wo waren sie denn, als er nach dem Krieg denunziert wurde, wo, als seine Filmfirma scheiterte und er dringend Zuspruch und Hilfe gebraucht hätte? Nein, an echte Freunde glaubt er nicht mehr. Und so ist er auch selbst niemandes Freund.

Als rein geschäftlich kann der Kontakt zu einem Mann betrachtet werden, der sich in den fünfziger Jahren neben den Produzenten Trebitsch und Ulrich als Dritter um die Gunst des Filmstars bewirbt. Artur Brauner, das Schlitzohr unter den deutschen Filmproduzenten, dem es mit einer Melange aus künstlerisch ambitionierten Filmen und publikumsträchtiger Massenware innerhalb weniger Jahre gelingt, zu einem der führenden Vertreter des Gewerbes aufzusteigen, lockt Rühmann mit einem Angebot, das ihn verblüfft. In Kooperation mit einer Schweizer Filmfirma will Brauners Central-Cinema-Company Film GmbH Friedrich Dürrenmatts *Es geschah am hellichten Tag* verfilmen. Als Hauptdarsteller suchen die Produzenten einen zugkräftigen Namen, der auch den Zuschauern in der Schweiz bekannt sein muss. Martin Held und Otto Eduard Hasse kommen in die engere Wahl, gute Namen, bekannte Namen – aber nicht bekannt genug. Dann soll es doch besser Rühmann sein, der die Rolle des Kommissars Matthäi übernimmt. Und das, obwohl es sich um eine ernste Figur handelt, die nicht im Ansatz über komische Seiten verfügt. Dieser Matthäi ist ein stiller Eigenbrötler, ein verschlossener Sonderling, der verbissen versucht, einen Kindermörder zur Strecke zu bringen, und dabei ein ahnungsloses kleines Mädchen als Lockvogel benutzt. Würde das Publikum dabei mitgehen? Würde es einen Rühmannfilm sehen wollen, bei dem es nichts zu lachen gibt? Darüber wird der Schauspieler auch nachgedacht haben, aber die Verlockung für ihn ist zu groß. Er wünscht sich ernsthafte Rollen, jetzt bekommt er sie, also nimmt er sie. Eine sechsstellige Gage winkt außerdem. Später wird er sagen: «Mein schönster Auftrag seit langem.»

Seinen besten Auftrag überhaupt erhält er kurz danach. Doch erst einmal gelingt Artur Brauner der nächste Geniestreich. Für das Remake des amerikanischen Greta-Garbo-Films *Menschen im Hotel* nach der Romanvorlage von Vicki Baum bringt er die erste Garde der deutschen Schauspieler gemeinsam vor die Kamera. Neben O. W. Fischer, der sich für die Inkarnation des Unwiderstehlichen hält, kauft er Gert Fröbe ein, Sonja Ziemann, Friedrich Schoenfelder und Heinz Rühmann. Als Tänzerin Grusinskaja verpflichtet er Michèle Morgan, die in Frankreich ein Superstar ist. Brauner spart weder Mühen noch Geld und lässt sich das Projekt die unglaubliche Summe von rund vier Millionen Mark kosten, nachdem er die Rechte für 460 000 Mark erworben hat. Allein der originalgetreue Nachbau des Hotelfoyers auf dem Studiogelände in Berlin-Spandau verschlingt 350 000 Mark. Während die Französin mit 32 000 Dollar Gage abgespeist wird, kassiert Fischer mehr als das Doppelte, Rühmann nur unwesentlich weniger. Doch das Geld allein reicht den beiden nicht, sie verlangen einen umfassenden Einfluss auf die Gestaltung des Drehbuchs und ihrer Rollen. Der eine Star will nicht hinter dem anderen zurückstehen, selbst um Stellplätze in einigen Szenen wird gefightet, damit der eine nicht präsenter als der andere erscheint. Dass sie auch beim Schnitt ein Mitspracherecht geltend machen, versteht sich von selbst. Diese Hoheit wird ihnen in jedem anderen Film auch eingeräumt. Von den Grabenkämpfen hält sich Regisseur Gottfried Reinhardt fern – und die Stars auf Abstand.

Brauner dagegen bekommt bald zu spüren, was er sich mit diesem Staraufgebot aufgehalst hat. Nacheinander und ohne vom Tun des anderen zu wissen, finden sich Rühmann, Fischer und Morgan zu vertraulichen Gesprächen bei ihm ein. Merkwürdigerweise beschäftigt alle drei die gleiche Sorge: Herr Brauner, mein Name erscheint als Erster im Vorspann, das ist ja wohl klar. Nur, wie soll der Produzent das anstellen? Drei Namen passen schwer nebeneinander, und selbst wenn das ginge, würde nur einer an erster Stelle stehen. Da sie sich von diesem Argument nicht überzeugen lassen und drohen, die Dreharbeiten abzubrechen, greift der Produzent zu einer Notlüge, die ihm in den folgenden Wochen einige unru-hige Stunden beschert. Als am 23. September 1959 im Münchner Gloria-Palast die Stunde der Wahrheit schlägt, wird es ihm kaum besser gegangen sein. Ausgerechnet Rühmanns Name erscheint erst als Dritter, was der ihm zum Vorwurf macht. Brauner hatte sich zwangsläufig für eine alphabetische Reihenfolge entschieden.

Bei dem nächsten Film, den Brauner in Angriff nimmt, stellt sich eine solche Frage nicht. Der CCC-Boss muss aber all seine Überredungskünste anwenden, um den Schauspieler davon zu überzeugen, dass er mit seinen 56 Jahren genau der Richtige ist, um einen sechsundzwanzigjährigen Mann zu spielen. Als wenn das das einzige Problem wäre. Da ist auch noch die Sprache, die er doch gar nicht kann, dieses böhmisch-deutsche Mischmasch, das der kleine Mann im Prag um die Jahrhundertwende sprach, «böhmakeln» genannt. Auch das findet sich, dafür gibt es Lehrer, die einem so etwas beibringen. Zwei Jahre will Brauner um seinen Hauptdarsteller geworben haben. Trotzdem hätte Rühmann wahrscheinlich niemals zugesagt, wenn er nicht schon lange mit dieser Rolle geliebäugelt hätte. Seine Selbstzweifel sind gewaltig und bestimmt auch echt, aber die Versuchung schließlich größer. Also spielt er ihn, den behördlich anerkannten Idioten, den Prager Pudelscherer und Hundehändler Schwejk, der in den Krieg geschickt wird, aber gerade nicht so richtig kann, weil ihn Rheuma plagt. Hans Jacoby, der zu dieser Zeit fast alle Filmvorlagen für Rühmann fabuliert, schneidert ihm die Rolle in gewohnter Manier auf den Leib. Er geht verschwenderisch mit Jaroslav Hašeks Roman zu Werke, lässt ganze Passagen und Figuren verschwinden und jubelt seinem Schwejk einen allzu treuherzigen Charakter unter. Rühmann, dem es obliegt, das letzte Wort zu sprechen, zeigt sich dennoch oder gerade deswegen zufrieden.

Mit den Kulissen müssen sich die Produzenten ebenfalls etwas einfallen lassen, in der tschechoslowakischen Hauptstadt dürfen westliche Filmteams gerade nicht drehen. Produktionsstab und Schauspieler ziehen nach Wien. Dort herrscht ein Flair, das dem in Prag noch am ähnlichsten ist. Rühmann wendet sich an den Volkstheater-Schauspieler Oskar Willner, der ihm das Böhmakeln beibringt. Wort für Wort spricht der ihm seinen Text vor, und Rühmann büffelt, bis er es perfekt beherrscht. Zu perfekt, wie sich nach drei Drehtagen herausstellt. Irgendetwas läuft schief – Regisseur Axel von Ambesser, auf dessen Einsatz Rühmann bestanden hatte, ist unzufrieden. Auch seinem Hauptdarsteller ist nicht wohl, als er die ersten Muster sieht. In der neuen Sprache ist er kaum zu verstehen, jedenfalls nicht für die Menschen in Norddeutschland. Außerdem ist die typische Rühmann-Stimme nicht mehr auszumachen. So geht das nicht, wer Rühmann sieht, will auch Rühmann hören. Problem gelöst. Doch das allein ist es nicht, es stört noch etwas anderes: Rühmanns Nase. Der Maskenbildner hatte ihm eine Knollennase verpasst, und von der wollte er sich partout nicht trennen. Ohne sie könne er die Rolle nicht spielen. Muss er dann aber doch, Regisseur und Produzent bestehen darauf und bringen es ihm schonend bei. Kurze Probeaufnahmen ohne das gute Stück aus Pappmaché zeigen, dass sie Recht haben. Endlich erscheint der Schwejk so, wie sie ihn sich vorstellen. Daraufhin werden die ersten drei Drehtage komplett wiederholt, obwohl das einige zehntausend Mark zusätzlich kostet.

Damit ist das Vabanquespiel noch nicht zu Ende. Nachdem *Der brave Soldat Schwejk* im Spätsommer 1960 fertig gestellt ist, steht die Abnahme durch den Produzenten und den Verleiher an. Brauner erinnerte sich später mit Grausen an eine obskure Veranstaltung. Nicht einen einzigen Lacher habe es während der gesamten

Vorführung gegeben, die erlesene Zuschauerschaft hätte nicht einmal eine Miene verzogen. Danach sei er so verunsichert gewesen, dass er ernsthaft überlegte, den Film ohne großen Rummel in einer kleinen Stadt uraufzuführen, um sich nicht vor großem Publikum zu blamieren. Daran sieht man, wie sehr sich selbst Filmkenner irren können.

Denn die Premiere, die dann doch in einem großen Kino einer großen Stadt stattfindet, im Ufa-Palast in Köln, verläuft so, wie es sich alle Beteiligten nur wünschen konnten. Beifall über Beifall, das Publikum feiert neben Rühmann auch seine Mitstreiter Ernst Stankovski und Senta Berger, Ursula von Borsody und Fritz Muliar. «Für Heinz Rühmanns brummigen Charme und stachelbärtige Verschmitztheit ist das d i e Rolle», meint dann auch die *Kölnische Rundschau.* «Sachlich trocken spielt er seinen geliebten Schwejk ... in köstlicher Maske: Struppiges Stoppelhaar, abstehende Ohren, pfiffigwässrige Äugelchen, dazu ein solides Spitzbäuchlein aus gutbürgerlicher Küche.» Danach finden sich Kritiker, die das nicht so euphorisch sehen; aber allein im ersten Jahr gibt es zehn Millionen Zuschauer, die ins Kino strömen. Dazu dreizehn internationale Jurys, die den Film für so gelungen befinden, dass sie ihm einen Preis verleihen, darunter den Golden Globe, der in Amerika jährlich an den besten ausländischen Film vergeben wird. Heinz Rühmann schließt sich den positiven Urteilen an, für ihn ist es sein bester Film überhaupt und sein liebster, das wird er auch bleiben. Was soll jetzt noch kommen?

ZEHNTES KAPITEL

Es gibt nur eine Liebe

Hollywood!

Im Januar 1964 erhält Heinz Rühmann eine Nachricht aus Los Angeles. Es ist nicht die Erste, die ihm Paul Kohner zukommen lässt. Er kennt ihn seit Anfang der dreißiger Jahre, Kohner arbeitete als Produzent bei der deutschen Universal-Film, bis die braune Welle über Deutschland schwappte und ihn nach Amerika spülte. Am Sunset Boulevard von Los Angeles betreibt er eine Künstler- und Filmagentur. Er betätigt sich als Produzent und ist erster Ansprechpartner für Stars und Sternchen aus dem deutschsprachigen Raum, aber nicht nur. Thomas Mann gehörte auch zu seinen Klienten; selbst ein verzweifelter Leo Trotzki wandte sich kurz vor seinem Tod noch an ihn, er wollte ihm die russische Revolution als Drehbuch nahebringen.

Rühmann steht seit Anfang der sechziger Jahre wieder regelmäßig in Kontakt mit dem gewieften Agenten. In ihrer Korrespondenz geht es anfangs allerdings nicht so sehr um eine mögliche Karriere in den Vereinigten Staaten. Rühmann bittet ihn um Carepakete der besonderen Art. Er fragt an, ob Kohner ihm durch seine ausgezeichneten Kontakte amerikanischen Tüll für seine Haarteile beschaffen könnte. In Deutschland sei das Material nicht nur knapp bemessen, sondern auch von minderer Qualität. Tatsächlich klemmt sich Kohner dahinter und beschafft das erwünschte Netzgewebe beim Toupetmacher von Frank Sinatra. Der verwendet nur exquisite

Ware, das versteht sich von selbst. Auch Rühmann und seinen Maskenbildner Coesfeld überzeugt der Stoff, im April 1963 telegraphiert er erneut nach Los Angeles und bittet um eine Nachlieferung.

Aber Kohner wäre nicht Kohner, wenn er die geschäftliche Seite nicht im Blick behielte. Eine Rolle in Amerika, das wäre doch etwas, auch für Heinz Rühmann. Curd Jürgens, Helmut Käutner, Marianne Hoppe stehen auf seiner Vermittlungsliste, O.W. Fischer brachte er bereits 1956 bei Universal International unter und handelte ihm eine beachtliche Gage von 250 000 Dollar für zwei Filme aus. Eine solche Summe ist für Rühmann nicht herauszuschlagen – er besitzt nicht das Zeug zu einem internationalen Star, nicht nur am Englischen hapert es –, ein Filmangebot indessen schon.

Konkret wird es das erste Mal 1962, Hollywoodproduzenten planen den Film *Hiding Place* nach dem gleichnamigen Roman von Robert Shaw – und der Agent seinen ersten Deal mit Rühmann. «Im Oktober beginne ich einen amerikanischen Film für die United Artist», schreibt der Schauspieler voller Vorfreude in einem Brief an eine Bekannte, «auch in München, wunderbare Rolle in Englisch.» Daraus wird aber nichts, das Projekt scheitert für ihn noch in der Vorbereitungsphase. Danach versucht der Agent, andere Filmrollen für Rühmann zu beschaffen, doch der ziert sich. Einmal ist ihm die Rolle zu klein und die angebotene Gage von 25 000 Dollar zu gering, er fordert das Vierfache, mindestens; ein andermal reagiert er erst nach Monaten auf Kohners Nachricht, viel zu spät. Ein Gastspiel am Broadway in dem Stück *Professor Fedorski* lehnt er ab, weil er einen Vertrag am Burgtheater in Wien zu erfüllen hat. Dort spielt er neben Käthe Gold, Peter Weck und Boy Gobert die Rolle des Willy Loman in Arthur Millers *Der Tod eines Handlungsreisenden.*

Bisher unternahm Kohner den Versuch, Rühmann bei Filmfirmen ins Gespräch zu bringen, diesmal ist es umgekehrt. Der Regisseur Stanley Kramer kontaktiert ihn, weil er unbedingt diesen kleinen Mann aus Deutschland für seinen nächsten Film haben will. Er hatte ihn in *Der Hauptmann von Köpenick* gesehen, der Film war auch in den USA recht erfolgreich gelaufen. Kohners Aufgabe besteht zunächst nur darin, die beiden Männer zusammenzubringen. Kramer, der durch Filme wie *Das Urteil von Nürnberg*, *Die Caine war ihr Schicksal* und den Westernklassiker *Zwölf Uhr mittags* bekannt geworden ist, bereitet gerade eine Reise nach Europa vor. Ein Mann wie er darf sich seine Darsteller auf der ganzen Welt zusammensuchen. Der Österreicher Oskar Werner erscheint ihm geeignet, vom Können der französischen Filmdiva Simone Signoret ist er sowieso überzeugt, sie gehört zu den Besten. In zwei, drei Wochen wird er in Deutschland sein, dann will er Heinz Rühmann in München treffen.

Mit dem Namen Katherine Anne Porter kann der nichts anfangen, ihr Buch *Ship of Fools* ist ihm auch kein Begriff. Er besorgt sich den Roman in der deutschen Ausgabe, die gerade mit dem Titel *Das Narrenschiff* erschienen ist. Es handelt von einer Schiffsreise, der deutsche Frachter «Vera» befindet sich am Vorabend der Machtergreifung durch die Nazis auf dem Weg von Vera Cruz nach Bremerhaven. Den Passagieren steht eine siebenundzwanzigtägige Überfahrt bevor. An Bord prallen die unterschiedlichsten Charaktere aufeinander. Ein kranker Schiffsarzt erliegt erst einer drogensüchtigen Spanierin, dann seinem Herzleiden. Einer geschiedenen Amerikanerin ist ihre Einsamkeit lästig, vom schlichten Gemüt eines abgehalfterten Baseballprofis aber fühlt sie sich belästigt. Und ein deutscher Verleger, der Juden hasst und daraus keinen Hehl macht, soll ausgerechnet mit dem Kaufmann Julius Löwenthal eine Kabine teilen, der Jude ist. Löwenthal muss einiges über sich ergehen lassen, nimmt es jedoch mit Großmut hin, zu stark sein Heimweh, zu groß seine Freude, bald wieder in Deutschland zu sein. Und was der Verleger ihm da über die Nazis erzählt, dass sie die Juden ausrotten wollen, glaubt er einfach nicht.

Über diesen Löwenthal möchte Kramer mit Rühmann sprechen, als er ihm im Foyer des Hotels Vier Jahreszeiten gegenübersitzt. Der Amerikaner will die Geschichte unter dem gleichen Titel verfilmen und hat sich in den Kopf gesetzt, die Rolle des Juden Löwenthal von ihm spielen zu lassen. Glaubt man Rühmanns Erinnerungen, entsprach das nicht gerade seinen Vorstellungen: «Ich wollte nämlich nicht. Hollywood war mir unheimlich, fremd und so weit fort», schrieb er in seinem Buch *Das war's*. «Ich spielte in Deutschland schöne Rollen, und ohne den Stoff zu kennen, versuchte ich ihm auseinander zu setzen, dass ich zweifelte, einen Juden glaubhaft verkörpern zu können.» Aber das muss nicht unbedingt so gewesen sein. In seinen Memoiren, die er dreizehn Jahre zuvor, also bereits fünf Jahre nach dem Zusammentreffen mit Kramer, in der *Welt am Sonntag* veröffentlichen ließ, fand er den Gedanken, in der Traumfabrik zu drehen, noch ganz reizvoll: «Hollywood? Warum eigentlich nicht? Ich las ‹Das Narrenschiff› (...) Ein interessantes Buch (...) Aber die Figur Löwenthals gefiel mir nicht (...) Ich legte ihm meine Bedenken dar.»

Überhaupt existieren im Zusammenhang mit seiner Filmarbeit in Hollywood mindestens zwei Darstellungen von ihm, die sich wie in diesem Punkt auch an anderen Stellen widersprechen. In der Version von 1969 meldet sich Kohner telefonisch bei ihm, in der späteren ist es ein Brief, der ihm von demselben ins Haus flattert. Hat der Agent bei seinem Anruf alle wichtigen Details durchgegeben, zum Beispiel, um welchen Filmstoff es sich handelt und dass Kramer ihn unbedingt besetzen will, soll er in seinem Brief lediglich vage einen Termin mitgeteilt haben. «Dann und dann in den Münchner Vier Jahreszeiten. Warum? Weshalb? Kein Wort.» Nun ist das nicht wesentlich, wirft aber zwangsläufig die Frage auf, was am Rest der Geschichte stimmt.

Aber das hat fast schon Tradition bei Heinz Rühmann. Im konkreten Fall könnte es daran liegen, dass die Zeitungsversion nicht von ihm niedergeschrieben wurde. Als Autor sprang vermutlich Hanns Arens in die Bresche, ein Schriftsteller und Lektor aus München, der den Schauspieler seit den dreißiger Jahren kannte und häufig beim Fliegen begleiten durfte. Es ist völlig legitim, einen Ghostwriter zu beschäftigen, dennoch darf man davon ausgehen, dass Rühmann die Serie, die mit dem Untertitel *Der beliebteste deutsche Schauspieler schrieb seine Memoiren «Nur ein Komödiant»* explizit auf seine Autorenschaft verwies, zumindest autorisiert hat. In einer Vorankündigung weist die Redaktion sogar extra darauf hin, dass er, Rühmann, eben die letzten Korrekturen geschickt habe. Bei allem Vertrauen, das zwischen Arens und ihm bestanden haben mag, wäre er der Letzte gewesen, der einer Veröffentlichung zugestimmt hätte, ohne zuvor deren Inhalt zu prüfen.

Selbst der Bestsellerautor Hans Hellmut Kirst musste sich einst Rühmanns Einwänden fügen. Kirst war 1964 der Bitte seines Verlegers nachgekommen, ein biographisches Buch über den Schauspieler zu verfassen. Nach zahlreichen Treffen, bei denen sie ausreichend über Rühmanns Bühnen- und Filmlaufbahn, aber kaum über sein Privatleben sprachen, das lehnte er kategorisch ab, schrieb Kirst ein Manuskript und legte es ihm vereinbarungsgemäß vor. Was zur Folge hatte, dass es niemals gedruckt wurde. Rühmann wähnte sich falsch dargestellt und seine Privatsphäre verletzt. Das Buch verschwand in der Schublade, bis es der Autor 1969 wieder herauskramte, zu einem biographischen Report in der dritten Person verarbeitete und ohne Einwilligung veröffentlichte – wohl wissend, dass er sich damit den Zorn des Beschriebenen zuziehen würde. Rühmann überlegte sogar, gegen das Buch juristisch vorzugehen, obwohl es inhaltlich weit hinter dem zurückblieb, was er selbst in der Sonntagszeitung verantwortet hatte. Enthüllungen aus dem Privatleben sparte Kirst ebenso aus wie alle anderen, die sich danach noch an einer Abhandlung über das Leben des Schauspielers versuchten.

Es ist schwer zu ergründen, was Rühmann bewog, die Unkorrektheiten in seinen eigenen Darstellungen zu dulden. Von Georges Simenon, einem der schreibfreudigsten Romanciers des vergangenen Jahrhunderts, ist bekannt, dass er sich zu Lebzeiten einen Spaß daraus machte, der Nachwelt umfangreiches biographisches Material zu hinterlassen, das an Widersprüchlichkeit schwer zu übertreffen ist. Er veröffentlichte insgesamt siebenundzwanzig Memoirenbände, in jedem sehen sein Leben und seine Lieben ein bisschen anders aus. Und in einigen warnt er seine Leser vor den Unzulänglichkeiten früherer Berichte. Das ist wenigstens amüsant. Rühmann dagegen legte Wert darauf, ernst genommen zu werden – und stand sich dabei manchmal selbst im Weg. Dass er sein Privatleben abschirmte, seine Affären verheimlichte und Gefühle, die ihn bewegten, für sich behielt – das war sein gutes Recht und ist verständlich.

Nicht dagegen, warum er es bei der Beschreibung beruflicher Aktivitäten wiederholt an Sorgfalt mangeln ließ. So bleibt zumindest zu berichten, dass Stanley Kramer ihn trotz seiner Bedenken, die er massiv vorgebracht haben will, nach Los Angeles einlädt, damit er sich die Ateliers der Columbia ansehen und mit dem Autor Abby Mann das Drehbuch besprechen kann.

Rühmann trifft im März 1964 ein. Am Flughafen erwartet ihn Paul Kohner, der jetzt offiziell als sein Agent agiert und ihm ein Zimmer im Hotel Bel Air gebucht hat. Sämtliche Kosten übernimmt die Produktionsfirma. Später trifft er mit Kohners Bruder Walther zusammen, der ihm beim Studieren der englischen Drehbuchfassung als Dolmetscher hilft. Anschließend vereinbaren sie einen Termin mit Abby Mann. Der notiert sich Rühmanns Änderungswünsche, keine große Sache, sie sind unerheblich und problemlos in das vorliegende Konzept einzubauen. Der Vertragsunterzeichnung steht nun nichts mehr im Weg. Ehe Rühmann noch vor Ostern den Rückflug antritt, sind die geschäftlichen Angelegenheiten geregelt. Kohner verhandelt geschickt und holt hunderttausend Dollar Gage für ihn heraus. Dazu übernimmt Columbia sämtliche Spesen und einige Extras, von denen Rühmann noch nichts ahnt.

Ende Mai kehrt er mit seiner Frau Hertha und dem Sohn Heinzpeter zurück, nicht auf dem direkten Weg, sie machen einen Abstecher nach New York, treffen sich dort mit alten Freunden. Nach einer Woche reisen sie weiter, in Kalifornien ist alles für ihren dreimonatigen Aufenthalt vorbereitet, so lange sollen die Dreharbeiten für Rühmann dauern. Sie werden in einem großzügigen Haus in der Elkinsroad im noblen Vorort Brentwood einquartiert, im Garten ein Swimmingpool, umgeben von tropischen Pflanzen, die ein Gärtner täglich pflegt. Das Anwesen gehört einem Tonmeister der Columbia, der für einige Zeit auf Hawaii zu tun hat. Zur Begrüßung erscheint nicht nur Paul Kohner, sondern auch ein Vertreter des Automobilherstellers Mercedes. Der übergibt Rühmann den Schlüssel für ein nagelneues 220er Mercedes-Cabriolet, das ihm die Firma für die Zeit seines Amerikaaufenthaltes kostenlos zur Verfügung stellt.

Die Rühmanns fühlen sich wie im siebten Himmel, das also ist

Hollywood. Während Vater Heinz jeden Tag ins Atelier fährt, erobern seine Frau und der Sohn die Millionenstadt. Zweimal sieht Kramers straffer Drehplan jeweils eine Woche Pause für Rühmann vor, diese und die Zeit nach den Dreharbeiten nutzt die Familie, um nach Las Vegas zu fahren, nach Disneyland, San Francisco, zum Grand Canyon.

Der Perfektionismus, den Stanley Kramer im Atelier an den Tag legt, kommt Rühmanns Arbeitsweise entgegen. Zunächst setzt er sich mit den Schauspielern an einen langen Tisch und lässt jeden Einzelnen seinen Text vortragen, in der Reihenfolge, die das Drehbuch vorsieht. Passen Dialoganschlüsse nicht zusammen, werden sie korrigiert. Es erfolgen Änderungen und Streichungen, bis die Vorlage allen gelungen erscheint. Etwa eine Woche dauert es, dann steht die Endfassung des Drehbuchs. Die Schauspieler und alle Mitarbeiter des Filmstabs erhalten detaillierte Dispositionen für jeden einzelnen Drehtag. Ab sofort gelten sie als unumstößliches Gesetz. Nicht einmal auf das Wetter braucht Rücksicht genommen zu werden, da ausschließlich im Atelier gedreht wird. Das Meer und der Himmel waren schon vorher aufgenommen worden, beides wird im Bedarfsfall auf die große Fläche hinter dem Schiffsmodell projiziert, das Ergebnis sieht verblüffend echt aus. Anschließend proben die Schauspieler die einzelnen Szenen, erst danach werden die Kameras in Gang gesetzt.

Die Einstellungen mit Rühmann und den anderen ausländischen Darstellern werden jeweils zweimal gedreht, einmal in Englisch, das zweite Mal in ihrer Muttersprache. Kramer wacht wie ein Luchs über jede Bewegung seiner Darsteller; missfällt ihm etwas, greift er sofort ein, freundlich, aber bestimmt – er kennt die Marotten und Empfindlichkeiten von Stars. Dahinter muss am Ende auch Rühmann zurücktreten, im Vorspann des Films taucht er nach Vivien Leigh, Simone Signoret, José Ferrer, Lee Marvin, Oskar Werner, George Segal, Michael Dunn, José Greco und ein paar anderen erst an elfter Stelle auf. Im offiziellen Firmenalmanach *The Columbia-Story*, in dem sämtliche Filme erläutert sind, überhaupt nicht mehr.

Noch etwas Ungewöhnliches geschieht in diesen Wochen. Am ersten Juli begehen Heinz Rühmann und Hertha Feiler ihren fünfundzwanzigsten Hochzeitstag. Wie es so seine Art ist, möchte Rühmann die Sache nicht an die große Glocke hängen. Es genügt ihm, in aller Ruhe mit seiner Frau und dem Sohn gemütlich essen zu gehen und eine gute Flasche Wein zu trinken. Hertha Feiler ist anders, sie geht gern aus und würde in München vermutlich eine Feier mit den besten Freunden der Familie ausrichten. Hier aber verläuft der Tag ihrer Silberhochzeit in eher beschaulicher Atmosphäre. Umso größer ist die Freude, als sie drei Tage später mit ihren beiden Männern in das vornehme Beverly Hilton Hotel gelotst wird. Dort hat ein Offenburger Senator und Verleger, den Rühmann als Freund bezeichnete, einen Saal festlich schmücken und ein opulentes Menü zubereiten lassen. Als die Ehejubilare eintreffen, spielt ein Geigenorchester auf. Fast alle Schauspieler, die an *Ship of Fools* beteiligt sind, finden sich ein, dazu gratulieren Stanley Kramer, Horst Buchholz und Senta Berger, die sich gerade in der Stadt aufhalten. Natürlich taucht auch ein Fotograf auf, hier kann sich Rühmann nicht dagegen wehren, er ist Gast auf seiner eigenen Party. Außerdem würde ihm das sein Verlegerfreund verübeln, schließlich soll in einer seiner Illustrierten über das Ereignis berichtet werden. «Silberhochzeit in Hollywood ... und alle kamen zum Mustergatten-Jubiläum.» Seht her, so wird in der Traumfabrik gefeiert – *the show must go on.*

Für eine internationale Karriere ist es zu spät. Rühmann ist 62 Jahre alt und nicht einmal mehr europaweit als Schauspieler bekannt, wie das Anfang der dreißiger Jahre vielleicht noch der Fall war. Damals beherrschte der deutsche Film einen Großteil des europäischen Marktes, Rühmann-Filme liefen auch in den Kinos Belgiens, Österreichs, Ungarns, Polens, Hollands und der Schweiz. Mittlerweile bestimmen immer mehr amerikanische Produktionen die Programme der Lichtspieltheater. Die Exporterlöse der deutschen Filmindustrie befinden sich auf Talfahrt. Im Jahr 1960 betragen sie keine dreißig Millionen Mark, während die Amerikaner allein in Deutschland über fünfzig Millionen Mark verdienen. Auch die Italiener machen ein besseres Geschäft, sie nehmen durch Auslandsverkäufe hundertzwanzig Millionen Mark ein. Rühmann bleibt als Schauspieler ein rein deutsches Phänomen. Nach *Ship of Fools* erhält er noch ein paar Anfragen aus Übersee, aber kein Angebot, das er interessant findet, selbst Kohner kann nichts ausgraben. «Ich glaube, ich bin nicht der richtige Typ für drüben», stellte Rühmann, nach seinen Amerikaambitionen befragt, fest. «Ich wollte dort auch nicht um jeden Preis etwas werden, sondern lieber das behalten und das bleiben, was ich schon erreicht hatte.» In einem anderen Interview klingt es anders, darin bedauert er, dass er jenseits der Grenzen Deutschlands nie so richtig berühmt geworden sei. Internationale Coproduktionen wie *Zwischenlandung in Paris*, *Der Mann, der nicht nein sagen konnte* und *Geld oder Leben* bringen ihm zwar kurzfristig Beachtung in den jeweiligen Ländern, keiner der Filme läuft jedoch so gut, dass es ihm helfen könnte, sich als Star zu etablieren. Auch *Ship of Fools* wird kein durchschlagender Erfolg für ihn. Der Streifen landet fünf Monate nach der amerikanischen Premiere im Oktober 1965 in den deutschen Kinos, bleibt einige Wochen auf den Spielplänen, ohne dass ihn das Publikum als Rühmann-Film identifiziert. In der Rezeption verblasst der Deutsche neben dem Aufgebot internationaler Stars.

Nach seiner Rückkehr aus Amerika legt Rühmann keine große Pause ein, neue Dreharbeiten stehen an. Hans Domnick hatte ihn Anfang der sechziger Jahre überredet, die Hauptrollen in drei Curt-Goetz-Verfilmungen zu übernehmen. Dabei handelt es sich um Remakes, in den Originalfassungen hatte der Autor selbst diese Rollen verkörpert. Deswegen verweigerte Rühmann lange seine Zusage. Er befürchtete, dass die Neuverfilmungen gegen die Erstfassungen verlieren könnten und er in Goetz' Schatten den Kürzeren ziehen würde. So schnell gab sich der Produzent aber nicht geschlagen – wenn einer die Rolle von Goetz übernehmen konnte, dann Rühmann, davon war er nicht abzubringen. Valerie von Martens, die Witwe des inzwischen verstorbenen Autors, verschaffte ihm Argumentationshilfe. Sie schrieb einen Brief, den sie zwar an Domnick adressierte, der aber in erster Linie an Rühmann gerichtet war. «Als Rühmann aufkam, wurde er schon ‹der kleine Goetz› genannt», schreibt sie. «Eine sehr tiefe Verbundenheit und Gleichgestimmtheit band meinen Mann an ‹seinen kleinen Rühmann›, wie er ihn zärtlich nannte. Aber so wie Rühmann ihm gegenüber schüchtern war und ihm nie deutlich sagen konnte, wie er Curtchen erfasste und liebte, so war auch Curtchen zu schüchtern, um Rühmann große Komplimente zu machen. So standen sich die beiden stumm gegenüber und wussten doch, wie sehr sie irgendwie zusammengehörten. Mein Mann wusste das vielleicht noch mehr als Rühmann. Die Besetzung mit ihm ist daher 100 Prozent im Sinne Curtchens.»

Ob das tatsächlich der Wahrheit entsprach oder eher einem wohlmeinenden Komplott zwischen dem Produzenten und Goetz' Witwe entsprang, ist nicht zu überprüfen. Auf jeden Fall verfehlte das Schreiben seine Wirkung nicht. Rühmann schob die Bedenken beiseite und sagte seine Mitarbeit zu. Als Erstes wurde *Das Haus in Montevideo* in Angriff genommen. Helmut Käutner schrieb nach der Komödienvorlage eine modernisierte Drehbuchfassung und übernahm anschließend auch die Regie. Neben Rühmann verpflichtete Domnick mit Ruth Leuwerik, Paul Dahlke, Ilse Pagé und Viktor de Kowa einen ganzen Schwung Publikumslieblinge. Das Konzept des Produzenten ging auf, der Film, der im Oktober 1963 Premiere feierte, schlug ein. Schnell sollte mit *Dr. med. Hiob Prätorius* ein neues Remake nachgelegt werden, um an den Erfolg des ersten anzuknüpfen.

Die Dreharbeiten beginnen noch im Herbst 1964. Rühmann spielt den verständnis- und humorvollen Arzt Prätorius, der sich in eine junge Gutsbesitzerstochter verliebt. Kurt Hoffmann führt Regie. Zum ersten Mal steht Rühmann mit Liselotte Pulver vor der Kamera, die zu dieser Zeit wohl der beliebteste weibliche Filmstar der Deutschen ist. Bei ihrem Partner löst ihr Spiel nicht nur einmal Irritationen aus: Mit Vorliebe gleitet sie in die Klamotte ab, übertreibt, was Rühmann mit Stirnrunzeln, aber auch einer Art väterlichem Verständnis quittiert, sie ist schließlich eine junge hübsche Frau voller Lebensmut und Spielfreude. Von der gemeinsamen Arbeit behält Lilo Pulver nur die schönen Momente in Erinnerung, in ihrem Buch *... wenn man trotzdem lacht* schreibt sie verehrungsvoll: «Für mich war er der größte lebende deutsche Schauspieler! Seit fünfzig Jahren war er ein Spitzenstar und einer der wenigen, der in die Nähe Charlie Chaplins reichte und bei dem man nie wusste, ob man lachen oder weinen sollte. Ich merkte sofort, dass alle Schilderungen und Analysen, die ich über ihn gehört hatte, falsch waren. Sein ganzes Wesen war für einen Schauspieler völlig untypisch. Ich sah ihn weder wütend noch nervös, weder belehrend noch genial mit der Rolle ringend. Er erinnerte mehr an einen Wissenschaftler als an einen Künstler. Und so war auch die Arbeit mit ihm. Er überließ nichts dem Zufall; alles war wohl überlegt und sorgfältig vorbereitet. Wenn er mit Kurt Hoffmann in einer Ecke scheinbar griesgrämig über eine Szene redete, warf er mir gleichzeitig einen dieser pfiffigen Blicke zu, die Generationen von Zuschauern zum Schmunzeln oder brüllenden Gelächter verführt haben. Er ließ sich nie erweichen, Kompromisse einzugehen, und er musste sich erst daran gewöhnen, wie ich mich über die dümmsten Witze halb totlachte.»

Lachen kann dann auch das Publikum, *Dr. med. Hiob Prätorius* steht dem Erfolg des Vorgängers nicht nach. Und so wird im Jahr darauf die dritte Goetz-Delikatesse, *Hokuspokus oder: Wie lasse ich meinen Mann verschwinden ...?*, mit den gleichen Zutaten angesetzt. Erneut spielen Rühmann und Pulver unter Kurt Hoffmanns Regie die Hauptrollen – eine Kombination, die noch einmal das Publikum anlocken soll. Möglicherweise wäre das sogar gelungen, wenn sich die Filmemacher in ihrem künstlerischen Anspruch nicht verhoben hätten. Um die Dialoge und die Handlung besser zur Wirkung kommen zu lassen und nicht durch irgendwelche Bauten davon abzulenken, beschränkt sich der Architekt Otto Pischinger auf eine spartanische Dekoration. Er verzichtet auf Wände, Türen, Fenster und jegliche Hintergründe, auch an anderen Requisiten spart er. Den Darstellern wird ihr Bewegungsradius durch Läufer vorgegeben, die ausschließlich rechteckig zueinander angeordnet und in ihren Farben nach dramaturgischen Gesichtspunkten ausgewählt sind – violett im Gerichtssaal, blau am Seeufer, rot in der Bildergalerie. Zusätzlich verstärkt wird der beabsichtigte Verfremdungseffekt durch eine für Deutschland neuartige Zweifarbaufnahme. In jeder Einstellung gibt es zu Weiß nur eine Kontrastfarbe. Dramaturgisch mag all das bewundernswert sein – der Architekt erhält dafür den Bundesfilmpreis –, für die Zuschauer ist es der Film nicht. Die Zahl der Kinogänger bleibt deutlich hinter der zurück, die für die ersten beiden Goetz-Filme registriert worden war.

Auch die folgenden Rühmann-Produktionen versöhnen das Publikum nicht mit ihm. Sie werden zur Kenntnis genommen, die Einspielergebnisse sind auch nicht schlecht, die große Begeisterung aber bleibt aus. Die Erwartungen sind offenbar zu hoch gesteckt, aber einen Schwejk- oder Köpenick-Stoff bekommt man nicht jedes Jahr angeboten. Rühmann ist selber nicht glücklich mit der Ausbeute. Fast scheint es, als hätte er wieder eine Einbahnstraße erwischt. Noch drei Filme dreht er allein bis zum Sommer 1966 ab, keiner davon überdauert die Zeit. Wer kann sich noch an *Geld oder Leben* erinnern? Dabei ist der Stoff Rühmann-Anhängern sehr wohl vertraut. Dasselbe Thema hatte er bereits 1931 nach der Komödie *Defraudanten* von Alfred Polgar unter dem Titel *Der brave Sünder* verfilmt. Damals mit Max Pallenberg ein großer Erfolg, in der neuen Fassung als deutsch-französische Coproduktion ein schwaches Stück Klamauk, das Kritiker zur Häme reizt: «Wenn Buchhalter und Kassierer mit einer Million zwischen Toulouse und Paris hin und her zappeln, so kann das eine erholsame Klamotte abgeben. Wenn außerdem noch Heinz Rühmann und Fernandel den Buchhalter und den Kassierer spielen, dann gehört schon einiges dazu, um daraus dennoch ein auserlesen miserables, klecksfarbiges Lustspiel zusammenzukleistern. Jean-Pierre Mocky (Buch und Regie) darf sich schmeicheln, dieses Kunststück geschafft zu haben. Fazit: Zwei Stars im verpfuschten Anzug.» Spannend geht es leider nicht im Film, dafür aber bei den Dreharbeiten zu. In einer Szene sollen die beiden Komiker gekonnt durch den Verkehr in Paris chauffiert werden. Eine junge italienische Schauspielerin sitzt am Steuer, vermutlich aber das erste Mal, ganz sicher ohne Erfahrung. Lange geht das nicht gut, bei der ersten Gelegenheit rammt sie eine Filmkamera, weil sie die Bremse nicht findet, anschließend nimmt sie Kurs auf eine Gruppe Passanten, die sich im letzten Moment in Sicherheit bringen.

Daraufhin wird ein Regieassistent als Frau verkleidet, der über ausreichend Fahrpraxis verfügt.

Als Nächster macht sich Filmproduzent Franz Seitz daran, Rühmann eine Rolle auf den Leib zu schreiben. Nach einer amüsanten Komödienvorlage von Friedrich Dürrenmatt schreibt er das Drehbuch zu *Grieche sucht Griechin*, vorsichtshalber unter dem Pseudonym Georg Laforet, das er für seine «Lümmelfilme» verwendet, wie ein Kritiker bemerkt. Als Regisseur wird Rolf Thiele bestellt, der sich als Experte erotischer Lustspiele einen nicht gerade rühmlichen Namen erworben hat. Zur Sache soll es bei ihm auch diesmal gehen, aber nicht im Bett, sondern mit den Fäusten. Schon wird das Publikum mit schlagenden Argumenten gelockt und der Werbeflyer zum Film doppeldeutig mit *Heinz Rühmann schlägt alle* überschrieben. Der habe in seiner Filmrolle nämlich die Nase voll, «deshalb schlägt er alles zusammen, was ihm in die Quere kommt. Sogar seine eigene Verwandtschaft, die sich aus asozialen Elementen zusammensetzt.» Das klingt nicht gerade nach Rühmann, schon gar nicht einladend, auch wenn es am Schluss heißt: «Allein der rasende Rühmann ist schon sein Eintrittsgeld wert ...»

Eine Erfahrung wert sind Irina Demick erst einmal die Dreharbeiten, wenn auch zwangsläufig. Die gebürtige Russin, die vor ihrer Filmkarriere als Model für Dior und Givenchy über den Laufsteg tippelte, spielt ein leichtes Mädchen und Rühmanns Partnerin. Was sie mit ihm erlebt, ist ihr noch nie passiert. Am Rande der Außenaufnahmen, die im Mai 1966 in Montreux stattfinden, klagt sie einem Journalisten ihr Leid mit dem deutschen Star: «Er ist eiskalt, unpersönlich, sitzt allein und lässt niemanden an sich herankommen.» Obwohl sie seit Wochen mit ihm zusammenarbeite, lasse er keinen persönlichen Kontakt zu. Er verbiete ihr sogar das Lachen in seiner Gegenwart. «Als ich einmal mit meinem französischen Frisör im Atelier Witze machte, hat er uns aufgefordert, woanders zu lachen. Er fühlte sich gestört.» Vor allem fühlt er sich beleidigt seit ihrer ersten Begegnung, die etwas unglücklich verlief. Offenbar hatte sie ihn nie zuvor in natura gesehen. Wie er in seinem weiten Gabardineanzug in der Tür zu ihrer Garderobe stand, habe sie ihn doch prompt für den

Schminkmeister gehalten und mit ein paar entsprechenden Worten hereingebeten. So etwas vergisst er nicht.

Kaum ist der Film abgedreht, erreicht Rühmann ein Notruf aus Wien. Karl Spiehs, Chef der Intercontinental-Film, steckt in der Klemme. Er hat sich mit zwei anderen Produktionsfirmen zusammengeschlossen, um einen Kinofilm mit dem legendären Kommissar Maigret finanzieren zu können. Nachdem Jean Gabin in den ersten französischen Maigret-Filmen den Kommissar spielte, den Georges Simenon erfand, und Rupert Davies für 52 englische Fernsehfolgen die Rolle übernahm, soll es endlich auch einen deutschsprachigen Maigret geben. Rund zwei Millionen Mark befinden sich im Geldtopf, ein gewaltiges Projekt, das gerade zu platzen droht. Eigentlich sollte bereits seit zwei Wochen in einem Wiener Atelier gedreht werden, aber noch ist kein einziger Meter Film durch die Kamera gelaufen. Der englische Maigret-Darsteller Rupert Davies, der für den geplanten Film *Maigret und sein größter Fall* verpflichtet worden war, hatte zu Beginn der Dreharbeiten kurzerhand die Brocken hingeworfen. Angeblich wollte er mit dem Regisseur Alfred Weidemann nicht arbeiten, außerdem passte ihm das Drehbuch von Herbert Reinecker nicht. Ursprünglich war Krimiexperte Jürgen Roland für die Regie vorgesehen, aber der hatte das Angebot zugunsten eines anderen Filmprojekts abgelehnt. Davies, dem vertraglich sowohl das Mitspracherecht beim Drehbuch als auch bei der Auswahl des Regisseurs zugesichert worden war, zog daraufhin seine Zusage zurück und reiste nach Hollywood. Kurz darauf fiel mit Günther Ungeheuer ein zweiter Darsteller aus, nachdem bei ihm eine Hirnhautentzündung diagnostiziert wurde.

Während Produzent Spiehs seine Anwälte losschickt, um bei Davies eine halbe Million Mark Schadenersatz einzuklagen, sucht er nach einem neuen Kommissar, um die Dreharbeiten nicht noch weiter zu verzögern. Das Atelier ist gemietet, die anderen Schauspieler stehen Gewehr bei Fuß – jeder Tag, an dem nicht gearbeitet wird, kostet Unsummen. Obwohl Rühmann als Komiker nicht gerade für Krimirollen prädestiniert zu sein scheint, sieht Spiehs in ihm eine interessante Alternative. Die Figur des einsamen, kauzigen Kommissars aus der Seine-Metropole könnte sogar gut zu Rühmann, dem Eigenwilligen, passen. Nachdem Spiehs so viel Pech ereilt hatte, kommen ihm gleich zwei glückliche Umstände entgegen: Rühmann ist zurzeit frei – und sofort bereit einzuspringen, so eine ernste Rolle reizt ihn allemal. Sieben Tage später fällt in Wien die erste Klappe.

So ehrenhaft Rühmanns Hilfsbereitschaft, so mutig die Entscheidung, gegen den unvergleichlichen Gabin-Maigret anzutreten – honoriert wird sie weder vom Publikum noch von der Filmkritik. Die einen wollen ihren Rühmann lustig sehen, die anderen haben Jean Gabin noch nicht vergessen.

Der deutsche Film steckt in einer Sinnkrise, davon bleibt auch Rühmanns Arbeit nicht verschont. In einem Brief an seine Freundin Gisi L'Arronge konstatiert er: «Es sieht ja sehr traurig um den deutschen Film aus, und ich fürchte sehr für das nächste Jahr.» Zur Bühne zieht es ihn auch nicht. Nachdem er am Burgtheater in Wien als Willy Loman in *Der Tod des Handlungsreisenden* und in den Münchner Kammerspielen als Hauptmann von Köpenick auftrat und beide Male gefeiert wurde, zuletzt im Frühjahr 1963, legt er eine Theaterpause ein, die fast zehn Jahre dauern wird.

Nur 1967 unternimmt er noch einmal einen zaghaften Versuch, an den Münchner Kammerspielen zu arbeiten, ausgerechnet unter Kortners eigensinniger Regieführung. Der will *Die Zimmerschlacht* von Martin Walser aufführen, das so genannte Übungsstück für Ehepaare. Nach wenigen Proben geraten die beiden Sturköpfe aneinander, woraufhin Rühmann wütend das Haus verlässt. Intendant August Everding schreitet, wie schon damals bei *Warten auf Godot*, als Vermittler ein und bringt die beiden wieder an einen Tisch. Die Aussprache findet in Kortners Wohnung statt, eine Zimmerschlacht mit Worten, aber ohne Happy End. Zwar vereinbaren sie noch zwei Probentage, die sie aber nur zähneknirschend absolvieren, danach trennen sie sich. In Zukunft werden sie sich aus dem Weg gehen. *Die Zimmerschlacht* wird im Dezember mit dem Bühnenehepaar Werner Hinz und Hortense Raky aufgeführt.

Rühmann plant andere Auftritte, er will das englische Einpersonenstück *I Can't Hear you, when the Water is Running* in deutscher

Sprache herausbringen und mit Curd Jürgens *Stair Case*, die Geschichte zweier homosexueller Friseure. Doch auch diese Vorhaben scheitern, eine schwere Krankheit kommt dazwischen.

Vorher erobert Heinz Rühmann noch das Fernsehen, oder besser gesagt, das Fernsehen erobert ihn. Mehr als fünfzehn Jahre lang hatte er allen Angeboten widerstanden und war nicht müde geworden, immer wieder zu betonen, dass er weiterhin große Stoffe für das Kino umzusetzen gedenke, die nach seiner Meinung auf dem kleinen Bildschirm nicht zu machen seien. Die wahren Gründe liegen tiefer. Er spricht von Schwellenangst, mokiert sich über die wahllose Programmgestaltung der Sender, die seinen künstlerischen Ansprüchen nicht gerecht werde. Die Arbeit in den TV-Studios finde er unpersönlich, kalt und hektisch.

Während er im Herbst 1967 noch in Rom für eine Pater-Brown-Fortsetzung mit dem Titel *Die Abenteuer des Kardinal Braun* vor der Kamera steht – der Pater ist inzwischen zum Kardinal berufen worden –, wird in Deutschland bekannt, dass er seine Meinung zum Massenmedium Fernsehen offenbar geändert hat. Die Zeitungen berichten von einem Vertrag, den er beim Zweiten Deutschen Fernsehen unterschrieben hat. In einem Interview mit einer Hamburger Fernsehzeitung verrät er die Gründe seines Sinneswandels, und die verraten seine Enttäuschung: «Ich habe lange genug auf neue Impulse beim deutschen Film gewartet. Es sind keine gekommen. Jetzt wäre es Dummheit, gute lohnende Aufgaben beim Fernsehen auszuschlagen. Was bietet man mir denn beim Film an? Remakes, Schnulzen. Fehlt nur, dass ich in einem Western einen alten Trapper spielen soll. Nein! Dann doch lieber einige wenige, aber künstlerische Abende im Fernsehen.» Einem anderen Journalisten klagt er: «Der deutsche Film hat mir nichts mehr zu bieten! Mit dem deutschen Film ist nichts mehr los! Ich biete Drehbuch- und Rollenvorschläge an, die in den Schubladen verschwinden.» Diese Statements gibt er allerdings erst nach dem Vertragsabschluss mit dem ZDF ab.

Dem Programmdirektor Josef Viehöver und vor allem dem Produzenten Jürgen Richter war es gelungen, seine Vorbehalte gegen die schnelllebige Fernsehwelt auszuräumen. Viehöver arrangierte im hessischen Schloss Reinhartshausen ein Treffen mit Autoren und Regisseuren, die mit Rühmann über die Arbeitsweise beim Fernsehen, aber vor allem über geplante Projekte sprachen. So überzeugt man einen wie ihn am ehesten. Nur bei den Verhandlungen um die Gagen scheiden sich die Geister. Während Rühmann beim Film zu den Spitzenverdienern gehört, zeitweilig zum bestbezahlten Schauspieler Deutschlands avanciert, sind die Fernsehverantwortlichen an feste Honorarlimits gebunden – schließlich handelt es sich um eine öffentlich-rechtliche Anstalt, bei der über jede Ausgabe streng gewacht wird. Gilt Rühmann im Filmgeschäft als knallharter Verhandler, der sich nicht scheut, überzogene Gagen zu fordern, geht er hier großzügig Kompromisse ein. Rund fünfzigtausend Mark soll er für seine erste Fernsehrolle erhalten haben. Für das Fernsehen war das eine schier unglaublich hohe Summe, der Durchschnitt für Hauptrollen lag deutlich unter der Hälfte dessen. Dennoch ist es für Rühmann ein Verlustgeschäft, da er für einen Kinofilm noch immer mehr als das Doppelte beansprucht. Dafür kommt man ihm bei der Auswahl der Stoffe entgegen, räumt ihm das erste Vorschlagsrecht ein.

Auf seiner Wunschliste ganz oben steht *Der Tod des Handlungsreisenden.* In die Figur des lebensuntüchtigen, schizophrenen Handlungsreisenden Willy Loman hatte er sich verliebt, als er das Stück am Wiener Burgtheater spielte. Wie damals auf der Bühne wird ihm auch im Film Käthe Gold als Partnerin zur Seite gestellt. Im März 1968 beginnen die Arbeiten in Halle I des ZDF-Ateliers in Unterföhring bei München, zwei Monate später flimmert Rühmanns erster Fernsehfilm über die Bildschirme. Von der Kritik wird sein Debüt euphorisch aufgenommen. Selten konnte er in den letzten Jahren eine Laudatio lesen wie die, die in der Wochenzeitung *Die Zeit* unter der Überschrift *Welch ein Schauspieler!* erscheint: «Sprach schon einmal ein Schauspieler mit so leiser Stimme derart markerschütternd und schrill? Klagte ein anderer jemals mit dieser taubenfüßigen Inständigkeit den ‹American way of life›, das Hastewas-Bistewas, an? Gibt es einen zweiten Akteur, der mit sanftesten Mitteln die Würde der Erbärmlichkeit, die Größe seiner jämmerlichen Kreatur und die Einsamkeit eines Menschen darstellen kann …»

Vielleicht hätte Heinz Rühmann ab diesem Zeitpunkt nur noch beim Fernsehen arbeiten und sich auf Rollen dieses Anspruchs konzentrieren sollen – auf jeden Fall wäre das seiner Reputation als ernst zu nehmender Schauspieler besser bekommen. Doch er fällt zurück in die Klamotte. Rühmann spielt einen reichlich schrulligen Professor für Kybernetik, der sich auch im Privatleben von seiner Elektronentechnik nicht trennen kann und in seiner supermodernen Küche einen Entenbraten so programmiert, dass er um halb acht klingelt. Womit das Ganze dann auch einen Namen bekommt: *Die Ente klingelt um halb acht*. Um rechtzeitig, eben halb acht, zu Hause anzukommen, weicht er einem Verkehrsstau aus, in dem er querfeldein fährt, dabei aber mit dem Kühler einen Elefanten aufgabelt – wie lustig – und von der Polizei gestoppt wird, die ihn in eine Nervenheilanstalt – zum Brüllen komisch – einweist.

Zwar sorgt der Film schon im Vorfeld für allerlei Schlagzeilen, aber im Grunde nur, weil Rühmann nach acht Jahren das erste Mal wieder mit seiner Frau vor der Kamera steht. Roxy-Produktionschef Luggi Waldleitner, der sich einen italienischen Partner und mit Charles Regnier noch einen internationalen Star gesichert hat, nutzt die hausgemachte Sensation und kurbelt rechtzeitig zu Beginn der Dreharbeiten die Promotion-Maschine an. Obwohl Rühmann das zutiefst verabscheut, erst recht während der Arbeit, muss er sich für Interviews zur Verfügung stellen und den glücklichen Ehemann abgeben. Schließlich hat seine Rolle zu der im Film zu passen. An einem Tag im Mai öffnet Waldleitner die Ateliertüren auf dem Geiselgasteiger Filmgelände für eine Hand voll Journalisten, kurze Zeit später dürfen andere den wortkargen Schauspieler bei einem Drehtermin im Münchner Krankenhaus Rechts der Isar befragen. Dort erscheint Rühmann als Filmpatient sogar im Bademantel, aber nur, weil Fotoaufnahmen streng verboten sind. Die Produktionsfirma stellt den Zeitungen so genannte Standfotos von den Dreharbeiten zur Verfügung, deren Abdruck er genehmigt hat.

Natürlich verrät Rühmann in den Interviews nicht, wie es um

die Beziehung zu Hertha Feiler wirklich bestellt ist. Er erzählt nur von einer großen Liebe und davon, dass seine Frau immer zu ihm gehalten und ihm in schweren Zeiten Kraft gegeben hat. Seine Affären bleiben ein Geheimnis, auch zu dem Getratsche um uneheliche Kinder, das es immer mal wieder gibt, sagt er nichts. Später einmal wird sich eine junge Frau bei ihm melden und behaupten, sie sei die Tochter von Hertha Feiler. Ein hanebüchener Auftritt, so absurd wie die Behauptung, er habe Kinder mit anderen Frauen gezeugt. Bis zu seinem Tod wird es diese Gerüchte geben. Da es niemand auf einen Bluttest ankommen lässt, wird die Wahrheit nie mehr zu klären sein.

Trotz aller Einschränkungen erlaubt der Schauspieler seltene Einblicke in seine Gedankenwelt, die die Rollenverteilung im Hause Rühmann andeuten. Zum Beispiel gesteht er, froh zu sein, dass seine Frau keine besessene Schauspielerin sei, die ohne ihren Beruf nicht leben könne. Und dass ihre Verpflichtung für den einen Film bestimmt nicht der Beginn einer neuen Karriere sei. Denn sie kümmere sich lieber um Haushalt und Garten und lese die Drehbücher, die ihm angeboten werden. Tatsächlich kommt sie damit vor allem den Wünschen ihres Mannes nach. Wirklich aufgelehnt hat sie sich dagegen nie, vermutlich, weil sie ahnte, dass sein Einfluss im Filmgeschäft groß genug sein würde, um etwaige Vorhaben ihrerseits zu stoppen. Umgekehrt unternimmt er seit Jahren nichts, um sie ins Filmgeschäft zurückzubringen. Lieber sieht er sie im goldenen Käfig der Familienvilla an der Grünwalder Robert-Koch-Straße 20.

Das könnte den Eindruck erwecken, als habe Hertha Feiler unter der Knute ihres Mannes gestanden. Gleichwohl war dem nicht so. Freunde, Regisseure und Drehbuchautoren, die die Eheleute privat erlebten, berichten einhellig, dass zwischen ihnen eine permanente Spannung geherrscht habe. Einerseits bestand Rühmann auf ihrem Hausfrauendasein, andererseits revanchierte sich Hertha Feiler mit einer gewissen Strenge. Das liebevolle «Heini» oder «Heinz» der Anfangszeit sei oft dem strengen «Heinrich» gewichen. Und wenn sie «Heinrich» sagte, folgte meist ein Tadel oder eine Zurechtweisung. «Komm, Heinrich! Das ist der schlechteste Film, den du je gemacht hast!», sagte sie einmal nach einer Filmvorführung und zog ihn aus dem Raum. Wenn er in privater Gesellschaft mal herumalberte, habe sie ihn zur Zurückhaltung gemahnt. «Heinrich, lass das bitte.» Einige wollen es genau wissen: So soll sie sogar darauf bestanden haben, dass er kein Licht einschaltete, wenn er nachts auf Toilette musste, seinen Weg stattdessen mit Hilfe einer Taschenlampe zu suchen hatte.

Zudem sei die Fliegerei stets ein heikler Punkt gewesen, der ihre Beziehung enorm belastete. Darüber sei es häufig zu Streitereien gekommen. Wenn er selbst davon schon nicht lassen konnte, sollte er nicht auch noch ihren Sohn mit seiner Begeisterung für dieses waghalsige Hobby infizieren. Rühmann habe jedoch das Gegenteil unternommen. Wenn er sich aufgrund seiner beruflichen Verpflichtungen nur selten um seinen Nachwuchs kümmern konnte, strebte er wenigstens eine Koinzidenz im Geiste an. Nachdem Heinzpeter mit vierzehn Jahren das Internat verlassen hatte und nach Hause kommen durfte, habe er ihn zielstrebig an die Fliegerei herangeführt. «Als ich klein war», schrieb der Sohn später für eine Illustrierte, «nannte mein Vater mich Daddy. Dabei war er doch mein Daddy. Er sagte: ‹Daddy, wir müssen uns mal wieder ein Stück Freiheit gönnen.› Dann fuhren wir zum Flughafen …»

Überhaupt habe er den Jungen zu sehr verwöhnt, klagte seine Frau guten Freunden. Dabei lebte er neben seinem Sohn nur ein Stück eigene Kindheit nach. Als Heinzpeter sieben Jahre alt war, hämmerte er mit ihm ein Holzgefährt für ein Seifenkistenrennen zusammen. Mit dreizehn setzte er ihn zum ersten Mal ans Steuer seines Autos und geriet gleich in eine Polizeikontrolle. Was nicht so dramatisch war, da er eine passende Ausrede parat hatte und aufgrund seiner Berühmtheit von jeglichen Sanktionen verschont blieb. Von solchen Dumme-Jungen-Streichen durfte die Mutter natürlich nichts erfahren. In diesen Dingen war sie sehr ängstlich. Als Heinzpeter mit vierundzwanzig seine Fluglizenz erwarb, hielten Vater und Sohn das wochenlang vor ihr geheim.

Für die Schauspielerei hat er den Jungen allerdings nichts begeistern können, wollte er auch nicht. Nur einmal spielte der Sohn in einem Film mit. Damals war er zwölf und Regisseur Kurt Hoffmann davon überzeugt, dass er den idealen Leinwandbruder von Romy Schneider in *Das Feuerwerk* abgeben würde. Eine Initialzündung hat das bei Heinzpeter nicht ausgelöst, sein Interesse galt eher den siebenhundert Mark Gage, von denen er sich später ein Mofa kaufen wollte. Noch später wird es ihn zu Forschung und Lehre ziehen. Als Professor für Arbeitswissenschaft hat er heute den Lehrstuhl Ergonomie der Fakultät für Maschinenwesen an der Technischen Universität in München inne. Ein sehr gegenständlicher Fachbereich, weitab von jener Scheinwelt des Films, die sein Vater so liebte.

Rühmann will damals trotz Mahnungen seiner Frau natürlich nicht auf das Fliegen verzichten. Erst mit 82 wird er das letzte Mal eine Maschine steuern. Um des lieben Friedens willen jedoch verschweigt er ihr häufig seine heimlichen Ausflüge. Dann müssen Regisseure und Schauspieler als Alibi herhalten. Imo Moszkowicz, mit dem er den Film *Max, der Taschendieb* drehte, erinnert sich, wie Rühmann ihn zu einem solchen Geheimunternehmen anwarb: «Ich sollte mich mit ihm verabreden, weil angeblich noch einige Fragen zum Drehbuch zu klären waren. Wir waren natürlich längst fertig und trafen uns nur, um miteinander fliegen zu können.» Während der Dreharbeiten zu *Grieche sucht Griechin* in Montreux schwor er eines Tages Regisseur und Produzent ein, seiner Frau zu erzählen, er sei für zwei, drei Stunden beim Maskenbildner beschäftigt und wolle auf keinen Fall gestört werden. In Wahrheit unternahm er in dieser Zeit eine Stippvisite nach Salzburg. Verschwiegenheit zeichnete übrigens auch all die Frauen aus, die er heimlich in seiner Maschine mitnahm. Freundinnen der Familie und Geliebte waren darunter, in seinem Bordbuch tauchten die Namen Letzterer jedoch niemals auf. Darin vermerkte er einfach nur «Hertha», was offensichtlich niemanden störte und kein Mensch kontrollierte.

Ein anderes Problem, das die Beziehung der beiden belastet, betrifft Tiere. Rühmann ist vernarrt in Hunde, mag aber auch alle anderen Viecher. Seit Mitte der zwanziger Jahre hält er sich Hunde unterschiedlicher Rasse. Das Anwesen am Wannsee in Berlin glich zeitweilig einem kleinen Zoo, es beherbergte neben einem Hund Hühner und Enten, ein Schwein und ein Pony. Als im Krieg das Benzin knapp und Zivilisten das Autofahren verboten wurde, kutschierte er mit einem kleinen Pferdegespann zum Filmgelände nach Babelsberg. Stand der Schauspieler für eine Filmrolle mit einem Hund vor der Kamera, brachte er den meistens nach den Dreharbeiten mit nach Hause, was auf heftige Proteste seiner Frau stieß. Manchmal soll sie ihn mit dem Tier regelrecht vor die Tür gesetzt haben. Weilten Regisseure zu Vorbesprechungen für neue Filme im Haus, erkundigte sie sich bisweilen, ob denn darin ein Hund oder irgendein anderes Tier mitspielen würde. Bejahte man ihre Frage, sah sie ihren Mann streng an, und ihre Blicke verrieten ihm, was sie nicht aussprechen musste: Wehe, du kommst wieder mit einem Köter heim!

Der ganze Rummel gehört zum Geschäft, das aber bringt in diesem Fall nicht viel ein. *Die Ente klingelt um halb acht* verdeutlicht nur einmal mehr, wie schlecht es um den deutschen Film bestellt ist. Als hätte es dieses Beweises noch bedurft. «Thieles Film ist so lustig wie der schlechteste der so genannten Irrenwitze», kommentiert *Die Welt* seinen Kinostart, «aber er dauert eineinhalb Stunden lang, und deshalb ist er noch schwerer erträglich. Die Hauptrolle spielt Heinz Rühmann; man fragt sich warum.» Die Kritik erscheint im November 1968, zu einem Zeitpunkt, als sich Rühmann weder für diesen Film noch für irgendeinen anderen interessiert. Schon an den letzten Drehtagen fühlte er sich nicht gut, ihn plagten Schmerzen in der Bauchgegend. Anfangs schob er die Beschwerden auf den Drehstress und kümmerte sich nicht weiter darum. An einem Abend Mitte Juli jedoch verschlechtert sich sein Zustand, er klagt zusätzlich über Übelkeit und kann sich nicht mehr auf den Beinen halten. Er ist erschöpft, in seinem Alter kein Wunder, aber auch keine große Sache, ein paar Stunden Schlaf, dann geht das schon wieder. Er legt sich ins Bett, doch lange schläft er nicht, die Schmerzen werden stärker. Bis zum nächsten Morgen verschlechtert sich seine Verfassung noch weiter. Es muss wohl doch etwas anderes sein, vielleicht eine Kolik. Seine Frau fährt ihn in die Münchner Universitätsklinik, höchste Zeit, sein Zustand ist kritisch. Die Dreharbeiten müssen unterbrochen werden. Nachdem klar ist, dass Rühmann für einige Zeit ausfällt, wird der Schluss geändert und ohne ihn fertig gestellt.

Die Ärzte auf der chirurgischen Station stellen fest, dass Rühmanns Darmfunktion völlig versagt. Chefarzt Professor Rudolf Zenker nimmt sich des prominenten Patienten an. Der wird in einem Einzelzimmer untergebracht, an seinem Bett und an der Tür steht ein anderer Name. Während einer kurzen Besprechung weist Zenker seine Mitarbeiter an, Stillschweigen über Rühmanns Aufenthalt zu wahren. Eine undichte Stelle, und die Journalisten würden die Klinik belagern. Das kann er nicht gebrauchen, er muss den Kranken schützen, jede Aufregung würde ihn unnötig belasten. Noch wissen sie nicht, wie schlecht es um den Patienten steht. Erst die Röntgenuntersuchung bestätigt Zenkers Verdacht, die Aufnahme zeigt deutlich einen faustgroßen Schatten im Darmbereich. Alles deutet darauf hin, dass ein Tumor den Organausfall und die Schmerzen verursacht. Die Größe der Geschwulst drängt zur Eile. «Die Frage hieß: Strahlen oder Stahl?», erinnert sich ein Arzt, der damals auf der Station eingesetzt war – entweder Strahlenbehandlung oder Operation. Und noch etwas muss geklärt werden: Informieren sie Rühmann und seine Frau über das Ausmaß der Krankheit, offenbaren sie ihnen, dass die Schmerzen durch ein Krebsgeschwür hervorgerufen werden? «Zenker vertrat die Meinung, dass er nicht jedem sagen müsse, wie es um ihn stand. Damals war das noch möglich», erklärt der ehemalige Mitarbeiter. Nach Zenkers Dafürhalten konnte das Wissen um die Wahrheit schwere psychische Folgen für den Patienten mit sich bringen. Die wiederum hätten sich negativ auf die Behandlung und eine erhoffte Heilung auswirken können.

Heinz Rühmann und Hertha Feiler werden die Wahrheit nicht erfahren. Professor Zenker entscheidet sich gegen eine Strahlentherapie. In diesem Fall hätte er dem Schauspieler reinen Wein einschenken müssen. Das will er nicht, soll der Patient ruhig glauben, dass es eine Kolik ist. Stattdessen setzt er für den übernächsten Tag eine Operation an, die gleich am frühen Morgen durchgeführt wird.

Dreißig Tage später darf Rühmann die Klinik verlassen, er ist geschwächt – und noch nicht geheilt, was er ebenfalls nicht weiß. Zwar wurde durch den Eingriff die Darmfunktion wieder hergestellt, Schmerzen quälen ihn aber immer noch. Die Wunde heilt nicht so schnell wie erhofft, es treten Komplikationen auf. Er leidet unter Appetitlosigkeit, nachts kann er schlecht schlafen. Zu allem Überfluss bekommt er auch noch einen Schluckauf, der nicht nur ein paar Stunden, sondern mehrere Tage anhält. Als alle Hausmittel nicht weiterhelfen, bittet Hertha Feiler einen Heilpraktiker um Hilfe, bei dem sie seit längerer Zeit in Behandlung ist. Der rückt mit Tropfen und Akupunkturnadeln an und beendet nach einer Sitzung das quälende Hicksen.

Doch noch ist das Krebsgeschwür nicht vollständig entfernt. Bereits einen Monat später, im September, findet ein zweiter Eingriff statt. Wie wenig Rühmann von seiner Krankheit weiß, verdeutlicht ein Interview, dass er im November dem Wochenblatt *Die Zeit* gewährt: «Ich bin wieder gesund. (…) Allerhand Aufregungen hatten zu Koliken geführt. Professor Zenker empfahl schließlich eine kleine Operation.» Dennoch nimmt er in dieser Zeit keine neuen Aufträge an. Nur einmal lässt er sich ins ZDF-Studio fahren, um für eine Tucholsky-Sendung einen Text zu lesen. Sie wird am Silvestertag ausgestrahlt. Keine zwei Monate später muss er sich in der Universitätsklinik erneut unters Messer legen. Erst danach sind die Ärzte beruhigt, erst danach gilt er als geheilt. Mit Sicherheit wird das aber erst in fünf Jahren zu sagen sein.

Drei Operationen in sieben Monaten steckt niemand so einfach weg. Zudem ist Heinz Rühmann nicht mehr der Jüngste, sein Körper verlangt nach Erholung. Vorerst zieht er sich aus dem Filmgeschäft zurück. Finanziell ist er längst abgesichert. Wenn es danach ginge, bräuchte er nie mehr ein Atelier oder eine Bühne zu betreten. Die Jahre der erzwungenen Sparsamkeit sind längst vorüber, auf seinen Konten lagern mehrere Millionen Mark, dazu besitzt er mehrere Immobilien – es gibt nichts, das er sich nicht leisten könnte.

Noch in diesem Jahr tätigt er eine größere Ausgabe. Im südfranzösischen Cap Ferrat kauft er ein luxuriöses Appartement über zwei Etagen. Die Ferienunterkunft liegt günstig, nur wenige Meter vom

Hafen entfernt, in dem bald das Segelboot von Heinzpeter fest macht. Gleich in der Nähe befinden sich drei Golfplätze. Hier kann Rühmann jeden Morgen seinem zweitliebsten Hobby frönen. Gyula Trebitsch, der befreundete Produzent in Hamburg, selbst ein leidenschaftlicher Golfer, hatte ihn vor Jahren für den Sport begeistern können. Die ersten Stunden absolvierte Rühmann bei Trebitschs Lehrer. Aus der Anfangszeit existiert noch eine Karte, auf der Rühmann nach dem ersten Unterricht die Anweisungen so exakt notierte, wie er sonst im Atelier zu Werke ging: «Absätze gut am Boden, Oberkörper gerade, locker in den Knien (das rechte Knie Richtung Ball), neuer Griff, Schläger mit linkem Arm gerade und tief über dem Boden aufschwingen, Schulterdrehung um neunzig Grad, Kopf bleibt ruhig, nicht verkrampft, hoch aufschwingen, abknicken nach Gefühl und mit Spannung im Gelenk ...» Diese Anleitung wird er bis zuletzt in seinem Golfbag aufbewahren. Erst nach seinem Tod wird sie seine dritte Ehefrau finden und dem Freund als Erinnerungsstück nach Hamburg schicken.

Bis zum Herbst erholt sich Heinz Rühmann noch, dann lockt ihn das ZDF wieder ins Studio. *Mein Freund Harvey* soll als Fernsehspiel aufgezeichnet werden. Da ist er natürlich sofort dabei, die Rolle des Elwood beherrscht er aus dem Effeff, so oft hat er sie auf der Bühne gespielt. Den Regisseur Kurt Wilhelm hätten sich die Mainzer getrost sparen können – Rühmann dirigiert, er weiß am besten, wie das Stück funktioniert. Produktionsleiter Georg Richter, der gelegentlich zu cholerischen Gefühlsausbrüchen neigt, breitet ihm den roten Samtteppich aus. Er weiß, was für einen Fisch er an der Angel hat, mit Rühmann ist er ein gemachter Mann beim ZDF. So behandelt er ihn dann auch. Der Star braucht nur mit dem Finger zu schnipsen, schon bekommt er, wonach er verlangt. Der Ausschnitt des Kleides seiner Partnerin fällt ihm zu groß aus, also wird er umgehend mit einer Borte gezüchtigt. Bemängelt Rühmann eine Szene, lässt der Regisseur sie so lange wiederholen, bis sein Hauptdarsteller einverstanden ist. Fotografen dürfen sich bei den Dreharbeiten sowieso nur blicken lassen, wenn er zuvor die Erlaubnis erteilt hat. Last but not least behält er sich auch noch vor, die zwölfseitige Inhaltsangabe für die Pressemappe selbst zu schreiben. Die erweist sich allerdings als mangelhaft und muss nachgearbeitet werden. Das ändert nichts daran, dass neben der eigentlichen Arbeit im Studio alle angehalten sind, den Star bei Laune zu halten. «Solche Leute wie Rühmann waren früher halbe Heilige für uns», resümiert Kurt Wilhelm heute.

Im Anschluss daran übernimmt Rühmann noch eine Fernseharbeit, dreht nach Peter Ustinovs Theaterstück *Photofinish* unter der Regie von Harry Meyen die Komödie *Endspurt*. Danach sagt er sämtliche Verpflichtungen rigoros ab. Im Februar überredet ihn seine Frau, einen Ball im Hotel Bayerischer Hof zu besuchen. Hertha Feiler nutzt solche Anlässe gern, um teure Roben auszuführen, die sich in ihrem Schrank sammeln. Selten genug bietet sich eine Gelegenheit dafür, was nicht daran liegt, dass das Ehepaar keine Einladungen erhält. Es ist ihr Mann, der es vorzieht, solchen Gesellschaften fern zu bleiben. Ihn überkommen Hemmungen, wenn er nur daran denkt. Er fürchtet, nicht zu Unrecht, sein Erscheinen könnte Aufsehen erregen, fürchtet die taxierenden Blicke der anderen und deren Erwartung, er müsse den Komödianten abgeben. Damit konnte er in jungen Jahren umgehen, jetzt sehnt er sich nach Ruhe. Vielleicht ist es die Krankheit seiner Frau, die ihn in dem konkreten Fall ausnahmsweise umstimmt. Sie fühlt sich seit Monaten schlecht, leidet unter Schlafstörungen, ohne dass ein Arzt bisher die Ursache ihrer Beschwerden ergründen konnte.

Noch im Frühjahr brechen sie zu einer Reise nach Südafrika auf. Es ist ihr erster längerer Urlaub seit Jahren, sie genießen das Zusammensein. Die Belastungen der letzten Jahre sind dadurch nicht vergessen, sie erscheinen nur in einem anderen Licht. All die Zeit haben sie miteinander verbracht, die guten und auch die schlechten Tage – sie wissen, was sie aneinander haben, selbst die Affären und Streitigkeiten konnten sie nicht auseinander bringen, ihre Urverbundenheit ist noch immer vorhanden, jetzt soll endlich Ruhe einkehren. Doch ihre Hoffnung erweist sich als trügerisch, die Idylle der afrikanischen Wildnis ist nicht in das Alltagsleben hinüberzuretten.

Kurz nach ihrer Rückkehr meldet sich Hertha Feiler bei Professor Zenker in der Universitätsklinik zur Behandlung an. Sie leide seit geraumer Zeit an Schlaflosigkeit, sagt sie auch ihm. Sie habe schon einige Ärzte, ihren Heilpraktiker und einen so genannten Wunderheiler konsultiert, der eine vermute eine Nervenkrankheit, aber niemand habe ihr helfen können. Sogar Cortison habe sie verschrieben bekommen, was sich lediglich auf ihre Figur auswirke – sie habe innerhalb weniger Wochen mehrere Kilogramm zugenommen, auch das belaste sie. Sie war immer so stolz auf ihre Figur gewesen, hatte Diäten und auch Hungerkuren durchgehalten, um ihre Maße zu halten. Sie ernährte sich gesund und achtete darauf, vor allem abends wenig Kalorien zu sich zu nehmen. Noch vor zwei Jahren berichtete sie den Leserinnen einer Frauenzeitschrift, dass sie bei ihren ein Meter siebzig Körpergröße nur siebenundfünfzig Kilogramm wiege. Und nun passten ihr die Kleider nicht mehr, die Katastrophe einer modebewussten Frau, die sie zusätzlich in Verzweiflung stürzte. Da kam ihr das schneiderhandwerkliche Geschick von Heinzpeters Freundin Marion gerade recht. Die junge Frau, die hin und wieder als Model arbeitet, ändert ihr Kleider, Röcke und Hosen ab. Hertha Feiler hätte sich auch neu einkleiden können, Geld ist genug vorhanden, aber damit geht sie sparsam um. Außerdem hält sie die leidige Gewichtszunahme für ein vorübergehendes Problem. Wenn sie sich wieder besser fühlt, kommen auch die Pfunde wieder runter, denkt sie.

Nach den ersten Untersuchungen steht der Chefarzt Zenker erneut vor der Frage, wie er es mit der Wahrheit halten soll. Alles deutet darauf hin, dass auch Rühmanns Ehefrau an Krebs erkrankt ist. In ihrem Fall sieht es sogar noch bedrohlicher aus, da offenbar mehrere Stellen im Darm- und Unterleibsbereich betroffen sind. Schwer zu sagen, worauf das zurückzuführen ist. Wie ihr Mann raucht auch sie, damit hatte sie schon als Dreizehnjährige begonnen. Er bevorzugt Zigarren und später Zigarillos, sie hält sich an Zigaretten. Aber daran muss es nicht liegen. Der Professor entscheidet sich wie im Falle ihres Mannes für das Verschweigen. Er weiß, dass Hertha Feiler seit längerem zu Depressionen neigt, die möglicherweise von jener

Kriegsnacht in den Händen der russischen Soldaten herrühren. Er weiß auch, dass sie, obwohl sie nach außen hin fröhlich, sogar ausgelassen und glücklich wirken konnte, eine pessimistische Grundhaltung verinnerlicht hat und stets das Schlimmste befürchtet. Als sie vor Jahren während einer Urlaubsreise einmal einen harmlosen Pickel auf ihrer Stirn entdeckte, war sie in Panik verfallen. Niemand konnte sie in dem Moment von ihrer Befürchtung abbringen, dass es sich um ein Karzinom handeln würde und sie bald sterben müsse.

Nach einem ersten operativen Eingriff rät der Arzt dem Ehepaar, sich zur Erholung in das Ferienquartier an der Côte d'Azur zurückzuziehen. Das Klima würde ihr gut bekommen und den Heilungsprozess beschleunigen. Daraufhin reisen Rühmann und seine Frau nach Cap Ferrat. Beide denken, dass auch Herthas Krankheit zu besiegen ist; sie kennen die Wahrheit nicht, glauben noch immer an eine komplizierte, aber heilbare Nervenerkrankung. Unter der südfranzösischen Sonne fühlt sich das Leben wieder besser an. Sie gehen auf dem Markt einkaufen, spazieren am Hafen entlang, genießen von der Kaimauer aus den Blick auf die Altstadt.

Doch all die Schönheit kann das Leiden auf Dauer nicht verdrängen. Nach München zurückgekehrt, wendet sich Hertha Feiler im Oktober erneut an Professor Zenker. Und erneut wird sie unter einem falschen Namen auf seiner Station aufgenommen. Zwei Operationen finden noch statt, sie bringen nicht den erhofften Erfolg. Am 2. November 1970 erliegt sie ihrem Krebsleiden. Nur zwei Tage später, am Morgen des 4. November, neun Uhr dreißig, wird sie auf dem Grünwalder Friedhof beigesetzt. Neben ihrem Ehemann und dem Sohn sind nur die engsten Freunde anwesend, darunter Professor Zenker, der Produzent Georg Richter und Regisseur Kurt Hoffmann. Einen Pfarrer haben die Hinterbliebenen nicht bestellt. Es erklingt lediglich Beethovens *Pastorale* von einem Tonband, ehe der Sarg in die Erde gesenkt wird. Erst am Tag darauf erfährt die Öffentlichkeit vom Tod Hertha Feilers. Ihr Grabstein bleibt für Jahre namenlos.

ELFTES KAPITEL

Ein Mann geht durch die Wand

Es ist ein warmer Julitag im Jahr 1971, als die «Mermoz» den Hafen von Cannes verlässt. Das französische Kreuzfahrtschiff nimmt Kurs auf die griechischen Inseln. An Bord befinden sich sechshundert Passagiere, die für drei- bis viertausend Mark fünfzehn Tage Luxus gebucht haben, ausreichend Sonnenschein erhalten sie gratis dazu. Die meisten von ihnen sind Franzosen, ein paar Engländer sind darunter, wenige Deutsche. Zu ihnen gehört eine fünfundfünfzigjährige Frau aus der Nähe von München. Sie unternimmt zum ersten Mal eine Schiffsreise. Dafür hat sie einen Teil ihrer Ersparnisse abheben müssen, einen teuren Urlaub wie diesen kann sie sich für gewöhnlich nicht leisten. Aber diesmal war es ihr die Sache wert. Von einem Bekannten hatte sie erfahren, dass sich auch Heinz Rühmann auf dem Schiff aufhalten würde. Seit dreißig Jahren verehrt sie den Schauspieler, noch nie war sie ihm persönlich begegnet, jetzt sollte ihr das endlich gelingen. Sie hatte sich darauf sorgfältig vorbereitet, hatte sich überlegt, wie sie ihn begrüßen würde, wenn sie ihm gegenüber stünde, vor allem hatte sie sich ein neues Kleid gekauft, ein Seidenkleid mit Blumenmuster. Wenn sie das trägt, sieht sie jünger aus, glaubt sie. Doch zunächst wird ihre Geduld auf die Probe gestellt. Zwar befindet sich Rühmann tatsächlich an Bord des Schiffes, doch nur wenige bekommen ihn an den ersten Tagen der Reise zu sehen.

Er zählt auch nicht zu den Urlaubern, die sich auf der «Mermoz» erholen wollen, hinter seiner Anwesenheit stecken berufliche Gründe. Knapp acht Monate nach dem Tod seiner Frau steht er für den Kinofilm *Der Kapitän* vor der Kamera. Wieder einmal hatte Franz Seitz zur Feder gegriffen und diesmal die Romanvorlage *Käpt'n Ebbs, Seebär und Salonlöwe* des Briten Richard Gordon zu einem Drehbuch umgearbeitet. «Von der ersten Zeile an habe ich an Rühmann gedacht», erklärt er die Absicht seiner Schreibarbeit. Um die Hauptperson entwickelte er eine mit vielen schlüpfrigen Gags verzierte Geschichte, die zuvorderst das Ziel verfolgt, Rühmann möglichst publikumswirksam in Szene zu setzen. Der wird als Kapitän Ebbs von einem altersschwachen Frachter auf einen luxuriösen Passagierdampfer versetzt und dort nicht nur mit den Befindlichkeiten verwöhnter Urlauber konfrontiert. Muss sich doch ausgerechnet Konsul Carstens – von Horst Tappert gespielt – an Bord befinden, seines Zeichens Hauptanteilseigner der Reederei, der das Schiff gehört, und eben auch passionierter Besserwisser. Am liebsten würde Carstens sich selbst auf die Brücke stellen und das Kommando übernehmen. Damit nicht genug, mischen sich zu allem Überfluss noch ein paar attraktive Frauen ein, die den Herren den Kopf verdrehen und für allerlei Tohuwabohu sorgen. Im Grunde muss man sich den Inhalt des Films wie eine Folge der späteren Fernsehserie *Das Traumschiff* vorstellen: hübsche Frauen, um sie konkurrierende Männer, idyllische Landschaftsaufnahmen, Herz, Schmerz, Tränen – und am Ende ist der Gute der Glückliche.

Obwohl einige Zeitschriften anderes zu berichten wussten, hatte sich Heinz Rühmann nach dem Verlust seiner Frau nicht viel Zeit zum Trauern gegönnt. Die Filmarbeiten auf der «Mermoz» sind nicht die ersten seitdem. Bereits im März 1971, vier Monate nach Hertha Feilers Tod, durfte Fernsehproduzent Georg Richter die neuen Pläne Rühmanns öffentlich verkünden. Zunächst werde er die Hauptrolle in dem Fernsehspiel *Der Pfandleiher* übernehmen. Als möglichen Drehbeginn avisierte er Ende April, die Ausstrahlung solle noch im Laufe des Jahres erfolgen. Aus der vagen Andeutung ergab sich überraschend schnell ein konkreter Termin, am 19. April zog Rühmann ins Atelier ein. Schon zuvor beschäftigte er sich mit der Serie *Der kleine Doktor*, die seit einem Jahr nach Georges Simenons Vorlage eigens für ihn entwickelt wurde. Darin sollte er nach bewährter Pater-Brown-Manier einen Hobbydetektiv verkörpern, diesmal nicht in Soutane, sondern im Arztkittel. Nachdem die Drehbücher für die ersten dreizehn Folgen vorlagen, wies er sie zurück, so würde er die Rolle nicht spielen. Woraufhin das ZDF Hans-Jürgen Bobermin mit deren Bearbeitung beauftragte. Der setzte sich mehrmals mit Rühmann zusammen, um seine Änderungswünsche aufzunehmen. Im Frühjahr 1971 schickte er ihm die Skripte für vier Folgen. Erneut verlangte der Schauspieler Änderungen, die in der nächsten Fassung berücksichtigt wurden. Heute weiß Bobermin nicht mehr, wie oft überhaupt geändert werden musste – nur, dass Heinz Rühmann bis zuletzt nicht zufrieden zu stellen war. Selber wollte er die Drehbücher aber auch nicht schreiben, er sei schließlich kein Autor, habe er gesagt. Und nach zwei Jahren die Rolle endgültig abgelehnt.

Die Mitwirkung an *Der Kapitän* war vor Hertha Feilers Tod vertraglich vereinbart worden. Privat hätte Rühmann ein solches Schiff zu diesem Zeitpunkt nicht betreten. Schiffsreisen sind ihm zuwider. Die begrenzten Bewegungsmöglichkeiten würden ihn in einem unerträglichen Maße einschränken, sagte er einmal, außerdem sei er den Passagieren ähnlich ausgeliefert wie in einem Zug den Mitreisenden. Das habe er mehrmals erlebt, und es sei ihm unangenehm in Erinnerung geblieben. Während er in seinem Abteil saß, hätten sich die Neugierigen an der Glastür die Nasen breit gedrückt, um einen Blick auf ihn zu erhaschen. Manch einer hätte ihn sogar angesprochen und gefragt, warum er nicht so fröhlich sei wie in seinen Filmen. Als er während einer anderen Bahnfahrt vorsichtshalber die Vorhänge zuzog, um den lästigen Blicken zu entgehen, wäre er beschimpft worden, was er sich denn einbilde und ob er sich für etwas Besseres halte. Ach ja, und auf einer Fähre sei er schon mal von einer ganzen Schulklasse verfolgt worden. Er befürchte, dass es ihm auf einem Schiff ähnlich ergehen würde. Außerdem störe ihn der Lärm, überall würde man mit Musik beschallt, ob sie einem gefällt oder nicht.

Erst zehn Jahre danach wird ihm seine dritte Ehefrau eine Kreuzfahrt auch privat schmackhaft machen. Mit ihr wird er in Acapulco die «MS Europa» zu einer Südamerikatour besteigen, nach wenigen Tagen seine Vorurteile über Bord werfen und alles mit anderen Augen sehen: «Nachdem die Mitreisenden festgestellt hatten, dass ich so aussah, wie ich aussehe, und so spreche wie im Film und nicht unbedingt auf Kronleuchtern herumturne oder auf den Händen ins Restaurant gehe, normalisierte sich auch für mich der Bordalltag.» Ohne Vorurteile wird er zwei Jahre darauf erneut eine Doppelkabine auf einem Luxusliner buchen und durchs Mittelmeer schippern. Die Route wird ihn an die Dreharbeiten auf der «Mermoz» erinnern.

Dort muss seine Verehrerin einige Tage warten, ehe sie ihn eines Morgens im Swimmingpool auf dem Sonnendeck ausfindig macht. Er war extra gegen sechs Uhr aufgestanden, um unbehelligt ein paar Bahnen schwimmen zu können. Selbst das wird einem vermiest, denkt er. Als er die Frau in ihrem blumengemusterten Kleid erblickt, zieht er sich schleunigst aus dem Wasser und stillschweigend in seine Kabine zurück. Am nächsten Morgen steht die Frau wieder am Becken und wartet auf ihn, doch er beachtet sie auch diesmal nicht und gibt ihr keine Chance, ihn anzusprechen. Im Umgang mit hartnäckigen Fans ist er mittlerweile geübt, auch wenn ihm solche Nachstellungen noch immer Unbehagen bereiten. Da sind ihm Sympathiebekundungen in Briefform doch lieber, die ihm zu Hunderten von der Post ins Haus gebracht werden. Kuriose Sachen befinden sich darunter – eine Nonne, die von seiner Flugbesessenheit weiß, schickte ihm ein ganzes Album mit Flugzeugbriefmarken, andere verlangen nach Ratschlägen in privaten Lebenskrisen oder einfach nur eine Autogrammpostkarte –, doch die kann er in Ruhe ansehen, ohne sich mit dem Menschen, der sie verfasste, persönlich auseinander setzen zu müssen. Wer den Briefweg wählt, um ihm seine Aufwartung zu machen, erlebt ihn nicht persönlich, gewinnt aber den Eindruck, dass er durchaus zugänglich ist. Nicht jedes Schreiben kann er selbst beantworten, es sind einfach zu viele, dennoch müht er sich redlich, den größten Teil davon zu bewältigen. Aber ihn bis auf ein Schiff zu verfolgen – das ist ja wohl ungeheuerlich.

Dabei hatte sich Filmproduzent Franz Seitz bei seinem Zwei-Millionen-Mark-Projekt bewusst für ein ausländisches Kreuzfahrtschiff entschieden, um mit seinem Team möglichst unbehelligt von den Touristen arbeiten zu können. Auf einem deutschen Urlaubsdampfer dürfte das kaum möglich gewesen sein, zu prominent die Besetzungsliste, nicht nur Rühmann wäre vermutlich sofort erkannt und umlagert worden. Neben ihm hatte Seitz Johanna Matz angeheuert, Horst Tappert, Ernst Stankovski, Günter Pfitzmann, Horst Janson, Monika Lundi und Joseph Offenbach, alle bekannt genug, um für einen Auflauf zu sorgen. Den französischen Passagieren dagegen fallen eher die Techniker auf, die Kameraausrüstungen, Scheinwerfer und Kabel umhertragen. Dennoch gestalten sich die Aufnahmen anstrengender, als die urlaubsselige Umgebung vermuten lässt. Es herrscht gereizte Stimmung unter den Filmleuten. Regisseur Kurt Hoffmann, der zum siebten Mal einen Rühmann-Streifen inszeniert, agiert ungewöhnlich nervös, was möglicherweise daran liegt, dass seine letzten Filme nicht sehr gut beim Publikum ankamen. Ganz sicher tragen auch die Zwistigkeiten dazu bei, die seine Hauptdarsteller Rühmann und Tappert untereinander austragen. Die beiden sind sich nicht grün und geben sich nicht einmal Mühe, das zu verbergen. Tappert geht es zum Beispiel gegen den Strich, dass Rühmann in jeder Szene, die sie zusammen bestreiten, das letzte Wort haben will. Um das zu verhindern, erfindet er manchmal noch schnell einen Satz, der nicht im Drehbuch steht. Das wiederum bringt Rühmann in Rage, er verlangt absolute Texttreue.

Nach den Dreharbeiten ist er nicht so konsequent. Während er die anderen Darsteller beinahe ignoriert, sich kaum zu einer privaten Unterhaltung mit ihnen bequemt, was zusätzlich für Missstimmung sorgt, widmet er sich umso intensiver der ungarischen Schauspielerin Terry Torday. Die Neunundzwanzigjährige, die sich in ihren bisherigen Filmrollen sehr freizügig zeigte, spielt auch diesmal eine liebeshungrige Dame, die mit ihren körperlichen Reizen nicht geizt und den Kapitän unbedingt ins Bett locken will. Was ihr allerdings nicht gelingt, soweit es die Szenen vor der Kamera betrifft.

Wie nah sich die beiden kommen, nachdem die Aufnahmegeräte abgeschaltet sind, bleibt dem Bereich der Spekulationen vorbehalten. Produzent Seitz berichtet, dass Rühmann wohl ein bisschen in sie verliebt gewesen und um sie herumgetänzelt sei, ihr am Tisch den Stuhl unterschob und sie des Öfteren in der Kabine anrief, um sich nach ihrem Befinden zu erkundigen. Von einer sexuellen Affäre will er indes nichts mitbekommen haben. Dagegen erinnert Seitz, wie sich Horst Tappert bemühte, das Herz der attraktiven Ungarin zu erobern. Ihn habe es gekränkt, dass sie mit Rühmann ihre Mahlzeiten einnahm und nicht mit ihm. Vielleicht rührten die Animositäten der beiden Schauspieler auch daher.

Eines Nachts startete Tappert einen wenig charmanten, dafür recht durchtriebenen Versuch, wenn nicht bei ihr, dann wenigstens in ihrem Bett zu landen: Während beide mit ein paar anderen Filmleuten im Night Club saßen – Rühmann war nie dabei, er zog sich frühzeitig in seine Kabine zurück –, flößte er ihr reichlich Whiskey ein, fünf bis sechs Gläser mögen es gewesen sein. Die waren dann aber zu viel des Guten, nach dem letzten Schluck konnte sich Terry Torday nicht mehr auf den Beinen halten. Schnell bot sich Tappert an, die Betrunkene mit Franz Seitz zu ihrer Kabine zu tragen. Kurz davor bat er den Produzenten, eine Pause einzulegen. Für einen Augenblick verschwand er in seiner Unterkunft, und als er wieder herauskam, war er nur noch mit einem Bademantel bekleidet, darunter nackt, wie Seitz versichert. Zusammen hievten sie die junge Frau in ihr Bett. Dort sei sie dann aber sofort in einen tiefen Schlaf versunken – zu Tapperts Leidwesen. Ähnliche Zwischenfälle sollen sich danach nicht mehr ereignet haben; Terry Torday habe sich an Rühmann gehalten, in dem sie wohl einen väterlichen Freund sah.

Andere wollen das anders beobachtet haben. Obwohl Rühmann vor der Reise darauf bestand, dass keine Journalisten auf das Schiff gelassen werden – seitdem sie ihm am Grab seiner Frau aufgelauert hatten, fühlte er sich regelrecht verfolgt von ihnen –, tauchen gleich mehrere auf. Sogar ein französischer Fotograf gibt sich zu erkennen, den eine deutsche Illustrierte engagiert hat. Die Redaktionen lassen sich ihre Recherchen vor Ort einiges kosten. Wenn Rühmann seinen ersten Kinofilm nach Hertha Feilers Tod dreht, muss man einfach dabei sein und darüber berichten. Dabei interessiert weniger der künstlerische Aspekt, an seinem persönlichen Schicksal wollen die Leser Anteil nehmen. Und wenn das Objekt der Begierde selbst nichts davon hält, muss es eben überrumpelt werden. Das dürfte auch den Mitarbeitern der Produktionsfirma einleuchten, Absprache hin oder her. Irgendjemand muss den Reportern verraten haben, auf welchem Schiff gedreht wird und wann und wo es in See sticht. Aus ihrer Sicht kann es außerdem nicht schaden, wenn der neue Film schon mal in die Schlagzeilen gerät. Das ist Werbung, die keinen Pfennig kostet.

Höchstens Rühmann sein intimes Geheimnis, falls es eines gibt. Während sich der Star zu Beginn der Reise meistens in seine Kabine verkroch, wenn er nicht zu drehen hatte, kann man ihn jetzt häufiger an Deck zu beobachten, gemeinsam mit Terry Torday. Die Journalisten wollen genau hingesehen haben. Wieder in ihren Redaktionsstuben, werden sie schreiben, dass es die feurige Ungarin mit ihrem lustigen Wesen und quirlenden Temperament geschafft habe, den verbitterten Rühmann aus seinem Mauseloch zu holen. Er, der unfähig gewesen sei, selbst den Menschen entgegenzutreten, sei bereitwillig auf sie eingegangen. Pausenlos hätten die beiden über den Drehbüchern zusammengesessen, und dabei sei aus kollegialer Hilfestellung menschliche Zuneigung geworden. Abends hätten sie Rotwein getrunken und angeregt geplaudert, während Rühmann seiner Tischpartnerin gedankenverloren die Hände streichelte. Von einer «Bordromanze» steht woanders geschrieben und davon, dass sie wie zwei Turteltäubchen in Rühmanns Luxuskabine mit der Nummer 528 verschwanden und Champagner bestellten. Nur einmal sei es zu einem Zerwürfnis gekommen, weil die Ungarin kurzzeitig mit einem anderen Schauspieler geflirtet haben soll. Umso herzlicher sei dann aber die Versöhnung ausgefallen. «Seine offenbar nur für sie reservierte Freundlichkeit ließ rasch die Vermutung aufkommen, der verbitterte Witwer könne Kurs auf eine neue Ehe nehmen», hieß es. Terry Torday selbst, der im Laufe ihrer Karriere zahlreiche Verhältnisse angedichtet wurden, will Rühmanns Vertraulichkeiten von damals heute nicht mehr kommentieren.

Abgesehen von solchen Gerüchten ist die Vermutung, dass der Schauspieler eine neue dauerhafte Beziehung ansteuere, so abwegig nicht. Nur weiß zu diesem Zeitpunkt noch niemand von seiner neuen Partnerin. Unmittelbar nach Hertha Feilers Tod war eine Frau auf ihn zugekommen, für die er bald mehr als freundschaftliche Gefühle empfindet. Sie heißt Hertha Droemer, stammt aus einem kleinen Ort in der Nähe der baltischen Stadt Riga, ist einundzwanzig Jahre jünger und Sternzeichen Fisch wie er. Ihren Mädchennamen Wohlgemuth legte sie bei der Hochzeit mit dem Münchner Verleger Willy Droemer ab, von dem sie seit langem geschieden ist. Aus dieser Ehe gingen drei Kinder hervor, die inzwischen erwachsen sind. Seit den fünfziger Jahren gehört Hertha Droemer zum weitläufigen Bekanntenkreis der Rühmanns und pflegte einen losen Kontakt zu Hertha Feiler. Man traf sich zu Gesellschaften der gehobenen Münchner Kulturszene, gelegentlich wurde Hertha Droemer auch zu den seltenen privaten Empfängen in die weiße Villa an der Grünwalder Robert-Koch-Straße eingeladen. Dort unterhielt sie sich einige Male mit dem Hausherrn, der sich bei solchen Anlässen für gewöhnlich wenig gesprächig zeigte. Hatte Hertha Feiler wenige Wochen vor ihrem Tod, als sie ihr nahendes Ende ahnte, noch einen Brief an Gisi L'Arronge geschrieben, in dem sie die Freundin bat, sie möge sich um ihren Heinrich kümmern, falls sie die Krankheit nicht überleben sollte, und dafür sorgen, dass er eine gute Frau bekäme, trat nun Hertha Droemer in Erscheinung, ohne von diesen Zeilen gewusst zu haben.

Hertha Feiler hatte ihren Mann nur zu gut gekannt, um zu glauben, dass er ohne eine Frau an seiner Seite zurechtkommen würde. Sie wusste, dass er jemanden brauchte, der sich seiner annimmt. Und befürchtete, dass er andernfalls zugrunde ginge, da er in seinem ganzen Leben nie längere Zeit ohne die Fürsorge einer Frau gelebt hatte. Mit 68 würde er zu alt und nicht willens sein, die Dinge noch einmal selbst in die Hände zu nehmen.

Nachdem Hertha Droemer vom Tod seiner Frau erfährt,

schreibt sie ihm einen langen Brief, um Trost zu spenden. Rühmann antwortet und revanchiert sich mit einem gemeinsamen Essen. Von da an verabreden sich die beiden regelmäßig, meistens treffen sie sich in ihrer Eigentumswohnung an der Osterwaldstraße 57 am Englischen Garten. Bald nennt er sie liebevoll «Herthi». So weit bestätigt Hertha Droemer den Beginn ihrer Beziehung. Eine etwas andere Version haben Bekannte des Paares parat, die wissen wollen, dass es zwischen den beiden schon vor dem Ableben Hertha Feilers Kontakte gegeben haben soll. Hertha Droemer habe sich schon Jahre zuvor dahingehend geäußert, dass sie großes Interesse an der Person Rühmann hege. Nicht zuletzt habe ihr die Frau von Rühmanns Rechtsanwalt Berthold zugeredet, sich um den Witwer zu kümmern. Aber das können auch Gerüchte sein. Vor der Öffentlichkeit halten sie ihre Gefühle erst einmal verborgen; sie treten nicht gemeinsam in Erscheinung. Selbst seinem Sohn verschweigt Rühmann lange Zeit die neue Beziehung, was der ihm später sehr übel nehmen wird.

Noch mehr als früher achtet Rühmann bei allen Belangen, die sein Privatleben betreffen, auf strengste Geheimhaltung. Und er verlangt, dass sich auch seine Familie diesem Diktat unterwirft. Als am 13. September 1971 sein Sohn Heinzpeter und dessen Verlobte Marion Abel zur Eheschließung auf dem Standesamt im Rathaus der Gemeinde Grünwald erscheinen, findet die Zeremonie im vertrauten Kreis statt. Gerade mal sieben Hochzeitsgäste sind zu der anschließenden Feier im vornehmen Restaurant Belle Epoque geladen. Großzügiger werden die Medien im Juli darauf mit Informationen bedacht: Das junge Ehepaar vermeldet die Geburt der ersten Tochter und dass sie auf Wunsch des Großvaters den Namen Claudia erhält. Im Abstand von jeweils zwei Jahren werden danach die zweite Tochter Melanie und Sohn Peter geboren.

Da Heinz Rühmann für Interviews über sein Privatleben nach wie vor nicht zur Verfügung steht, hält man sich verstärkt an seinen Sohn und dessen Frau, die im Schatten des berühmten Schwiegervaters selbst Schauspielambitionen kundtut. Aus Anlass des siebzigsten Geburtstages seines Vaters plaudert Heinzpeter aus dem Nähkästchen: Sein Vater sei ein Pünktlichkeitsfanatiker, der jeden Morgen halb sieben aufstünde, um auf den Golfplatz zu fahren. Um seinen Haushalt kümmere sich die Angestellte Gertrud, die ihn seit vier Jahren umsorge und ihm auch das Mittagessen koche. Während er den Sohn und dessen Familie unter der Woche besuche, würden sie am Wochenende zu ihm gehen. Und überhaupt sei er ein toller Vater, der ihm eine Yacht geschenkt habe und seine junge Familie unterstütze. Erst neulich habe er ihnen Möbel gekauft. Das alles möchte er freilich nicht an die große Glocke hängen, er kenne seinen Vater, der würde sich kaum darüber freuen, aber sagen könne er das ja mal. Schließlich sei er ziemlich stolz auf ihn.

Was scheren ihn da die Kritiker, die über das neueste Filmwerk seines Vaters herziehen! *Der Kapitän* wird von denen nicht gerade mit Begeisterung zur Kenntnis genommen. «So nicht», schreibt die *Frankfurter Rundschau* über ihren Verriss: «Was habt ihr mit unserem Heinz Rühmann gemacht? Drei lange Jahre habt ihr ihn uns vorenthalten, allenfalls zu sehen war er in alten Filmen; im Fernsehen sogar in ganz alten ... Und jetzt präsentiert ihr ihn so! Als autoritären Wichtel, als Bürokrat und Bleistiftzähler, als Blödmann und Partyschreck, als Saufkopp und Kinderzänker, und schließlich gar noch als Erpresser! Das könnt ihr mit unserem Heinz Rühmann nicht machen!» Achtzehn Monate nach der Uraufführung werden ihn drei Millionen Kinogänger in dieser Rolle gesehen haben. So schlecht kann das Resultat nicht sein, wenn ihm der Hauptverband deutscher Filmtheater dafür die «Goldene Leinwand» überreicht.

Nach der Geburt seines ersten Enkelkindes bereitet sich Rühmann auf ein neues künstlerisches Abenteuer vor. Vorbei die zehnjährige Bühnenabstinenz, er plant ein Comeback, das es in sich haben soll. Nach alldem, was ihm in den letzten Jahren widerfahren ist, drängt es ihn zu einer völlig neuen Darstellung. So ernst wie sein Leben soll die Rolle sein. August Everding, der Intendant der Münchner Kammerspiele und ein guter Freund, ist ihm zuliebe zu jedem Experiment bereit, wenn er nur wieder auf die Bühne tritt. Über zwanzig Stücke sprechen sie durch, ehe sich Rühmann für das gewagteste entscheidet.

Ausgerechnet Harold Pinters *Der Hausmeister* muss es sein, darin natürlich die Hauptrolle, ein heruntergekommener Clochard, der in die vertraute Zweisamkeit der Brüder Aston und Mick – gespielt von Gerd Baltus und Michael Schwarzmaier – eindringt, die sich eine versiffte Dachkammer zum Wohnen teilen. Keine Spur von Komik – der kleine Mann, der dem Publikum aufgrund der Liebenswürdigkeit seiner Figuren ans Herz gewachsen ist, präsentiert sich als hinterhältiges Ekelpaket, mit Stoppelbart, zerzausten Haaren und zerlumpten Klamotten, die aussehen, als würden sie schon von weitem stinken. Ein Kulturschock für die geschniegelten Damen und Herren im Parkett. Die Maske ist allerdings auch das Perfekteste an seinem Auftritt. Rühmann versucht sich selbst zu überlisten, scheitert aber daran. Wenn es ihm auch gelingt, sich äußerlich in einen Fiesling zu verwandeln, hindert ihn seine stimmliche Beschränktheit an einer überzeugenden Darstellung. Sie bietet ihm keinen Spielraum, erlaubt keine Aufgeregtheiten, nicht einmal Entschiedenheit. Sobald er mit seiner Stimme die gewohnte Monotonie verlässt, gleitet sie ins Krächzen ab, zu hoch oder zu tief, je nachdem.

Die Kritiker ziehen über ihn her, und er fühlt sich ungerecht behandelt. Diese Schreiberlinge wollen nicht einmal anerkennen, dass da einer mit 71 Jahren wieder auf die Bühne steigt und sich an eine schwierige Charakterrolle heranwagt. Es melden sich aber auch andere Stimmen, die sein Spiel vortrefflich finden. So oder so, der erhoffte Erfolg ist ihm nicht beschieden. Drei Monate tourt das Ensemble mit dem Stück, die gewohnten Beifallsstürme bleiben meistens aus, Bühnenpartner Gerd Baltus möchte nicht einmal mehr an die Auftritte erinnert werden. Ein tyrannischer, hinterhältiger Landstreicher Rühmann übersteigt die Toleranzgrenze der Zuschauer. Dann doch lieber eine verschmitzter Mustergatte, dafür ist er nur leider schon zu alt.

Oder noch einmal der Hauptmann von Köpenick. Die konservierten Filmkonserven sind jederzeit zu reanimieren. Und allemal besser und vor allem erfolgreicher als die neueren Produktionen. Das haben die Fernsehausstrahlungen längst bewiesen. Bereits als

1963 *Der Mann, der Sherlock Holmes war* das erste Mal in der Flimmerkiste lief, wurde eine Sehbeteiligung von 61 Prozent registriert, *Briefträger Müller* lockte später 70 Prozent. Wenn im Fernsehen, warum sollte das nicht im Kino funktionieren? Das denken sich die Verantwortlichen der Verleihfirma, die im Frühjahr 1972 mit einem für damalige Verhältnisse gigantischen Werberummel dem sechzehn Jahre zuvor produzierten Film *Der Hauptmann von Köpenick* zu einem Neustart auf der Leinwand verhilft. Für die zweite Premiere wählt sie die Filmbühne Wien am Kurfürstendamm in Berlin und einen Reklametrick, der seine Wirkung nicht verfehlt. Während eines Presseempfangs verrät Rühmann einem Radioreporter, dass er am Nachmittag nach Ost-Berlin fahren und sich zum ersten Mal Schuster Voigts Heimat, den Stadtbezirk Köpenick, und vor allem das Rathaus ansehen wolle. Für die Dreharbeiten hatte man damals die Fassaden der Gebäude in einem Hamburger Filmstudio nachgebaut.

Noch ehe der Schauspieler in einem weißen Mercedes über die Grenze chauffiert wird, geht die Nachricht vom geplanten Ostbesuch über den Sender, der auch hinter dem eisernen Vorhang zu empfangen ist. Als Rühmann das Köpenicker Rathaus erreicht, haben sich davor an die hundert DDR-Bürger versammelt, die den Star aus dem Westen sehen und am liebsten anfassen, wenigstens ein Autogramm von ihm ergattern wollen. Doch der erkennt die historische Bedeutung seines Besuches nicht und gibt sich so zugeknöpft wie anderswo. Bloß nicht anhalten! Als er den Auflauf sieht, erteilt er seinem Fahrer die Order, weiterzufahren. Unter diesen Umständen schaut er sich den Backsteinbau lieber aus der Entfernung an. Nur für ein Foto steigt er kurz aus dem Wagen, um danach gleich wieder zu verschwinden.

Beobachtet worden ist er dennoch – wenn schon nicht von seinen Fans, dann von Mitarbeitern des Ministeriums für Staatssicherheit. Die haben ihre Spitzel überall und die die Radiomeldung natürlich auch gehört. Es ist davon auszugehen, dass sich unter den Schaulustigen vor dem Rathaus mindestens zwei aus Mielkes Horch-und-Guck-Verein befanden. Mit Rühmanns Ausreise wird der Vorgang nicht geschlossen. Bei der Stasi wird gründlich gearbeitet und noch gründlicher nachbearbeitet; es könnte ja sein, dass der Rühmann wiederkommt oder einer der Chefs Fragen stellt. Ein Fall für die Hauptabteilung XX, die im amtseigenen Deutsch unter anderem für die Bekämpfung politischer Untergrundtätigkeit und Diversion und die Sicherung der Kulturpolitik der SED und der zentralen Massenmedien zuständig ist. Deren Leiter, Oberst Paul Kienberg, erteilt den Auftrag, Materialien über die Vergangenheit des Schauspielers aus dem Land des Klassenfeinds zusammenzustellen. Besonderes Augenmerk sei auf dessen politische Haltung zwischen 1933 und 1945 und seinen Dienst in der faschistischen Wehrmacht zu richten.

An der Hochschule für Film und Fernsehen in Babelsberg wird geforscht; eine Anfrage geht an die Hauptabteilung I/Äußere Abwehr; im Militärarchiv suchen sie nach Unterlagen aus der Nazizeit. Am Ende umfasst die *Akte Rühmann* 28 Seiten, sie wird unter der Registratur 2204 abgelegt. Eine bescheidene Ausbeute, da sie zum Großteil aus Artikeln bundesdeutscher Zeitungen besteht. Zumindest gelang es den Schnüfflern, Rühmanns geheime Telefonnummer in München zu ermitteln: 47 65 54. Über seine politische Ausrichtung sind sie sich bis zuletzt nicht im Klaren und greifen, staatssicherheitshalber, auf Archivmaterial zurück: «In dem Buch ‹Filmschauspieler A–Z›, welches vom Henschel-Verlag herausgegeben wurde, wird seine schauspielerische Tätigkeit wie folgt eingeschätzt: ‹Die Mehrzahl der Filme, in denen er mitwirkte, unterstützte ebenso die Manipulationspolitik der Faschisten wie der herrschenden Kreise in Westdeutschland nach 1945›.» Für andere Erkenntnisse muss jene autobiographische Serie herhalten, die er 1969 in der *Welt am Sonntag* publizieren ließ: «Sein widersprüchliches Verhalten geht daraus hervor, dass er sich in seinen Memoiren mehrmals von den ‹Russen› distanziert bzw. sie verleumdet. So schreibt er u. a.: ‹Mein Freund Harry Liedtke, der am Ende des Krieges mit seiner Frau von randalierenden und plündernden russischen Soldaten erschlagen wurde …› Dagegen sprach er sich im Januar 1951 in einem Brief an die Südbayrische Volkszeitung für den Vorschlag der DDR zur Bildung eines konstituierenden gesamtdeutschen Rats und für gesamtdeutsche freie Wahlen aus. Wegen dieses Briefes wurde Rühmann in westdeutschen Publikationsorganen heftig angegriffen.» Zwei Jahre danach wird das Dossier um eine kleine Meldung ergänzt: Rühmann plane mit seiner Privatmaschine einen Deutschlandrundflug und wolle auch auf DDR-Territorium landen. Dazu kommt es aber nicht, woraufhin das Ministerium die Zielperson als uninteressant einstuft und die Akte schließen lässt.

Beschwerte sich Rühmann vor gar nicht allzu langer Zeit, dass ihm nur noch Remakes und Schnulzen angeboten würden, stört es ihn nicht, als ihm Filmproduzent Manfred Barthel neben Franziska Oehme, Paul Dahlke und Paul Verhoeven die Hauptrolle in *Oh, Jonathan – oh, Jonathan!* anbietet, einer aufgewärmten Fassung des amerikanischen Originals *It started with Eve* aus dem Jahr 1941. Danach ist er für fast vier Jahre nicht mehr auf der Leinwand zu sehen. Das sorgt wieder einmal für allerlei Spekulationen. Er habe den wohlverdienten Ruhestand angetreten, beinhaltet die eine, er sei schwer erkrankt, lautet die andere. Aber beide Versionen stimmen nicht.

Schon im Frühjahr 1974 steht er wieder auf der Bühne, in den Münchner Kammerspielen. Unter der Regie von Boleslaw Barlog spielt er als Willy Clark den Partner von Paul Verhoeven in Neil Simons *Sonny Boys*. Die zwei betagten Grandseigneurs der deutschen Schauspielkunst auf einer Bühne, schon das ist ein Ereignis. An den Vorverkaufskassen stehen die Menschen Schlange, innerhalb weniger Tage sind sämtliche Vorstellungen Wochen im Voraus ausverkauft. Ähnliche Szenen spielen sich im Herbst vor dem Thalia Theater in Hamburg ab. Das hanseatische Publikum feiert sie wie nie zuvor. Am Premierenabend will der Beifall nicht enden, Standing Ovations und Bravorufe, zwei Dutzend Mal muss der Vorhang hochgezogen werden, so oft verneigen sich Rühmann und Verhoeven. Die nächsten Aufführungen verlaufen nicht anders. Die ortsansässigen Zeitungen berichten in mehrspaltigen Artikeln darüber.

Das ist normal, nicht aber, dass ihr Interesse auch nach der dritten und vierten umjubelten Vorstellung nicht nachlässt. Den Grund dafür bildet nicht der Theatererfolg, sondern ein Gerücht, das Rühmann nach Hamburg vorangereist war. Noch ehe er zur Premiere Anfang September erschien, bahnte sich in dem kleinen Ort Sankt Dionys in der Lüneburger Heide eine Sensation an. Dort war der Schauspieler in einer Pension abgestiegen, allerdings nicht allein – Hertha Droemer wurde an seiner Seite gesichtet, ganz offiziell, plötzlich versteckte er die Begleiterin nicht mehr. Als wäre es die normalste Sache der Welt, mieteten sie zusammen ein Doppelzimmer, aßen gemeinsam Frühstück, ehe sie zum nahe gelegenen Golfplatz aufbrachen. Golf spielen ist ihre liebste Beschäftigung, wo sie auch unterwegs sind, in Deutschland oder im Ausland, die Schläger haben sie immer dabei, selbst in Hongkong und in Israel. Dabei sind sie nicht einmal besonders ehrgeizig, das Handicap interessiert sie nicht, sie mögen die Ruhe auf dem Platz, genießen die frische Luft und die Natur. Rühmann schätzte einmal, dass er mit seinem Handicap bei Mitte zwanzig liegen müsste. Wichtig ist es ihm nicht.

Die ersten Kommentare zu Rühmanns neuer Offenheit kommen aus München. Ausgerechnet sein Sohn und dessen Familie reagieren verschnupft auf die Beziehung. Er würde seine Enkelkinder nicht mehr besuchen, seitdem er mit dieser Frau zusammen sei. Und sich nicht einmal genieren, mit ihr an das Grab von Hertha Feiler zu gehen. Die Enttäuschung sitzt tief, und das verschweigt Rühmann junior nicht. Was sein Vater stets zu verhindern suchte, tritt nun ein, hervorgerufen durch den eigenen Sohn: Das Privatleben des Schauspielers wird in der Öffentlichkeit breit getreten. Während sie den Kontakt untereinander abbrechen, erfahren sie aus der Zeitung, was der eine vom anderen hält, direkt oder indirekt. Heinzpeter droht, wenn sein Vater Frau Droemer heirate, komme es endgültig zum Bruch zwischen ihnen. Der Vater schweigt, aber das sagt mehr als Worte. Er ruft seinen Sohn auch nicht an, bevor er Anfang Oktober 1974 nach Sylt reist. Für ein paar Tage stehen keine Vorstellungen an. Auf der Insel werden er und Hertha Droemer von dem Westerländer Standesbeamten Hermann Ohff erwartet. Mit ihm hatten sie während ihrer letzten Reise vor drei Wochen alle Details geklärt. Er soll das Paar heimlich trauen.

Hertha Droemer und Heinz Rühmann erscheinen nicht sonderlich festlich gekleidet, er in grünem Samtjackett und grauer Flanellhose, sie im braunen Hemdblusenkleid. Beabsichtigte Rühmann zunächst, Paul Verhoeven und Intendant Boy Gobert als Trauzeugen dazu zu bitten, überlegte er es sich dann doch wieder anders. Ohffs Ehefrau und ihre Tochter übernehmen diese Aufgabe. Nur sie sehen, wie sich die Brautleute gegenseitig schmale Goldringe auf den rechten Ringfinger streifen. Rühmann trägt noch den Ehering von Hertha Feiler, mit dieser Erinnerung muss seine dritte Frau leben. Es ist nicht die einzige, mit der sie konfrontiert wird. Hertha Feiler ist in beider Leben noch gegenwärtig. Doch die neue Ehefrau hat nichts dagegen, ihre Eigentumswohnung zu vermieten und mit ihm in das Haus an der Robert-Koch-Straße zu ziehen. Das haben sie alles schon besprochen.

Obwohl mehr Verschwiegenheit bei einer Eheschließung nicht möglich ist, hilft sie letzten Endes nicht, das Ereignis geheim zu halten. Nach einer der nächsten Vorstellungen im Thalia Theater geht ein Journalist provokativ auf Rühmann zu und überreicht ihm einen Strauß roter Rosen, zur Hochzeit, wie er sagt. Der bedankt sich artig und dementiert nicht, was bei ihm so viel bedeutet wie bei anderen eine lange Erklärung. Damit ist das Geheimnis gelüftet und die Information zur Veröffentlichung freigegeben. In vielen Blättern erscheint sie auf der ersten Seite, und so erfährt auch Rühmanns Sohn davon, der im Gegenzug seiner Enttäuschung freien Lauf lässt. Der Skandal ist perfekt, in Hamburg das glückliche Ehepaar, in München der gefrustete Sohn, zwischen ihnen die Schlagzeilen vom großen Familienkrach.

Ehefrau Herthi bedrückt noch etwas anderes. Sie fühlt sich von Fotografen belästigt, das ist für sie eine völlig neue Situation, darauf hat sie niemand vorbereitet: «Wir wohnten für die Zeit des Gastspiels in einem Haus in Hamburg-Blankenese. Eines Tages saß einer direkt unserem Balkon gegenüber mit einem Teleobjektiv auf einem Baum und fotografierte, wie wir uns mit einem Küsschen verabschiedeten. Als ich das bemerkte, lief ich in die Wohnung zurück und weinte.» Sie habe sich gefragt, ob diese Leute denn keinen

Anstand besäßen. Und wann der ganze Rummel endlich aufhören würde. Sie seien glücklich gewesen und wollten doch nur ihre Ruhe haben, warum gönnte man ihnen das nicht? Als sie Paul Verhoeven ihr Leid klagt, antwortet der: «Herthi, das musst du aushalten, das gehört jetzt zu deinem Leben.»

Die neue Konstellation in Rühmanns Familie gleicht einer alten, längst vergessenen. Damals in Essen war es seiner Mutter ähnlich ergangen wie jetzt seinem Sohn. Nach dem Tod der ersten Ehefrau hatte Vater Stemme eine wesentlich jüngere Frau geheiratet, was dazu führte, dass die Familie zerbrach. Nun ist er es, der sich den Unmut seines Kindes zuzieht. Mag er es anfangs noch als atmosphärische Störung des Familienfriedens empfunden haben, ergeben sich in den folgenden Jahren zahllose Auseinandersetzungen daraus, die, und das trifft ihn besonders, zumeist in der Öffentlichkeit ausgetragen werden. Mal wirft ihm der Sohn vor, er würde das Grab seiner verstorbenen Frau nicht pflegen, bei anderer Gelegenheit unterstellt ihm Schwiegertochter Marion, undankbar zu sein. Sogar ihren Beruf habe sie aufgegeben, um für ihn sorgen zu können – und dann das. Aber das hatte er ja gar nicht verlangt, er hatte es nicht einmal gewollt, so sympathisch war ihm die Schwiegertochter auch wieder nicht. Vor allem wollte er niemandem zur Last fallen. Selbst die Enkelkinder dürfen ihren Ärger ablassen. Einmal rufen sie ihn spätabends an und geifern in den Hörer: «Du bist nicht mehr unser Großvater ...» Sie fühlten sich vernachlässigt, bekämen keine Geburtstagsgeschenke, und überhaupt wollten sie mit ihm nichts mehr zu tun haben. Wenn sie erwachsen sind, würden sie den Mädchennamen ihrer Großmutter annehmen, weil sie von ihm so enttäuscht seien. Dass sie damit auch ihre Eltern, die den gleichen Namen tragen, verletzen könnten, kommt ihnen offenbar nicht in den Sinn.

Am Ende geht es wie so oft in solchen Situationen ums Geld, um die Erbschaft. Mit der neuen Hochzeit ist Heinzpeter nicht mehr Alleinerbe. Er drängt auf seinen Pflichtteil, den er zunächst auch ausbezahlt erhält. Dazu übergibt ihm sein Vater wertvolles Geschirr, Silberbesteck, die Gemälde, die Hertha Feiler erworben hatte, und ihren Schmuck. Anfang der achtziger Jahre übernimmt Heinzpeter das Haus und zieht mit seiner Familie ein. Dem Vater zahlt er seinen Anteil aus, nicht die volle Höhe, darauf verzichtet der, was aber an dem gespannten Verhältnis grundsätzlich nichts ändert. Nicht einmal an den Schlagzeilen, die den Familienzwist in gewisser Regelmäßigkeit aufgreifen. Sooft Heinzpeter mit seiner Frau ein Interview gibt, stets behauptet er im Nachhinein, sie hätten das so nicht gesagt, oder jedenfalls nicht so gemeint. Nahe und nächste Verwandte glauben zu wissen, dass er ohnehin nicht die treibende Kraft in den fortwährenden Auseinandersetzungen gewesen sei. Die verbalen Aggressionen seien eher auf seine Frau zurückzuführen. Er wäre dazu gar nicht in der Lage gewesen, da er seinen Vater zu sehr liebte.

Aber auch nach Rühmanns Tod werden seine Nachkommen noch gut sein für skandalöse Geschichten über das Innenleben einer prominenten Familie. Dann werden sich die Eltern mit ihren Töchtern streiten, versöhnen und wieder auseinander gehen. Und sie werden ihre Diskrepanzen wieder nicht untereinander ausmachen, wie das in Millionen anderen Familien gehandhabt wird, sondern sich ein Medium suchen, dass Millionen Leser an ihren Problemen teilhaben lässt. Um danach Anwälte einzuschalten, die das Porzellan kitten sollen, das sie gegenseitig zerschlagen haben. Im Frühjahr des Jahres 2000 werden sie es auf die Spitze treiben und sich in Interviews in wüsten Beschimpfungen ergehen. Ihre Mutter bezeichne sie als Theaterschlampe, wird Melanie behaupten, die zweite Tochter, die sich als Schauspielerin versucht und kein gutes Haar an Marion Rühmann lässt. Erst habe sie den Großvater beleidigt, dann die eigenen Kinder terrorisiert, den Sohn sogar geschlagen. Sie sei neidisch und eifersüchtig, weil sie es selbst nie zu einer Schauspielerin gebracht habe. Im Gegenzug werden die Eltern alles bestreiten und Melanie als schwieriges, verwöhntes Kind darstellen, das undankbar sei. Tragisch wird auch die Entwicklung der ersten Tochter Claudia verlaufen, die nach einer gescheiterten Beziehung ein uneheliches Kind zur Welt bringt. Eine Zeit lang werden sich ihre Eltern um den Nachwuchs kümmern, da sie in einer psychiatrischen Klinik behandelt werden muss.

Heinz Rühmann tut gut daran, sich auf sein eigenes Glück zu konzentrieren. Vielleicht mag es dem einen oder anderen ungehörig erscheinen, mit 72 Jahren noch einmal zu heiraten. Für ihn ist es die richtige Entscheidung. «Wenn er Herthi nicht gefunden hätte, wäre er zugrunde gegangen», glaubt Gyula Trebitsch, «ohne ihre Liebe hätte er nicht so lange gelebt.» Davon sind – abgesehen vielleicht von seinem Sohn und dessen Familie – auch alle anderen überzeugt, die ihn und seine dritte Frau näher kannten. Das liegt nicht zuletzt an Hertha Droemers Selbstverständnis als Ehefrau eines berühmten Mannes.

Für sie ist von Anfang an klar, dass er die führende Rolle in der Beziehung spielt. Nicht, weil er zu Hause darauf besteht, das Sagen zu haben, da ist er eher der Stille, lässt sich von ihr so bereitwillig führen wie umsorgen. Nur möchte er unbedingt seinen Beruf weiter ausüben, und der ist eben mit Terminen verbunden und Reisen, die es erforderlich machen, das Leben danach auszurichten, wenn man es gemeinsam bestreiten will. Mit einem Mann wie Heinz Rühmann verheiratet zu sein ist nicht immer einfach, aber das weiß sie. Er sei ein ernsthafter, introvertierter Mensch geworden, sagt sie. Wenn er an seinen Rollen arbeitet oder Texte lernt, ist er kaum zugänglich, wirkt in sich gekehrt und mürrisch. Wer ihn dabei stört, wird schnell mal angeraunzt, in einem Ton, den man ihm gar nicht zutrauen würde. Die kleinste Störung ruft sein Unverständnis hervor. Will sie ihn in einer solchen Phase überreden, mit ihr zum Einkaufen in die Stadt zu fahren, reagiert er ungehalten. Nichts kann dann so wichtig sein wie seine Arbeit, der ordnet er alles unter. Er schiebt alle Störfaktoren beiseite, vergisst seine Umgebung und die Menschen darin. Das sind Stunden höchster Konzentration, an denen darf niemand teilhaben, die gehören nur ihm. Das muss seine Frau verstehen, und sie tut das auch, weil sie es mag, wenn jemand seinen Beruf ernst nimmt.

Sie beherrscht noch mehr die Kunst, mit ihm umzugehen. Sie nimmt Rücksicht auf seine Befindlichkeiten, auf seine Stimmungsschwankungen, die seinen pessimistischen Anwandlungen zuzuschreiben sind. Sie reißt ihn aber auch aus seiner Lethargie, lädt Gäste nach Hause ein, gute Freunde von sich, Mediziner, Rechtsanwälte und Künstler. Dabei geht sie sehr behutsam vor, nie ist die Runde zu groß oder zu laut, sodass selbst er, der die Einsamkeit liebt und sich bei solchen Gelegenheiten zurückzuziehen pflegte, Gefallen daran findet. Nur wenn sie mit ihm ausgehen möchte, zeigt er gelegentlich stumm seinen Widerstand. Daran erinnert sie sich noch gut: «Wenn wir los wollten, zog er oft die falschen Sachen an, unterschiedliche Strümpfe, ein Hemd oder eine Krawatte, die nicht zum Sakko passten. Bis heute weiß ich nicht, ob er das absichtlich tat oder aus Versehen.»

In anderen Bereichen arrangieren sie sich, verständnisvoll und großzügig. Während er morgens gern früh aufsteht, um sechs oder halb sieben, um auf dem Golfplatz in Feldafing zu putten, dreht sie sich im Bett noch einmal um. Dafür treffen sie sich gegen halb zehn zu einem ausgedehnten Frühstück. Jeder lässt dem anderen seine Gewohnheiten. Will sie nach dem Mittagessen ein Stündchen schlafen, geht er allein spazieren, wenn ihm danach ist. Eigentlich gibt es nur einen festen Termin, den sie unbedingt einhalten, wenn sie zu Hause sind. Punkt neunzehn Uhr setzen sie sich im Wohnzimmer zusammen und sie schlürfen einen Cocktail, Portwein, Sherry oder Whiskey, niemals Champagner, den mag er nicht, sagt sie. Dabei pafft Rühmann dann die geliebten Zigarillos und streichelt seinen ungarischen Hirtenhund Arpad. Der hält die Verabredung auch immer ein, weil er jedes Mal ein Leckerli bekommt.

Nach den privaten Turbulenzen stehen auch beruflich Querelen ins Haus. Nachdem Heinz Rühmann die Serienrolle als kriminalistischer Doktor ablehnt, gerät Produzent Georg Richter beim Mainzer Fernsehsender in die Kritik. Zwar setzt er das Vorhaben mit einem anderen Schauspieler um, doch als er die Produktionskostenabrechnungen dafür vorlegt, stellen die Kontrolleure Fehlbuchungen fest, man kündigt ihm die Zusammenarbeit auf. Als Partner für Rühmann springt Gyula Trebitsch in die Bresche, dessen Firma fortan sämtliche Fernsehauftritte mit ihm produziert. Später übernimmt das Trebitschs Tochter Katharina. Zu beiden pflegt Rühmann einen freundschaftlichen Kontakt, sie zählen bis zuletzt zu seinen wenigen Vertrauten.

Bevor die erste Sendung im Juni 1976 zur Ausstrahlung gelangt, eine Lesung des Goethe-Textes *Reinecke Fuchs*, stattet der Schauspieler der Staatsoper in Wien einen Besuch ab. Als erster Deutscher spricht er in der Silvesteraufführung der Johann-Strauß-Operette *Die Fledermaus* die Rolle des Gefängniswärters Frosch. Intendant Rudolf Gamsjäger hatte ihn damit zu Ostern in der Hermann-Prey-Show gesehen. Für die Verpflichtung nach Österreich sagt Rühmann ein Gastspiel in Hamburg ab, das er im Jahr zuvor nach dem überwältigenden *Sonny-Boys*-Erfolg verabredet hatte. Zwischendurch nimmt er noch eine Schallplatte auf, spricht den ins Deutsche übersetzten Schlagertext *Je sais* von Jean Gabin, der damit in Frankreich einen großen Verkaufserfolg feierte.

Die als Nächstes fürs Kino geplante Arbeit muss dagegen verschoben werden. Paul Verhoevens Sohn Michael, Arzt, Schauspieler und Regisseur, wollte mit Rühmann und seinem Vater in den Hauptrollen einen Film über zwei alte Landstreicher drehen. Das Exposé stand schon und fand bei Rühmann Zustimmung; damit war die wichtigste Hürde genommen, dachte man. Jetzt würde nichts mehr schief gehen. Doch dann kommt der 25. März 1975. In den Münchner Kammerspielen versammeln sich Künstler und Zuschauer zu einer Gedenkfeier für die verstorbene Therese Giehse. Rühmann sitzt mit seiner Frau in der ersten Reihe des Parketts, Paul Verhoeven wartet hinter der Bühne auf seinen Auftritt. Er hat eine kurze Rede vorbereitet, ist aufgeregt wie selten zuvor. Kurz nachdem er mit seiner Ansprache beginnt, versagt sein Herz – er stirbt noch auf der Bühne.

Eineinhalb Jahre später wird sein Sohn das filmische Vermächtnis erfüllen und *Gefundenes Fressen* drehen, mit Rühmann als kauzigem und dennoch liebenswürdigen Stadtstreicher Alfred und Mario Adorf als Schutzpolizist Erwin, der ihm ein guter Freund ist. Der siebzigjährige Alfred fristet ein Leben zwischen Obdachlosenasyl und Straße, spart jeden Groschen, um sich seinen großen Traum erfüllen zu können, eine Reise in den Süden. Doch als er eines Tages die ersehnten Flugtickets in der Hand hält, kehrt er wieder um. Unter Verhoevens Regie gelingt eine Milieustudie von bestechender Genauigkeit. Rühmann spielt die tragikomische Rolle nicht nur, er lebt sie – und überzeugt das Kinopublikum wie seit Jahren nicht mehr. Der Lobgesänge der Kritiker bedarf es gar nicht, *Gefundenes Fressen* wird auch so zum erfolgreichsten deutschen Film der Saison.

Angesichts seines Alters absolviert Rühmann ein beachtliches Arbeitspensum. Innerhalb eines Jahres steht er zweimal für das Fernsehen im Studio, bereitet für seinen fünfundsiebzigsten Geburtstag im kommenden Frühjahr eine Porträtsendung für das ZDF vor und dreht mit *Gefundenes Fressen* und *Das chinesische Wunder* zwei Kinofilme.

Die Aufnahmen zu Letzterem, die im Dezember 1975 begannen, verlangen ihm ungewöhnliche Anstrengungen ab. Für zwei Wochen fliegt er nach Hongkong. Bereitet ihm das feuchtheiße Klima schon genug Probleme, kommt es auch noch am Set zu einem Zwischenfall, der schmerzhaft und blutig für ihn endet. Für eine Szene steht er auf einem chinesischen Boot und wird von Gangstern, die sich am Ufer verschanzen, mit Maschinengewehren beschossen. Damit die Einschüsse später auf der Leinwand echt aussehen, haben Feuerwerker an den Planken der Dschunke Sprengkapseln befestigt, offenbar aber zu schwere Geschütze gewählt. Als Rühmann in Deckung geht, explodiert eine der Ladungen unmittelbar neben seinem Kopf, Holzsplitter reißen kleine Wunden in sein Gesicht. Da der Terminplan eng gesteckt und die Rückreise bereits gebucht ist, bleibt keine Zeit, die Verletzungen auszukurieren. Es muss auch so gehen, also konzentriert sich der Kameramann eben auf die heile Gesichtshälfte. Doch all die Mühe ist der Film nicht wert. Obwohl Rühmann als russischer Arzt Poliakoff, der sich der Heilmethode der Akupunktur verschrieben hat, durchaus überzeugt, wirkt der Streifen eher wie ein Werbefilm für alternative Medizin – was möglicherweise sogar beabsichtigt ist. Rühmann ist von der chinesischen Heilkunst jedenfalls überzeugt, er lässt sich seit Jahren von einem Akupunkteur behandeln. Außerdem bot der berühmte, aber nicht unumstrittene Heilpraktiker Manfred Köhnlechner dem Produzenten seine Dienste als fachmännischer Berater an, und das angeblich kostenlos.

Als persönliches Anliegen versteht Rühmann auch den nächsten Film, für den er noch einmal ähnliche Strapazen auf sich nimmt. Die Dreharbeiten führen ihn im November 1980 nach New York, Manhattan, Brooklyn. Seine Frau begleitet ihn. Seit dreißig Jahren kennt er Paddy Chayefskys Geschichte von Leon Sternberger, dem Kantor einer jüdischen Gemeinde, der eines Tages seinen Glauben verliert. Jetzt, mit 78 Jahren, ist er überzeugt, die menschliche Reife zu besitzen, um die Figur glaubwürdig darstellen zu können. «Für mich ist die Rolle eine Botschaft an meine Mitmenschen», sagt er in einem Interview, das er zwischen zwei Einstellungen auf einer Straße mitten in Manhattan führt, zwischen Fußgängerhetze und ohrenbetäubendem Autolärm. Und es klingt beinahe so, als wolle er sich damit von ihnen verabschieden. Man müsse über den Glauben nachdenken und darüber, was uns eigentlich auf dieser Erde lenke. Selber hat er sich seine eigene Theorie zurechtgelegt, glaubt an Reinkarnation und liebäugelt mit dem Taoismus, behält das aber für sich. An dem Gedanken vom Abschied sei dagegen schon etwas dran. Vielleicht sei das ja sein letzter Film, deshalb habe er auch unbedingt noch einmal nach New York gewollt, in die Stadt, die er nie erobern konnte, die ihn aber seit seinem ersten Besuch fasziniere. Wenn er abtreten müsse, dann vielleicht am besten hier, ein guter Ort für die letzte große Arbeit. Gut, noch eine Sendung zu seinem neunundsiebzigsten Geburtstag, die hat er Gyula Trebitsch versprochen, und ein paar Weihnachtslesungen in der Hamburger St.-Michaelis-Kirche, die ist er seinen treuen Zuhörern schuldig, aber danach wird es Zeit, sich zurückzunehmen. Das Leben dauert nicht ewig, das ist ihm gerade in diesem Jahr wieder vor Augen geführt worden. Fast zur gleichen Zeit waren im Frühjahr der Regisseur Helmut Käutner und sein Bruder Hermann gestorben. Leb wohl, «Männi», so hatte er ihn immer genannt, seit ihren Kindertagen schon, so wie der «Möpli» zu ihm gesagt hatte. Warum, weiß er eigentlich selbst nicht mehr, es war eben so. Die Einschläge kämen immer näher, sagt Rühmann danach manchmal. Und spürt es wohl auch.

Im Jahr darauf verlassen er und seine dritte Ehefrau die Grünwalder Villa. Schon lange hatten sie sich nach einer neuen Bleibe umgesehen. Sie wollten aus der Stadt heraus, aufs Land ziehen und die Ruhe genießen. Für ihren Lebensabend suchten sie noch mehr Abgeschiedenheit, als sie auf dem dicht bewachsenen Grundstück in dem Villenvorort finden konnten. Früher war es da auch still gewesen, jetzt rattert in unmittelbarer Nähe eine Straßenbahnlinie vorbei, und von der Durchfahrtsstraße dringt tagsüber pausenlos Verkehrslärm herüber. Außerdem hatte es mit Nachbarn Streit gegeben, weil deren Hund zu oft und zu laut kläffte, dass es selbst den Hundeliebhaber nervte.

Eine Immobilienanzeige führt die Rühmanns nach Berg am Starnberger See. Ganz in der Nähe hatte Hertha vor Jahren schon einmal gewohnt. Sie kennt sich also aus in der Gegend, das dürfte die Entscheidung beeinflusst haben. Das inserierte Haus liegt etwas außerhalb, in dem Ortsteil Aufkirchen, also noch ein bisschen ruhiger als ruhig, geradezu ideal. Es verfügt über rund zweihundert Quadratmeter Wohnfläche, ein Hallenbad und eine Sauna im Keller, offene Kamine im Wohnzimmer und auf der Terrasse. Der gepflegte Garten misst an die zweitausend Quadratmeter. Gleich dahinter beginnen Wanderwege, auch wichtig, Rühmann geht gern spazieren. Sie vereinbaren einen Termin mit dem Makler, auf dem Weg zum Golfplatz – der befindet sich gleich um die Ecke – treffen sie sich mit ihm. Der erste Eindruck entscheidet, und der ist hervorragend: die Stille, die Aussicht, und bis nach München ist es auch nicht weit. Vor dem Einzug beauftragen sie einen Architekten, der ein paar Umbauten plant und durchführen lässt. Alles nur eine Frage der Kosten, aber keine Frage des Geldes, davon besitzt Rühmann genug. Knapp zwei Millionen Mark fallen da nicht ins Gewicht. Außerdem ist die Villa in Grünwald über drei Millionen wert auf dem freien Markt. Dort bietet ihr Besitzer sie zwar an, aber nur so lange, bis Rühmanns Sohn Ansprüche geltend macht. Noch vor Weihnachten werden sie sich handelseinig, Vater Rühmann gewährt einen erheblichen Preisnachlass, angeblich braucht der Sohn nur 800 000 Mark zu zahlen.

Noch vor dem Jahreswechsel beendet Rühmann eine Arbeit, gegen die er sich lange gesträubt hatte. Zu seinem achtzigsten Geburtstag im kommenden Frühjahr sollen seine Memoiren erscheinen, zum ersten Mal in Buchform und zum ersten Mal wirklich von ihm selbst verfasst. *Das war's* wird zwar erst im letzten Moment fertig, kommt aber noch pünktlich auf den Markt und wird ein Bestseller und über hunderttausendmal verkauft.

Der Verlag überredet den Autor zu einer Signier- und Lesereise durch Deutschland, Österreich und die Schweiz und liegt goldrichtig mit dieser publicityträchtigen Idee. Wo Rühmann auch hinkommt, sein Publikum ist schon da, sämtliche Veranstaltungen sind ausverkauft. Vor jedem größeren Auftritt wird er von einem Hals-, Nasen- und Ohrenarzt untersucht, darauf besteht er, sicher ist sicher und er nicht mehr der Jüngste.

Später werden Gerüchte laut, dass er doch wieder nicht selber zur Feder gegriffen hat, aber das stört die Leser nicht – es wird schon nicht stimmen, die Leute sind nur neidisch. Auch seine Frau hält das für eine Finte: «Das kann ich nun genau sagen: Er hat zwei Jahre daran gearbeitet, fast jeden Tag ein paar Seiten geschrieben. Und wenn er abends fertig war, hat er mir sein Tagespensum vorgelesen. Nur zum Schluss setzte er sich mit Manfred Barthel zusammen, der Erfahrungen auf dem Gebiet hat, aber lediglich den Anhang beisteuerte und vielleicht die eine oder andere Passage geringfügig änderte.» Wenn Rühmann das Buch selber geschrieben hat, dann hat er vor allem selber abgeschrieben – große Teile des Textes sind mit der Zeitungsserie von 1969 verblüffend identisch.

Nach seinem achtzigsten Geburtstag geht er es ruhiger an, auch wenn er nicht müde wird, nach neuen Stoffen für sich zu suchen. Er habe eigentlich immer gearbeitet, bis zu seinem neunzigsten, sagt seine Frau. Es werden ihm noch ausreichend Rollen angeboten, die meisten lehnt er jedoch ab. Gern würde er noch einmal auf die Bühne zurückkehren, in einem richtigen Stück, aber eine solche Anstrengung kann er seinem Körper nicht mehr zumuten. Wenn die Kraft für ein oder zwei Vorstellungen reicht, für eine ganze Spielzeit garantiert nicht. Das hatte er 1978 schon zu spüren bekommen, als er an den Münchner Kammerspielen das Zwei-Personen-Stück

Gin Game von James Coburn mit Maria Nicklisch einstudierte. Nach einer Grippe erlitt er einen Schwächeanfall und musste die Proben absagen. Seine Rolle wurde neu besetzt. Das hat ihn deprimiert, aber er muss der Realität ins Auge schauen, es geht eben nicht mehr. Die Theaterzuschauer werden ihn als einen der *Sonny Boys* in Erinnerung behalten müssen. Dabei hätte er gern noch einen echten Narren gespielt, den in Shakespeares *König Lear*, hat er oft erzählt. Das Stück kenne er zwar nicht, aber man habe ihm erzählt, dass es eine gute Rolle für ihn beinhalte.

Wenigstens haben sie ihn beim Fernsehen noch nicht ganz abgeschrieben. Im Dezember 1984 gibt es eine Weihnachtssendung aus dem Hamburger Michel, Rühmann liest Gedichte und Geschichten von Rainer Maria Rilke, Hermann Hesse und Astrid Lindgren, 1986 eine Lesereihe zur Adventszeit, im Frühjahr darauf eine Art Quizshow zu seinem fünfundachtzigsten Geburtstag, 1991 erneut eine Lesereihe, diesmal für 3sat, 27 Folgen zu je fünf bis sechs Minuten. Ein langsamer Abschied, ein Abschied auf Raten. Und ein bisschen wirkt es, als könne er nicht loslassen. Als drei Jahre später die Kraft in den Beinen nachlässt, als er plötzlich nicht mehr laufen kann, klagt er nicht zuerst über die Schmerzen. Etwas anderes stimmt ihn traurig. So könne er seinen Beruf doch gar nicht mehr ausüben, sagt er zu seiner Frau. Und sieht darin das größte Übel der Gebrechlichkeit.

Es gibt wohl niemanden, der damit rechnet, dass er noch einmal vor eine Filmkamera tritt. Und so ist im Herbst 1992 die Überraschung perfekt, als bekannt wird, dass es Wim Wenders gelungen ist, ihn für *In weiter Ferne, so nah* zu verpflichten. Wenders legt den Film als Fortsetzung von *Der Himmel über Berlin* an, wiederum streift ein Engel durch die Stadt an der Spree und begegnet allerhand seltsamen Gestalten auf der Suche nach der Wirklichkeit, dem Menschsein. Für Rühmann hat er eine kleine Nebenrolle erdacht, aber die hat es in sich. Körperlich anstrengend ist sie nicht, er kann nur noch wenige Stunden am Tag drehen. Im fertigen Film ist er nur sitzend zu sehen. Aber inhaltlich kommt seine Rolle mit Tiefgang daher, jedenfalls für den, der Rühmanns Lebenslauf kennt. Er spielt einen alten Taxifahrer, der den Engel durch Berlin kutschiert und dabei über sein Leben sinniert. Früher, im Dritten Reich, war er einer Nazigröße als Chauffeur zu Diensten gewesen. Das bedrückt ihn heute noch. Habe ich es richtig gelebt, dieses Leben, was habe ich falsch gemacht? Er grübelt und sucht nach einer Antwort, das fällt ihm schwer. Bis Nastassja Kinski in Gestalt des unsichtbaren Engels Raphaela hinter ihm auftaucht, ihm zärtlich den Kopf küsst und die Absolution erteilt. Bei allem, was ihm widerfahren sei, habe er sich doch stets bemüht, ein Mensch zu sein. Ein Lächeln huscht über sein Gesicht, als fühle er sich erleichtert, befreit, wie jemand, der Sünden begangen hat, von denen zwar niemand weiß, der aber froh darüber ist, dass sie ihm am Ende seines Weges doch noch vergeben werden. In diesem Moment erinnert der alte Chauffeur an den kleinen Mann aus über hundert Filmen, der schwer an seiner Vergangenheit trug, sie lieber verschwiegen als bewältigt hat. Die erlösende Milde des Engels gilt jetzt auch ihm.

Einen unerquicklichen Kraftakt mutet man Heinz Rühmann an seinem neunzigsten Geburtstag zu. Im Münchner Prinzregententheater veranstaltet das ZDF eine Geburtstagsgala für ihn, die live im Fernsehen übertragen wird. Da kommen sie alle noch einmal zusammen, die, die mit ihm gearbeitet haben, Schauspieler, Regisseure, Drehbuchautoren, und die, die ihn einfach nur kennen, seine Familie, Freunde derselben, und Politiker, die dem Anlass einen staatstragenden Touch verleihen, insgesamt 750 Gäste. Es schert sie nicht, dass sie ihn zwar ehren, auf ihre Art, ihm aber mit dem ganzen Brimborium keinen Gefallen erweisen. Ein Geschenk ist es für ihn jedenfalls nicht, das wissen sie auch, oft genug hat er kundgetan, dass er von solchen Massenaufläufen nichts hält. Aber wie so oft in seinem Leben lächelt er auch diesmal. Er weiß, was sich gehört, und er fügt sich seiner Rolle. Sogar einen Text haben sie ihm geschrieben und an die Brüstung geheftet, wenige Worte nur, damit er sie ablesen kann bei seinem kurzen Auftritt. Das tut er dann aber nicht – er wählt seine eigenen, die verlegen klingen, ein bisschen gequält und schüchtern, was ihn nur sympathischer macht. Wie er da oben steht, ein bisschen abwesend, wirkt er hilflos und zerbrechlich. Ein Greis, dem man einen angenehmeren Abend wünscht, den man am liebsten in die Arme nehmen und vor dem Rummel schützen möchte. Und vor den Worten Hans-Joachim Kulenkampffs, der sich als Conferencier durch die Veranstaltung müht, sich nicht an den Text hält, den Curth Flatow für ihn fabuliert hatte, dafür zu verbalen Entgleisungen neigt, nachdem er vergisst, Rühmanns Ehefrau zu begrüßen. So wie sich jede Schauspielerin wünsche, einmal eine Hure zu spielen, verkündet Kulenkampff etwa mit selbstgefälliger Süffisanz, sei es bei Rühmann eben die Rolle des Clowns gewesen, von der er träumte. Viel mehr spricht er über den Jubilar auch nicht, gefällt sich eher darin, sich selbst in Szene zu setzen. Davon bekommt Heinz Rühmann allerdings nicht viel mit. Die ganze Aufregung, die vielen Menschen, es kostet seine ganze Kraft, den Abend zu überstehen. Kurz danach erleidet er einen Schwächeanfall und muss in einem Krankenhaus stationär betreut werden.

Noch fällt der Vorhang nicht für immer, aber er zieht sich schon langsam zu. Die nächsten Meldungen, die über ihn in die Öffentlichkeit gelangen, beinhalten Krankenberichte. Leistenbruch- und Prostataoperationen liegen bereits hinter ihm; jetzt geht es um schwerwiegendere Dinge, die zwar keiner konkret benennen kann, aber jeder vermutet. In seinem Alter kann ein Schnupfen lebensbedrohlich sein, das meinen sie wohl. Tatsächlich aber leidet Heinz Rühmann an keiner Krankheit, wenn man nicht Altersschwäche als solche bezeichnet. Die hält ihn aber auch nicht ab, Thomas Gottschalk in *Wetten dass ...?* die Ehre zu erweisen. Es wird sein letzter Auftritt.

Im März danach feiert er seinen zweiundneunzigsten Geburtstag, ohne Pomp und Gloria, in kleiner Runde, für mehr ist er zu schwach. Noch kommen Interviewanfragen, aber die sagt seine Frau ab. Sie wird mit dem Satz zitiert: «Es hat keinen Sinn mehr.» Im Mai und im Juni lässt sie ihn ins Krankenhaus bringen, er hat plötzlich keine Kraft mehr in den Beinen. Dagegen können die Ärzte aber nichts mehr unternehmen. Nachdem auch Gehübungen seinen Zustand nicht verbessern, bekommt er einen Rollstuhl mit nach Hause. Tagsüber sitzt er meistens am Fenster und sieht hinaus. Er spricht kaum noch, auch das Gedächtnis lässt nach, er erkennt einige seiner Mitmenschen nicht mehr und wird immer stiller. Die nächsten Wochen verbringt er nur noch in seinem Bett im ersten Geschoss des Hauses. Ehefrau Herthi umsorgt ihn, am Tag wird sie von einer Krankenpflegerin unterstützt, jeden Morgen kommt der Hausarzt, Professor Eberhard Buchborn, vorbei.

Am Montag, dem 3. Oktober 1994, wird er am Abend noch einmal zu seinem Patienten gerufen. Dessen Puls ist kaum noch spürbar, seit Tagen hat er kein Wort mehr gesprochen. Der Mediziner setzt sich sofort ins Auto und fährt los. Als er gegen einundzwanzig Uhr an dem Haus am Klosterweg 29 eintrifft, hat Heinz Rühmanns Herz bereits aufgehört zu schlagen.

In der Nacht und am nächsten Tag versammelt sich die Familie am Bett des Toten. Sohn Heinzpeter trifft ein, Schwiegertochter Marion, die Enkelkinder. Ein evangelischer Pfarrer nimmt gegen Mitternacht die Aussegnung vor. Erst dreiundzwanzig Stunden später hält ein Leichenwagen in der Einfahrt des Anwesens. Seine Ehefrau hat die Dunkelheit abgewartet, niemand soll das Fahrzeug sehen. Diesmal spielt sie die Regisseurin. Der Tod des großen Schauspielers, sein letzter Akt, wird von ihr minutiös inszeniert. In Abwesenheit seines Publikums, diesen Weg soll er allein gehen, in aller Stille, so hätte er es sich bestimmt gewünscht, glaubt sie, denn gesprochen haben sie darüber nie. Im Schutz der Nacht lässt sie seinen Leichnam in einem braunen Eichensarg zum Krematorium des Münchner Ostfriedhofs überführen. Dort findet am folgenden Tag die Einäscherung statt. Erst danach geben die Hinterbliebenen den Tod von Heinz Rühmann bekannt. Drei Wochen später, am Abend des 30. Oktober 1994, wird seine Urne auf dem Friedhof von Aufkirchen beigesetzt.

«Der Tod hat für mich seine Schrecken verloren», hatte Heinz Rühmann einmal gesagt. «Ich weiß genau, dass wir nicht nur für diese lächerlichen paar Jahre auf die Welt gekommen sind. Ich glaube fest, dass es nach dem Tod irgendwie weitergeht.»

Nachwort und Dank

Neulich veröffentlichte eine Zeitschrift einen Leserbrief, der mir zu denken gab. Der Schreiber erregte sich über einen Beitrag, mit dem er nicht einverstanden schien. «Sie wissen ganz genau, was die Leute lesen wollen, alles, nur nicht die Wahrheit.» Zu diesem Zeitpunkt war ich gerade mit den letzten Kapiteln des Buches beschäftigt. Ich quälte mich durch das umfangreiche Material, das sich während meiner Recherche angesammelt hatte. Wie das so ist, wenn man sich nach Monaten intensiver Beschäftigung mit einem so umfassenden Thema dem Ende nähert, war ich reichlich erschöpft und ein wenig mutlos. Einerseits verlangte der Lektor nach dem Manuskript, schließlich waren Termine einzuhalten, andererseits fehlten mir noch einige Teile zu dem großen Puzzle, das am Ende ein schlüssiges Bild des Lebens von Heinz Rühmann ergeben sollte. Ich war überzeugt davon, gründlich gearbeitet zu haben, überlegte aber, ob besagter Leserbrief, so absonderlich er auf den ersten Blick anmutet und sosehr er einen gewissenhaften Arbeiter zum Widerspruch einlädt, nicht doch Wahres enthielt. Ich fragte mich, wen er mit «die Leute» meinte und ob es die im Falle meines Buches auch geben würde. Wollen diese Leute eigentlich lesen, was ich geschrieben habe? Nicht dass es der Biographie an unterhaltsamen und auch absonderlichen Geschichten mangelt. Ich habe nicht nur bisher unveröffentlichtes Material aufgestöbert, auch eine Reihe von Fotos, die der Öffentlichkeit bisher verborgen blieben, persönliche Briefe und

Dokumente, die uns Heinz Rühmann näher bringen. Es ging mir darum, möglichst anschaulich zu zeigen, wie er, der wohl berühmteste deutsche Schauspieler, wirklich war. Gerade deshalb wurde ich nun stutzig. Hatte dieser Leser womöglich Recht?

Ich erinnerte mich an ein Gespräch, das ich einige Monate zuvor geführt hatte. Ich hatte die Witwe von Gert Fröbe angerufen, um sie zu bitten, von ihrem Mann und über dessen Verhältnis zu Heinz Rühmann zu berichten. In der Annahme, dass sie meinem Anliegen nachkommen würde. Aber ich erlebte sie kurz angebunden. «Lassen Sie diesen Mann doch ruhen», sagte sie und schien aufgebracht, jedenfalls nicht bereit, über ihn zu sprechen. Da mich die Gründe ihrer Zurückhaltung interessierten, hakte ich nach. «Der Rühmann ist doch ein Denkmal», sagte sie, «wollen Sie den jetzt von seinem Sockel stoßen?» Ich erwiderte, dass mir lediglich daran gelegen sei, ihn so zu zeichnen, wie er tatsächlich war. Sie darauf: «Ich könnte Ihnen da einiges erzählen. Aber wer will denn lesen, dass er ein ausgemachter Geizhals war, dass er zum Beispiel die Zigaretten in der Mitte durchschnitt, wenn man ihn um eine bat?» Da war wieder dieser Satz: Wer will das denn lesen? Ähnlich frostig verlief danach noch so manches Gespräch. Eine Frau, von der ich wusste, dass sie mit Rühmann eine Affäre hatte, während er mit Hertha Feiler verheiratet war, reagierte schroff und wies jeden Kommentar zurück. Dabei ging es mir weniger um die amouröse Liaison, ich suchte jemanden, der ihn zu einer ganz bestimmten Zeit persönlich gut kannte und mir hätte seinen Charakter schildern können. Fehlanzeige. Im Grunde stieß ich bei fast all meinen Recherchen – ich befragte an die hundert Personen, die ihm mehr oder minder nahe standen, mit ihm gearbeitet oder sonst wie in Kontakt gestanden haben – auf zwei gegensätzliche Reaktionen. Entweder man distanzierte sich von ihm und hielt sich mit Auskünften zurück, oder man verfiel ins Schwärmen und scheute sich nicht vor einer Glorifizierung der Person Rühmann. Nur wenige Ausnahmen bestätigten die Regel. Es sollte erwähnt werden, dass ich einige Informationen überhaupt nur erhielt, nachdem ich dem Gesprächspartner Anonymität zugesichert hatte. Selbstverständlich komme ich der journalistischen Pflicht des Informantenschutzes nach, ohne mich – besonders in heiklen Angelegenheiten – nur auf eine Quelle zu stützen.

Hätte ich den Leser vor der Lektüre des Buches warnen müssen? Nachdem ich mich ausgiebig mit dem Leben von Heinz Rühmann beschäftigt habe, ist es mir schließlich nicht gelungen, das Bild aufrechtzuerhalten, das er der Öffentlichkeit all die Jahre von sich präsentiert hat. An vielen Stellen stieß ich auf Ungereimtheiten zwischen seinen Darstellungen und dem, was sich wirklich ereignete. Dass er in seinen Lebenserinnerungen gelegentlich Jahreszahlen und Orte verwechselte, ist dabei noch lässlich. Schwerwiegender stellen sich die Diskrepanzen in Bezug auf seine Rolle im Dritten Reich dar. Und auch sein Privatleben erscheint in einem neuen Licht, wenn man hinter die von ihm sorgsam aufgezogenen Kulissen schaut. Was eine Reihe von Fragen aufwirft, unter anderem danach, warum er sich im Leben wie in seinen Filmen inszenierte. Vielleicht ist das ja mit den Worten des englischen Schauspielers Peter O'Toole zu begreifen, der einmal in einem Interview sagte: «Jenseits der Leinwand haben Schauspieler überhaupt kein Ego. Sie sind nur Gefäße imaginärer Wesen. Sie müssen eine Rolle spielen, um die Wirklichkeit zu spüren, und brauchen Aufmerksamkeit, um sich lebendig zu fühlen. Der ständige Zwiespalt, in dem sich Stars befinden: sie müssen einerseits glauben, dass sie etwas Besonderes sind, und sich andererseits gegen diesen Unsinn auflehnen. Sie bestehen auf Privatsphäre, aber nur, solange noch jemand an ihre Tür klopft.»

Für sein Publikum spielte Heinz Rühmann auch privat eine Rolle. Ihm war daran gelegen, ein Image zu bedienen, das zu den Figuren in seinen Filmen passte. Der Regisseur Michael Verhoeven glaubt: «Er wollte immer eine Figur sein, wollte von sich nichts preisgeben.» Gern sah er sich als Mustergatte, noch lieber als den braven Soldaten Schwejk, seine liebste Rolle überhaupt. Aber damit war er nicht der Einzige, viele Schauspieler neigen zur Inszenierung. Und es ändert auch nichts daran, dass Heinz Rühmann ein ungewöhnlicher, einzigartiger Schauspieler war, dem es gelang, drei

Menschengenerationen für sich zu gewinnen und in einem Maße zu erheitern, wie es niemandem im deutschsprachigen Raum seither wieder gelungen ist. Sollten wir ihn so in Erinnerung behalten?

Das Buch wäre nicht zustande gekommen ohne die Hilfe zahlreicher Personen, die für Interviews zur Verfügung standen, meine Recherchen unterstützten oder mit Anregungen weiterhalfen. Gedankt sei: Gwendolyn von Ambesser, Prof. Helmut Ashley, Ingrid van Bergen, Hans-Jürgen Bobermin, Dr. Hans-Erich Brand, Elisabeth Coesfeld, Alexander Curt Duma, Ursula Fehling, Gunter Fette, Curth Flatow, Robert Freitag, Wera Frydtberg, Walter Giller, Hansi Grimm, Oliver Grimm, Ruth Hellberg, Inga Hentschke, Annemarie Herald, Carolina Heske, Margot Hielscher, Dinah Hinz, Theo Hinz, Johann Hohbauer, Benedikt Hoppe, Ruth Hott, Clea Krönig (mit Extradank für Schreibarbeit), Gisi L'Arronge, Johann Leitner, Johanna Liebeneiner, Hubertus Lindner, Bruni Löbel, Hilde Löllmann, Konrad Metka, Katharina Meyberg-Teichs, Dr. Eberhard Mielke, Karin Molck-Ude, Wolfgang Mönninghoff, Imo Moszkowicz, Lola Müthel, Birgit von Nauckhoff, Michael Pindter, Paula Rehfeld, Hertha Rühmann, Petronella Schnieber, Karl Schönböck, Maria Sebaldt, Franz Seitz, Ernst Stankovski, Prof. Gerhard Stoppe, Nadja Tiller, Gyula Trebitsch, Geiselher Venzke, Dr. Michael Verhoeven, Klaus Weber, Gertrud Wegscheider, Dr. Siegfried Wietstruk, Kurt Wilhelm, Christian Wolff, Jörg Wolfrum und Sonja Ziemann.

Dazu den Mitarbeitern folgender Institutionen: Stadtarchive Essen, Hannover, Wiesbaden, Stuttgart, Dresden, Magdeburg, Leipzig, Konstanz, München, Karlsruhe, Ribnitz-Damgarten, Rüdesheim, Stadtbibliothek Essen, Institut für Stadtgeschichte Frankfurt am Main, Staatsarchiv Bremen, Bayerisches Hauptstaatsarchiv München, Bundesarchiv Berlin, Bundesfilmarchiv Berlin, Stiftung Deutsche Kinemathek, Archiv des Ullstein-Verlages Berlin, Deutsches Filminstitut Frankfurt am Main, Verwaltung der Markt Prien, Kreisdokumentation Ebersberg, Kreisarchiv Spree-Neiße.

Und meinem Lektor Uwe Naumann.

ANHANG

Stationen eines Künstlerlebens

Heinz Rühmann am Theater (T), im Kino (K) und im Fernsehen (F)*

Vor 1920

T – Der Müller und sein Kind
(E. Raupach)
Theatervereinsaufführung, München
Regie: unbekannt

1920

T – Rose Bernd (G. Hauptmann)
21. Juni, Thalia-Theater Breslau
Regie: wahrscheinlich Walter Franck

T – Die Büchse der Pandora
(F. Wedekind)
2. August, Lobe-Theater Breslau
Regie: unbekannt

T – Kindertragödie (K. Schönherr)
Premierentermin unbekannt, Lobe-Theater Breslau
Regie: Josef Halpern

1921

T – Des Meeres und der Liebe Wellen
(F. Grillparzer)
7. Juni, Residenztheater Hannover
Regie: unbekannt

T – Don Juan und Faust (C. D. Grabbe)
25. Juni, Residenztheater Hannover
Regie: Dr. Friedrich Walkhoff

T – Ein Sommernachtstraum
(W. Shakespeare)
14. Juli, Residenztheater Hannover
Regie: unbekannt

T – Leonce und Lena (G. Büchner)
Premierentermin und Regie unbekannt, Residenztheater Hannover

T – Der Hüttenbesitzer (G. Ohnet)
15. September, Residenztheater Hannover
Regie: Carl Wilhelm Burg

T – Das tapfere Schneiderlein
(Bearbeitung: H. Römer)
19. Oktober, Residenztheater Hannover
Regie: unbekannt

T – Der Raub der Sabinerinnen
(F. und P. von Schönthan)
24. Oktober, Residenztheater Hannover
Regie: Robert Preuß

T – Die Tänzerin (M. Lengyel)
7. Dezember, Residenztheater Hannover
Regie: Carl Wilhelm Burg

* Das Verzeichnis kann keinen Anspruch auf Vollständigkeit erheben, da zahlreiche Unterlagen – vor allem im Bereich der Theaterarbeit – im Zweiten Weltkrieg vernichtet wurden oder verloren gingen.

T – Frau Holle (C. A. Görner)
31. Dezember, Residenztheater Hannover
Regie: unbekannt

1922

T – Das Tal des Lebens (M. Dreyer)
22. Januar, Residenztheater Hannover
Regie: Carl Wilhelm Burg

T – Beethoven (W. Weber-Brauns)
1. Februar, Residenztheater Hannover
Regie: Carl Wilhelm Burg

T – Femme X oder: **Die fremde Frau** (A. Bisson)
26. April, Residenztheater Hannover
Regie: unbekannt

T- Mein Freund Teddy (Rivoire/ Bernard)
23. August, Schauspielhaus Bremen
Regie: Julius Donat

T- Die Jungfern von Bischofsberg (G. Hauptmann)
3. September, Schauspielhaus Bremen
Regie: Paul Krohmann

T – Der Mustergatte (A. Hopwood)
14. Oktober, Schauspielhaus Bremen
Regie: unbekannt

1923

T – Wilhelm Tell (F. von Schiller)
Premierentermin und Regie unbekannt, Schauspielhaus Bremen

T – Der Schwarzkünstler (E. Gött)
Premierentermin und Regie unbekannt
Bayerische Landesbühne (Tournee-Theater)

T – Was ihr wollt (W. Shakespeare)
Premierentermin und Regie unbekannt, Bayerische Landesbühne (Tournee-Theater)

T – Traumulus (A. Holz/O. Jerschke)
August, Schauspielhaus München
Regie: unbekannt

T – Schneider Wibbel (H. Müller-Schlösser)
8. September, Schauspielhaus München
Regie: unbekannt

T – Des Esels Schatten (A. von Kotzebue)
26. Oktober, Schauspielhaus München
Regie: Hanns Merck

T – Pflicht (P. Krauß)
5. November, Schauspielhaus München
Regie: Rudolf Hoch

T – Maria Stuart (F. von Schiller)
17. Dezember, Schauspielhaus München
Regie: Hermine Körner

T – Robert und Bertram (G. Raeder)
20. Dezember, Schauspielhaus München
Regie: Hermine Körner

1924

T – Die Ehre (H. Sudermann)
8. Januar, Schauspielhaus München
Regie: Hanns Fritz Gerhard

T – Die Siebzehnjährigen (M. Dreyer)
26. Januar, Schauspielhaus München
Regie: Curt Elwenspoek

T – Rosenmontag (O. E. Hartleben)
2. Februar, Schauspielhaus München
Regie: unbekannt

T – Der Lampenschirm und **Hund und Hirn** (C. Goetz)
8. März, Schauspielhaus München
Regie: Otto Stoeckel

T – Kolportage (G. Kaiser)
15. Mai, Schauspielhaus München
Regie: Hanns Merck

T – Die Mary (S. Geyer)
6. Juni, Schauspielhaus München
Regie: Hanns Merck

T – Die Erwachsenen (Sling)
9. August, Schauspielhaus München
Regie: Hanns Merck

T – Kollege Crampton (G. Hauptmann)
17. September, Schauspielhaus München
Regie: Paul Wegener

T – Der Nebbich (C. Sternheim)
4. Oktober, Schauspielhaus München
Regie: Rudolf Hoch

T – Der dunkle Punkt
(L. Kadelburg/R. Presber)
21. Oktober, Schauspielhaus München
Regie: unbekannt

1925

T – Der eingebildete Kranke
(J. B. P. Molière)
23. März, Schauspielhaus München
Regie: Ludwig Jubelsky

T – Mister Pim will nicht sterben
(A. A. Milne)
24. April, Schauspielhaus München
Regie: unbekannt

T – Die Lore (O. E. Hartleben)
1. Mai, Schauspielhaus München
Regie: unbekannt

T – Max und Moritz
(nach W. Busch von L. Günther)
13. Dezember, Kammerspiele München
Regie: Felix Gluth

T – Ein Sommernachtstraum
(W. Shakespeare)
20. Dezember, Kammerspiele München
Regie: Otto Falckenberg

1926

T – Der mutige Seefahrer (G. Kaiser)
17. Januar, Kammerspiele München
Regie: Hans Schweikart

T – Kopf oder Schrift (L. Verneuil)
2. Februar, Kammerspiele München
Regie: Otto Falckenberg

T – Der fröhliche Weinberg
(C. Zuckmayer)
9. Februar, Kammerspiele München
Regie: Albrecht Joseph

T – Das Extemporale
(H. Sturm/M. Färber)
23. März, Kammerspiele München
Regie: Rudolf Hoch

T – Der Schlafwagenkontrolleur
(A. Bisson)
4. Mai, Kammerspiele München
Regie: Robert Forster-Larrinaga

T – Der Glückspilz (G. Rickelt)
22. Mai, Schauspielhaus München
Regie: Rudolf Hoch

T – Kollege Crampton
(G. Hauptmann)
1. Juni, Schauspielhaus München
Regie: Rudolf Hoch

T – Mein Freund Teddy
(Rivoire/Bernard)
5. Juli, Kammerspiele München
Regie: Richard Révy

K – Das deutsche Mutterherz
(Stummfilm)
26. Juli, Alhambra Berlin
Regie: Geza von Bolvary, Produktion: Ewe, Darsteller: Heinz Rühmann, Margarete Kupfer, Ellen Kürti, Vera Veronina, Helene von Bolvary, Julius Messaros, Léon Epp

T – Ein idealer Gatte (O.Wilde)
14. Juli, Kammerspiele München
Regie: Arnold Korff

T – Der Igel
(T. Impekoven/H. Reimann)
1. August, Kammerspiele München
Regie: Max Brückner

T – Dantons Tod (G. Büchner)
19. September, Kammerspiele im Schauspielhaus München
Regie: Otto Falckenberg

T – Gefallene Engel (N. Coward)
2. Oktober, Kammerspiele im Schauspielhaus München
Regie: Robert Forster-Larrinaga

T – Mensch und Übermensch
(G. B. Shaw)
29. Oktober, Kammerspiele im
Schauspielhaus München
Regie: Robert Forster-Larrinaga

T – Die Durchgängerin (L. Fulda)
27. November, Kammerspiele im
Schauspielhaus München
Regie: Robert Forster-Larrinaga

T – Die letzte Hexe
(M. Schleich/K. Dreher)
31. Dezember, Kammerspiele im
Schauspielhaus München
Regie: Otto Framer

1927

T – Theo macht alles (Nancey/Armont)
5. Februar, Kammerspiele im
Schauspielhaus München
Regie: Richard Révy

T – Der dreimal tote Peter
(Gerichtsreporter Sling)
25. Februar, Kammerspiele im
Schauspielhaus München
Regie: Otto Falckenberg

T – Die zwei Abenteurer
(G. Farquhat/O. Zoff)
15. März, Kammerspiele im
Schauspielhaus München
Regie: Otto Zoff

T – Lockvögel
(Russel/Medcraft/Mitchell)
12. April, Deutsches Theater/Kammerspiele Berlin
Regie: Robert Forster-Larrinaga

T – Papiermühle (G. Kaiser)
28. Mai, Deutsches Theater/Kammerspiele Berlin
Regie: Berthold Viertel

T – Théodore & Co. (Nancey/Armont)
8. Juni, Theater in der
Josephstadt Wien
Regie: Iwan Schmith

T – Mädel von heute (G. Davis)
18. Juli, Kammerspiele im
Schauspielhaus München
Regie: Richard Révy

T – Der Mustergatte (A. Hopwood)
22. Juli, Kammerspiele im
Schauspielhaus München
Regie: Richard Révy

T – Monsieur Helene
(S. Geyer/P. Frank)
7. August, Kammerspiele im
Schauspielhaus München
Regie: Robert Forster-Larrinaga

T – Ein Sommernachtstraum
(W. Shakespeare)
9. August, Festspielhaus Salzburg
Regie: Max Reinhardt

T – Papiermühle (G. Kaiser)
11. August, Kammerspiele im
Schauspielhaus München
Regie: Hans Schweikart

T – Kukuli (Jager/ Schmidt)
20. August, Kammerspiele im
Schauspielhaus München
Regie: Richard Révy

T – Fuhrmann Henschel
(G. Hauptmann)
6. September, Kammerspiele im
Schauspielhaus München
Regie: Max Werner Lenz

T – Der Hexer (E. Wallace)
20. September, Kammerspiele im
Schauspielhaus München
Regie: Robert Forster-Larrinaga

T – Liebes Leid und Lust
(W. Shakespeare)
5. November, Kammerspiele im
Schauspielhaus München
Regie: Otto Falckenberg

T – Die Buhlschwester
(J. M. R. Lenz nach Plautus)
6. November, Kammerspiele im

Schauspielhaus München
Regie: Otto Falckenberg

K – Das Mädchen mit den fünf Nullen (Stummfilm)
3. Dezember, Picadilly Berlin
Regie: Kurt Bernhardt, Produktion: Rex, Darsteller: Heinz Rühmann, Elza Temary,Marcel Salzer, Adele Sandrock, Elsa Wagner, Paul Bildt, Veit Harlan

T – Peripherie (F. Langer)
14. Dezember, Kammerspiele im Schauspielhaus München
Regie: Otto Falckenberg

1928

T – XYZ (Klabund)
20. Januar, Kammerspiele im Schauspielhaus München
Regie: Hans Schweikart

T – Charleys Tante (B. Thomas)
4. Februar, Kammerspiele im Schauspielhaus München
Regie: Julius Gellner

T – So und so, so geht der Wind (F. Knöller)
6. März, Kammerspiele im Schauspielhaus München
Regie: Otto Falckenberg

T – Du wirst mich heiraten (L. Verneuil)
18. März, Kammerspiele im Schauspielhaus München
Regie: Max Werner Lenz

T – Einbruch (R. A. Roberts/A. Landsberger)
31. März, Kammerspiele im Schauspielhaus München
Regie: Kurt Reiß

T – Die Kassette (C. Sternheim)
24. April, Deutsches Theater/ Komödie Berlin
Regie: Wolfgang Hoffmann-Harnisch

T – Der Geisterzug (J. Riddley)
22. Mai, Kammerspiele im Schauspielhaus München
Regie: Theo Frenkel

T – Kleine Komödie (S. Geyer)
17. Juli, Kammerspiele im Schauspielhaus München
Regie: Julius Gellner

T – Fräulein Josette, meine Frau (P. Gavault/R. Charvay)
8. August, Kammerspiele im Schauspielhaus München
Regie: Hans Schweikart

T – Eltern und Kinder (G. B. Shaw)
12. September, Deutsches Theater/ Komödie Berlin
Regie: Heinz Hilpert

1929

T – Walzertraum (Operette)
Premierentermin und Regie unbekannt
Deutsches Theater Berlin

T – Die lustigen Weiber von Windsor (W. Shakespeare)
15. Februar, Deutsches Theater Berlin
Regie: Heinz Hilpert

T – Aufgang nur für Herrschaften (S. Geyer)
2. Mai, Deutsches Theater/ Kammerspiele Berlin
Regie: Leo Mittler

T – Soeben erschienen (E. Bourdet)
10. September, Kammerspiele im Schauspielhaus München
Regie: Julius Gellner

T – Terzett (L. Lenz)
9. Oktober, Kammerspiele im Schauspielhaus München
Regie: Richard Ulrich

T – Die Verbrecher (F. Bruckner)
28. November (einmalige Aufführung, von der Zensur verboten)
Kammerspiele im Schauspielhaus München
Regie: Otto Falckenberg

T – Boubouroche und **Der Stammgast** (G. Courteline)
12. November, Kammerspiele im Schauspielhaus München
Regie: Otto Falckenberg

T – Grandhotel (P. Frank)
23. Dezember, Kammerspiele im Schauspielhaus München
Regie: Richard Révy

1930

T – Soll man heiraten? (G. B. Shaw)
2. Mai, Deutsches Theater/Komödie Berlin
Regie: Karl Heinz Martin

T – Wie werde ich reich und glücklich? (F. Joachimson)
Premierentermin und Regie unbekannt
Komödie Berlin

K – Die Drei von der Tankstelle
15. September, Gloria-Palast Berlin
Regie: Wilhelm Thiele, Produktion: Ufa, Darsteller: Heinz Rühmann, Lilian Harvey, Willy Fritsch, Oskar Karlweis, Fritz Kampers, Olga Tschechowa, Kurt Gerron, Felix Bressart, Gertrude Wolle, Comedian Harmonists

T – Die Quadratur des Kreises (V. Katajew)
4. Dezember, Theater am Schiffbauerdamm Berlin
Regie: I. Mendelsohn

K – Einbrecher
16. Dezember, Gloria-Palast Berlin
Regie: Hanns Schwarz, Produktion: Ufa, Darsteller: Heinz Rühmann, Lilian Harvey, Willy Fritsch, Ralph Arthur Roberts, Oskar Sima, Kurt Gerron, Paul Henckels, Gertrude Wolle

1931

T – Wie werde ich reich und glücklich? (F. Joachimson)
24. Januar, Kammerspiele im Schauspielhaus München
Regie: Rudolf Hoch

T – Ein Strich geht durchs Zimmer (V. Katajew)
6. Februar, Kammerspiele im Schauspielhaus München
Regie: Julius Gellner

K – Der Mann, der seinen Mörder sucht
5. Februar, Gloria-Palast Berlin
Regie: Robert Siodmak, Produktion: Ufa, Darsteller: Heinz Rühmann, Lien Deyers, Raimund Jamitschek, Hans Leibelt, Herrmann Speelmans, Friedrich Hollaender

T – Ein freudiges Ereignis (F. Dell/Th. Mitchell)
28. Februar, Volkstheater München
Regie: Hans-Fritz Gerhard

T – Charleys Tante (B. Thomas)
24. März, Volkstheater München
Regie: Rudolf Hoch

K – Bomben auf Monte Carlo
31. August, Ufa-Palast am Zoo Berlin
Regie: Hanns Schwarz, Produktion: Ufa, Darsteller: Heinz Rühmann, Hans Albers, Anna Sten, Ida Wüst, Karl Etlinger, Kurt Gerron, Peter Lorre, Otto Wallburg, Bruno Ziener

K – Meine Frau, die Hochstaplerin
18. September, Gloria-Palast Berlin
Regie: Kurt Gerron, Produktion: Ufa, Darsteller: Heinz Rühmann, Käthe von Nagy, Fritz Grünbaum, Alfred Abel, Maly Delschaft, Theo Lingen, Else Heims, Hubert von Meyerinck, Julius Brandt

K – Der brave Sünder
16. Oktober, Phoebus-Palast München
Regie: Fritz Kortner, Produktion: Allianz, Darsteller: Heinz Rühmann, Max Pallenberg, Dolly Haas, Josefine Dora, Fritz Grünbaum, Julius Brandt

1932

K – Der Stolz der 3. Kompanie
4. Januar, Tauentzien- und Titania-Palast Berlin
Regie: Fred Sauer, Produktion: D.L.S., Darsteller: Heinz Rühmann, Adolf Wohlbrück, Eugen Burg, Ferdinand von Alten, Josef Peterhans, Walter Steinbeck, Viktor de Kowa, Fritz Kampers, Rudolf Platte, Paul Henckels

T – Der Mustergatte (A. Hopwood)
7. Januar, Volkstheater München
Regie: Richard Révy

K – Man braucht kein Geld
5. Februar, Capitol Berlin
Regie: Carl Boese, Produktion: Allianz, Darsteller: Heinz Rühmann, Hans Moser, Hans Junkermann, Ida Wüst, Hedy Kiesler, Kurt Gerron, Paul Henckels, Hans Hermann Schaufuß, Heinrich Schroth, Fritz Odemar

K – Es wird schon wieder besser
6. Februar, Gloria-Palast Berlin
Regie: Kurt Gerron, Produktion: Ufa, Darsteller: Heinz Rühmann, Paul Otto, Dolly Haas, Fritz Grünbaum, Oskar Sima, Ferdinand von Alten, Gerhard Bienert, Paul Henckels, Fritz Odemar, Oscar Sabo, Hans Waßmann, Paul Westermeier, Gertrude Wolle

T – Der Mann mit den grauen Schläfen (L. Lenz)
Premierentermin und Regie unbekannt
Theater in der Stresemannstraße, Berlin

T – Der Mustergatte
(A. Hopwood)
Premierentermin und Regie unbekannt
Theater in der Stresemannstraße, Berlin

K – Strich durch die Rechnung
25. Oktober, Ufa-Palast am Zoo Berlin
Regie: Alfred Zeisler, Produktion: Ufa, Darsteller: Heinz Rühmann, Margarete Kupfer, Hermann Speelmans, Jakob Tiedtke, Toni van Eyck, Gustl Stark-Gstettenbauer, Ludwig Stössel, Flockina von Platen, Fritz Odemar, Harry Hardt, Fritz Kampers, Otto Wallburg, Hans Hermann Schaufuß

1933

T – Terzett (L. Lenz)
15. Januar, Theater in der Stresemannstraße, Berlin
Regie: unbekannt

K – Ich und die Kaiserin
22. Februar, Gloria-Palast Berlin
Regie: Friedrich Hollaender, Produktion: Ufa, Darsteller: Heinz Rühmann, Mady Christians, Conrad Veidt, Lilian Harvey, Friedel Schuster, Hubert von Meyerinck, Julius Falkenstein, Hans Hermann Schaufuß, Hans Deppe

K – Lachende Erben
6. März, U.T. Kurfürstendamm Berlin
Regie: Max Ophüls, Produktion: Ufa, Darsteller: Heinz Rühmann, Max Adalbert, Ida Wüst, Walter Janssen, Lien Deyers, Lizzi Waldmüller, Julius Falkenstein, Friedrich Ettel

T – Der Mustergatte (A. Hopwood)
4. Mai, Kammerspiele im Schauspielhaus München
Regie: Richard Révy

K – Heimkehr ins Glück
18. August, U. T. Kurfürstendamm und Titania-Palast Berlin
Regie: Carl Boese, Produktion: ABC, Darsteller: Heinz Rühmann, Paul Hörbiger, Erika Falgar, Ludwig Stössel, Harry Gondi, Hans Albin, Wolfgang Staudte, Paul Heidemann

K – Es gibt nur eine Liebe
16. November, Schwäbische Urania Stuttgart
Regie: Johannes Meyer, Produktion: Badal, Darsteller: Heinz Rühmann, Louis Graveure (Star-Tenor), Ralph Arthur Roberts, Jenny Jugo, Eva Eras, Martha Ziegler

K – Drei blaue Jungs, ein blondes Mädel
2. Oktober, Atrium und Titania-Palast Berlin
Regie: Carl Boese, Produktion: Boese, Darsteller: Heinz Rühmann, Charlotte Ander, Friedrich Benfer, Fritz Kampers, Hans Richter, Gerhard Dammann

1934

K – Die Finanzen des Großherzogs
10. Januar, Capitol Berlin
Regie: Gustaf Gründgens, Produktion: Tofa, Darsteller: Heinz Rühmann, Viktor de Kowa, Hilde Weissner, Paul Henckels, Maria Loja, Fritz Alberti, Theo Lingen

K – So ein Flegel
13. Februar, U. T. Kurfürstendamm Berlin
Regie: Robert Adolf Stemmle, Produktion: Cicero, Darsteller: Heinz Rühmann, Ellen Frank, Inge Konradi, Franz Klebusch, Jakob Tiedtke, Annemarie Sörensen, Else Bötticher, Oskar Sima, Karl Platen, Rudolf Platte, Anita Mey, Rudolf Klicks

K – Pipin, der Kurze
31. März, Mozartsaal Berlin
Regie: Carl Heinz Wolff, Produktion: Alpha, Darsteller: Heinz Rühmann, Charlott Serda, Paul Heidemann, Hans Junkermann, Hilde Hildebrand, Walter von Lennep, Günther Ballier, Arthur Reppert

K – Ein Walzer für dich
12. August, Mainz
Regie: Georg Zoch, Produktion: Badal, Darsteller: Heinz Rühmann, Louis Graveure, Camilla Horn, Maria Sazarina, Adele Sandrock, Theo Lingen, Fritz Odemar, Wilhelm Bendow, Max Ralf Ostermann

K – Heinz im Mond
5. September, U. T. Kurfürstendamm Berlin
Regie: Robert Adolf Stemmle, Produktion: Cicero, Darsteller: Heinz Rühmann, Rudolf Platte, Annemarie Sörensen, Oskar Sima, Erika Glässner, Ellen Frank, Anita Mey, Hans Leibelt, Inge Konradi, Alexa von Porembsky, Fita Benkhoff

K – Frasquita
18. September, Atrium Berlin
Regie: Carl Lamac, Produktion: Atlantis, Darsteller: Heinz Rühmann, Jarmila Novotna, Hans Heinz Bollmann, Max Gülstorff, Charlott Daudert, Hans Moser, Rudolf Carl, Franz Schafheitlin, Gretl Wawra, Franz Lehár

T – Lumpazivagabundus (J. Nestroy)
Premierentermin unbekannt, Deutsches Theater Berlin
Regie: Heinz Hilpert

T – George Dandin (J. B. P. Molière)
Premierentermin unbekannt, Deutsches Theater Berlin
Regie: Heinz Hilpert

1935

T – Ihr erster Mann (G. von Moser)
12. Januar, Kammerspiele im Schauspielhaus München
Regie: Friedrich Domin

K – Der Himmel auf Erden
21. März, Lichtspielhaus Wien
Regie: E. W. Emo, Produktion: Projectograph, Darsteller: Heinz Rühmann, Hermann Thimig, Lizzi Holzschuh, Hans Moser, Adele Sandrock, Ilona von Hajmassy, Theo Lingen, Rudolf Carl

K – Wer wagt – gewinnt
9. Juli, Titania-Palast Berlin
Regie: Walter Janssen, Produktion: Riton, Darsteller: Heinz Rühmann, Lizzi Holzschuh, Carl Günther, Annemarie Sörensen, Walter Steinbeck, Oscar Sabo, Ursula Herking, Wilhelm Bendow, Carsta Löck, Kurt Vespermann

K – Eva
25. Juli, Ufa-Palast am Zoo Berlin
Regie: Johannes Riemann, Produktion: Atlantis, Darsteller: Heinz Rühmann, Adele Sandrock, Hans Söhnker, Magda Schneider, Ferdinand Maierhofer, Hans Moser, Mimi Shorp, Franz Schafheitlin, Fritz Puchstein

T – Ihr erster Mann (G. von Moser)
14. September, Schauspielhaus Bremen
Regie: Friedrich Domin

T – Der Mustergatte (A. Hopwood)
15. September, Schauspielhaus Bremen
Regie: unbekannt

K – Der Außenseiter
14. November, Kammerlichtspiele München
Regie: Hans Deppe, Produktion: Bavaria, Darsteller: Heinz Rühmann, Ernst Dumcke, Gina Falckenberg, Karel Steppanek, Friedrich Benfer, Gustav Waldau, Ellen Frank, Willi Schur, Hans Junkermann, Alexa von Porembsky, Gerhard Dammann

1936

T – Himmel auf Erden (J. Huth)
22. Januar, Kammerspiele im Schauspielhaus München
Regie: Friedrich Siems

K – Wenn wir alle Engel wären
5. Februar, Wien
Regie: Carl Froelich, Produktion: Froelich, Darsteller: Heinz Rühmann, Leny Marenbach, Lotte Rausch, Elsa Dalands, Harald Paulsen, Hans Herten, Will Dohm, Paul Mederow, Ernst Waldow, Carl de Vogt

K – Ungeküsst soll man nicht schlafen geh'n
27. Februar, Wien
Regie: E. W. Emo, Produktion: Projectograph, Darsteller: Heinz Rühmann, Liane Haid, Theo Lingen, Hans Moser, Anni Rosar, Susi Lanner, Ivan Petrovich

K – Allotria
12. Juni, Gloria-Palast Berlin
Regie: Willi Forst, Produktion: Cine-Allianz, Darsteller: Heinz Rühmann, Renate Müller, Jenny Jugo, Adolf Wohlbrück, Hilde Hildebrand, Will Dohm,Heinz Salfner, Toni Tetzlaff

K – Lumpazivagabundus
23. Dezember, Wien
Regie: Geza von Bolvary, Produktion: Styria, Darsteller: Heinz Rühmann, Paul Hörbiger, Hans Holt, Hilde Krahl, Alice Brandt, Fritz Imhoff, Ferdinand Maierhofer, Maria Holst, Hanns Obonya, Traudl Link, Liselotte Nekut

T – Androklus und der Löwe (G. B. Shaw)
Premierentermin unbekannt, Deutsches Theater Berlin
Regie: Heinz Hilpert

1937

K – Der Mann, von dem man spricht
5. Februar, Wien
Regie: E. W. Emo, Produktion: Projectopraph, Darsteller: Heinz Rühmann, Theo Lingen, Hans Moser, Heinz Salfner, Gusti Huber, Gerhard Bienert, Reinhold Haeussermann

K – Der Mann, der Sherlock Holmes war
15. Juli, Ufa-Palast am Zoo Berlin
Regie: Karl Hartl, Produktion: Ufa, Darsteller: Heinz Rühmann, Hans Albers, Marieluise Claudius, Hansi Knoteck, Hilde Weissner, Siegfried Schürenberg, Paul Bildt, Hans Junkermann, Eduard von Winterstein, Ernst Legal, Gerhard Dammann, Harry Hardt, Willi Schur, Ernst Waldow

K – Der Mustergatte
13. Oktober, Gloria-Palast Berlin
Regie: Wolfgang Liebeneiner, Produktion: Imagoton, Darsteller: Heinz Rühmann, Leny Marenbach, Hans Söhnker, Heli Finkenzeller, Werner Fuetterer, Jola Jobst, Leopold von Ledebur, Alexa von Porembsky

1938

K – Die Umwege des schönen Karl
31. Januar, Capitol am Zoo Berlin
Regie: Carl Froelich, Produktion: Froelich, Darsteller: Heinz Rühmann, Paul Westermeier, Ernst Legal, Hugo Froelich, Margarete Kupfer, Karin Hardt, Paul Bildt, Sybille Schmitz, Leopold von Ledebur, Carl Günther, Ewald Wenck, Hans Albin, Wilhelm Bendow, Willi Schur

K – Fünf Millionen suchen einen Erben
1. April, Capitol am Zoo Berlin
Regie: Carl Boese, Produktion: Majestic, Darsteller: Heinz Rühmann, Leny Marenbach, Vera von Langen, Oskar Sima, Heinz Salfner, Claire Reigbert, Albert Florath, Anton Pointner, Otto Stoeckel, Gerhard Dammann, Hans Hemes

K – Dreizehn Stühle
16. Juni, Capitol Dresden
Regie: E. W. Emo, Produktion: Emo, Darsteller: Heinz Rühmann, Hans Moser, Annie Rosar, Inge List, Hedwig Bleibtreu, Richard Eybner, Rudolf Carl, Ferdinand Maierhofer, Wiener Sängerknaben

K – Nanu, Sie kennen Korff noch nicht?
21. Dezember, Tauentzien-Palast Berlin
Regie: Fritz Holl, Produktion: Terra, Darsteller: Heinz Rühmann, Viktor Janson, Franz Schafheitlin, Fritz Rasp, Karl Meixner, Agnes Straub, Will Dohm, Jakob Tiedtke, Senta Foltin, Rudolf Platte, Günther Lüders, Hubert von Meyerinck, Hermann Pfeifer

K – Lauter Lügen
23. Dezember, Hamburg
Regie: Heinz Rühmann, Produktion: Terra, Darsteller: Albert Matterstock, Hertha Feiler, Fita Benkhoff, Hilde Weissner, Johannes Riemann, Ursula Ulrich, Wolfgang Staudte, Paul Bildt

T – Der Bridgekönig
(Armont/ Marchand)
31. Dezember, Staatstheater/Kleines Haus Berlin
Regie: Wolfgang Liebeneiner

1939

K – Der Florentiner Hut
4. April, Kammerlichtspiele Magdeburg
Regie: Wolfgang Liebeneiner, Produktion: Terra, Darsteller: Heinz Rühmann, Herti Kirchner, Christl Mardayn, Paul Henckels, Viktor Janson, Helmut Weiß, Hans Hermann Schaufuß, Hubert von Meyerinck, Elsa Wagner, Alexa von Porembsky, Paul Bildt, Leopold von Ledebur, Bruno Fritz, Ernst Legal

K – Paradies der Junggesellen
1. August, Lichtspielhaus Hamburg
Regie: Kurt Hoffmann, Produktion: Terra, Darsteller: Heinz Rühmann, Josef Sieber, Hans Brausewetter, Gerda Maria Terno, Hilde Schneider, Trude Marlen, Lotte Rausch, Maly Delschaft, Albert Florath, Paul Bildt, Rudolf Schündler, Eduard Wenck, Lucie Lumera, Gerhard Dammann

K – Hurra, ich bin Papa
16. September, in mehreren Städten des Deutschen Reichs
Regie: Kurt Hoffmann, Produktion: Cine-Allianz, Darsteller: Heinz Rühmann, Albert Florath, Walter Schuller, Carola Höhn, Ursula Grabley, Marianne Stanior, Bruno Fritz, Ludwig Schmitz, Ilse Stobrawa, Olga Limburg

1940

K – Lauter Liebe
16. Februar, Ufa-Palast Köln
Regie: Heinz Rühmann, Produktion: Terra, Darsteller: Hertha Feiler, Rolf Weih, Hansi Arnstaedt, Hans Leibelt, Olga Limburg, Albert Florath, Helmut Weiß, Elsa Wagner, Ilse Stobrawa, Gretl Theimer, Willi Domgraf-Fassbaender, Josefine Dora, Lucie Lumera

K – Der Gasmann
1. August, Gloria-Palast Berlin
Regie: Carl Froelich, Produktion: Froelich, Darsteller: Heinz Rühmann, Anny Ondra, Will Dohm, Erika Helmke, Franz Weber, Kurt Vespermann, Hans Leibelt, Charlotte Susa, Walter Steinbeck, Reinhard Kolldehoff, Ewald Wenck, Hans Ulrich, Helmut Weiß, Bruno Ziener, Oscar Sabo, Paul Bildt

K – Kleider machen Leute
16. September, Scala Konstanz
Regie: Helmut Käutner, Produktion: Terra, Darsteller: Heinz Rühmann, Hertha Feiler, Hans Sternberg, Fritz Odemar, Hilde Sessak, Rudolf Schündler, Erich Ponto, Hans Stiebner, Leopold von Ledebur, Franz Weber, Erwin Hoffmann, Helmut Weiß, Aribert Wäscher, Olga Limburg

K – Wunschkonzert
30. Dezember, Ufa-Palast am Zoo Berlin
Regie: Eduard von Borsody, Produktion: Cine-Allianz, Darsteller: Ilse Werner, Carl Raddatz, Heinz Goedecke, Joachim Brennecke, Ida Wüst, Hedwig Bleibtreu, Hans Hermann Schaufuß, Hans Adalbert Schlettow, Albert Florath. Als Gäste im Wunschkonzert: Heinz Rühmann, Hans Brausewetter, Josef Sieber, Marika Rökk, Paul Hörbiger, Weiß-Ferdl, Philharmonisches Orchester Berlin

1941

K – Hauptsache glücklich
2. April, Gloria-Palast Berlin
Regie: Theo Lingen, Produktion: Bavaria, Darsteller: Heinz Rühmann, Hertha Feiler, Ida Wüst, Hans Leibelt, Annemarie Holtz, Jane Tilden, Fritz Odemar, Max Gülstorff, Hilde Wagener, Arthur Schröder, Karl Etlinger, Hans Paetsch, Ernst Günther Schiffner

T – Pygmalion (G. B. Shaw)
22. November, Staatstheater/ Lustspielhaus Berlin
Regie: Wolfgang Liebeneiner

K – Quax, der Bruchpilot
16. Dezember, Lichtspielhaus Hamburg
Regie: Kurt Hoffmann, Produktion: Terra, Darsteller: Heinz Rühmann, Lothar Firmans, Karin Himboldt, Hilde Sessak, Harry Liedtke, Elga Brink, Franz Zimmermann, Kunibert Gensichen, José Held, Manfred Heidmann, Leo Peukert, Beppo Brehm, Helmut Weiß, Karl Etlinger, Karl Heidmann, Wilhelm Bedow, Gertrude Wolle, Gerhard Dammann

1942

K – Fronttheater
24. September, Berlin
Regie: Arthur Maria Rabenalt, Darsteller: Heli Finkenzeller, René Deltgen, Bruni Löbel, Willi Rose. Heinz Rühmann und Hans Söhnker mit einem kurzen Cameo-Auftritt (ca. 30 Sekunden)

1943

K – Sophienlund
26. Februar, Gloria-Palast Berlin
Regie: Heinz Rühmann, Produktion: Terra, Darsteller: Harry Liedtke, Käthe Haack, Hannelore Schroth, Fritz Wagner, Robert Tessen, Hans Quest, Christina Sorbon, Jeanette Bethge, Clemens Hasse

K – Ich vertraue dir meine Frau an
3. April, Atlantik-Palast München
Regie: Kurt Hoffmann, Produktion: Terra, Darsteller: Heinz Rühmann, Lia Adina, Werner Fuetterer, Else von Möllendorf, Arthur Schröder, Paul Dahlke, Kurt von Ruffin, Alexa von Porembsky, Willy Witte, Wilhelm Bendow, Gerhard Bienert

1944

K – Die Feuerzangenbowle
28. Januar, U. T. Königstadt und Tauentzien-Palast Berlin
Regie: Helmut Weiß, Produktion: Terra, Darsteller: Heinz Rühmann, Karin Himboldt, Hilde Sessak, Erich Ponto, Paul Henckels, Hans Leibelt, Max Gülstorff, Margarethe Schön, Hans Richter, Clemens Hasse, Ewald Wenck, Albert Florath, Karl Etlinger

K – Der Engel mit dem Saitenspiel
19. Dezember, Marmorhaus und U. T. Sternlichtspiele Berlin
Regie: Heinz Rühmann, Produktion: Terra, Darsteller: Hertha Feiler, Hans Söhnker, Hans Nielsen, Susanne von Almassy, Otto Graf, Lina Carstens, Erich Ponto, Walter Werner

1945

K – Quax in Afrika
(Als **Quax in Fahrt** vor Kriegsende hergestellt, danach von den Alliierten verboten, am 22. Mai 1953 in mehreren Städten gleichzeitig uraufgeführt)
Regie: Helmut Weiß, Produktion: Terra, Darsteller: Heinz Rühmann, Hertha Feiler, Karin Himboldt, Bruni Löbel, Lothar Firmans, Robert Tessen, Georg Vogelsang, Beppo Brehm, Adolf Fischer

K – Sag' die Wahrheit (nicht fertig gestellt)
Regie: Helmut Weiß, Produktion: Terra, Darsteller: Heinz Rühmann, Hertha Feiler, Susanne von Almassy, Aribert Wäscher, Eva Maria Meineke, Hans Brausewetter, Hubert von Meyerinck, Elsa Wagner, Kurt Vespermann, Ingrid Lutz, Karl Etlinger, Albert Florath, Erika von Thellmann, Paul Bildt

T – Der Mustergatte (A. Hopwood)
Mehrere Tourneen 1945, 1946 und 1947, erst nur durch die sowjetische Besatzungszone, da Heinz Rühmann im amerikanischen Sektor Spielverbot hatte, später durch ganz Deutschland
Regie: Helmut Weiß, Heinz Rühmann

1947

T – Der Mustergatte
13. Dezember, Filmbühne Wien, Berlin
Regie: Heinz Rühmann

1948

K – Der Herr vom anderen Stern
13. August, Filmbühne Wien, Berlin
Regie: Heinz Hilpert, Produktion: Comedia, Darsteller: Heinz Rühmann, Anneliese Römer, Hilde Hildebrand, Hans Cossy, Peter Pasetti, Otto Wernicke, Erhard Siedel, Bruno Hübner, Rudolf Vogel, Rudolf Schündler, Bum Krüger, Albert Hehn, Ernst Fritz Fürbringer

K – Die kupferne Hochzeit
14. Dezember, Gloria-Palast Berlin
Regie: Heinz Rühmann, Produktion: Comedia, Darsteller: Hertha Feiler, Peter Pasetti, Sybille von Gymnich, Hans Nielsen, Hilde Classen, Bum Krüger, Erich Ponto, Albert Florath, Georg Vogelsang, Margarethe Haagen, Christa Berndl

1949

K – Das Geheimnis der roten Katze
14. April, Rathaus-Lichtspiele München
Regie: Helmut Weiß, Produktion: Comedia, Darsteller: Heinz Rühmann, Gustav Knuth, Angelika Hauff, Trude Hesterberg, Jakob Tiedtke, Otto

Matthies, Erwin Eckersberg, Alwin Lippisch, Erhard Siedel, Hans Cossy, Georg Vogelsang, Willy Friedrichs

K – Ich mach' dich glücklich
2. Dezember, Europa-Palast Düsseldorf
Regie: Alexander von Szlatinay, Produktion: Comedia, Darsteller: Heinz Rühmann, Hertha Feiler, Karl Schönböck, Dorit Kreysler, Hans Leibelt, Margarethe Haagen, Lotte Stein, Fritz Kampers, Rudolf Schündler, Jochen Hauer, Gunnar Möller, Harald Mannel, Kurt von Ruffin

T – Der Mustergatte (A. Hopwood)
25. Dezember, Kleine Komödie/Kleines Haus München
Regie: Heinz Rühmann

1950
T – Mein Freund Harvey (M. Chase)
7. Oktober, Kleine Komödie/Kleines Haus München
Regie: Gerhard Metzner
(anschließend Tournee 1950 und 1951, u. a. in Hamburg, Frankfurt am Main, Bad Hersfeld, Kassel, Siegen, Ludwigshafen, Heidelberg)

1952
T – Es bleibt in der Familie (L. Verneuil)
Premierentermin unbekannt, Theater am Besenbinderhof Hamburg
Regie: Lukas Amann

K – Das kann jedem passieren
30. Mai, Apollo Düsseldorf und Residenz Duisburg
Regie: Paul Verhoeven, Produktion: Komet, Darsteller: Heinz Rühmann, Gisela Schmidting, Gustav Knuth, Alice Treff, Werner Fuetterer, Bum Krüger, Ingrid Lutz, Hubert von Meyerinck, Michl Lang, Liesl Karlstadt, Hans Leibelt, Doris Kiesow, Hilde Classen, Fritz Imhoff, Iska Geri, Helmut M. Backhaus

K – Wir werden das Kind schon schaukeln
5. September, Walhalla Wiesbaden
Regie: E. W. Emo, Produktion: Styria, Darsteller: Heinz Rühmann, Theo Lingen, Hilde Berndt, Annie Rosar, Lotte Lang, Hans Moser, Margarete Slezak, Nadja Tiller, Gusti Wolf

1953
K – Keine Angst vor großen Tieren
31. Juli, Apollo Düsseldorf
Regie: Ulrich Erfurth, Produktion: Real-Film, Darsteller: Heinz Rühmann, Ingeborg Körner, Gustav Knuth, Maria Paudler, Werner Fuetterer, Erich Ponto, Willi Maertens, Margarete Slezak, Bruno Fritz, Jakob Tiedtke, Albert Florath, Beppo Brehm, Harry Pintzky, Lotte Klein, Hubert von Meyerinck, Wolfgang Neuss, Ruth Stephan, Ursula Herking, Max Schmeling

K – Briefträger Müller
1. Oktober, Universum Stuttgart
Regie: John Reinhardt (nach dessen Tod: Heinz Rühmann), Produktion: Berolina, Darsteller: Heinz Rühmann, Heli Finkenzeller, Gisela Mayen, Wolfgang Condrus, Susanne von Almassy, Harald Paulsen, Oskar Sima, Else Reval, Eckart Dux, Trude Hesterberg, Rolf Kutschera

T – Es bleibt in der Familie
(L. Verneuil)
Premierentermin und Regie unbekannt
Bühnengastspiel in der Schweiz

1954
T – Warten auf Godot (S. Beckett)
27. März, Kammerspiele München
Regie: Fritz Kortner

K – Auf der Reeperbahn nachts um halb eins
16. Dezember, Barke Hamburg
Regie: Wolfgang Liebeneiner,

Produktion: Berolina, Darsteller: Heinz Rühmann, Hans Albers, Fita Benkhoff, Helga Franck, Gustav Knuth, Jürgen Graf, Erwin Strahl, Wolfgang Neuss, Else Reval, Carl Hinrichs

1955

K – Zwischenlandung in Paris (Escale à Orly)
17. März, Capitol Köln
Regie: Jean Dréville, Produktion: Coroma/ Hoche-Marina, Darsteller: Heinz Rühmann, Dany Robin, Dieter Borsche, Hans Nielsen, Simone Renant, Doris Kirchner, Gisela von Collande, Anneliese Kaplan, Hans Richter, Claus Biederstaedt, Holger Hagen, François Perier, Micheline Gary, Reinhard Kolldehoff

T – Meine Frau erfährt kein Wort
(G. Axelrod)
25. März, Renaissancetheater Berlin
Regie: Axel von Ambesser

K – Wenn der Vater mit dem Sohne
12. August, Ufa-Palast Köln
Regie: Hans Quest, Produktion: Berolina, Darsteller: Heinz Rühmann, Oliver Grimm, Waltraud Haas, Robert Freitag, Carl-Heinz Schroth, Fita Benkhoff, Rudolf Schündler, Arnim Dahl

1956

K – Charleys Tante
19. Januar, Ufa-Palast Köln
Regie: Hans Quest, Produktion: Berolina, Darsteller: Heinz Rühmann, Hertha Feiler, Claus Biederstaedt, Walter Giller, Hans Olden, Bum Krüger, Ina Peters, Hans Leibelt, Paul Hörbiger, Helmuth Rudolph, Hilde von Stolz, Ewald Wenck

K – Der Hauptmann von Köpenick
16. August, Ufa-Palast Köln
Regie: Helmut Käutner, Produktion: Real-Film, Darsteller: Heinz Rühmann, Hannelore Schroth, Martin Held, Erich Schellow, Ilse Fürstenberg, Walter Giller, Maria Sebaldt, Friedrich Domin, Ethel Reschke, Joseph Offenbach, Wolfgang Neuss, Bum Krüger, Willi Rose, Reinhard Koldehoff, Otto Wernicke, Siegfried Lowitz, Willy Maertens

K – Schneider Wibbel
12. September, Apollo Düsseldorf
Regie: Kurt Meisel, Produktion: Berolina, Darsteller: Heinz Rühmann, Hannelore Bollmann, Werner Peters, Günther Lüders, Walter Giller, Carla Hagen, Otto Wernicke, Siegfried Lowitz, Lilo Hartmann, Kurt Pratsch-Kaufmann, Alexa von Porembsky

1957

K – Vater sein dagegen sehr
12. September, Ufa-Palast Köln
Regie: Kurt Meisel, Produktion: Berolina, Darsteller: Heinz Rühmann, Marianne Koch, Hans Leibelt, Maren-Inken Bielenberg, Rolf Pinegger, Paul Esser, Edith Schollwer, Agnes Windeck, Luigi Malipiero, Kurt Meisel, Franz Otto Krüger

1958

K – Es geschah am hellichten Tag
7. August, Gloria-Palast Berlin
Regie: Ladislao Vajda, Produktion: CCC/ Praesens Zürich, Darsteller: Heinz Rühmann, Michel Simon, Ewald Balser, Gert Fröbe, Berta Drews, Siegfried Lowitz, René Magron

K – Der Mann, der nicht nein sagen konnte (Manden, der ikke ku'signe nej)
4. September, Ufa-Palast Köln
Regie: Kurt Früh, Produktion: Rialto/ Pen, Darsteller: Heinz Rühmann, Hannelore Schroth, Siegfried Lowitz, Ursula Heyer, Renate Ewert, Helga Münster, Wolfgang Kieling, Willi Rose, Inge Stolten

K – Der Pauker
2. Oktober, gleichzeitig in mehreren Städten
Regie: Axel von Ambesser, Produktion: Kurt Ulrich, Darsteller: Heinz Rühmann, Wera Frydtberg, Gert Fröbe, Peter Kraus, Ernst Reinhold, Hans Zander, Michael Verhoeven, Peter Vogel, Klaus Löwitsch, Bruni Löbel, Ernst Fritz Fürbringer, Hans Leibelt, Walter Sedlmayr, Gustl Datz

K – Der eiserne Gustav
5. Dezember, Marmorhaus Berlin
Regie: Georg Hurdalek, Produktion: Kurt Ulrich, Darsteller: Heinz Rühmann, Lucie Mannheim, Ernst Schröder, Karin Baal, Ingrid van Bergen, Ruth Nimbach, Manfred Grote, Hilde Sessak, Willi Rose, Bruno Fritz, Harry Meyen, André Saint-Germain, Friedrich Schoenfelder

1959

K – Menschen im Hotel
23. August, Gloria-Palast München
Regie: Gottfried Reinhardt, Produktion: CCC/Films Modernes, Darsteller: Heinz Rühmann, Michèle Morgan, O. W. Fischer, Gert Fröbe, Sonja Ziemann, Wolfgang Wahl, Dorothea Wieck, Friedrich Schoenfelder

K – Ein Mann geht durch die Wand
14. Oktober, Theater am Rudolfplatz Köln
Regie: Ladislao Vajda, Produktion: Kurt Ulrich, Darsteller: Heinz Rühmann, Nicole Courcel, Anita von Ow, Rudolf Rhomberg, Rudolf Vogel, Peter Vogel, Michael Burk, Günther Gräwert, Karl Lieffen, Hans Leibelt, Hubert von Meyerinck, Elfine Pertramer, Henry Vahl, Karl-Michael Vogler, Lina Carstens, Fritz Eckhardt, Ernst Fritz Fürbringer, Friedrich Domin

1960

K – Der Jugendrichter
11. Februar, Weltspiele Hannover
Regie: Paul Verhoeven, Produktion: Kurt Ulrich, Darsteller: Heinz Rühmann, Lola Müthel, Karin Baal, Hans Nielsen, Michael Verhoeven, Erich Fiedler, Willi Rose, Jan Hendriks

K – Mein Schulfreund
22. Juni, gleichzeitig in mehreren Städten
Regie: Robert Siodmak, Produktion: Divina, Darsteller: Heinz Rühmann, Loni von Friedl, Fritz Wepper, Alexander Golling, Carsta Löck, Alexander Kerst, Ernst Schröder, Hertha Feiler, Hans Leibelt, Reinhard Glemnitz, Wolfgang Reichmann, Mario Adorf

K – Der brave Soldat Schwejk
22. September, Ufa-Palast Köln
Regie: Axel von Ambesser, Produktion: CCC, Darsteller: Heinz Rühmann, Ernst Stankovski, Ursula von Borsody, Senta Berger, Erika von Thellmann, Franz Muxeneder, Hugo Gottschlich, Fritz Imhoff, Hans Thimig, Guido Wieland, Erik Frey, Fritz Muliar, Rudolf Rhomberg, Jane Tilden

K – Das schwarze Schaf
19. Dezember, gleichzeitig in mehreren Städten
Regie: Helmut Ashley, Produktion: Bavaria, Darsteller: Heinz Rühmann, Karl Schönböck, Maria Sebaldt, Siegfried Lowitz, Lina Carstens, Fritz Rasp, Herbert Tiede, Friedrich Domin, Hans Leibelt

T – Mein Freund Harvey (M. Chase)
29. Dezember, Akademietheater (Burgtheater) Wien
Regie: Rudolf Steinboeck

1961
T – Der Tod des Handlungsreisenden (A. Miller)
1. Februar, Akademietheater (Burgtheater) Wien
Regie: Paul Hoffmann

K – Der Lügner
21. Dezember, Ufa-Palast Köln
Regie: Ladislao Vajda, Produktion: Real-Film, Darsteller: Heinz Rühmann, Julia Follina, Annemarie Düringer, Blandine Ebinger, Gustav Knuth, Werner Hinz, Joseph Offenbach, Siegfried Wischnewski, Werner Schumacher, Turay Békeffy

1962
K – Max, der Taschendieb
1. März, Universum Karlsruhe
Regie: Imo Moszkowicz, Produktion: Bavaria, Darsteller: Heinz Rühmann, Elfie Pertramer, Arno Assmann, Hans Clarin, Hans Hessling, Ruth Stephan, Lotte Ledl, Frithjof Vierock, Helga Anders, Benno Sterzenbach

K – Er kann's nicht lassen
19. Oktober, in mehreren Städten der Bundesrepublik
Regie: Axel von Ambesser, Produktion: Bavaria, Darsteller: Heinz Rühmann, Grit Boettcher, Rudolf Forster, Ruth-Maria Kubitschek, Siegfried Wischnewski, Lina Carstens, Peter Ehrlich, Horst Tappert

T – Der Hauptmann von Köpenick (C. Zuckmayer)
29. Dezember, Kammerspiele München
Regie: August Everding

1963
K – Meine Tochter und ich
16. August, gleichzeitig in mehreren Städten
Regie: Thomas Engel, Produktion: Divina, Darsteller: Heinz Rühmann, Gertraud Jesserer, Eckart Dux, Gustav Knuth, Agnes Windeck, Christiane Nielsen, Herta Staal, Heinz Schubert

K – Das Haus in Montevideo
17. Oktober, Theater am Kröpcke Hannover
Regie: Helmut Käutner, Produktion: Domnick, Darsteller: Heinz Rühmann, Ruth Leuwerik, Paul Dahlke, Ilse Pagé, Michael Verhoeven, Doris Kiesow, Hanne Wieder, Viktor de Kowa, Fritz Tillmann, Herbert Kroll, Georg Gütlich

1964
K – Vorsicht, Mr. Dodd!
14. Februar, gleichzeitig in mehreren Städten
Regie: Günther Gräwert, Produktion: Divina, Darsteller: Heinz Rühmann, Maria Sebaldt, Robert Graf, Ernst Fritz Fürbringer, Erika von Thellmann, Horst Keitel, Rudolf Rhomberg, Harry Wüstenhagen, Mario Adorf

1965
K – Dr. med. Hiob Prätorius
14. Januar, gleichzeitig in mehreren Städten
Regie: Kurt Hoffmann, Produktion: Domnick, Darsteller: Heinz Rühmann, Liselotte Pulver, Fritz Tillmann, Fritz Rasp, Werner Hinz, Klaus Schwarzkopf

K – Das Liebeskarussell (Episodenfilm)
30. September, Gloria-Palast München
Regie: Axel von Ambesser, Rolf Thiele, Alfred Weidenmann, Produktion: Intercontinental, Darsteller: Heinz Rühmann, Curd Jürgens, Nadja Tiller, Ivan Desny, Gert Fröbe, Cathérine Deneuve, Johanna von Koczian, Hans Leibelt, Bum Krüger, Gisela Hahn, Eva Kinsky, Christine Schuberth, Anita Ekberg, Peter Alexander, Axel von Ambesser

K – Das Narrenschiff (Ship of Fools)
1. Oktober, Lichtspiele am Sendlinger Tor, München
Regie: Stanley Kramer, Produktion: Columbia, Darsteller: Heinz Rühmann, Vivien Leigh, Simone Signoret, José Ferrer, Lee Marvin, Oskar Werner, Elizabeth Ashley, George Segal, Michael Dunn, Charles Korvin, Lilia Skala, Barbara Luna, Christine Schmidtmer, John Wengraf, Olga Fabian, Gila Golan, José Greco

1966

K – Hokuspokus oder: Wie lasse ich meinen Mann verschwinden ...?
3. März, Barke Hamburg
Regie: Kurt Hoffmann, Produktion: Domnick, Darsteller: Heinz Rühmann, Liselotte Pulver, Richard Münch, Fritz Tillmann, Klaus Miedel, Joachim Teege

K – Geld oder Leben (La bourse et la Vie)
2. September, gleichzeitig in mehreren Städten
Regie: Jean-Pierre Mocky, Produktion: Columbia-Bavaria/Orsay Films-Balzac Societé d'Expansion du Spectacle/ Vides Paris, Darsteller: Heinz Rühmann, Fernandel, Jean Poiret, Michael Galabru, Darry Cowl, Jacques Legras

K – Maigret und sein größter Fall
24. November, gleichzeitig in mehreren Städten
Regie: Alfred Weidenmann, Produktion: Intercontinental/Terra/Carmina, Darsteller: Heinz Rühmann, Françoise Prévost, Günther Stoll, Günter Strack, Gerd Vespermann, Alexander Kerst, Ulli Lommel, Edwin Noel, Eddi Arent

K – Grieche sucht Griechin
19. September, Lichtspiele am Sendlinger Tor München
Regie: Rolf Thiele, Produktion: Seitz-Film, Darsteller: Heinz Rühmann, Irina Demick, Hannes Messemer, Hanne Wieder, Charles Regnier, Walter Rilla, Franz Kutschera, Rudolf Rhomberg, Balduin Baas, Rudolf Forster, Michael Maien, Hans Leibelt

1968

K – Die Abenteuer des Kardinal Brown
13. Februar, Filmbühne Wien, Berlin
Regie: Lucio Fulci, Produktion: Roxy/ Ultra/Marianne, Darsteller: Heinz Rühmann, Uta Levka, Jean-Claude Brialy, Wolfgang Kieling, Herbert Fux, Lando Buzzanca, Christine Barcley, Edward G. Robinson

F – Der Tod des Handlungsreisenden
(A. Miller)
15. Mai, ZDF
Regie: Gerhard Klingenberg, Darsteller: Heinz Rühmann, Käthe Gold, Christoph Bantzer, Peter Thom, Rolf Henninger, Boy Gobert, Max Mairich

K – Die Ente klingelt um halb acht
13. September, in mehreren Städten der Bundesrepublik
Regie: Rolf Thiele, Produktion: Roxy/ Sancro International, Darsteller: Heinz Rühmann, Hertha Feiler, Graziella Granata, Charles Regnier, Balduin Baas, Rudolf Schündler, Monica Teuber, Herbert Bötticher, Sammy Drechsel

F – Heute zwischen Gestern und Morgen
31. Dezember, ZDF
Tucholsky-Sendung, Heinz Rühmann liest «Blick in die ferne Zukunft»

1969

F – Sag's dem Weihnachtsmann
(nach D. Bond)
21. Dezember, ZDF
Regie: Rainer Wolffhardt, Darsteller: Heinz Rühmann, Doris Schade, Hans Quest, Anita Kupsch

1970
F – Mein Freund Harvey (M. Chase)
22. Februar, ZDF
Regie: Kurt Wilhelm, Darsteller: Heinz Rühmann, Susi Nicoletti, Barbara Schöne, Kurt Horwitz, Charles Regnier, Adelheid Seek, Herbert Bötticher, Gerlinde Locker, Klaus Knuth, Max Mairich

F – Endspurt (P. Ustinov)
15. November, ZDF
Regie: Harry Meyen, Darsteller: Heinz Rühmann, Hans Söhnker, Harry Meyen, Rosemarie Fendel

1971
K – Der Kapitän
28. Oktober, in mehreren Städten der Bundesrepublik
Regie: Kurt Hoffmann, Produktion: Seitz/Terra, Darsteller: Heinz Rühmann, Johanna Matz, Terry Torday, Horst Tappert, Ernst Stankovski, Hans Korte, Horst Janson, Günther Pfitzmann, Monika Lundi, Joseph Offenbach, Carl Lange

F – Der Pfandleiher (A. B. Shiffin)
14. November, ZDF
Regie: Ludwig Cremer, Darsteller: Heinz Rühmann, Sabine Sinjen, Christoph Bantzer

1972
F – Heinz Rühmann im Gespräch (mit Friedrich Luft)
5. März, ZDF
Porträt mit Filmausschnitten zum 70. Geburtstag

T – Der Hausmeister (H. Pinter)
29. Oktober, Kammerspiele München
Regie: August Everding

1973
F – Der Hausmeister (H. Pinter)
14. Februar, ZDF (Aufzeichnung der Kammerspiel-Inszenierung)
Regie: August Everding, Darsteller: Heinz Rühmann, Gerd Baltus, Michael Schwarzmaier

K – Oh Jonathan – oh Jonathan
10. Mai, gleichzeitig in mehreren Städten
Regie: Franz Peter Wirth, Produktion: Terra, Darsteller: Heinz Rühmann, Franziska Oehme, Paul Dahlke, Peter Fricke, Paul Verhoeven, Beppo Brehm, Paul Neuhaus, Jürgen Scheller, Willi Semmelrogge, Horst Jankowski

1974
T – Sonny Boys (N. Simon)
20. März, Kammerspiele München
Regie: Boleslaw Barlog

1975
F – Musik ist mein Leben (Hermann-Prey-Show)
30. März, ZDF
Heinz Rühmann als Gefängnisdirektor Frosch in der Operette «Die Fledermaus»

T – Die Fledermaus (J. Strauß)
31. Dezember, Staatsoper Wien
Regie: Herbert von Karajan

1976
F – Reinecke Fuchs (J. W. von Goethe)
6. Juni, ZDF
Regie: Hermann Leitner, Produktion: Gyula-Trebitsch-Produktion, Heinz Rühmann liest

F – Kein Abend wie jeder andere
24. Dezember, ZDF
Regie: Hermann Leitner, Produktion: Gyula-Trebitsch-Produktion, Darsteller: Heinz Rühmann und Peter Ustinov

1977

K – Das chinesische Wunder
21. Januar, gleichzeitig in mehreren Städten
Regie: Wolfgang Liebeneiner, Produktion: Cinema 77, Darsteller: Heinz Rühmann, Senta Berger, Peter Pasetti, Harald Leipnitz, Christian Kohlund, Friedhelm Lehmann, Sabi Dorr, Bert Fortell, Gaby Herbst

K – Gefundenes Fressen
3. März, gleichzeitig in mehreren Städten
Regie: Michael Verhoeven, Darsteller: Heinz Rühmann, Mario Adorf, René Deltgen, Karin Baal, Elisabeth Volkmann

F – Summa Summarum
7. März, ZDF
Regie: Hermann Leitner, Produktion: Gyula-Trebitsch-Produktion, Porträt zum 75. Geburtstag. Heinz Rühmann in verschiedenen Rollen

F – Herr und Hund (T. Mann)
17. Juni, ZDF
Regie: Hermann Leitner, Produktion: Gyula-Trebitsch-Produktion, Heinz Rühmann liest

1978

F – Max und Moritz (W. Busch)
8. Januar, ZDF
Regie: Hermann Leitner, Produktion: Gyula-Trebitsch-Produktion, Heinz Rühmann liest

F – Diener und andere Herren
5. Februar, ZDF
Regie: Wolfgang Glück, Darsteller: Heinz Rühmann, Bruni Löbel, Kurt Pieritz, Ferdy Mayne, Astrid Nestvogel, Christian Reiner

1979

F – Balthasar im Stau
4. März, ZDF
Regie: Rudolf Jugert, Produktion: Gyula-Trebitsch-Produktion, Darsteller: Heinz Rühmann, Ursula Dirichs, Cornelia Froboess, Alexander Hegarth, Louise Martini

F – Rund um die Oper
31. Dezember, ZDF
Aufzeichnung einer Matinee im Nationaltheater München, Heinz Rühmann und August Everding führen das Publikum hinter die Kulissen

1980

F – Aller guten Dinge sind drei
30. März, ZDF
Regie: Rolf von Sydow, Produktion: Gyula-Trebitsch-Produktion, Darsteller: Heinz Rühmann, Ruth Hausmeister, Friedrich Schütter, Rante Bodenschatz, Fritz Tillmann, Günter Strack

1981

F – Ein Zug nach Manhattan
(P. Chayefsky)
8. März, ZDF
Regie: Rolf von Sydow, Produktion: Gyula-Trebitsch-Produktion, Darsteller: Heinz Rühmann, Ulrike Bliefert, Bruni Löbel, Jürgen Kühn, Hans Hessling, Charles Brauer

1982

F – Heinz Rühmann: ein Schauspieler, Flieger, Mensch
7. März, ZDF
Regie: Hermann Leitner, Produktion: Polyphon Film und Fernsehen GmbH/ Gyula-Trebitsch-Produktion, TV-Porträt zum 80. Geburtstag

1983

F – Es gibt noch Haselnußsträucher
(G. Simenon)
3. April, ZDF
Regie: Vojtech Jasny, Produktion: Objektiv Film GmbH Katharina

Trebitsch, Darsteller: Heinz Rühmann, Luitgard Im, Katja Böhm

1984

F – Heinz Rühmann liest Geschichten zur Weihnachtszeit in der St.-Michaelis-Kirche in Hamburg
24. Dezember, ZDF
Regie: Michael Mertineit, Produktion: Gyula-Trebitsch-Produktion, Heinz Rühmann liest Gedichte und Geschichten von Astrid Lindgren, Hermann Hesse, Rainer Maria Rilke und aus dem Lukas-Evangelium

1986

F – Heinz Rühmann erzählt: Weihnachtliche Geschichten von Felix Timmermans
30. November, 7. Dezember, 14. Dezember, 21. Dezember, ARD
Regie: Peter Behle, Produktion: Objektiv Film GmbH Katharina Trebitsch

1987

F – Alles oder Nichts: Heinz Rühmann
24. März, ARD
Regie: Gerrit Neuhaus, Produktion: NDR/Bayerischer Rundfunk, Quiz zum 85. Geburtstag, Moderation: Max Schautzer, mit Dirk Anslinger, Rudolf Kleibe, Manfred Barthel, Hertha Rühmann

1991

F – Herzlichst, Heinz Rühmann
27 Folgen, 3sat
Heinz Rühmann liest selbst ausgewählte Texte

1993

K – In weiter Ferne, so nah
Regie: Wim Wenders, Darsteller: Heinz Rühmann, Otto Sander, Peter Falk, Horst Buchholz, Nastassja Kinski, Bruno Ganz, Solveig Dommartin, Rüdiger Vogler, Lou Reed, Willem Dafoe

F – Herzlichen Glückwunsch
7. März, ZDF
Livegala zum 90. Geburtstag aus dem Münchner Prinzregententheater, Moderation: Hans-Joachim Kulenkampff, Gratulanten: Max Schautzer, Loriot, Evelyn Hamann, Willy Millowitsch, Senta Berger, Sonja Ziemann, Peter Alexander, Max Schmeling, August Everding

1994

F – Wetten, dass ...?
15. Januar, ZDF
Moderation: Thomas Gottschalk, Heinz Rühmanns letzter Auftritt

Orden, Ehrungen, Preise

1938 Medaille der Internationalen Filmfestspiele Venedig für *Der Mustergatte* (schauspielerische Leistungen)
1940 Staatsschauspieler
1955 Ehrenmitglied der Internationalen Artistenloge
1957 «Golden Gate»-Preis der Internationalen Filmfestspiele in San Francisco
Kunstpreis der Stadt Berlin
Bundesfilmpreis
1959 Ernst-Lubitsch-Preis
1961 Preis der Deutschen Film-Kritik
Bundesfilmpreis mit dem Filmband in Gold

Golden Globe (Preis der Auslandspresse in den USA) für den Film *Der brave Soldat Schwejk*
1962 Bambi als beliebtester Schauspieler
1963 Bambi als beliebtester Schauspieler
1964 Bambi als beliebtester Schauspieler
1966 Großes Bundesverdienstkreuz
Bambi als beliebtester Schauspieler
Silberner Bildschirm der Zeitschrift *TV Hören und Sehen*
1967 Goldener Bildschirm der Zeitschrift *TV Hören und Sehen*
Bambi als beliebtester Schauspieler
1968 Bambi als beliebtester Schauspieler
1969 Bambi als beliebtester Schauspieler
1971 Bambi als beliebtester Schauspieler
1972 Großes Bundesverdienstkreuz mit Stern und Schulterband
Bambi als beliebtester Schauspieler
Ehrenmedaille der Spitzenorganisation der Filmwirtschaft («für die unschätzbaren Verdienste des profiliertesten Charakterdarstellers des deutschen Films»)
1973 Goldene Leinwand des Hauptverbandes Deutscher Filmtheater
Bambi als beliebtester Schauspieler
1977 Kultureller Ehrenpreis der Stadt München
1978 Bambi als beliebtester Schauspieler
Vorsitzender des Vereins zur Förderung der Münchner Kammerspiele e. V.
1979 Goldene Kamera der Zeitschrift *Hörzu*
1981 Silbermedaille des 24. Internationalen Film- und TV-Festivals von New York für *Ein Zug nach Manhattan*
Maximiliansorden für Wissenschaft und Kunst der Landesregierung Bayern
1982 Goldene Ehrenmünze der Stadt München
1984 Maximiliansorden für Wissenschaft und Kunst der Landesregierung Bayern
Bambi als beliebtester Schauspieler
1986 Ehrenpreis des Bayerischen Filmpreises
1989 Professorentitel für sein umfassendes Wirken als Schauspieler, verliehen von der Landesregierung Nordrhein-Westfalen
1992 Otto für das Gesamtwerk, Filmfesttage in Magdeburg
Köpenicker Ehrenmedaille für besondere Verdienste um den Bezirk
1993 Eintrag in das Goldene Buch der Stadt Dresden

Literatur

Aeckerle, Fritz: Heinz Rühmann – Der Weg eines Humoristen, Berlin 1940
Albrecht, Gerd: Nationalsozialistische Filmpolitik. Eine soziologische Untersuchung über die Spielfilme des Dritten Reiches, Stuttgart 1969
Albrecht, Gerd (Hrsg.): Der Film im Dritten Reich, Karlsruhe 1979
Aleff, Eberhard: Die Stellung der Schauspieler im Dritten Reich, Münster 1973
Ambesser, Axel von: Nimm einen Namen mit A, Berlin–Frankfurt a. M. 1985
Baarova, Lida: Die süße Bitterkeit meines Lebens, Koblenz 2001
Ball, Gregor: Heinz Rühmann. Seine Filme – Sein Leben, München 1981

Ball, Gregor/Spiess, Eberhard: Heinz Rühmann und seine Filme, München 1982
Barthel, Manfred: Heinz Rühmann, Berlin 1958
Barthel, Manfred: So war es wirklich. Der deutsche Nachkriegsfilm, München–Berlin 1986
Barthel, Manfred: Heinz Rühmann. Ein Leben in Bildern, Frankfurt a. M.–Berlin 1987
Belach, Helga (Hrsg.): Wir tanzen um die Welt. Deutsche Revuefilme 1933–1945, München–Wien 1979
Beyer, Friedemann: Die Ufa-Stars im Dritten Reich. Frauen in Deutschland, München 1991
Beyer, Friedemann: Die Gesichter der Ufa. Starporträts einer Epoche, München 1992
Bliersbach, Gerhard: So grün war die Heide. Der deutsche Nachkriegsfilm in neuer Sicht, Weinheim–Basel 1985
Bock, Hans-Michael/Töteberg, Michael (Hrsg.): Das Ufa-Buch, Frankfurt a. M. 1992
Bögner, Ralf: Die Real-Film GmbH Hamburg. Geschichte einer Filmgesellschaft 1947–1962 (Magisterarbeit), Münster 1987
Borgelt, Hans: Das süßeste Mädel der Welt. Die Lilian-Harvey-Story, Bayreuth 1974
Borgelt, Hans: Die Ufa – ein Traum. Hundert Jahre deutscher Film, Ereignisse und Erlebnisse, Berlin 1993
Brandlmeier, Thomas: Filmkomiker. Die Errettung des Grotesken, Frankfurt a. M. 1983
Brauner, Artur: Mich gibt's nur einmal. Rückblende meines Lebens, Frankfurt a. M. 1978
Brinker, Käthe: Heinz Rühmann, Hertha Feiler. Er und Sie, Berlin 1940
Courtade, Francis/Cadars, Pierre: Geschichte des Films im Dritten Reich, München 1975
Cziffra, Géza von: Es war eine rauschende Ballnacht. Eine Sittengeschichte des deutschen Films, Frankfurt a. M.–Berlin 1987
Dillmann, Michael: Heinz Hilpert – Leben und Werk, Berlin 1990
Dillmann-Kühn, Claudia: Artur Brauner und die CCC. Filmgeschäft, Produktionsalltag, Studiogeschichte 1946–1990, Frankfurt a. M. 1990
Donner, Wolf: Propaganda und Film im Dritten Reich, Berlin 1995
Drewniak, Boguslaw: Das Theater im NS-Staat, Düsseldorf 1983
Drewniak, Boguslaw: Der deutsche Film 1938–1945. Ein Gesamtüberblick, Düsseldorf 1987
Eick, Jürgen: Das Jahrhundert des kleinen Mannes. Eine zeitkritische Studie, Düsseldorf 1961
Faulstich, Werner/Korte, Helmut (Hrsg.): Fischer Filmgeschichte, Frankfurt a. M. 1990
Fiedler, Leonhard M.: Max Reinhardt, Reinbek 1975
Flatow, Curth: Auf dem Kurfürstendamm fing's an. Erinnerungen aus einem Gedächtnis mit Lücken, München 2000
Fricke, Kurt: Spiel am Abgrund. Heinrich George. Eine politische Biografie, Halle/Saale 2000
Fröbe, Gert: Auf ein Neues, sagt er …, München–Hamburg 1988
Fröhlich, Elke (Hrsg): Die Tagebücher des Joseph Goebbels. Sämtliche Fragmente, Teil I 1924–1941, München 1987

Fröhlich, Elke (Hrsg.): Die Tagebücher des Joseph Goebbels. Teil II. Die Diktate 1941–1945, München 1993 ff.
Gründgens, Gustaf: Lass mich ausschlafen, München–Wien 1982
Heinzlmeier, Adolf/Schulz, Berndt/Witte, Karsten: Die Unsterblichen des Kinos, Frankfurt a. M. 1982
Hembus, Joe: Der deutsche Film kann gar nicht besser sein. Ein Pamphlet von gestern. Eine Abrechnung von heute, München 1981
Hermlin, Stephan u. a.: Die wilden Zwanziger. Weimar und die Welt 1919–33, Reinbek bei Hamburg 1988
Hilpert, Heinz: Das Theater – ein Leben, St. Gallen 1961
Hippler, Fritz: Die Verstrickung. Einstellungen und Rückblenden von Fritz Hippler, ehemaliger Reichsfilmintendant unter Joseph Goebbels, Düsseldorf 1981
Hirschhorn, Clive: The Columbia-Story, London 1989
Hörbiger, Paul: Ich hab' für euch gespielt, München 1994
Hoffmann, Hilmar: Und die Fahne führt uns in die Ewigkeit. Propaganda im NS-Film, Frankfurt a. M. 1988
Hollaender, Friedrich: Von Kopf bis Fuß. Revue meines Lebens, Berlin 2001
Jacobsen, Wolfgang: Erich Pommer. Ein Produzent macht Filmgeschichte, Berlin 1989
Jäckel, Hartmut: Menschen in Berlin. Das letzte Telefonbuch der alten Reichshauptstadt, Stuttgart–München 2000
Jhering, Herbert: Von Reinhardt bis Brecht, Berlin 1963
Kalbus, Oskar: Vom Werden deutscher Filmkunst, Hamburg 1935
Kammer, Hilde/Bartsch, Elisabet: Lexikon Nationalsozialismus. Begriffe, Organisationen, Institutionen, Reinbek bei Hamburg 1999
Kauer, Edmund Th.: Der Film. Vom Werden einer neuen Kunstgattung, Berlin 1943
Kirst, Hans Hellmut: Heinz Rühmann – ein biografischer Report, München 1969
Kirst, Hans Hellmut/Forster, Matthias (Hrsg.): Das große Heinz-Rühmann-Buch, Grünwald 1990
Knuth, Gustav: Mit einem Lächeln im Knopfloch, Hamburg 1974
Knuth, Gustav: Darüber habe ich sehr gelacht. Erinnerungen des großen Schauspielers, Bergisch Gladbach 1987
Koch, Friedrich: Schule im Kino. Autorität und Erziehung. Vom «Blauen Engel» bis zur «Feuerzangenbowle», Weinheim–Basel 1987
Kochenrath, Hans-Peter: Der Film im Dritten Reich (Dokumentation), Köln 1963
Koebner, Thomas (Hrsg.): Idole des deutschen Films. Eine Galerie von Schlüsselfiguren, München 1997
Körner, Torsten: Der kleine Mann als Star. Heinz Rühmann und seine Filme der 50er Jahre, Frankfurt a. M.–New York 2001
Korte, Helmut/Lowry, Stephen (Hrsg.): Heinz Rühmann – ein deutscher Filmstar. Materialien und Analysen, Hochschule für Bildende Künstler Braunschweig 1995
Korte, Helmut/Lowry, Stephen: Der Filmstar, Stuttgart–Weimar 2001
Kreimeier, Klaus: Die Ufa-Story. Geschichte eines Filmkonzerns, München–Wien 1992
Krützen, Michaela: Hans Albers. Eine deutsche Karriere, Weinheim–Berlin 1995
Liebe, Ulrich: Verehrt verfolgt vergessen. Schauspieler als Naziopfer, Weinheim–Berlin 1992

Mierendorff, Marta/Wicclair, Walter: Im Rampenlicht der dunklen Jahre. Aufsätze zum Theater im Dritten Reich, Exil und Nachkrieg, Berlin 1989
Moeller, Felix: Der Filmminister. Goebbels und der Film im Dritten Reich, Berlin 1998
Noack, Frank: Veit Harlan. Des Teufels Regisseur, München 2000
Peipp, Matthias/Springer, Bernhard (Hrsg.): Ich bin ein Anhänger der Stille. Ein Gespräch mit Heinz Rühmann, München 1994
Petzet, Wolfgang: Otto Falckenberg. Mein Leben – mein Theater (nach Gesprächen und Dokumenten aufgezeichnet), München 1944
Petzet, Wolfgang: Theater. Die Münchner Kammerspiele, München 1973
Popa, Dorin: O.W. Fischer. Seine Filme – Sein Leben, München 1989
Prost, Hans-Ulrich: Das war Heinz Rühmann, Bergisch Gladbach 1994
Pulver, Liselotte: ...wenn man trotzdem lacht. Tagebuch meines Lebens, München 1990
Rabenalt, Arthur Maria: Joseph Goebbels und der «Großdeutsche Film», München–Berlin 1985
Rathkolb, Oliver: Führertreu und gottbegnadet. Künstlerleben im Dritten Reich, Wien 1991
Reinhardt, Gottfried: Der Liebhaber – Erinnerungen seines Sohnes Gottfried Reinhardt an Max Reinhardt, München–Zürich 1973
Riess, Curt: Das gab's nur einmal, Hamburg 1956
Riess, Curt: Gustaf Gründgens – eine Biografie, Hamburg 1965
Roloff, Bernhard/Seeßlen, Georg (Hrsg.): Der komische Film. Lexikon, Schondorf am Ammersee 1982
Rother, Rainer (Hrsg.): Sachlexikon Film, Reinbek bei Hamburg 1997
Rühmann, Heinz: Heinz Rühmann erzählt vom Geschenk der Weisen und anderen Begebenheiten, Hamburg 1977
Rühmann, Heinz: Meinem Publikum in Dankbarkeit, Berlin–Frankfurt a. M.–Wien 1982
Rühmann, Heinz: Das war's, Frankfurt a. M.–Berlin 1982
Rühmann, Heinz (Hrsg.): Glück über den Wolken. Die schönsten Fliegergeschichten, München 1984
Rühmann, Heinz (Hrsg.): Wenn die Komödianten kommen. Die schönsten Schauspielergeschichten, München 1985
Rühmann, Heinz (Hrsg.): Betragen: Ungenügend. Die schönsten Schülergeschichten, München 1986
Rühmann, Heinz (Hrsg.): Mit Charme, Schalk und Soutane. Die schönsten Kriminalgeschichten, München 1987
Rühmann, Heinz (Hrsg.): Wenn die Kerzen leuchten. Die schönsten Advents- und Weihnachtsgeschichten, München 1988
Schulz, Berndt: Heinz Rühmann, Rastatt 1994
Seeßlen, Georg: Klassiker der Filmkomik. Ein Einführung in die Typologie des komischen Films, München 1976
Seeßlen, Georg: Tanz den Adolf Hitler. Faschismus in der populären Kultur, Berlin 1994
Sigl, Klaus/Schneider, Werner/Tornow, Ingo: Jede Menge Kohle? Kunst und Kommerz auf dem deutschen Filmmarkt der Nachkriegszeit. Filmpreise und Kassenerfolge 1949–1985, München 1985

Tackmann, Heinz (Hrsg.: Reichsfilmkammer): Filmhandbuch, Berlin 1939
Theuerkauf, Holger: Goebbels' Filmerbe. Das Geschäft mit den unveröffentlichten Ufa-Filmen, Berlin 1998
Töteberg, Michael: Ich möchte hier den Vorhang des Schweigens herunterlassen. Über die Darstellung des Dritten Reiches in Schauspielermemoiren, in: *Mierendorff/Wicclair*, a. a. o. Berlin 1989
Tornow, Ingo: Piroschka und Wunderkinder. Der Regisseur Kurt Hoffmann, München 1990
Wardetzky, Jutta: Theaterpolitik im faschistischen Deutschland. Studien und Dokumente, Berlin (DDR) 1983
Werner, Paul: Die Skandal-Chronik des deutschen Films von 1900 bis 1945, Frankfurt a. M. 1990
Wetzel, Jürgen (Hrsg.): Sitzungsprotokolle des Magistrats der Stadt Berlin 1945/46, Berlin 1995
Wietstruk, Siegfried: Flugplatz Rangsdorf bei Berlin, Berlin 2001
Winkler-Mayerhöfer, Andrea: Starkult als Propagandamittel? Studien zum Unterhaltungsfilm im Dritten Reich, München 1992
Witte, Karsten: Lachende Erben. Toller Tag. Filmkomödien im Dritten Reich, Berlin 1995
Wulf, Joseph: Theater und Film im Dritten Reich. Eine Dokumentation, Gütersloh 1964

Dazu ausgewählte Artikel und Interviews aus zahlreichen Zeitschriften, Illustrierten und Zeitungen.

Personenregister

Bildquellen

Sammlung Karin Molck-Ude: 1, 4
Sammlung Herbert Westphalen: 2
Stiftung Deutsche Kinemathek, Berlin: 3, 14, 16, 21, 39
Privatsammlung: Umschlagfoto, 5, 6, 7, 8
Deutsches Theatermuseum München: 9
ullstein bild, Berlin: 10, 12, 13, 28 a, 31, 35, 37, 42, 47
ullstein bild, Berlin, Foto Wilhelm Walter Reinke: 58
Jo Hembus (Hg.), Heinz Rühmann und seine Filme, München 1982: 11
Archiv für Kunst und Geschichte, Berlin: 15, 22, 26, 28 b, 34, 38, 40
Sammlung Michael Pindter: 17
Bundesarchiv, Berlin: 18
Foto Hans Schaller: 19, 25
Gregor Ball, Heinz Rühmann. Seine Filme – sein Leben, München 1981: 20
Sammlung Birgit von Nauckhoff: 23, 24
Sammlung Gerhard Stoppe: 27
Stadtmuseum Berlin, Foto Eva Kemlein: 29
Sammlung Konrad Metka: 30
Seeger Press, Albstadt: 32
Sammlung Alexander Curt Duma: 33
International Film & TV News, Hamburg: 36
Sammlung Elisabeth Coesfeld: 41, 55
Sammlung Gisi L'Arronge: 43, 44, 45
Winfried Rabanus, München: 46, 50, 51, 52, 53
Fotoarchiv HÖRZU: 48
Die Bundesbeauftragte für die Unterlagen des Staatssicherheitsdienstes der ehemaligen Deutschen Demokratischen Republik: 49
Sentana-Film, München: 54
dpa, Frankfurt a. M.: 56
Zweites Deutsches Fernsehen, Mainz: 57

Trotz sorgfältiger Recherchen konnten nicht alle Rechtsinhaber ermittelt werden. Der Verlag ist bereit, berechtigte Ansprüche in üblicher Weise abzugelten.

4507/8